Deutschbuch

Sprach- und Lesebuch

9

Neue Ausgabe

Herausgegeben von
Bernd Schurf und Andrea Wagener

Erarbeitet von
Gerd Brenner, Ulrich Campe,
Günther Einecke, Dietrich Erlach,
Ute Fenske, Karlheinz Fingerhut,
Margret Fingerhut, Heinz Gierlich,
Cordula Grunow, Rolf Kauffeldt,
Markus Langner, Angela Mielke,
Kerstin Muth, Norbert Pabelick,
Bernd Schurf und Andrea Wagener

unter Beratung von
Karlheinz Fingerhut

Cornelsen

1

2

3

Kölle un die
Kids
der Welt,
fiere nit nur
Fasteleer...

6

Top
Teuro
Belämmert
Denglisch
Geil
Unkaputtbar
ABM-Maßnahmen
McClean

7

8

11

„Blueprint Blaupause“ – Roman und Film im Vergleich

12

Sehnsucht und Liebe – Motive in der Lyrik analysieren

13

Bilder vom Anderen – Theaterstücke untersuchen

13

14

15

Orientierungswissen

Wie ihr mit dem „Deutschbuch“ arbeiten könnt

Arbeitsbereiche

- SPRECHEN – ZUHÖREN – SCHREIBEN
- NACHDENKEN ÜBER SPRACHE
- LESEN – UMGANG MIT TEXTEN UND MEDIEN
- ARBEITSTECHNIKEN UND METHODEN

Kapitelaufbau im Dreischritt

Beispiel:
5 Ehre und Abenteuer – Begriffe untersuchen

Hauptlernbereich
Im ersten Teil wird das Thema des Kapitels erarbeitet.

5.1 Stolz und Ehre – Begriffen Bedeutungen zuordnen

Verknüpfung mit einem weiteren Lernbereich
Im zweiten Teil werden die erworbenen Kenntnisse und Fertigkeiten mit einem anderen Lernbereich verbunden.

5.2 Gefahr, Ruhm, Abenteuer – Begriffe in Literatur und Sachtexten untersuchen

Üben und Vertiefen des Gelernten
Der dritte Teil eines jeden Kapitels enthält Übungen zur Wiederholung und Vertiefung des Gelernten.

5.3 Projekt: Selbstdarstellung im Interview

Orientierungswissen

! Wichtige Inhalte und Begriffe sind in den Kapiteln deutlich hervorgehoben.

TIPP
Die Tipps geben euch Hilfestellungen, wie ihr an bestimmte Aufgaben herangehen könnt.

ARBEITSTECHNIK
Hier lernt ihr, eure Vorhaben Schritt für Schritt durchzuführen.

Aufgaben/Piktogramme

1 Aufgabe	Rollenspiel
5 Zusatzaufgabe	Arbeiten mit dem Computer
Partnerarbeit	fächerverbindende Aufgabe
Gruppenarbeit	Arbeitstechniken und Methoden

1 Fremd sein – Über Grenzsituationen informieren

1.1 Migration und Integration – Informationen auswerten und verarbeiten

1 *Sucht aus den Fotos eine Person heraus und verfasst zu ihr einen kurzen Lebensbericht: Woher kommt sie? Warum ist sie in Deutschland? Was hat die Person erlebt? In welcher Situation befindet sie sich?*

2 *Das Motto der Fußballweltmeisterschaft 2006 in Deutschland lautete: „Die Welt zu Gast bei Freunden". Notiert die Erwartungen, Hoffnungen und Ansprüche, die damit verknüpft sind.*

3 *Diskutiert, ob sich in einem Land durch eine multinationale Veranstaltung – wie eine Weltmeisterschaft – etwas verändert.*

Integration von Zuwanderern – Materialien sichten, Berichte verfassen

Seit Jahrzehnten kommen Frauen und Männer mit und ohne ihre Familien aus anderen Ländern nach Deutschland, um hier zu leben, zu arbeiten, eine neue Bleibe zu finden. Die Integration dieser Zuwanderer stellt eine zentrale gesellschaftliche Aufgabe dar.
Im Folgenden findet ihr unterschiedliche Materialien zum Thema „Integration". Diese gilt es, zu sichten, miteinander zu vergleichen und auszuwerten im Hinblick darauf, was unter Integration zu verstehen ist und welche Herausforderungen diese an alle Beteiligten darstellt.

1 *Klärt zunächst euer eigenes Vorverständnis des Themas mit Hilfe der Metaplan-Methode: Der Begriff „Integration" kann verschiedene Vorstellungen auslösen: (nationale) Identität bewahren und Neues kennen lernen/kulturelle Bereicherung/Assimilation/Anpassung/sich verändern müssen/Gleichmacherei von Unterschieden usw.*
- *a) Erläutert, was ihr unter Integration versteht: Welche Befürchtungen, welche Chancen verbindet ihr damit? Haltet eure Ideen – jeder für sich – auf Karteikarten fest.*
- *b) Hängt die Karten zunächst ungeordnet auf. Sortiert sie dann nach inhaltlichen Aspekten.*
- *c) Findet passende Oberbegriffe und heftet sie über den Gruppierungen an.*

2 *Verschafft euch nun einen Überblick über die folgenden Materialien:*
- *a) Lest sie zunächst zügig durch.*
- *b) Listet auf, welche Textarten vorliegen und welchen Quellen sie entstammen.*
- *c) Notiert euch nach dem intensiven Lesen zu jedem Material wesentliche Informationen, indem ihr einzelne Texte*
  - *exzerpiert, d.h. Wesentliches wörtlich herausschreibt;*
  - *schwierigere Aussagen paraphrasiert, also in eigenen Worten wiedergebt;*
  - *Informationen übersichtlich anordnet.*

ARBEITSTECHNIK

Sichten von Materialien

- **Exzerpte anfertigen**
  Um sich Textinhalte klarzumachen, ist es sinnvoll, das Wesentliche herauszuschreiben. Im Exzerpt werden wichtige Informationen eines Textes knapp zusammengefasst. Wörtliche Übernahmen müssen als Zitate kenntlich gemacht werden: z. B.: Paragraf § 1 des Zuwanderungsgesetzes: Das Gesetz dient „ ..."
- **Texte paraphrasieren**
  Sprachlich anspruchsvoll gestaltete Texte (komplexe Satzgefüge, Häufung von Fachbegriffen bzw. Fremdwörtern) sollten in eine verständlichere Sprache übertragen werden. Dabei dürfen die Aussagen aber nicht verfälscht werden.
- **Texte zusammenfassen und Informationen übersichtlich anordnen**
  Die knappe Beantwortung der W-Fragen (was?, wer?, wann?, wo?, warum?, wie?, mit welchen Folgen?) stellt die wesentlichen Informationen zusammen. Manchmal eignen sich Texte auch für eine tabellarische Übersicht: Zeit/Ort/Personen/Thema/Ziel ...

Zuwanderungsgesetz (Auszug)

§ 1 Zweck des Gesetzes; Anwendungsbereich

(1) Das Gesetz dient der Steuerung und Begrenzung des Zuzugs von Ausländern in die Bundesrepublik Deutschland. Es ermöglicht und gestaltet Zuwanderung unter Berücksichtigung der Aufnahme- und Integrationsfähigkeit sowie der wirtschaftlichen und arbeitsmarktpolitischen Interessen der Bundesrepublik Deutschland. Das Gesetz dient zugleich der Erfüllung der humanitären Verpflichtungen der Bundesrepublik Deutschland. Es regelt hierzu Einreise, den Aufenthalt, die Erwerbstätigkeit und die Förderung der Integration von Ausländern. Die Regelungen in anderen Gesetzen bleiben unberührt.

Wille zur Integration

Am 14. Juli 2006 fand erstmalig ein so genannter „Integrationsgipfel" im Kanzleramt in Berlin statt. Thema war die bessere Einbindung von Ausländern in die deutsche Gesellschaft. Der Gipfel soll in den nächsten Jahren in einen „Integrationsplan" münden. Erstmals saßen Vertreter aller für Integration relevanten gesellschaftlichen Gruppen an einem Tisch. Zu diesen Gruppen gehörten neben Bund, Ländern, Kommunen und kommunalen Spitzenverbänden natürlich Vertreter und Vertreterinnen der in Deutschland lebenden Migrantinnen und Migranten[1]. Wirtschaft und Gewerkschaften, Wohlfahrtsverbände, christliche Kirchen, der Zentralrat der Juden, Vertreter des Islam, Sportverbände und Praktiker aus dem Bereich der Schulen und der Polizei nahmen ebenfalls teil. Insgesamt wurden rund 70 Personen beim Integrationsgipfel erwartet. Die Themen des Gipfels orientierten sich an den festgestellten Defiziten, zum Beispiel in den Bereichen Sprache, Bildung und Ausbildung. Die Defizite beziehen sich auf die mangelnde Beherrschung der deutschen Sprache, die Schwächen in Bildung und Ausbildung und die höhere Arbeitslosigkeit. Darüber hinaus geht es um die fehlende Akzeptanz einiger Grundregeln unseres Zusammenlebens wie zum Beispiel die Beachtung der Frauenrechte. Deshalb brauche man eine ganzheitliche und systematische Integrationspolitik, betonte die Integrationsbeauftragte Maria Böhmer. Diese Integrationspolitik müsse sich am Grundsatz des Förderns und Forderns orientieren. Nur dann könne es gelingen, die Potenziale der hier lebenden Migrantinnen und Migranten gezielt zu fördern und für die wirtschaftliche und gesellschaftliche Zukunft Deutschlands zu nutzen. So werde im Interesse aller Menschen in Deutschland eine zentrale Voraussetzung für den gesellschaftlichen Zusammenhalt geschaffen.

1 **Migrantinnen und Migranten:** Aus- oder Einwanderer

Teilhabe und Verantwortung

Erfolgreiche Integration bedeutet Identifikation, Teilhabe und Verantwortung. Dafür sind Anstrengungen seitens des Staates, der bürgerschaftlichen Gesellschaft und der Migranten und Migrantinnen selbst notwendig. Maßgebend ist zum einen die Bereitschaft der Zuwandernden, sich auf ein Leben in unserer Gesellschaft einzulassen, unser Grundgesetz und unsere gesamte Rechtsordnung vorbehaltlos zu akzeptieren und insbesondere durch das Erlernen der deutschen Sprache ein sichtbares Zeichen der Zugehörigkeit zu Deutschland zu setzen. Dies erfordert Eigeninitiative, Fleiß und Eigenverantwortung. Auf Seiten der Aufnahmegesellschaft benötigen wir dafür Akzeptanz, Toleranz, zivilgesellschaftliches Engagement und die Bereitschaft, Menschen, die rechtmäßig bei uns leben, ehrlich willkommen zu heißen. Es gilt, ein gemeinsames Verständnis von Integration zu entwickeln, das wechselseitige Pflichten und Rechte begründet: für Migrantinnen und Migranten wie für die heimische Bevölkerung. Wer Forderungen stellt, muss auch fördern. Wer Rechte beansprucht, muss auch Pflichten erfüllen. Grundlage ist neben unseren Wertvorstellungen und unserem kulturellen Selbstverständnis unsere freiheitliche und demokratische Ordnung, wie sie sich aus der deutschen und europäischen Geschichte entwickelt hat und im Grundgesetz ihre verfassungsrechtliche Ausprägung findet.

(Aus der Erklärung der Integrationsbeauftragten der Bundesregierung Maria Böhmer zum Integrationsgipfel)

Integrationskurse

Mit dem Zuwanderungsgesetz wurde erstmalig ein Mindestrahmen staatlicher Integrationsangebote geschaffen. Den Kern dieser staatlichen Integrationsangebote bildet der Integrationskurs, bestehend aus einem Sprachkurs und einem Orientierungskurs.

Ziel des Integrationskurses für Zuwanderinnen und Zuwanderer ist der Erwerb ausreichender Kenntnisse der deutschen Sprache und die Vermittlung von Alltagswissen sowie von Kenntnissen der Rechtsordnung, der Kultur und der Geschichte in Deutschland, insbesondere auch der Werte des demokratischen Staatswesens der Bundesrepublik Deutschland und der Prinzipien der Rechtsstaatlichkeit, Gleichberechtigung, Toleranz und Religionsfreiheit. Ausreichende Kenntnisse der deutschen Sprache sowie Kenntnisse über das gesellschaftliche, kulturelle und wirtschaftliche Leben sowie über die in unserer Gesellschaft geltenden Normen und Werte sind der Schlüssel zu einer erfolgreichen Integration.

(Bundesamt für Migrationsforschung)

„Eine Chance, aber auch eine Herausforderung": Integration

Oberbürgermeisterin Bärbel Dieckmann überreicht 120 neuen deutschen Staatsbürgern ihre Urkunden. Ausreichende Deutschkenntnisse sind Pflicht. „Das bedeutet mehr, als sich nur mündlich zu verständigen."

Sie leben schon seit Jahren in Deutschland. Doch wenn sie auf ihren Pass schauen, steht dort eine andere Nationalität. Bis zu einem besonderen Tag im Alten Rathaus: Jedes Jahr kommen dort an verschiedenen Terminen insgesamt mehr als tausend Männer und Frauen aus der ganzen Welt zusammen. Sie haben sich entschieden, die deutsche Staatsangehörigkeit anzunehmen. „In Deutschland leben viele Kulturen zusammen. Das ist für die Gesellschaft eine Chance, aber auch eine Herausforderung", sagt Oberbürgermeisterin Bärbel Dieckmann. Sie überreicht die Einbürgerungsurkunden und nennt zwei „Grundregeln", die für diese unverzichtbar sind: die Achtung vor dem Grundgesetz und die Fähigkeit, Deutsch zu sprechen.

Zwischen Januar 2000 und Dezember 2005 haben sich 8640 ausländische Staatsangehörige einbürgern lassen, voriges Jahr waren es rund 1300 Menschen, zahlenmäßig vorne lagen Türken (172), Iraker (155) und Marokkaner (135). In der Regel müssen Einbürgerungswillige acht Jahre rechtmäßig in Deutschland leben. Die von Dieckmann angesprochene zweite „Grundregel“ – Deutsch zu können – ist weit mehr als nur ein Lippenbekenntnis: Ohne ausreichende Sprachkenntnisse ist eine Einbürgerung kaum möglich. „Ausreichende Kenntnisse bedeutet mehr als die Fähigkeit, sich auf einfache Art mündlich zu verständigen. Man muss auch deutschsprachige Texte aus dem Alltag lesen, verstehen und wiedergeben können“, erklärt Gerald Dönges, Sachbearbeiter der Einbürgerungsstelle. Bemerken er oder seine Kollegen während des ersten Gesprächs Defizite, empfehlen sie den Besuch eines Integrationskurses. Die Kurse werden seit dem Inkrafttreten des Zuwanderungsgesetzes 2005 angeboten und bestehen aus 600 Stunden Sprachunterricht und 30 Stunden Unterricht zur Rechtsordnung, Kultur und Geschichte. […] „Mittlerweile nehmen immer mehr Menschen an den Kursen teil, sodass homogenere Lerngruppen gebildet werden können, in denen die Teilnehmer vergleichbare Kenntnisse haben“, berichtet Norbert Gramer, Leiter der Internationalen Begegnungsstätte, die das Kursangebot koordiniert. 2005 besuchten 425 Ausländer die Kurse, 82 von ihnen haben bereits einen Abschluss, viele Kurse laufen jedoch noch. Gramer: „Das Angebot wird sehr positiv aufgenommen, wir haben fast keine Abbrecher.“

Benjamin O'Daniel

(Bonner General-Anzeiger, 25. Juli 2006, Lokales)

Das meinen:

Gisele Eto, 38, Kongo

„Mein Mann lebt seit über 20 Jahren hier in Deutschland. Ich habe einen Integrationskurs besucht und finde die Idee sehr gut, schließlich sollte man Deutsch können, wenn man hier lebt.“

Abdul Gafar, 35, Senegal

„Ich lebe hier mit meiner Familie und fühle mich sehr wohl hier. Und mit meinem bisherigen Pass habe ich oft Schwierigkeiten an der Grenze gehabt. Das ist jetzt vorbei.“

Olga Prodskaja, 59, Russland

„Vor zehn Jahren bin ich aus St. Petersburg übergesiedelt. Die Deutschen sind sehr freundlich und sehr höflich. Das gefällt mir an diesem Land.“

Samad Bonakdarzadeh, 58, Iran

„Ich warte schon seit 20 Jahren darauf, die deutsche Staatsangehörigkeit zu bekommen, doch es ist immer etwas dazwischengekommen. Jetzt hatte ich bei der WM zwei Fahnen an meinem Auto.“

Integrationskurse mit Kursbeginn im Jahr 2005

Bundesland	allgemeine Kurse	Kurse mit Alphabetisierung[1]	Eltern- bzw. Frauenkurse	Jugendkurse	Gesamt
Baden-Württemberg	874	22	43	31	970
Bayern	900	22	68	14	1004
Berlin	668	8	35	2	713
Brandenburg	128	1		1	130
Bremen	166	14	9		189
Hamburg	306	2	25		333
Hessen	706	36	66	6	814
Mecklenburg-Vorpommern	105	1			106
Niedersachsen	596	44	24	3	667
Nordrhein-Westfalen	1655	55	159	45	1914
Rheinland-Pfalz	341	7	13	3	364
Saarland	101	2	8	1	112
Sachsen	248	2	1	4	255
Sachsen-Anhalt	158	3			161
Schleswig-Holstein	316	8	5	2	331
Thüringen	132				132
Gesamt	**7400**	**227**	**456**	**112**	**8195**

Im Jahr 2005 haben insgesamt 8196 Integrationskurse begonnen. Beinahe ein Viertel (23,4 %) davon fand in Nordrhein-Westfalen statt, gefolgt von Bayern mit einem Anteil von 12,2 % und Baden-Württemberg mit 11,8 %.

1 **Alphabetisierung:** Vermittlung von Lese- und Schreibfähigkeit

Kursteilnehmer nach Geschlecht

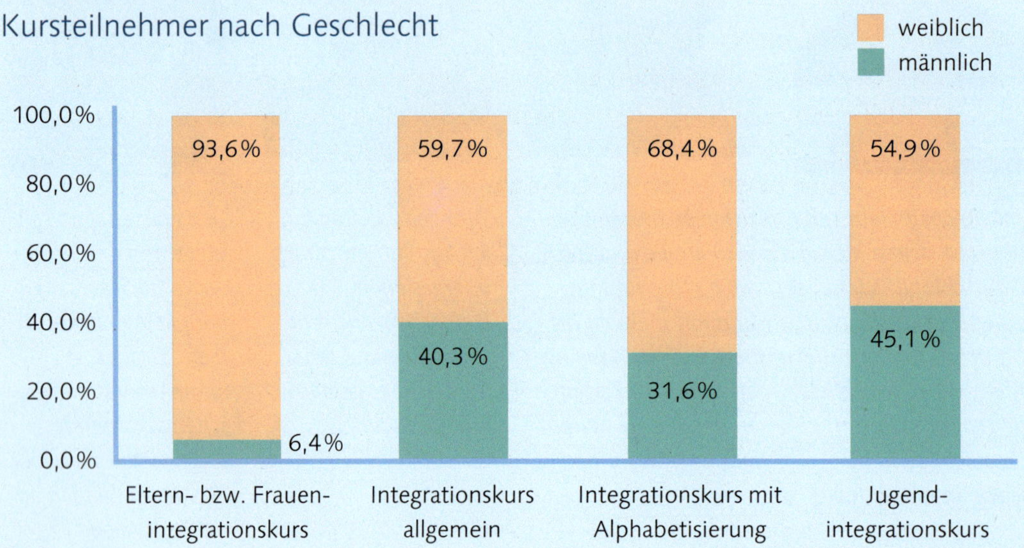

Kursteilnehmer nach Staatsangehörigkeit im Jahr 2005 (ohne Spätaussiedler)

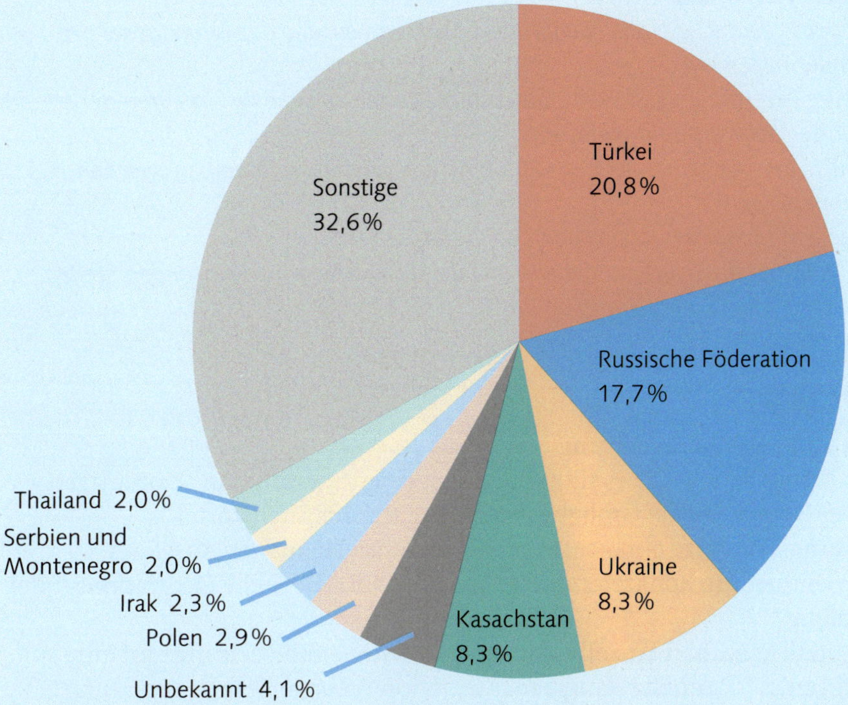

Das Diagramm stellt die neun Hauptherkunftsländer dar. Alle anderen Staatsangehörigkeiten umfassen jeweils weniger als 3% aller Teilnehmer und setzen sich aus ca. 170 verschiedenen Ländern, darunter auch die der Europäischen Union, zusammen.

3 *Schaut euch das Säulendiagramm und die Tabelle auf S. 14 und das Tortendiagramm oben an und verfasst zu jeder Darstellung einen kurzen informativen Text.*

ARBEITSTECHNIK

Diagramme lesen und verstehen

Diagramme stellen Mengen- oder Größenverhältnisse dar und veranschaulichen so die Aussagen informativer Texte. Man muss Diagramme in einen Text „übersetzen“. Um Diagramme zu verstehen, liest man zunächst die Überschrift sorgfältig und klärt anschließend folgende Fragen:

- Wozu macht die Statistik eine Aussage?
- Welche Aspekte werden miteinander in Beziehung gesetzt?
- Für welchen Bereich, welchen Zeitraum, welche Personengruppe gilt die Statistik?
- Werden Quellen angegeben?
- Werden Prozentzahlen oder absolute Zahlen angegeben?

4 *Recherchiert, ob es inzwischen schon Fortschritte in Richtung „Integrationsplan“ gibt. Neueste Informationen erhaltet ihr über das Bundesamt für Migration und Flüchtlinge oder unter www.integrationsbeauftragte.de (Link der Bundesregierung).*

5 *Schreibt einen zusammenhängenden Bericht, wählt einen der folgenden Themenschwerpunkte:*
- *Integration – Wunsch oder Realität?*
- *Zusammenleben – voneinander lernen*
- *Zwei Grundregeln – deutsche Sprachkenntnisse und Anerkennung des Grundgesetzes.*

Geht dann folgendermaßen vor:

a) *Schaut euch eure Exzerpte an und wählt die Informationen aus, die ihr für euren Bericht mit dem ausgewählten Schwerpunkt benötigt.*
b) *Entscheidet euch, zu welchem Zweck ihr den Bericht verfassen wollt und an welchen Adressaten ihr dabei denkt.*
c) *Lassen sich Texte miteinander vergleichen und ergänzen?*
d) *Integriert die Informationen aus der Tabelle und den Diagrammen an passenden Stellen.*
e) *Fertigt einen Schreibplan (Gliederung) an und arbeitet euren Bericht aus. Denkt auch an die Überarbeitung (▷ S. 361–362).*

ARBEITSTECHNIK

Schreibplan und Textüberarbeitung

Zur Erstellung eines Berichts ist es sinnvoll, zuerst einen **Schreibplan** anzufertigen. Notiert euch entsprechend der Grobgliederung des Berichts Stichwörter

- zur **Einleitung:** Hier wird ein Leseanreiz gegeben, das Thema, die Ausgangssituation, eventuell ein konkreter Anlass benannt, z. B.: „Der erste Integrationsgipfel war ein Anfang."
- zum **Hauptteil:** Er enthält Einzelheiten. Haltet Zwischenüberschriften für eure Gliederung fest, z. B.: „Schlüsselaufgabe Integration"; „Zuwanderung rückläufig".
- zum **Schluss:** Hier wird die Gesamtaussage zusammengefasst oder ein Ausblick gegeben, z. B.: „Das Förderprogramm soll noch weiter ausgebaut werden."
- Überlegt eine passende **Überschrift.**

Nach der Ausarbeitung sollte man den Bericht noch einmal im Hinblick auf Aufbau, Inhalt und sprachliche Gestaltung **überprüfen.** Folgende Fragen sind hilfreich:

- Gibt es einen Leseanreiz?
- Ist der Bericht verständlich und sachlich geschrieben?
- Kann ein Leser/eine Leserin die W-Fragen beantworten?
- Sind alle Informationen richtig den Quellen entnommen?
- Sind die Zwischenüberschriften sinnvoll?
- Wurden Fremdaussagen als Zitate gekennzeichnet bzw. indirekt wiedergegeben?

!

Beim **Berichten** vermittelt man Informationen sachlich und genau, sodass ein anderer einen fundierten Kenntnisstand zum Thema erhält. Wichtige W-Fragen müssen geordnet und verständlich beantwortet werden, z. B. Angaben zum Ort und zum Zeitpunkt einer Veranstaltung, zu den Organisatoren, zum Programm, zur Zielsetzung.
Die Art und Weise, wie berichtet wird, hängt v. a. vom Adressaten und vom Zweck ab. Ein Hintergrundbericht kann referierende (was ist), analytische (warum es so ist) und auch vorausweisende Elemente (wie wird es sich entwickeln?) enthalten.

Wie war das damals? Wie ist es heute? – Migrationswege beschreiben und schildern

Arbeitskräfte kommen, und Menschen bleiben

von Maike Jansen

Bonn. Es riecht nach Basilikum und frischem Schinken, italienische Wortfetzen sind zu hören. „Buongiorno", sagt der kleine Mann mit dunklem Schnauzbart, „un espresso, signora?" Antonio Perrone, der als Gastarbeiter in den 60er-Jahren nach Bonn kam, hat sich hier, mitten im Rheinland, ein Stück Italien aufgebaut. Angeworben wurde er 1962 von einer Bonner Elektrofirma, die dringend zusätzliche Arbeitskräfte benötigte. Fast überall in NRW wurden zu dieser Zeit geradezu händeringend Arbeitskräfte gesucht. […] Im ersten Jahr arbeitete Perrone […] immer mit dem Wunsch, möglichst bald seine Familie nachholen zu können. Schon bald fiel ihm auf, was in Deutschland fehlte: Hier gab es keine italienischen Lebensmittel, keine Pasta, keinen Espresso, kein südländisches Gemüse. So gründete er seinen ersten Lebensmittelimport in Oedekoven, von wo er zunächst hauptsächlich Botschaften belieferte.

„Anfangs war vieles sehr schwer, weil ich die deutsche Sprache noch nicht beherrschte", sagt Perrone. Heute fühlt er sich gut integriert, er sei „mehr Deutscher als Italiener". Eine Aussage, die sicherlich nicht alle unterschreiben würden, die als so genannte Gastarbeiter nach Nordrhein-Westfalen kamen. Der Schriftsteller Max Frisch hat den Satz geprägt: „Wir riefen Arbeitskräfte und es kamen Menschen." Ein Missverständnis der Politik, das durch den Erlass der Bundesregierung, ab 1973 keine ausländischen Arbeitskräfte mehr anzuwerben, nicht verändert werden konnte.

„Die Politik ist viel zu lange davon ausgegangen, der Begriff ‚Gastarbeiter' impliziere, dass diese Menschen Gäste sind und irgendwann wieder abreisen", sagt Thomas Kufen, Integrationsbeauftragter des Landes NRW. Die Rezession Anfang der 70er-Jahre, die Ölkrise und die wachsende Globalisierung führten zum Rückgang der Arbeitsplätze, trotzdem stieg die Zahl der ausländischen Wohnbevölkerung immer weiter an. 1970 lebten rund 2,6 Millionen Ausländer in Deutschland, 1989 waren es schon 4,9 Millionen. „Statt wie von der Politik erwartet zurückzugehen, sind viele Menschen geblieben", sagt Kufen, durch Familienzusammenführungen seien neue hinzugekommen.

Ein Problem sei es, dass sich unsere Gesellschaft mehr und mehr zu einer Wissensgesellschaft entwickelt habe, dass man in den 60er-Jahren aber vor allem Menschen angeworben habe, die harte körperliche Arbeit verrichten sollten, sagt Kufen. „Diese Menschen kommen meist aus ländlichen Gebieten und eher bildungsfernen Schichten", sagt Kufen. Wer heute gering qualifiziert sei, habe auf dem Arbeitsmarkt kaum eine Chance. Eine Herausforderung für die Politik, aber auch für die ganze Gesellschaft, mehr für die Bildung der Menschen zu tun, die es von Haus aus schwer haben – vor allem für jene Einwohner Nordrhein-Westfalens mit einem so genannten Migrationshintergrund, sprich: Er selbst oder seine Eltern wurden im Ausland geboren.

In vielen Städten haben Ausländer ihre eigene Infrastruktur aufgebaut, mit Cafés und Geschäften, in denen zum Beispiel nur Türkisch gesprochen wird – die klassischen Parallelgesellschaften. „Wir haben diese Menschen viel zu sehr sich selbst überlassen, viele haben kaum Kontakte zu ihren deutschen Arbeitskollegen", sagt Kufen.

Mit seinem Stück Italien in Bonn lebt Antonio Perrone hingegen nicht in seiner eigenen Welt. „Deutschland hat viele Vorteile gegenüber Italien", sagt er und fügt spöttisch hinzu: „Man kann hier über die Straße gehen, ohne Angst haben zu müssen, überfahren zu werden." Auch das Gesundheitssystem funktioniere hier besser, und jedes Kind bekomme einen Kindergartenplatz. Was er an Italien, wo mittlerweile wieder zwei seiner Töchter leben, vermisst? „Il mare", sagt Perrone, „das Meer".

(Bonner General-Anzeiger 5. 7. 2006)

1 *Untersucht den Aufbau des Zeitungsartikels und achtet auf die sprachliche Gestaltung:*
a) Wo lassen sich berichtende, kommentierende, schildernde Passagen nachweisen?
b) Erklärt den Satz des Schriftstellers Max Frisch, den die Journalistin – etwas abgeändert – auch als Überschrift gewählt hat.

2 *Der Artikel ist eine Reportage.*
a) Formuliert die Reportage in einen Kurzbericht um, in dem nur die wesentlichen Informationen zur Entwicklung der Ausländerpolitik in Deutschland seit den 60er Jahren verwendet werden.
b) Entwickelt zu eurem Artikel ein passendes Diagramm.
c) Erläutert den Begriff „Wissensgesellschaft" bzw. „Parallelgesellschaft" für ein Glossar.
d) Vergleicht anschließend euren Kurzbericht mit der Reportage: In welcher Publikation wäre euer Artikel vorstellbar? Welche Funktionen erfüllen die beiden Texte?

3 *Welche Kritik nennt der Integrationsbeauftragte Thomas Kufen? Was wurde seiner Ansicht nach versäumt?*

4 *Perrone sagt, dass er in Deutschland das Meer vermisst.*
Schildert, was ihr vermissen würdet, wenn ihr eine Zeit lang in einem anderen Land lebtet. Achtet dabei auf die subjektive Wiedergabe sinnlicher Eindrücke.

!

Die Reportage

Die **Reportage** ist ein berichtender Text, der subjektiv gefärbt ist. Die Reporterin bzw. der Reporter stellt einen Vorgang oder einen Sachverhalt so dar, wie sie/er ihn wahrgenommen hat. Das Schildern konkreter Situationen macht den Bericht anschaulicher, Zitate von Aussagen beteiligter Personen sorgen für einen lebendigen Eindruck. Insgesamt intensiviert die subjektive Darstellung die Wirkung der Information über Hintergründe und Zusammenhänge.

Eine Reportage enthält:
- berichtende Passagen,
- leserfreundlich aufbereitete Hintergrundinformationen,
- kommentierende Anteile, in denen die Haltung des Reporters zu seinem Thema deutlich wird.

Anschaulichkeit und Lebendigkeit werden erreicht durch:
- wörtliche Rede oder Zitate,
- spannungssteigernde Elemente (z. B. charakteristische Einzelfälle, interessante Details),
- persönliche Wertungen oder Reaktionen des Berichtenden.

Adam Soboczynski

Polski Tango – Eine Reise durch Deutschland und Polen

Wenige Monate nach unserer Ankunft in Deutschland wurde ich eingeschult. Schnell war mir die fremde Sprache nicht mehr nur ein Geräusch, immer öfter blitzten im Wortschwall meiner Mitschüler Wörter auf, die ich verstand. „Pause" zum Beispiel. „Pause" war eines der ersten Wörter, die ich verstand, auch „Stillarbeit". Bei „Stillarbeit" wusste ich, dass die Lehrerin eine „Pause" machte und in einer Illustrierten blätterte, während die Schüler sich selbst überlassen wurden. Und dass die Schüler wiederum, „Stillarbeit" vortäuschend, nichts anderes taten, als auf das „Läuten" der „Klingel" zu warten, bis sie selbst eine „Pause" hatten. Langsam ergaben die Wörter einen Sinn, bildeten Zusammenhänge. Während des ersten Diktats meines Lebens hatte ich schweißnasse Hände, räusperte mich vor Erregung, wunderte mich, weshalb ein einziges Wort so häufig in dem diktierten Text vorkam: „Komma". Ich fragte mich, „Komma" ausschreibend, was es zu bedeuten habe, nicht ahnend, dass es sich um ein Satzzeichen handelt. Am Ende des ersten Schuljahres erhielt ich ein Zeugnis ohne Noten, mit einer schriftlichen Beurteilung. Frau S., die Klassenlehrerin, schrieb, ich sei ein „ausgeglichener Schüler", allerdings würde ich „kaum von Kameraden verstanden". Von Frau S. wiederum, die eine dicke Hornbrille trug, wurde kolportiert[1], sie selbst sei nur mühsam zu verstehen. Sie stamme aus Niederbayern und sei, nachdem sie einen reichen Weinbauern geheiratet hatte, eher zufällig ins Rheinland geraten.

Mir schien, wir waren, meiner Lehrerin nicht unähnlich, nicht einfach hierhergezogen, sondern eine fremde Macht hätte uns von einem Erdteil auf einen anderen transplantiert[2]. Über Nacht verschwanden die Insignien[3] des Ostens: Mein Vater nahm sich seinen polnischen Schnurrbart ab, und Mutter trug Jeans statt bunter Röcke, die kleinen Kioske mit Plastiksoldaten waren ersetzt worden durch Kaufhäuser mit Spielwarenabteilungen und stellten die sozialistische Warenwelt in den Schatten. 1981 sind wir nach Deutschland gezogen, nur wenige Wochen bevor in Polen der Kriegszustand ausgerufen und die Gewerkschaft Solidarność[4] für Jahre zerschlagen wurde. Wir durften auswandern, da die Eltern meiner Mutter deutscher Abstammung waren. Als gelte es, eine Wunde zu schließen, versorgten wir uns in dem neuen Land mit Konsumgütern. Das erste Auto, das Vater für 500 Mark von einem türkischen Gebrauchtwagenhändler erstand, war ein orangefarbener Ford Capri, der wie ein Sportwagen aussah, dessen Leistungsfähigkeit allerdings äußerst begrenzt war. Bereits leicht ansteigende Landstraßen meisterte er nur noch im zweiten Gang. Vater liebte ihn. Es war sein erstes Auto. Und von Autos hatte er in Polen oft gesprochen. Doch schon wenige Monate später musste der Capri einem weitaus robusteren Nachfolger weichen: dem VW Passat in Dunkelgrün. Der Ford hatte nach einer Fahrt durch die Waschstraße kein Lebenszeichen mehr von sich gegeben. Ich saß an jenem Vormittag auf dem Hintersitz, und das Autoradio wurde immer leiser, wurde übertönt von dem mächtigen Platzregen, der von allen Seiten auf die Karosserie prasselte. Bunte Bürsten näherten sich bedrohlich, rotierend umzingelten sie das Blech, schäumten es ein. Nach der Waschstraßenfahrt wurde kurz inspiziert, ob noch alles dran war: Heckspoiler, Seitenspiegel und Radioantenne waren unversehrt, der Capri strahlte in sattem Orange, duftete nach frischer Wäsche – und sprang nicht mehr an. Zum ersten Mal maschinell gereinigt, musste er vom Waschstraßengelände abgeschleppt werden, mit dem Dreck war gleichsam sein Leben hinweggespült worden. Vater rühmte die deutsche Autobahn, den

1 **kolportiert:** verbreitet, weitererzählt
2 **transplantiert:** verpflanzt, verlagert
3 **Insignien:** Kennzeichen von Macht, *hier:* ironisch
4 **Solidarność:** polnischer Gewerkschaftsverband

Asphalt und den ADAC, und der Westen hatte Vater erstmals einen Makel offenbart. Bevor der Abschleppdienst kam, löste er fluchend das kleine Papstbild und die heilige Mutter Gottes vom Armaturenbrett und klebte bald darauf beide in den Passat. Vater rühmte die deutsche Autobahn, den glatten Asphalt, das dichte Straßennetz, den ADAC. Er fragte sich eine Zeit lang, weshalb so viele Städte in Deutschland „Ausfahrt" heißen. Bis er die Schilder verstand. Es geschah oft, dass Vater nicht verstanden wurde. Er hatte sich ein eigentümliches Deutsch angeeignet, es folgte einer einsamen Grammatik. Deutsche Wörter beugte er mit polnischen Endungen. Man verstand sein Deutsch häufig nur, wenn man auch Polnisch verstand. Er stritt in einem kleinen Geschäft, das Tabakwaren, Waffen und Schweizer Taschenmesser führte, mit zwei Verkäufern. Sehr lebhaft. Die Verkäufer zeigten ihm Messertaschen, doch Vater wollte ein Taschenmesser. Allerdings hatte er nach einer „Messertasche" gefragt. Mutter lachte, wozu auch ein Taschenmesser, lebten wir denn im Urwald? Mutter wiederum schämte sich beim Metzger. Sie kochte gerne Flaki, eine polnische Innereiensuppe. Kaufte sie die Kutteln[5], dann fühlte sie sich ertappt. Nur Polen kaufen in großen Mengen Kutteln ein, behauptete sie. Die Deutschen kauften sie nur, um sie an ihre Hunde zu verfüttern. Später sollte es heißen, die achtziger Jahre seien das langweiligste Jahrzehnt dieses Jahrhunderts gewesen: ein Jahrzehnt, in dem Nicole ein bisschen vom Frieden sang und Boris Becker ein wenig Tennis spielte. Unsere Realität sah anders aus: Ein feiner Riss trennte die Vergangenheit von der Zukunft, Polen von Deutschland. Und das neue Land, Deutschland, funkelte in den ersten Monaten nach unserer Ankunft an jeder Straßenecke. Koblenz, die 100 000-Einwohner-Stadt am Rhein, schien ein Lichtermeer aus Reklame, die Geschäfte bargen glitzernde Süßwaren, die Bäckereien quollen über vor süßem Gebäck. Alles schien größer und prächtiger als in der Vergangenheit, selbst die, die mit lachendem Gesicht und gespannter Schürze Rosinenschnecken über die Ladentheke reichten. Die rosigen Metzgersfrauen schenkten den Kindern Fleischwurststücke. Und das, was die Menschen an ihren Leibern trugen, die bunten Pullover, die engen Jeans in sattem Blau, die Digitaluhren der Männer, erinnerte mich an Gewänder, an den Samt, das Gold und die Seide aus Märchen, wenn das arme Mädchen, eine verkannte Prinzessin, am Ende einer abenteuerlichen Irrfahrt in den Königspalast zog. Wir legten unsere schäbigen Klamotten ab, von jetzt auf gleich, wir wollten uns in der Masse einrichten: indem wir Levi's Jeans trugen, Geburtstage statt Namenstage feierten, uns an Karneval verkleideten wie die Deutschen. Doch standen wir etwas verloren in der Koblenzer Altstadt, als Kamellen auf uns niederregneten. Es galt, die rheinische Theatralität zu mimen. Das war eine verdoppelte Inszenierungsanstrengung, da wir die Inszenierung der anderen nachzuahmen suchten. Und Vater rief nur sehr verhalten ein Koblenzer „Helau" den grell geschmückten Wagen und Funkenmariechen entgegen. Wie die meisten Immigranten aus Polen waren wir damit beschäftigt, nicht aufzufallen. Schließlich durften wir kommen, wie all die Hunderttausende anderer polnischen Aussiedler, da wir, so die Doktrin, deutscher Volksabstammung waren. Zu Hause sah es anders aus, zu Hause besuchten uns andere Aussiedler oder Asylbewerber, kein deutsches Wort kam über ihre Lippen. Bis heute hat kaum ein Deutscher, der in diesem Land auch aufgewachsen war, die Türschwelle meiner Eltern übertreten. Mutter blieb für die Deutschen stets „die Polin".

5 **Kutteln:** Innereien

1 *a) Fasst zusammen, worüber der Autor Adam Soboczynski schreibt.*
b) Untersucht den Schreibstil. Manchmal erzählt der Autor von seinen ganz persönlichen Erfahrungen und Erlebnissen. Woran wird dies sprachlich deutlich?

2 *Wie beschreibt Soboczynski die Deutschen? Was fällt ihm auf? Wie nimmt er sie wahr?*

3 *Der Autor thematisiert an verschiedenen Stellen sein eigenes Sprachproblem und das seines Vaters. Fasst die entsprechenden Passagen in einem beschreibenden Text zusammen.*

4 *Für Soboczynski ist Karneval ein fremder Brauch.*
a) Beschreibt und erklärt ihm, was Karneval bedeutet und wie gefeiert wird.
b) Schildert eigene Erlebnisse mit bzw. in der „närrischen Zeit".
c) Vergleicht eure beschreibenden und eure schildernden Texte miteinander. Wie unterscheiden sie sich sprachlich, wie inhaltlich?

5 *a) Recherchiert Festtage und Bräuche aus anderen Kulturen, z.B. zu Silvester.*
b) Erklärt und beschreibt sie euch gegenseitig.

6 *Vergleicht die beiden Lebensgeschichten von Antonio Perrone und Adam Soboczynski. Was ist ihnen gemeinsam, was ist unterschiedlich?*

7 *Kennt ihr jemanden, der aus einem anderen Land, einer anderen Kultur kommt? Was wisst ihr über ihn oder sie?*
a) Notiert zunächst eure Vermutungen darüber, wie sie ihre erste Begegnung mit dem fremden Land erlebt haben. Sucht anschließend das Gespräch mit dieser Person und protokolliert deren Erfahrungen. Ihr könnt auf einem vorbereiteten Protokollblatt Rubriken anlegen zu bestimmten Fragekomplexen:
- *Welchen Schwierigkeiten sind die Befragten begegnet?*
- *Was hat ihnen das Leben im neuen Land erleichtert?*
- *Welche Hilfen hätten sie sich gewünscht?*

b) Vergleicht eure Vermutungen mit den geschilderten Erfahrungen. Was hat sich für euch bestätigt, was müsst ihr revidieren?
c) Wenn ihr selbst aus einem anderen Land stammt, schildert eine Episode aus eurem Leben, in der das Thema „Fremdsein" eine Rolle spielt.

Agnes Sobisz, 15 Jahre, Erich-Kästner-Realschule Brühl

Wo ist meine Heimat?

Ich würde lieber in Polen als in Deutschland wohnen. Die Deutschen sagen: „Du bist Polin, also geh auch nach Polen!" Ich komme nach Polen und denke: Hier ist deine Heimat, hier fühlst du dich wohl. Felder, Wiesen, Wälder. Alles ist so natürlich. Und frisch. Kaum aber treffe ich neue Freunde und erzähle, dass ich ausgewandert bin, kommt so ein Blick. „Ah, du bist Deutsche. Wieso kommst du nach Polen?" Mit solchen Sätzen machen sie mich fertig. Ich denke: Super, jetzt, genau jetzt, bist du in deiner Heimat und die Leute sagen: „Du hast Polen im Stich gelassen. Du brauchst nicht zurückzukommen." Ich fühle mich ohne Heimat. In Deutschland wollen sie, dass ich gehe. In Polen sagen sie: „Du hast dein Land verraten." Und ich zweifle, ob Polen tatsächlich meine Heimat ist.

8 *Verfasst einen Text zu dem Thema „Fremde bei uns". Entscheidet euch, ob ihr eher einen sachlichen Bericht, eine Reportage oder einen Text mit biografischen Zügen schreiben wollt. Berücksichtigt je nach Textsorte Aufbau und sprachliche Gestaltung.*

1.2 Die Begegnung mit dem Fremden – Parabeln entschlüsseln und interpretieren

Bertolt Brecht schrieb mehr als 80 Keuner-Geschichten. Die meisten sind zwischen 1926 und 1935 entstanden. Protagonist ist Herr Keuner, dessen Name zumeist auf den Anfangsbuchstaben („Herr K.") reduziert wird. Wichtig erscheint seine Haltung zu bestimmten gesellschaftlichen Frage- und Problemstellungen. Herr K. ist oft „der Denkende".

Bertolt Brecht

Zwei Städte
(undatiert)

Herr K. zog die Stadt B. der Stadt A. vor. „In der Stadt A.", sagte er, „liebt man mich; aber in der Stadt B. war man zu mir freundlich. In der Stadt A. machte man sich mir nützlich; aber in der Stadt B. brauchte man mich. In der Stadt A. bat man mich an den Tisch; aber in der Stadt B. bat man mich in die Küche." [R]

1 *a) Stellt in einer Tabelle gegenüber, was nach Aussage des Herrn K. die beiden Städte voneinander unterscheidet.*

Stadt A.	*Stadt B.*
Man liebt mich.	...
...	

b) Vergleicht die beiden Städte, wie Herr K. sie beschreibt, und findet Erklärungen dafür, warum Herr K. die Stadt B. vorzieht.

2 *a) Führt eine Ersatzprobe durch, indem ihr die Überschrift verändert, z. B. durch „Zwei Schulen"; „Zwei Sportvereine". Passt die Aussagen von Herrn K. gegebenenfalls der von euch gewählten Überschrift an.*
b) Vergleicht eure Texte.
Welche Aussageabsicht entsteht?

3 *Informiert euch in dem Einführungstext oben, wie die Figur des Herrn K. charakterisiert wird. Überlegt nun, was mit der Stadt A. bzw. B. beispielhaft gemeint sein könnte.*

Nikos Kazantzakis

Die Blinden (1957)

Nikos Kazantzakis wurde 1883 auf der Insel Kreta geboren. Er bekleidete hohe Staatsämter in Griechenland, die er aber aufgab, um schriftstellerisch tätig sein zu können. Nach dem Zweiten Weltkrieg lebte er hauptsächlich in Frankreich. Er starb 1957 in Freiburg im Breisgau. Besonders seine Romane, darunter der auch verfilmte „Alexis Sorbas“, machten ihn weltbekannt, er schrieb aber ebenso Lyrik, Theaterstücke und philosophische Abhandlungen, außerdem trat er als Übersetzer in Erscheinung.

Es war einmal, sagte er, ein kleines Dorf in der Wüste. Alle Einwohner dieses Dorfes waren blind. Eines Tages kam dort ein großer König mit seinem Heer vorbei. Er ritt auf einem gewaltigen Elefanten. Die Blinden hatten viel von Elefanten erzählen hören und wurden von einer heftigen Lust befallen, heranzutreten und den Elefanten des Königs berühren zu dürfen und ihn zu untersuchen, um eine Vorstellung davon zu bekommen, was das für ein Ding sei. Einige von ihnen – vielleicht waren es die Gemeindeältesten – traten vor und verneigten sich vor dem König und baten um die Erlaubnis, seinen Elefanten berühren zu dürfen. Der Eine packte ihn beim Rüssel, der Andere am Fuß, ein Dritter an der Seite, einer reckte sich hoch auf und packte das Ohr, und ein Anderer wieder durfte einen Ritt auf dem Rücken des Elefanten tun. Entzückt kehrten alle ins Dorf zurück, und die Blinden umringten sie und fragten eifrig, was denn das ungeheuerliche Tier Elefant für ein Wesen sei. Der Erste sagte: „Es ist ein großer Schlauch, der sich hebt und senkt, und es ist ein Jammer um den, den er zu packen kriegt.“ Der Zweite sagte: „Es ist eine mit Haut und Haaren bekleidete Säule.“ Der Dritte sagte: „Es ist wie eine Festungsmauer und hat auch Haut und Haare.“ Der, der ihn am Ohr gepackt hatte, sagte: „Es ist keineswegs eine Mauer, es ist ein dicker, dicker Teppich, der sich bewegt, wenn man ihn anfasst.“ Und der Letzte sagte: „Was redet ihr für Unsinn? Es ist ein gewaltiger Berg, der sich bewegt!“

1 a) *Lest den Erzähltext „Die Blinden“ und haltet schriftlich euren ersten Leseeindruck fest.*

b) *Schreibt in Stichwörtern heraus, worum es geht:*

Ort: kleines Dorf in der Wüste
Besonderheit der Dorfbewohner: ...
Ereignis: ...

c) *Das Streitgespräch der Dorfbewohner bricht einfach ab. Wie könnte es weitergehen? Verfasst mögliche Fortsetzungen und vergleicht sie miteinander.*

d) *Was bewirkt die Offenheit des Textes beim Leser/bei der Leserin?*

2 *Tragt Redewendungen zusammen, in denen „das Blindsein“ im übertragenen Sinn zu verstehen ist, und erklärt, was gemeint ist, z. B.: „Jemand ist auf diesem Auge blind.“*

3 *„Die Blinden hatten viel von Elefanten erzählen hören …“ (Z. 5–6)*

a) *Erklärt die unterschiedlichen Antworten der Ältesten.*

b) *Klärt, welche Chancen, aber auch Gefahren für die Wahrnehmung in Vorinformationen liegen.*

- ☐ *Gibt es jemanden von ihnen, der „recht“ hat oder der am meisten „sieht“?*
- ☐ *Seht ihr einen Unterschied darin, wenn die Ältesten immer gesagt hätten: „Es ist wie …“ statt „Es ist …“? Erläutert diesen.*

c) *Was ist das eigentliche Thema des Textes? Wovon wird hier bildhaft erzählt?*

4 *Vergleicht eure Überlegungen mit euren ersten Leseeindrücken. Was hat sich verändert?*

5 *Ihr kennt den Begriff „Parabel“ aus der Mathematik.*
- *a) Betrachtet die mathematische Parabel. Inwiefern lässt sich ihre Form auf eine bildhafte Erzählung beziehen?*
- *b) Übernehmt das Schaubild in euer Heft. Macht die Parabelstruktur von „Die Blinden“ deutlich, indem ihr eure bisherigen Ergebnisse eintragt.*
- *c) Überlegt, in welcher Situation die Parabel erzählt werden könnte, um jemandem „die Augen zu öffnen“? Schreibt kurze Rahmenhandlungen.*

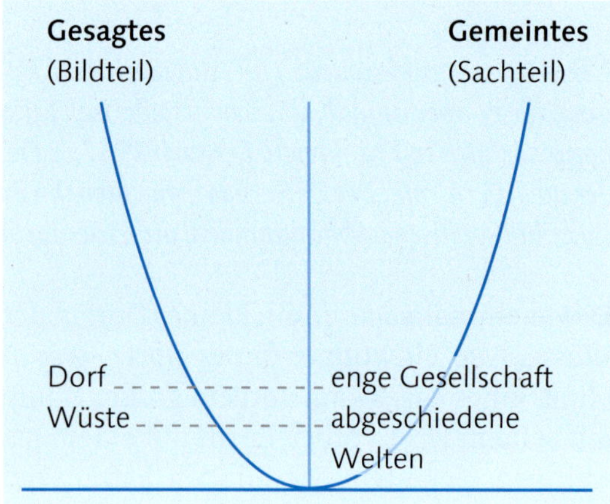

6 *Im Folgenden findet ihr Ausschnitte aus Interpretationsaufsätzen zu der Parabel:*
- *a) Welchem Teil eines Interpretationsaufsatzes sind die Textausschnitte zuzuordnen?*
- *b) Was lässt sich verbessern? Begründet.*

Die Parabel „Die Blinden“ fordert dazu heraus, vorschnelles Einschätzen und Urteilen zu vermeiden. Sowohl fremden Menschen als auch bisher unbekannten Situationen wird man nicht gerecht, wenn man sich nicht auf ein vorsichtiges Kennenlernen einstellt. Mich hat der Text gelehrt, in Zukunft offener für Neues, Fremdes zu sein und es nicht gleich wieder mit mir wohlbekannten Etiketten zu versehen.

Als die blinden Dorfältesten den Zurückgebliebenen berichten, wie sich der Elefant angefühlt hat, geraten sie in einen Streit. Da jeder von ihnen einen anderen Teil des Elefanten wahrgenommen hat, stellt er für jeden von ihnen auch etwas anderes dar. Der Erste …

Die Blindheit der Einwohner steht für die Engstirnigkeit der Menschen. Die meisten bedenken nicht, dass man mit seiner subjektiven Wahrnehmung immer nur einen Ausschnitt vom Ganzen erfassen kann. Jeder sammelt nur auf seinem individuellen Hintergrund Erfahrungen, die entsprechend nicht allumfassend sind.

Die Parabel „Die Blinden“ von Nikos Kazantzakis handelt von den blinden Einwohnern eines Dorfes, die zum ersten Mal die Möglichkeit erhalten, einen Elefanten zu erleben.

7 *Verfasst eine zusammenhängende Interpretation der Parabel. Verwendet dazu eure Vorarbeiten.*

ARBEITSTECHNIK

Parabeln interpretieren
Ziel der **Interpretation** ist es, den **Bildteil** (Gesagtes) und den **Sachteil** (Gemeintes) deutend miteinander zu verknüpfen.
Diese Verknüpfung macht den Hauptteil des Interpretationsaufsatzes aus, nachdem man in der Einleitung – neben den Angaben zu Autor, Titel und zur Textsorte – das Thema in einem Satz benannt hat. Im Schlussteil bringt man die Gesamtaussage auf den Punkt und formuliert eine eigene Stellungnahme zum Text.

Günter Kunert

Der fliegende Mensch (1978)

Günter Kunert wurde 1929 in Berlin geboren. Nach dem Krieg veröffentlichte er satirische Gedichte und Kurzgeschichten. Bis 1979 lebte er in der damaligen DDR, danach in der Bundesrepublik Deutschland.

In einem dieser alten Häuser, in einer dieser anheimelnd dämmrigen Höhlen, wie sie um die Jahrhundertwende gebaut wurden, und in deren Treppenhäusern es von Mord und Notzucht und ungezählten Kohlgerichten raunte, wohnte Herr Metzenwetzler, bekannt in seiner Straße als „Der fliegende Mensch“. Doch schon hinter der nächsten Kreuzung, über die nächste Querstraße hinweg, kannte den alten Mann keiner mehr. Man sah ihn den ganzen Tag am Fenster sitzen und hinunterblicken aufs Pflaster, das mit kreidebleichen kinderplumpen Fratzen zu ihm aufglotzte. Oder er starrte zum Himmel hoch, der ihm nichts zu sagen hatte, denn Metzenwetzler senkte bald wieder den Kopf, resigniert und bewachsen mit gelblich weißem Gefussel, welches Haar darstellte. Kein Besucher des Alten blieb von dessen Schicksalsbericht verschont: Ja, er konnte fliegen. In seiner Jugend hatte er überraschend diese Fähigkeit entdeckt, als er während einer Theateraufführung merkte, er schwebe unter der Decke des Zuschauerraumes, indes die Schauspieler zu ihm aufsahen. Dieser Vorfall bereitete ihm damals großen Ärger. Später trug er Schuhe mit Bleieinlagen, um nicht unangenehm aufzufallen. Keine Behörde hat Leute gern, die aus dem amtlich festgelegten Rahmen flattern, weil sie damit die Allgemeingültigkeit gesetzlicher Normen zerstören. So wagte er, Metzenwetzler, es nur manchmal noch und abends hinter verhängten Scheiben im verschlossenen Zimmer umherzuschwirren, wobei er sich das Haupt blutig stieß, bis er es endgültig aufgab; einige vergilbte Fotos, Amateuraufnahmen, ohne Blitzlicht gemacht, bewiesen seine Worte. Heute bestehe eine andere Einstellung fliegenden Menschen gegenüber, eine vielleicht großzügigere, vielleicht bloß gleichgültigere, erlaube es jetzt, sich ungestraft in die Luft zu erheben, und zwar ungefähr so: Der alte Mann schloss die Augen, seine Miene verkrampfte sich vor Anstrengung, das Gesicht lief rot an, wobei Keuchen aus seinem offenen Mund drang und ein erregtes: „Sehen Sie! Sehen Sie!" Obwohl sein Körper nach wie vor eingesunken im Sessel hockte, öffnete er wieder die Augen, lächelte er stolz, weil ihn, wie er glaubte, die lange unterdrückte Fähigkeit nicht verlassen habe. Nur ein wenig Training fehle ihm. Und kein Besucher wagte es, dem Alten zu widersprechen, sondern lobte lauthals seine Flugkunst. Eines Tages jedoch musste ein fremder Irgendjemand an Metzenwetzlers Aufstiegsvermögen gezweifelt haben, denn der Greis erschien zornig gestikulierend auf seinem Fensterbrett und drohte wild ins Zimmer zurück, wo anscheinend der Wahrheitsfanatiker den Beweis erwartete. Danach war in der Straße niemand mehr recht froh; am unglücklichsten war der Hauswart, der die Steinplatten vor dem Haus vom Blut reinigen musste, weil er sie erst am selben Tag geputzt hatte. Wer bezahlte die doppelte Arbeit? Eigentlich richtig gleichgültig blieben nur die gen Himmel gerichteten leeren Fratzen aus Kreide.

1 *a) Gliedert zunächst den Text in Abschnitte: Z. 1–... und gebt ihnen passende Überschriften.*
b) Skizziert den Lebenslauf von Herrn Metzenwetzler: Wie geht er mit seiner besonderen Fähigkeit um? Welche Reaktionen gibt es von den Außenstehenden?
c) Wie kann man sich die Reaktionen der Besucher erklären?

2 *a) Legt euch ein Wortfeld zum Begriff „fliegen" an. Sammelt Redensarten rund um den Begriff „fliegen" und klärt die Bedeutungen, z. B.: „jemandem wachsen Flügel".*
b) Unterscheidet Gesagtes und Gemeintes in der Parabel „Der fliegende Mensch". Die Fähigkeit des Protagonisten zu fliegen, ist bildlich zu sehen. Wofür könnte sie stehen? Nutzt das Schaubild der Parabelstruktur.

3 *Verfasst eine schriftliche Interpretation der* ***Parabel.***

!

Die Parabel

Parabeln (griech.: das Nebeneinandergestellte, das Gleichnis) sind kurze Erzähltexte. Sie wollen nicht wörtlich verstanden werden. Vielmehr verweist der **Bildteil** (das Gesagte), der eine beispielhafte konkrete Handlung zeigt, indirekt auf den **Sachteil** (das Gemeinte), die beabsichtigte Aussage des Textes. Parabeln sollen so den Leser anregen, Rückschlüsse auf eine allgemeine Wahrheit, Lebensweisheit oder auf eine Verhaltensregel zu ziehen.

4 *Vergleicht die Parabeln miteinander und setzt sie mit dem Thema „Fremdsein" in Beziehung.*

1.3 Schulprojekt: Für die Begegnung verschiedener Kulturen werben

Leben ist geprägt von Begegnungen und vom Austausch zwischen Menschen unterschiedlicher Nationalität und verschiedener Kulturen. Das Internet, der weltweite Wissens- und Informationsfluss, Urlaubsreisen rund um die Welt, die Zusammenarbeit der Wirtschaftsmärkte sowie die fortschreitende Globalisierung tragen dazu bei, dass wir immer mehr zusammenwachsen. Auch das Schulleben spiegelt diese Tendenzen wider:
In den meisten Klassen gibt es Schülerinnen und Schüler, deren Eltern aus dem Ausland kommen oder die selbst im Ausland geboren und aufgewachsen sind. Manchmal sind Gastschülerinnen und Gastschüler zu Besuch, die für eine Zeit lang in eine deutsche Schule gehen. Nach der zehnten Klasse gehen viele eine Zeit lang ins Ausland, um dort neue Erfahrungen zu sammeln und Fremdsprachenkenntnisse zu erwerben oder zu verbessern.
Häufig pflegen Schulen internationale Partnerschaften, die Austauschmöglichkeiten bieten. Darüber hinaus gibt es schulische Initiativen, die mit Projektgruppen, beispielsweise in Brasilien oder Westafrika, Partnerschaften eingehen. Sie wollen mithelfen, auf der südlichen Erdhalbkugel Schulen zu gründen und dort Bildung auch für die ärmsten Kinder zu ermöglichen. Motivation ist dabei die Übernahme von Verantwortung für das Zusammenleben verschiedener Kulturen in unserer Welt.

1 *a) Recherchiert, welchen Nationalitäten die Schülerinnen und Schüler eurer Schule angehören.*
b) Nehmt Kontakt mit Schülern anderer Herkunft auf und berichtet darüber, wie sie sich in Deutschland fühlen.
c) Entwickelt aus ihren Erfahrungen Vorschläge für eine bessere Integration.

2 *Dies sind Slogans verschiedener Initiativen, die Achtung und Respekt gegenüber anderen zum Ausdruck bringen und sich bewusst gegen Ausländerfeindlichkeit aussprechen:*
a) Wie wirken diese Slogans auf euch?
b) Untersucht die sprachlichen Mittel, die verwendet werden.
c) In welchem Kontext können die Slogans Verwendung finden?
d) Entwerft Slogans für eine mögliche Aktion in eurer Schule.

ALLE ACHTUNG!

Mutproben –
Mut proben

Schule ohne Grenzen

Go respect!

SO BUNT IST DIE WELT!

Jeder ist Ausländer – irgendwo!

Die einen haben Freunde.
Die anderen haben Vorurteile.

3 *Schulpartnerschaften und Schüleraustauschprogramme bereichern das Schulleben. Informiert euch darüber, welche Partnerschaften eure Schule hat:*

- *Sind gerade Austauschschüler/innen vor Ort? Welches Programm wird ihnen geboten? Was sollen sie von Deutschland kennen lernen?*
- *Interviewt Schülerinnen und Schüler eurer Schule im Anschluss an den Auslandsaufenthalt. Fragt sie nach ihren Erfahrungen und Erlebnissen.*
- *Ist Fremdsein ein Thema bei einem zeitlich begrenzten Auslandsaufenthalt?*
- *Gibt es Informationsveranstaltungen zum Schüleraustausch? Besucht diese Veranstaltungen oder befragt die zuständigen Lehrkräfte, ob der Umgang mit Fremden thematisiert wird.*

4 *Werbt für die Teilnahme an einem Austausch:*

a) Listet alle „Pluspunkte" auf, die für einen Schüleraustausch sprechen.
b) Wertet eure Listen aus: Welche Punkte haltet ihr für besonders werbewirksam? Welche „Botschaft" wollt ihr vermitteln?
c) Notiert Wünsche und Erwartungen, die ihr bei der Zielgruppe eurer Werbung vermutet.
d) Überlegt, mit welchem Medium ihr entsprechend der Zielgruppe für den Schüleraustausch werben wollt: mit Plakaten, Werbetexten/-anzeigen auf der Schul-Homepage oder in der Schülerzeitung, einem werbenden Infobrief oder einer kleinen Broschüre.
e) Verfasst nun Werbetexte für die jeweilige mediale Form. Berücksichtigt dabei, dass ihr Aufmerksamkeit und Interesse wecken wollt.

!

Informieren und Appellieren

Ein Infobrief für die Teilnehmer an einem Schüleraustausch, ein Projekttitel, das Motto eines Schulfestes oder Formulierungen im Schulprogramm haben nicht nur eine **informative Funktion,** sondern auch eine **appellative,** d. h., sie haben auffordernden Charakter und sollen zum Handeln bzw. Nachdenken anregen. Der **Appellcharakter** wird durch sprachliche Mittel erzeugt, z. B.: Imperative, Ellipsen (verkürzte Sätze), Slogans, kurze Fragesätze, rhetorische Mittel, Anredepronomen und Ausrufezeichen: „Schon mal in England gewesen? ... Wer hat Interesse? ... Jetzt anmelden!"

2 Mode, ein tierisches Vergnügen? – Argumentieren und Erörtern

2.1 Jobben für Klamotten? – Diskutieren und Erörtern

1 *Beschreibt und deutet die oben abgebildete Kleidung.*
a) Welche Accessoires verwenden die Jugendlichen für ihre Inszenierung?
b) Welche Wirkung wollen sie wohl damit erzielen?

2 *Outfit, Modekonsum, Stilrichtung, Modediktat, in - out, Haute Couture, Trendsetter.*
Was assoziiert ihr mit den Begriffen?
Haltet eure Gedanken in Stichwörtern fest.

3 *Diskutiert, wie ihr zu der äußeren Erscheinung der japanischen Jugendlichen steht.*

Was ich anziehe, bezahle ich selbst – Argumente in der Diskussion

Janis Vougioukas

Was hier geht, kommt

[...] Ein Mädchen tritt aus der Umkleidekabine, es trägt einen lila Minirock, der gerade das Nötigste bedeckt, darunter schwarze Strapse und Stiefel mit hohen Absätzen. In der Boutique bricht Jubel aus. Verkäuferinnen klatschen in die Hände, kreischen, hüpfen auf das Mädchen zu und tanzen zu dröhnender Hip-Hop-Musik. Es ist, als sei ein Popstar hinter dem Vorhang hervorgetreten. Das Mädchen schaut erst unsicher, dann strahlt es vor Freude über den Zuspruch.

Mit dem Kirschblütenfest Ende März ist der Frühling nach Tokio gekommen. Die Sonne scheint, in der Schule sind Ferien. Und ganz Japan kauft die neueste Sommermode. Die Verkäuferinnen in der Shopping Mall 109 in Tokios Stadtteil Shibuya verstehen es besonders gut, ihre jungen Kundinnen mit Komplimenten und Applaus zu überzeugen – und zum Kauf zu animieren.

Einkaufen ist für japanische Teenager nicht bloß eine Freizeitbeschäftigung. Konsum ist Kunst – und niemand beherrscht sie so gut wie die mode- und trendverliebte Jugend in Tokio. [...]

Die U-Bahn-Station Shibuya ist der Treffpunkt der Tokioter Jugend. [...]

Jetzt, am Nachmittag, hat die Jugend Shibuya übernommen und die schwarzweiße Monotonie in eine bunte Parade verwandelt. Es ist eine Welt aus Lack, Haartönung, Glitzer, Kunstperlen, grellem Make-up und hohen Absätzen. Tokios Jugend liebt modische Experimente, und in Shibuya ist die Straße ihr Laufsteg. [...]

Ayana Matsuaki ist 17 Jahre alt und besucht im Tokioter Vorort Saitama die elfte Schulklasse. Jeden Monat gibt sie 70.000 Yen für Kleidung und Kosmetik aus – umgerechnet etwa 500 Euro. Das ist in Japan noch nicht einmal viel. Damit sie sich den Luxus leisten kann, kellnert Ayana dreimal pro Woche abends in einem Restaurant. Sie trägt grüne Kontaktlinsen, ein enges Oberteil, einen knappen Minirock und schwarze Kniestrümpfe. Zu Hause, etwa eine U-Bahn-Stunde vom Stadtzentrum entfernt, teilt sie sich mit ihrem 13-jährigen Bruder ein kleines Zimmer unter dem Dach. Ayanas Vater arbeitet als Manager bei einem Kurierdienst. Meist geht er schon vor sechs Uhr morgens zur Arbeit und kommt erst nach zehn Uhr abends nach Hause. Die Mutter verkauft Fertighäuser. Beide Eltern haben ihr ganzes Leben gearbeitet, eingesperrt in einer Welt, die nur aus Büro, überfüllten U-Bahnen und der Fernsehcouch im Wohnzimmer besteht.

Ayana versteht sich gut mit ihren Eltern. Doch wie viele junge Japanerinnen würde sie später gern ein freieres Leben führen. Sie wäre gern als Afroamerikanerin auf die Welt gekommen. Die spielten viel Basketball und tanzten mit kreisenden Hüften, sagt Ayana. Manchmal versucht sie mit ihren Freundinnen, die Bewegungen nachzumachen. Aus Reggae-Musik, Miniröcken und dicken goldenen Halsketten hat sich das Mädchen eine Traumwelt

geschaffen, die Möglichkeit, in eine andere Realität zu flüchten. Sie ist keine Rebellin, man darf das nicht falsch verstehen. Aber in ihrem Herzen brennt eine Flamme der Sehnsucht.
Der Drang, jemand anderes und Teil einer fremden Gruppe zu sein, hat in Japan die absurdesten Moderichtungen hervorgebracht. Mädchen, die sich wie Lolitas oder französische Dienerinnen kleiden, „Ego Girls“ und Fabelwesen im Stil der Comicfiguren aus den japanischen Mangas. Spätestens mit dem ersten Bewerbungsgespräch aber verwandeln sich die Fantasiegestalten zurück in normale Mädchen.
„So verrückt die Modewelt auch ist, alles findet im Rahmen der streng organisierten japanischen Gesellschaft statt“, sagt Gene Krell, internationaler Modedirektor der Zeitschrift „Vogue“. [...]
Mode-Ikone Gene Krell ist sicher, dass er für immer in Japan bleiben wird. Auch wenn er nach 40 Jahren noch oft das Gefühl hat, dieses Land in seinen Extremen nicht ganz zu verstehen. „Manchmal schalte ich den Fernseher an, und da hängt jemand kopfüber im Bild und putzt sich die Zähne mit Chilipulver“, sagt er. Dann lehnt er sich zurück und denkt einen Moment nach. „So ist Tokio. Die modischste Stadt der Welt“, sagt er. Wahrscheinlich wird aus dem Chilipulver einmal ein Welttrend.

1 *Der Text „Was hier geht, kommt“ lebt von seinen inhaltlichen Gegensätzen. Schreibt Gründe und Motive heraus, die den Modekonsum der 17-jährigen Japanerin Ayana Matsuaki antreiben.*

2 *Diskutiert in der Klasse die These „Konsum ist Kunst“, die im Text aufgestellt wird. Bedenkt dabei die folgenden Fragen:*
- *Wofür stehen modische Outfits?*
- *Welche Botschaft transportieren modische Erscheinungsbilder?*
- *Ist Mode eine zentrale Form der Selbstbestimmung?*
- *Geht es der japanischen Jugend dabei um reinen Konsum?*

3 *Diskutiert dieselbe These noch einmal, allerdings in reglementierter Form:*
a) Legt eine Stoffsammlung aller Argumente an. Ordnet sie nach Pro und Kontra.
b) Wählt sechs bis acht Schülerinnen oder Schüler aus, die abwechselnd im Uhrzeigersinn je ein Pro-, dann ein Kontra-Argument vortragen. Jede Rednerin/jeder Redner muss zuerst das Argument seiner Vorrednerin/seines Vorredners wiederholen, bevor das eigene Argument genannt wird. Dieses sollte sich inhaltlich auf das vorherige beziehen.
c) Überlegt gemeinsam, inwiefern sich die reglementierte Diskussion von der ersten unterscheidet. Gibt es Strategien, die ihr für zukünftige Diskussionen übernehmen möchtet?

!

Argumentieren
Eine gut gebaute Argumentation ist die wichtigste Voraussetzung, um in einer Diskussion bestehen zu können. Zu einer Argumentation gehören:
- eine **These** (Behauptung, Empfehlung, Bewertung/Urteil),
- **Argumente**, also Begründungen, die die These stützen (überprüfbare Fakten, Beobachtungen und Erfahrungen, allgemein anerkannte Grundsätze oder Normen, Expertenmeinungen), und
- zu jedem Argument **Beispiele, Belege** oder **Zitate,** die es untermauern.

Es gibt nicht „die" Mode! Mode ist vielfältig und bedeutet Kreativität und Freude am Schönen. Durch Kleidung kann ich meine Persönlichkeit ausdrücken. Dafür bin auch ich bereit, eine Gegenleistung zu erbringen.

Ich finde es lächerlich, mit welcher Hingabe sich junge Leute mit einem „modischen" Kleidungsstück identifizieren können. Das wäre mir keinen müden Cent wert.

Mode ist dann gut, wenn sie Platz lässt für den Mut, zum eigenen Geschmack zu stehen.

In meinen Augen ist das bedenklich. Mode ist Manipulation. Dafür würde ich nie malochen.

Meiner Meinung nach sollten Ayanas Eltern ihr hier mehr entgegenkommen. Wenn sie schon keine Zeit für ihre Tochter haben, sollten sie ihr wenigstens Geld zum Shoppen geben.

Das Leben ist langweilig genug, warum nicht experimentieren?!

Wie uns das Beispiel von Ayana zeigt, schafft Mode eine Gegenwelt.

4 *Ayana Matsuaki arbeitet dreimal die Woche, um sich diesen Mode- und Lebensstil finanzieren zu können. Lest die Sprechblasen der Jugendlichen, die sich dazu äußern.*
a) Sortiert die Meinungsäußerungen nach Pro und Kontra.
b) Ergänzt weitere Argumente.
c) Welcher Meinung würdet ihr euch anschließen? Bestimmt eure eigene Position.

5 *Führt zum Thema „Jobben für Klamotten?" eine „Fishbowl-Diskussion" durch:*
- *Teilt die Klasse in zwei Gruppen ein.*
- *Bildet zwei Stuhlkreise: einen kleinen inneren und einen größeren äußeren.*
- *Im inneren Stuhlkreis sitzen die Diskutierenden, im äußeren die Beobachtenden. Ein Stuhl innen kann frei bleiben, damit sich jederzeit ein Beobachter an der Diskussion beteiligen kann; dieser kehrt nach seiner Äußerung wieder an seinen Platz zurück.*
- *Aufgabe der Beobachtenden ist es, die Diskussion genau zu verfolgen und sich Notizen zu den vertretenen Positionen zu machen. Hilfreich ist es, sich beim Beobachten auf einen (oder wenige) Diskussionsteilnehmer zu konzentrieren.*

ARBEITSTECHNIK

Eine Diskussion beobachten

Für das Gelingen einer Diskussion ist nicht nur der Austausch von Argumenten und deren stichhaltiges Belegen notwendig, wesentlich sind auch folgende Aspekte:
- Gehen die Gesprächspartner sachlich-konstruktiv auf Äußerungen des Vorredners/der Vorrednerin ein?
- Schwingen emotionale, d. h. gefühlsbetonte Zwischentöne mit, die auf vorhergehende Auseinandersetzungen oder Ressentiments schließen lassen?
- Was verraten Mimik und Gestik? Inwiefern unterstützen sie die vorgebrachten Thesen und Argumente?
- Verhalten sich die Gesprächspartner fair, d. h., lassen sie sich jeweils ausreden, enthalten sie sich jedweder Zwischenrufe oder mimischer Kommentierung?

6 *Wertet nun die Diskussion aus.*
a) Bewertet die Stichhaltigkeit und Überzeugungskraft der genannten Argumente.
b) Reflektiert die emotionale und nonverbale Ebene der Diskussion. Berücksichtigt dabei die oben genannten Aspekte.

Kleiderordnung oder Modefreiheit? – Eine Streitfrage schriftlich erörtern

1 *Erörtert, ob ihr eine Hausordnung unterschreiben würdet, in der nebenstehender Passus enthalten ist.*

Auszug aus der Hausordnung des Paul-Klee-Gymnasiums in Overath:

II: Verhalten vor und nach dem Unterricht und in den Pausen

[...]

17. Die Gebote der Rücksichtnahme und der Toleranz sollen auch bei der Wahl der Kleidung im Zweifel Vorrang vor dem Anliegen individueller Freiheit haben. Kleidung kann das Empfinden anderer stören oder verletzen, sie kann ablenkend, aufdringlich, belästigend oder einschüchternd wirken.

2 *Notiert in einer Tabelle die Argumente, die für und die gegen eine Kleiderordnung sprechen. Bedenkt dabei auch folgende Fragen:*

Wie tief darf ein Ausschnitt an Mädchenkleidung in der Schule sein?
Sollte man barfuß auf einer Schulkonferenz erscheinen?
Welche Kleidung trägt man auf dem Abiturball – Abendkleid oder Jeans?
Sollen T-Shirts mit politischen Aussagen in der Schule getragen werden?

Für eine Kleiderordnung spricht ...	Gegen eine Kleiderordnung spricht ...
Klassenkameraden werden wegen „unangepasster" Kleidung nicht ausgegrenzt.	Die eigene Freiheit wird eingeschränkt.
...	...

3 *Maja hat mit Hilfe ihrer Stoffsammlung eine Gliederung für den Hauptteil einer dialektischen Erörterung entwickelt.*

a) Gebt wieder, welche Einstellung Maja gegenüber diesem Thema vertritt.

b) Wie möchte Maja ihre Position überzeugend vermitteln? Ist ein „Bauplan" erkennbar? Untersucht die Anordnung bzw. Gewichtung ihrer Argumente.

Kleiderordnung oder Modefreiheit?

1. Frei von Zwang zur Originalität
   - 1.1 Kein Druck, sich täglich neu zu kreieren
   - 1.2 Eine einheitliche Kleidung ist viel günstiger
   - 1.3 Keine Überbewertung des Outfits
   - 1.4 Vorgegebene Kleiderordnung gibt klare Orientierung
   - 1.5 Freizeit kann sinnvoller genutzt werden
   - 1.6 Kein Konsumzwang
2. Selbstverwirklichung durch eigenen Stil
   - 2.1 Anziehen, wozu man Lust hat
   - 2.2 Keine Rücksicht nehmen müssen auf Konventionen
   - 2.3 Innerer Freiheit wird Ausdruck gegeben
   - 2.4 Unabhängigkeit
   - 2.5 Gegenwelt zur grauen Realität
   - 2.6 Stolz auf eigene Kreation

Fazit: Durch selbst gestalteten Modestil unterstreicht man seine Persönlichkeit.

!

Argumente in der schriftlichen Erörterung

Eine umfassende Stoffsammlung bildet die Grundlage für eine Erörterung, die ausgestaltete schriftliche Form der Argumentation.

- Bei der **steigernden** (linearen) Form der **Erörterung** wird **eine Position** ausgearbeitet und begründet. Alle wichtigen Gesichtspunkte werden dabei notiert und gewichtet, Thesen durch Argumente und Beispiele gestützt.
- In der so genannten **dialektischen Erörterung** (Pro-und-Kontra-Erörterung) dagegen wägt man die Gründe, die **für** eine These sprechen, und die Gründe, die **gegen** die These sprechen, gegeneinander ab und sichert so seine eigene Meinung ab. Durch schlüssiges Argumentieren wird das Urteil überzeugend begründet.
  Auch für die dialektische Form der Erörterung gilt grundsätzlich das grobe Gliederungsschema, das ihr bereits von den anderen Aufsatzformen her kennt: Einleitung – Hauptteil – Schluss. Der Hauptteil enthält den Argumentationsgang.

4 *Entwerft nun nach diesem Bauplan eine Gliederung für eure Erörterung, mit der ihr eure eigene Position zum Thema „Kleiderordnung oder Modefreiheit" stützt.*
Berücksichtigt dabei auch Gesichtspunkte, die aus eurer Sicht möglicherweise bei Maja zu kurz kommen oder gar nicht bedacht werden.

!

Bauprinzipien für den Hauptteil der dialektischen (Pro-und-Kontra-)Erörterung

„Sanduhr-Prinzip"

These
(Gegenposition)
Argument 1 + Stütze
Argument 2 + Stütze
Argument 3 + Stütze

These
(eigene Position)
Argument 1 + Stütze
Argument 2 + Stütze
Argument 3 + Stütze

„Pingpong-Prinzip"

These	Gegenthese
Argument (Stützung der These) →	
	Gegenargument (Stützung der Gegenthese)
← **Argument** (Stützung der These durch Entkräften des Gegenarguments) →	
	Gegenargument (...)
← **Argument** (...)	

5 *a) Vergleicht die beiden dargestellten Bauprinzipien für den Hauptteil einer dialektischen Erörterung und benennt die Unterschiede. Beachtet vor allem:*
- *die Namen der Prinzipien,*
- *die äußere Form,*
- *die Farben,*
- *die inhaltliche Anordnung der Argumente bzw. Gegenargumente.*

b) Welchem der beiden Bauprinzipien entspricht Majas Gliederung des Hauptteils? Nennt Gründe für eure Zuordnung.

c) Welches Bauprinzip würdet ihr grundsätzlich bevorzugen? Begründet eure Entscheidung.

6 *Entwerft auf der Grundlage eurer Stoffsammlung zum Thema eine Gliederung für euren Hauptteil nach dem „Pingpong-Prinzip".*

7 *Verfasst nun einen Hauptteil nach dem „Sanduhr-" oder „Pingpong-Prinzip". Achtet dabei auf die sprachliche Gestaltung.*

ARBEITSTECHNIK

Sprachliche Gestaltung einer Erörterung

Um eine Erörterung überzeugend zu gestalten, ist eine sachliche und klare Sprache zwingend notwendig. Wertungen und Emotionen sollten deshalb im Hauptteil vermieden werden. Die Gegenüberstellung der einander zugeordneten Pro- und Kontra-Argumente solltet ihr verdeutlichen durch Gelenkwörter, die eine Begründung, eine Abschwächung, eine Einschränkung oder einen Gegensatz sprachlich deutlich machen. Geeignet sind:
- Kausalsätze, z. B.: „*Weil* ich mit Mode einen eigenen Geschmack demonstrieren kann, ...";
- Finalsätze, z. B.: „..., *damit* ich mich vom Durchschnittslook abheben kann.";
- Konsekutivsätze, z. B.: „..., *sodass* manche von Mode abhängig werden.";
- Konzessivsätze, z. B.: „*Obwohl* immer „hip" zu sein sehr teuer ist, ...";
- Adversativsätze, z. B.: „*Während* die einen sich von Trends unbeeinflusst zeigen, ...".

Für eine differenzierte Argumentation spielen Konjunktionen (unter- und nebenordnende) und Adverbien eine tragende Rolle, z. B.: „weil", „deshalb", „denn", „darum", „also", „folglich", „demnach", „deswegen", „aber", „jedoch", „allerdings", „trotz", „indessen", „trotzdem", „obgleich", „obwohl", „zwar", „insofern", „freilich", „schließlich", „letztlich".

8 *a) Überlegt auf der Grundlage eurer bisherigen Erfahrungen mit Argumentationen, was Einleitung und Schluss innerhalb einer Argumentation leisten sollten.*

b) Formuliert eine passende Einleitung und einen überzeugenden Schluss für das Thema „Kleiderordnung oder Modefreiheit?".

9 *Führt eine* ***Schreibkonferenz*** *mit euren Erörterungstexten durch (▷ S. 154). Legt dabei besonderes Augenmerk auf die Formulierungen der Überleitungen:*
- *zwischen Einleitung und Hauptteil;*
- *innerhalb einer vertretenen Position, die im Hauptteil dargelegt wird;*
- *zwischen gegensätzlichen Positionen, die im Hauptteil dargelegt werden;*
- *zwischen Hauptteil und Schluss.*

ARBEITSTECHNIK

Überleitungen in einer Erörterung

- Zwischen Einleitung und Hauptteil: Der letzte Satz der Einleitung führt gezielt zum eigentlichen Erörtern hin, z. B.:
  „Dieses Problem gilt es, näher zu untersuchen."
  „Bevor man sich ein Urteil bildet, sollte man das Für und Wider genau abwägen."
- Innerhalb einer vertretenen Position im Hauptteil sollten die Überleitungen die steigernde bzw. fallende Anordnung der Argumente unterstreichen, z. B.:
  „Zunächst steht außer Frage, dass ..."
  „Noch aussagekräftiger ist die Tatsache, dass ..."
  „Ein zentraler Gesichtspunkt hierbei ist ..."
- Gegensätzliche Positionen innerhalb des Hauptteils können beispielsweise durch folgende Formulierungen markiert und zugleich verknüpft werden:
  „*Gewiss* ist es ein berechtigter Einwand, wenn ..., *dennoch* ..."
  „*Trotz* der dargelegten Gründe für ... sollte man unbedingt berücksichtigen, dass ..."
- Zwischen Hauptteil und Schluss: Der erste Satz des Schlussteils beendet die kontroverse Diskussion, kann die Positionen zusammenfassen bzw. auch gewichten und führt zu einer Abrundung der Erörterung, z. B.:
  „Ziehe ich aus dem Für und Wider einen Schluss, muss ich feststellen, dass ..."
  „Es ist deutlich geworden, dass die positiven Gesichtspunkte die negativen überwiegen. Gleichwohl müsste auch daran gedacht werden, dass ..."

10 *Sammelt weitere Formulierungen für Überleitungen.*

11 *Wählt eines der Themen aus und verfasst dazu eine Erörterung.*
a) Entscheidet euch, ob ihr eine eindeutige Position beziehen und linear (steigernd) erörtern wollt oder ob ihr das Für und Wider des gewählten Themas abwägt und dialektisch vorgeht.
b) Formuliert die Aufgabenstellung für eure Erörterung so, dass in ihr das Bauprinzip klar erkennbar ist, z. B.: „Warum spielt Mode für junge Leute oft so eine große Rolle?" (lineare Erörterung), „Mode – Lust oder Zwang?" (dialektische Erörterung).

!

Lineare (steigernde) oder dialektische Erörterung?
Manchmal ist auf den ersten Blick nicht leicht zu erkennen, ob eine Erörterungsaufgabe lineares oder dialektisches Herangehen erfordert. Deshalb ist es wichtig, die Aufgabenstellung genau unter die Lupe zu nehmen. Oftmals enthält sie Formulierungen, die Aufschluss über den Erörterungstyp geben.

- Der **linearen (steigernden)** Erörterung liegt häufig eine mit „W" beginnende Frage zu Grunde, z. B.: „Warum ist Sport für die Menschen sinnvoll?" oder: „Was bedeutet Glück für dich?".
  Vielfach geben dabei auch bestimmte Schlüsselwörter Auskunft, z. B.: „Begründe, ...", „Zeige auf, ...", „Erkläre, ...", „Untersuche, ...".
- Auf ein **dialektisches** Vorgehen weisen z. B. Signalwörter hin, die deutlich machen, dass zu einem Thema gegensätzliche Positionen aufeinandertreffen. Typische Formulierungen sind:
  „Erörtere Für und Wider ...", „Setze dich auseinander mit ...", „Diskutiere ...", „Nimm kritisch Stellung ...". Der Gegensatz wird auch meist durch die Art der Frage deutlich, z. B.:
  „Handy – Fluch oder Segen?", „Die Schule als Selbstlernzentrum – Ja oder Nein?".

12 *Untersucht die folgenden Themenformulierungen daraufhin, ob eine lineare oder dialektische Erörterung erwartet wird.*

Der Jugend von heute geht es viel besser als früheren Generationen. Nimm kritisch Stellung.

Sollten Jugendliche einen eigenen Fernseher besitzen? Diskutiere!

Esoterik – Modeerscheinung oder Bedürfnis?

Zensuren für Lehrer! Setze dich mit dieser Forderung auseinander!

Immer mehr Jugendliche verbringen ihre Freizeit vor dem Computer. Erkläre diesen Trend.

Warum Kinder und Jugendliche viel lesen sollten.

13 *Formuliert selbst weitere mögliche Aufgabenstellungen für beide Erörterungstypen.*

2.2 „Fellernte" für den Modemarkt – Eine Rede analysieren und textgebunden erörtern

Strategien sprachlicher Beeinflussung erkennen

Volker Dunz (Partei „Mensch Umwelt Tierschutz")

„Fellernte" für den Modemarkt

Alle Jahre wieder ist diese Jahreszeit und speziell die Vorweihnachtszeit eine besonders schlimme Zeit für unsere tierlichen Mitgeschöpfe. Während im Wald Treibjagden toben, sehen zahllose Gänse und Karpfen einem grausamen Ende entgegen. Für wie viele Hunde, Katzen und andere Heimtiere beginnt unter dem Weihnachtsbaum ein freudloses Leben, das nicht selten im Tierheim oder gar in der Mülltonne endet. Was diesen Tieren noch blüht, haben andere bereits hinter sich. Die Rede ist von den so genannten „Pelztieren". Ihre arteigenen Bedürfnisse rücksichtslos missachtend, werden diese Wesen in viel zu kleinen Käfigen eingepfercht. Nach einem kurzen Leben werden sie schließlich vergast, ersäuft, erschlagen, erstochen oder mit Stromstößen getötet. Als „Fellernte" bezeichnen die Züchter beschönigend das, was nichts weiter ist als barbarischer Mord, gesetzlich legitimiert, toleriert, geduldet.

Diese Grausamkeiten finden statt, obwohl unser Tierschutzgesetz das Töten eines Tieres ohne vernünftigen Grund verbietet und obwohl 70 % der Bevölkerung die Pelztierhaltung ablehnen. In Deutschland werden so jährlich etwa 300 000 Tiere gezüchtet und umgebracht. In keinem Verhältnis dazu stehen die Opferzahlen in anderen Regionen der Erde, die in diesem aus reiner Profitgier geführten Krieg gegen unschuldige Tiere zu beklagen sind. Beim Robbenschlachten in Kanada starben in den vergangenen drei Jahren eine Million Jungtiere einen qualvollen Tod; in China werden jedes Jahr rund 1,5 Millionen Füchse, etwa ebenso viele Marderhunde und ungezählte Wildtiere, Hunde und Katzen nicht weniger brutal umgebracht und gehäutet, nicht selten noch bei vollem Bewusstsein. Dies sind nur zwei in Dimension und Qualität besonders abscheuliche Beispiele für diese Art Verbrechen am Mitgeschöpf. Weltweit werden jedes Jahr über 50 Millionen Tiere wegen ihres Fells umgebracht.

Mitschuld an diesen Grausamkeiten sind diejenigen unter unseren Mitmenschen, die die eigene Geltungssucht oder Eitelkeit über das Wohl der Tiere setzen. Diese Menschen dürfen kein ruhiges Gewissen mehr haben. Sie sollen wissen, dass an jedem verfluchten Pelzmantel das Blut von einem guten Dutzend ermordeter Tiere klebt!

Mitschuld sind ebenso die Händler und Produzenten von Echtpelz-Produkten, die das eigene Profitinteresse über das Wohl der Tiere stellen. Den Modehausketten gilt es, das Weihnachtsgeschäft gründlich zu verderben, damit sie merken, dass man mit Echtpelz im Sortiment mehr Schaden hat als wirtschaftlichen Nutzen.

Mitschuld am millionenfachen Leiden und Sterben der Pelztiere ist schließlich auch der Gesetzgeber, der willfährig die Interessen starker Lobbygruppen über das Wohl der Tiere und den Willen der Bevölkerungsmehrheit stellt.

Im Jahre 2004 hat das Bundesverwaltungsgericht in einem Urteil bestätigt, dass die Pelztierzucht keine landwirtschaftliche Nutztierhaltung ist. Damit ist für Pelztierzuchtbetriebe eine Genehmigung gemäß § 11 des Tierschutzgesetzes notwendig. Seither werden die Pelztierfarmen in Deutschland quasi illegal betrieben. Die zuständigen Behörden haben es nun in der Hand, mittels hoher Auflagen die Haltungen in die Unwirtschaftlichkeit zu treiben und diese so zur Aufgabe zu bewegen. So geschehen in Österreich und der Schweiz. In Großbritannien und Italien ist die Pelztierhaltung ganz verboten. Leider nicht hier in Deutschland. Die Behörden lassen die Pelztierzüchter gewähren, und der Gesetzgeber kommt seit Jahren nicht in die Gänge. Ein Änderungsentwurf für die Tierschutz-Nutztierhaltungsverordnung, der diese um Bestimmungen für die Haltung von Pelztieren erweitern soll, liegt seit 2003 noch immer in der Schublade. Nach wie vor stößt dieser Entwurf auf erhebliche Widerstände und konnte von der rot-grünen Bundesregierung nicht mehr durch den Bundesrat gebracht werden. Dass wohl kaum ein „vernünftiger Grund“ vorliegen kann, der völlig artwidriges Einsperren und Töten von Wildtieren nur für die Erzeugung eines Luxusartikels rechtfertigen würde, das scheint einige der am Gesetzgebungsverfahren Beteiligten nicht zu interessieren. Da wird zum Beispiel die Freiheit der Berufsausübung einer relativ kleinen Gruppe Menschen immer noch als höheres Gut angesehen als das Recht auf Leben und körperliche Unversehrtheit einiger hunderttausend Tiere.

Natürlich reicht es nicht aus, hier in Deutschland die Produktion von Pelz zu beenden, vielmehr ist konsequenterweise ebenfalls der Handel mit Pelzprodukten bzw. die Einfuhr von diesen zu verbieten. Deutschland ist in der Länderstatistik bei Pelzimporten Weltmeister. Und die Europäische Union ist der weltgrößte Markt für Pelzprodukte. Von den insgesamt etwa elf Milliarden US-Dollar, die im Jahr 2002 auf dem Weltmarkt mit dem Verkauf von Pelz erwirtschaftet wurden, entfallen etwa zwei Fünftel allein auf die EU.

Ein Importverbot auf EU-Ebene ist dringend erforderlich, um vor allem dem wachsenden Weltmarktanteil Chinas entgegenzusteuern. Die Haltung und Tötung der Pelztiere in China ist an Grausamkeit kaum noch zu überbieten, wie eine Video-Dokumentation des Schweizer Tierschutzes (STS) Anfang dieses Jahres enthüllte. China gilt inzwischen als größter Produzent und Verarbeiter von Pelzen. Der größte Teil davon wird nach Europa, den USA oder Japan exportiert. Damit überschwemmt das Land den Weltmarkt mit Billigpelzen, mit steigender Tendenz. Falsch oder gar nicht deklariert, finden sich diese Tierqual-Erzeugnisse aus China hier bei uns ein als Dekoration in Form von Kragen oder Bordüren an Anoraks, Wintermänteln, Skibekleidung und Stiefeln oder werden als Accessoires verwendet. Dennoch gibt es seitens der EU-Kommission lediglich die Absichtserklärung des Kommissars für Gesundheit und Verbraucherschutz, sich persönlich dafür einzusetzen, zumindest den Import von Hunde- und Katzenfellen in die EU zu verbieten. So die Verlautbarung von Markos Kyprianou am 8. Juni dieses Jahres. Solange derartige Grausamkeiten passieren, wie das Robbenschlachten in Kanada oder der millionenfache Pelztiermord in China, Korea, Thailand und den Philippinen, sind wir alle aufgerufen, dagegen zu protestieren. Darüber hinaus ist es selbstverständlich, dass wir die

Erzeugnisse dieser Länder boykottieren und von Reisen in diese Länder absehen. „Made in China" soll für uns ein Synonym sein für besonders bestialische Tierquälerei.
Es besteht keinerlei Notwendigkeit, Tiere für menschliche Bedürfnisse auszubeuten und zu töten. Dies gilt für die Ernährung, die Medizin, die Unterhaltung und ebenso für die Bekleidung. Dass dies dennoch in jedem Augenblick weltweit in unvorstellbaren Ausmaßen geschieht, ist die größte Schande der modernen Menschheit; machen wir endlich Schluss damit!
Frohe Weihnachten! Aber nicht für Tiermörder! Für die Befreiung der Tiere! Hier und in der ganzen Welt!

1 *Beschreibt die Wirkung, die diese Rede auf euch hat.*

2 *Untersucht den Inhalt der Rede.*
a) Formuliert das Thema der Rede.
b) Unterteilt die Rede in Sinnabschnitte und notiert passende Zwischenüberschriften.
c) Benennt die Hauptaussagen der Rede.

3 *Die Rede wird anlässlich einer Demonstration gehalten.*
a) Welche Intention liegt ihr zu Grunde?
b) Sucht im Text Stellen, an denen diese Absicht besonders deutlich wird.

4 *Beschreibt den* ***Argumentationsaufbau*** *der Rede.*
- ☐ *Wo werden Thesen (Behauptungen, Forderungen) aufgestellt?*
- ☐ *Welche Argumente (Begründungen) werden angeführt?*
- ☐ *Wo werden Beispiele zur Stützung der Argumente angeführt?*
- ☐ *Werden Gegenargumente genannt, die entkräftet werden?*
- ☐ *Gibt es Stellen in der Rede, in denen nicht mit Argumenten, sondern mit Vorurteilen, Beschimpfungen und Scheinargumenten gearbeitet wird?*

5 *Ist der Argumentationsaufbau der Rede linear oder dialektisch? Begründet.*

6 *Der Redner verwendet positiv besetzte Wertbegriffe (z. B. „Mitgeschöpfe", Z. 3–4) und kontrastiert sie mit Begriffen, die negative Assoziationen auslösen (z. B. „Mord", Z. 20). Findet weitere Beispiele und erläutert die Intentionen im jeweiligen Textzusammenhang.*

7 *Den atmosphärischen Hintergrund der Rede bildet das Begriffsfeld „Weihnachten".*
a) Was soll dadurch erreicht werden?
b) Wie ordnen sich darin Neologismen wie „Fellernte" und „Tierqual-Erzeugnisse" ein? Welcher Effekt wird dadurch angestrebt?

8 *Untersucht den Stil der Rede genauer.*
a) In der nachfolgenden Tabelle sind einige Beispiele für rhetorische Figuren aufgeführt. Findet weitere Beispiele in der Rede und notiert sie zu den entsprechenden Fachbegriffen in euer Heft.
b) Beschreibt die Bedeutung der rhetorischen Figuren für die Wirkung der Rede. Ist es dem Redner gelungen, euch mit seiner Intention zu erreichen?

Rhetorische Figuren	Beispiele im Text
Akkumulation (= Häufung): Ein Satz enthält mehrere aufeinanderfolgende ähnliche Begriffe.	„Hunde, Katzen und andere Heimtiere“ (S. 38, Z. 7)
Anapher: Wiederholung desselben Wortes oder derselben Wortgruppe am Anfang mehrerer aufeinanderfolgender Sätze oder Satzteile	„obwohl unser Tierschutzgesetz das Töten eines Tieres ohne vernünftigen Grund verbietet und obwohl 70 % der Bevölkerung die Pelztierhaltung ablehnen“ (S. 38, Z. 22–26)
Ausruf	„machen wir endlich Schluss damit! (S. 40, Z. 158)
Ellipse: unvollständiger Satz, Auslassung eines Satzteils oder Wortes	„So geschehen in Österreich und der Schweiz.“ (S. 39, Z. 78–79)
Euphemismus: verhüllende Umschreibung einer unangenehmen oder anstößigen Sache durch beschönigenden Ausdruck	„Als ‚Fellernte‘ bezeichnen die Züchter beschönigend das, was nichts weiter ist als barbarischer Mord“ (S. 38, Z. 18–20)
Hyperbel: starke Übertreibung	„aus reiner Profitgier geführten Krieg gegen unschuldige Tiere“ (S. 38, Z. 30–31)
Klimax: Steigerung vom schwächsten zum stärksten Ausdruck	„ein freudloses Leben, das nicht selten im Tierheim oder gar in der Mülltonne endet.“ (S. 38, Z. 8–10)
Metapher: Vorstellungen aus einem Bedeutungsbereich werden in einen anderen übertragen.	„was diesen Tieren noch blüht“ (S. 38, Z. 10–11)
Parallelismus: Wiederholung der gleichen Satzstruktur oder Wortfolge in aufeinanderfolgenden Sätzen.	„Mitschuld an diesen Grausamkeiten [...] Mitschuld sind ebenso [...] Mitschuld an millionenfachen Leiden [...]“ (S. 38–39, Z. 45–61)

9 *Unterstützt abschließend in einem Vortrag der Rede ihre rhetorische Intention durch angemessene Gestik, Mimik und Stimmführung.*

ARBEITSTECHNIK

Rhetorische Texte untersuchen

Reden und Flugblätter sind appellative Texte, die ihre Rezipienten (Zuhörer und Leser) auf vielfältige Weise zu beeinflussen versuchen. Bei der Analyse dieser Texte sollte man unter anderem auf folgende Punkte achten:

Situation
- Gibt es einen besonderen Anlass? Wer ist Adressat des Textes?
- In welchem Verhältnis steht der Verfasser zum Publikum bzw. zur Leserschaft?

Inhalt
- Was ist Gegenstand des Textes?
- Was sind die Hauptaussagen des Textes?

Formaler Aufbau
- In welcher Reihenfolge werden die Hauptaussagen zur Sprache gebracht?
- Wie werden Ein- und Ausstieg gewählt?

Argumentation
- Welche Thesen enthält der Text?
- Durch welche Argumente werden die Thesen abgesichert? Welche Beispiele, Belege, Zitate enthält der Text? Wie wird mit Gegenargumenten umgegangen?

Intention
- Wie stellt der Redner sich selbst dar? Welche Rolle nimmt er ein?
- Welche Wirkung will der Redner bzw. Verfasser erzielen? Woran erkennt man das?
- Will der Redner bzw. Verfasser bestimmte Positionen auf- oder abwerten?
- Will der Redner bzw. Verfasser beschwichtigen oder vereinnahmen?

Rhetorische Figuren
- Welche der rhetorischen Figuren (▷ S. 41) werden eingesetzt? Welche Wirkung geht von ihnen aus?

Positionen hinterfragen – Textgebunden erörtern

Bei einer textgebundenen Erörterung geht es nicht wie bei einer Pro-und-Kontra-Erörterung darum, eigene Argumente gegeneinander abzuwägen, sondern darum, auf Argumente, Beispiele und Belege, die in einem Text vorgegeben sind, mit eigenen Argumenten zu reagieren. Daher ist es notwendig, zuerst den Text zu analysieren und den Argumentationsaufbau herauszuarbeiten.

1 *Vergegenwärtigt euch noch einmal die Rede „Fellernte für den Modemarkt" (▷ S. 38–40).*
a) Formuliert das Thema in eigenen Worten.
b) Notiert Fragen an den Text. Was ist euch beim ersten Lesen nicht klargeworden? Welche zentralen Fragen kann man zu dem Thema stellen?

2 *Lest den Text ein zweites Mal und wendet dabei die unten stehende Lesestrategie an. Diesen Teil der textgebundenen Erörterung habt ihr auf den vorausgehenden Seiten zum Teil schon geleistet, indem ihr Aufbau und Wortwahl der Rede analysiert habt (**▷S. 40–41**).*

ARBEITSTECHNIK

Lesestrategie

Legt eine Folie auf das Buch und markiert die zentralen Stellen. Sucht dabei Antworten auf eure Fragen.

- Formuliert die **zentrale These** des Textes.
- Schreibt die **Argumente** heraus, mit denen diese These gestützt wird.
- Untersucht den Text auf **sprachliche Mittel.**
- Betrachtet vor allem **Stil** und **Wortwahl:** Ist der Text sachlich formuliert, oder kommen eigene Meinungen zum Tragen? Ist er nüchtern oder ironisch geschrieben? Ist das Sprachniveau dem Thema angemessen?

3 *Beschreibt die Argumentation der Rede. Schreibt dazu die zentralen Argumente heraus.*

Die Argumentation eines Textes analysieren

Sich mit einer Argumentation kritisch auseinandersetzen bedeutet, sie unter die Lupe zu nehmen, um Argumente zu prüfen und die Argumentationstechnik sichtbar zu machen:

- Ist der Text logisch aufgebaut?
- Überzeugen die angeführten Argumente und sind sie ausreichend begründet?
- Wo weist die Argumentation Lücken auf, wo ist sie unvollständig?
- Werden alle wichtigen Aspekte zu einem Thema dargelegt? Werden dabei auch gegensätzliche Positionen geprüft?
- Sind die Argumente sachlich nachvollziehbar oder spiegeln sie ausschließlich eine persönliche Meinung wider?
- Durch welche sprachlichen Mittel wird die Argumentation verdeutlicht?
- Was ist die Absicht des Textes? Will er informieren, den Leser zu etwas auffordern oder einen Sachverhalt kommentieren?

Bei der kritischen Untersuchung eines Textes kann man eventuelle **Schwachstellen** oder **besondere Stärken** feststellen, auf die man dann bei der eigenen Argumentation Bezug nehmen kann.

Nach der Zusammenfassung der Argumentation des Textes verlangt die textgebundene Erörterung, eine ausführliche und kritische Auseinandersetzung mit den zentralen Argumenten.

Der Redner führt als Argument dafür, dass der Pelzhandel als ein aus reiner Profitgier geführter Krieg gegen unschuldige Opfer zu verstehen ist, an, dass Tiere grausam gejagt und getötet werden. Hier ist ihm sicher zuzustimmen, wenn man dabei Robben und wild lebende Tiere in den Blick nimmt. Es gibt jedoch auch Tierzuchtfarmen, auf denen Tiere artgerecht gehalten werden.

Hendrike

4 *Analysiert diesen Ausschnitt aus einer textgebundenen Erörterung zu „Fellernte für den Modemarkt".*
- *Zitiert das Argument aus der Rede (mit Zeilenangabe), auf das Hendrike in ihrem Text eingeht.*
- *Beschreibt ihre Reaktion darauf.*

5 *Sucht aus eurer Zusammenfassung der Argumentation der Rede (▷ S. 43, Aufgabe 2) ein Argument heraus, dem ihr teilweise oder vollständig zustimmt.*
a) Formuliert nun zuerst dieses Argument in eigenen Worten.
b) Erläutert, warum ihr zustimmt. Vielleicht findet ihr Beispiele, die ihr als Stütze für eure Argumentation anführen könnt.

6 *Überprüft die* ***Überzeugungskraft*** *der in der Rede „Fellernte für den Modemarkt" aufgeführten Argumente.*
Welchen Argumenten stimmt ihr zu, welchen widersprecht ihr, welche haltet ihr für unvollständig? Ordnet sie entsprechend.

7 *Gibt es in der Rede auch Argumente, die ihr überhaupt nicht nachvollziehen könnt? Formuliert Gegenargumente und untermauert sie durch Beispiele und Zitate.*

8 *Sucht Beispiele, Belege oder Erläuterungen zu den wichtigsten Argumenten des Textes.*

!

Zu Argumenten Stellung nehmen
Zu Argumenten eines Textes kann man auf unterschiedliche Weise Position beziehen.

- Man kann einem Argument **teilweise** (I) oder **völlig** (II) **zustimmen**.

I  II 

- Man kann einem Argument vollkommen **widersprechen** (III).

III 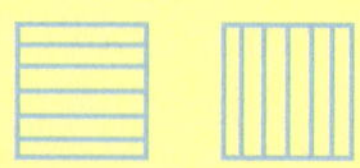

- Man kann einem Argument zwar zustimmen, es aber für **unvollständig** halten und es ergänzen (IV).

IV 

Wenn man auf Argumente aus einem Text eingeht, ist es wichtig, **eigene Akzente** zu setzen. Das heißt, man muss z. B. die eigene Haltung **begründen** und zu den bereits im Text vorhandenen Argumenten Gegenargumente oder eigene Argumente mit Beispielen oder Erläuterungen entwickeln.

9 *Entwerft eine sinnvolle Gliederung eurer Argumentation. Ihr könnt z. B. schrittweise vorgehen, indem ihr die Argumente des Textes bestätigt oder widerlegt. Ihr könnt aber auch zusammenhängend im Block argumentieren.*

10 *Formuliert nun eure vollständige Erörterung. Orientiert euch an dem folgenden Merkkasten.*

!

Aufbau einer textgebundenen Erörterung

1. Einleitung:
- im Einleitungssatz Autor/in, Titel des Textes und Thema nennen,
- gegebenenfalls aktuellen Bezug des Themas herstellen.

2. Hauptteil:
- a) Analyse des Textes:
  - den Text knapp zusammenfassen (Tempus: Präsens),
  - dabei die zentrale Problemstellung wiedergeben,
  - Argumentationsstruktur und sprachliche Mittel des Textes analysieren.
- b) Erörterung der Argumente im Text:
  - zu den Hauptargumenten des Textes Stellung nehmen, dabei teilweise oder völlige Zustimmung oder Widerspruch begründet darlegen,
  - eigene Beispiele und Erläuterungen für oder wider die Argumente formulieren.

3. Schlussteil:
- die wichtigsten Argumente zusammenfassen und daraus die eigene Position ableiten;
- auf das Thema bezogene Aufforderung oder persönlichen Wunsch formulieren;
- auf verwandte Themen verweisen oder zukünftige Entwicklungen aufzeigen.

„Eine einzige Aneinanderreihung von Lügen“ – Textgebundenes Erörtern üben

Pelzbranche wirft Tierschützern und Tierrechtlern Lügenkampagne vor

Frankfurt/M. (ots) – Unerträgliche Lügenkampagnen wirft das Deutsche Pelz-Institut einigen Tierschutz- und Tierrechtsorganisationen vor. Mit geradezu abenteuerlichen Schauergeschichten versuchten sie besonders jetzt in der Vorweihnachtszeit, das Bild des in der Mode wieder verstärkt eingesetzten Naturmaterials Pelz in den Schmutz zu ziehen und von gut meinenden Menschen Spendengelder zu sammeln. „Eine einzige Aneinanderreihung von Lügen“ nennt die Sprecherin des Instituts, Susanne Kolb, beispielsweise ein Pamphlet der Tierversuchsgegner Berlin und Brandenburg e. V.

Den Vorwurf, dieses Papier stecke wie so viele andere voller Unwahrheiten, belegt die Sprecherin mit einer Vielzahl von Beispielen. So hieße es, für einen Pelzmantel müssten 15 Ozelots sterben. Tatsache sei, dass diese Tiere seit Jahren unter dem Schutz des Washingtoner Artenschutz-Übereinkommens stünden und Ozelotfelle seither selbstverständlich nicht mehr gehandelt würden. An anderer Stelle hieße es über das in Nordamerika und Russland praktizierte Fallenstellen, dass auch Wildhunde in die Fallen gerieten; diese Tiere gebe es aber nur auf der südlichen Erdhalbkugel. Ebenso lächerlich sei es, von irrtümlich in Fallen geratenen Schwänen und Schildkröten zu sprechen. Nicht haltbar sei auch die Behauptung, die Bundesrepublik hätte den größten Pelzverbrauch pro Kopf der Bevölkerung. Deutschland läge heute vielmehr an achter Stelle in der Welt.

Besonders mit den Vorwürfen der Tierversuchsgegner über die Farmhaltung etwa von Nerzen geht die Branchensprecherin ins Gericht. „Grotesk, bösartig und völlig weltfremd" nennt sie die Behauptungen in dem als Beispiel dienenden Papier. Sie seien nichts als ein Zerrbild der heutigen Aufzucht von Pelztieren. So würde behauptet, dass man „Wildtiere" in enge „Käfige" stecken würde. Tatsache sei aber, dass zum Beispiel Nerz und Fuchs seit 80 bis 100 Generationen in Farmen gehalten würden. Kompetente Wissenschaftler, die spezifische Erfahrungen mit Pelztieren haben, bestätigten, dass die Tiere sich in dieser Zeitspanne genetisch verändert und einen Domestizierungsprozess durchlaufen hätten, der einen direkten Vergleich mit ihren wild lebenden Verwandten nicht mehr möglich mache; ihre Haltungsbedingungen seien tiergerecht und entsprächen den Tierschutzgesetzen.

„Die von den Tierversuchsgegnern geschilderten Bedingungen in Farmen gehen völlig an der Wirklichkeit vorbei", stellt Susanne Kolb zu dem Pamphlet fest. Schlimm sei, dass sich Tierschutz heute weitgehend in der gebetsmühlenartigen Verbreitung solcher Anwürfe erschöpfe. Allein der gesunde Menschenverstand reiche schon aus, um zu erkennen, dass die behaupteten Zustände nicht ein einziges verkaufbares Fell hervorbringen würden. Die mittelständisch und handwerklich strukturierte Pelzbranche mit allein in Deutschland fast 9000 Arbeitsplätzen sei empört über diese Art der Verunglimpfung, dazu noch, wie im vorliegenden Fall Berlin/Brandenburg, unter dem Siegel „Behördlich als gemeinnützig und besonders förderungswürdig anerkannt". Ganz offensichtlich würde das Thema „Pelz" dazu missbraucht, um für Spenden zu werben.

1 *Verschafft euch einen ersten Überblick über den Text.*
a) Formuliert das Thema.
b) Entwickelt aus der Schlagzeile Fragen an den Text.

2 *a) Legt eine Folie auf den Text. Lest ihn noch einmal gründlich durch.*
b) Markiert die Hauptthese und die sie stützenden Argumente.
c) Kennzeichnet wichtige rhetorische Mittel mit einer anderen Farbe.

3 *Verfasst eine textgebundene Erörterung zu dem Artikel.*
Beachtet dabei folgende Schritte:
a) Beschreibt die Argumentationsstruktur der Stellungnahme.
*b) Prüft die Überzeugungskraft der Argumente (**▷ S. 43**).*
c) Sammelt eigene Argumente, die die vertretene Position stützen oder entkräften.

2.3 Kein Grund für Gewissensbisse, oder doch? – Protokoll einer Debatte

Sabrina Furter

Der Traum vom Pelz

[...] Eines der bekanntesten Argumente, die Pelzträgerinnen zu ihrer „Verteidigung" vorbringen, ist, dass mit dem Verzicht auf Pelz auch ein Verzicht auf Leder verbunden sein muss. Leder und Pelz darf man allerdings nicht ohne Weiteres gleichsetzen. Dies wird schon durch ihre unterschiedlichen Produktionswege deutlich: Das am meisten verwendete Leder ist Kalbsleder. Kälber werden aber nicht als Lederlieferanten gehalten, sondern versorgen den Menschen mit Fleisch und Knochen. Das Leder fällt dabei als eine Art Nebenprodukt an. Pelze sind dagegen weitaus überflüssiger als Leder, denn Pelze stammen in erster Linie von Nerzen, deren Fleisch höchstens als Viehfutter verwendet werden kann. Kürschner unterstreichen auch gerne die Umweltfreundlichkeit ihres „Naturprodukts".
Doch Natur pur ist der Pelz schon lange nicht mehr. Um das Fell weich und seidig zu machen, werden 140 Arbeitsschritte, darunter etliche Chemikalienbäder, benötigt. Aber nicht nur das: Die Produktion eines echten Pelzes verbraucht wesentlich mehr Energie als die Produktion eines Kunstpelzmantels. Kunstpelze bieten heutzutage eine gute Alternative zu echten Pelzen. Sie werden per Fotoverfahren auf echt getrimmt und sind nicht nur viel billiger, sondern auch „erstklassig strapazierfähig, wesentlich besser als Tierpelze" (Kunstpelzhändlerin Marianne Goldberg). Selbst Pelzexperten machen keinen Hehl aus der Tatsache, dass Nerz und Fuchs Textilien und Kunstpelz in puncto Kälteschutz nicht überlegen sind. Damit stellt sich die Frage, ob das Leiden und Sterben der Tiere gerechtfertigt ist, nur damit ein überflüssiges Luxusgut produziert werden kann.

Verbot der Pelztierzucht in Deutschland

Rede von Petra Münzel zum Dringlichkeitsantrag der Fraktion „Bündnis 90/Die Grünen" bei der Bundesratszustimmung zum Entschließungsantrag des Landes Schleswig-Holstein zum Verbot der Pelztierhaltung

Es ist ganz klar: In Käfigen gehaltene Nerze können ihre natürlichen Triebe in keinster Weise ausleben. Sie können sich weder ausreichend bewegen noch springen, klettern, graben, ein Bad nehmen oder nach Beute suchen. Durch Drahtgitterböden, unnatürliche Enge, ungeeignetes Futter sowie ständige Langeweile sind die Tiere lebenslang unerträglichen Qualen ausgesetzt. Die ständige Nähe zu Artgenossen, denen das Tier in der Natur in der Regel aus dem Weg gehen würde, führt zur Auslösung von Alarmreaktionen. Wenn man sich das alles vor Augen führt und wenn man sich die Bilder ansieht, die man hier im Parlament leider nicht zeigen darf, dann muss man sagen: Pelztierzucht ist Tierquälerei.

Und warum diese ganze Tierquälerei? – Das alles geschieht, um einen Luxusartikel zu gewinnen, nämlich den Pelzmantel. Man muss sich einmal vor Augen halten: Für einen Pelzmantel müssen 50 Nerze sterben.

Tierschutzgesetz

(TierschG)

in der Fassung der Bekanntmachung

vom 25. Mai 1998 (BGBL I, S. 1105)

Erster Abschnitt

Grundsatz

§ 1

Zweck dieses Gesetzes ist es, aus der Verantwortung des Menschen für das Tier als Mitgeschöpf dessen Leben und Wohlbefinden zu schützen. Niemand darf einem Tier ohne vernünftigen Grund Schmerzen, Leiden oder Schaden zufügen.

Zweiter Abschnitt

Tierhaltung

§ 2

Wer ein Tier hält, betreut oder zu betreuen hat,

1. muss das Tier seiner Art und seinen Bedürfnissen entsprechend angemessen ernähren, pflegen und verhaltensgerecht unterbringen,
2. darf die Möglichkeit des Tieres zu artgemäßer Bewegung nicht so einschränken, dass ihm Schmerzen oder vermeidbare Leiden oder Schäden zugefügt werden,
3. muss über die für eine angemessene Ernährung, Pflege und verhaltensgerechte Unterbringung des Tieres erforderlichen Kenntnisse und Fähigkeiten verfügen.

Ist Pelz noch zeitgemäß?

Sehr konstruktive und viel unberechtigte Kritik von Seiten der Tierrechtsbewegung schadeten der Akzeptanz des Pelzes in der Öffentlichkeit. Jedoch wird jetzt Pelz zunehmend in neuem Licht gesehen – Umweltverträglichkeit – Wiederverwendbarkeit – Langlebigkeit – nachwachsender Rohstoff – Entsorgbarkeit – diese Anforderungen an ein Öko-Produkt hat das handwerkliche Erzeugnis Pelz auf seiner Seite. Zum Nutzen unserer Umwelt, zum Schutz vor unserer unwirtlichen Umwelt und zum grenzenlosen Wohlfühlen der Menschen.

Ob Kuhfell, Kaninchen, Ziegenfelle, Pony oder Persianer – in herrlichen Modefarben und in raffinierten Veredelungstechniken – ob als Schals, Stiefelverbrämungen, Kulttaschen oder als langer Mantel – Pelz ist ein Bekleidungs-„Stoff", der wie kaum etwas anderes die Individualität der Trägerin unterstreicht und ihre Persönlichkeit in der Öffentlichkeit erweitert.

Eine Debatte vorbereiten

1 *Wertet das Material auf den Seiten 47–49 aus.*

a) *Formuliert in Pro- bzw. Kontra-Gruppen Argumente für die jeweilige Position. Haltet alle Argumente für und gegen die Haltung von Tieren, die zur Pelzgewinnung gezüchtet werden, fest. Notiert sie einzeln auf Karteikarten. Wählt für Pro und Kontra zwei unterschiedliche Farben.*

b) *Ordnet die Argumente nach ihrer Überzeugungskraft.*

2 *Bereitet eine Debatte vor zum Thema* Sollen Pelztiere gezüchtet werden?
Teilt dazu die Klasse auf: Bildet eine Pro- und eine Kontra-Gruppe. Jede Gruppe hat drei Mitglieder.
Entscheidet, wer die Rolle der Moderatorin bzw. des Moderators (Debattenleitung) übernehmen soll. Macht euch mit den Aufgaben dieser Rolle vertraut.
Die übrigen Schülerinnen und Schüler bilden die Beobachtergruppe.

!

Die **Debatte** ist eine besonders stark geregelte Form der Diskussion.

- Im Hinblick auf ein bestimmtes Problem stehen sich klar definierte, **unterschiedliche Positionen** gegenüber und häufig auch Fraktionen, die die verschiedenen Positionen vertreten.
- Die Diskussion wird von einem **Moderator**/einer **Moderatorin** geleitet.
- Die Diskussionsteilnehmer können unterstützt werden durch so genannte **Ghost-Speaker.**

Moderator/in:

- eröffnet und schließt die Diskussion, nennt das Thema und bittet je einen Vertreter der Fraktionen um ein erstes **Statement;**
- erteilt das Wort; dabei muss er/sie darauf achten, dass jede Seite in gleicher Weise zu Wort kommt;
- greift lenkend ein, z. B. wenn jemand vom Thema abschweift, oder um neue Aspekte einzubringen;
- entzieht u. U. das Wort, z. B.: wenn jemand ausfallend oder unsachlich wird.

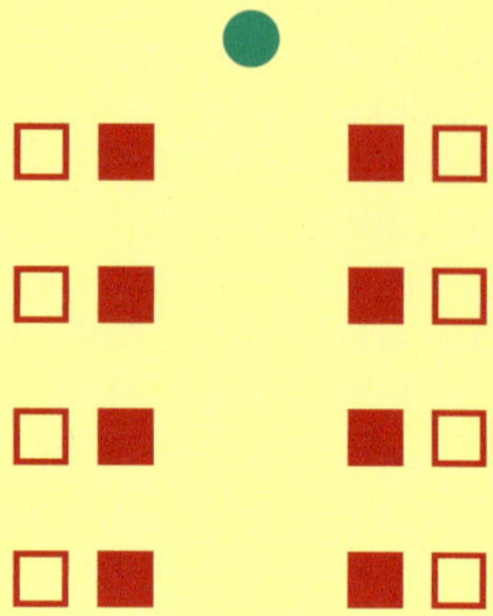

Diskussionsteilnehmer/in

Ghost-Speaker:

- sitzen während der Diskussion hinter den Diskutierenden und helfen ihnen gegebenenfalls mit Argumenten aus.

Bei der Debatte geht es häufig darum, in einer strittigen Frage zu einer **Entscheidung** zu gelangen. In diesem Fall stellt eine der beteiligten (Meinungs-)Parteien am Anfang oder im Verlauf der Diskussion einen **Antrag,** der am Ende zur **Abstimmung** gestellt wird. Dann setzt sich entweder eine Partei durch oder es kommt zu einem Kompromiss.

3 *Die nicht an der Diskussion Beteiligten bereiten sich auf die Beobachterrolle vor (**▷S. 32**).*
a) Stellt Gesprächsregeln zusammen, mit deren Hilfe ihr die Debatte kritisch reflektieren könnt.
b) Nutzt den Feedback-Bogen als wichtiges Beurteilungswerkzeug: Er hilft bei der Einschätzung, ob und inwiefern die Teilnehmerinnen und Teilnehmer aufeinander eingegangen sind.

Feedback-Bogen für die Debatte

Die/Der Debattierende ...	☺	😐	☹
verwendet Thesen und Argumente			
stellt Begründungszusammenhänge her (verwendet Konjunktionen und Adverbien)			
fragt nach			
knüpft an andere Beiträge an			
hemmt die Mitdiskutanten			
...			

4 *Zu Beginn einer Debatte steht oft ein* ***Statement.*** *Formuliert in den Pro- und Kontra-Gruppen ein Eröffnungsstatement.*
Beachtet dabei folgende Tipps:

TIPP

Statements verfassen
Ein **Statement** ist eine relativ kurze, konzentriert argumentierende Meinungsäußerung, die darauf zielt, das Publikum von der eigenen Meinung zu überzeugen.

Folgende Fragen helfen bei der Vorbereitung eines Statements:

- Worin liegt genau die Intention des Statements?
  Soll die eigene Position aufgewertet, soll beschwichtigt, vereinnahmt oder die Gegenposition abgewertet werden?
- Wer soll überzeugt werden?
- Welche Argumente sind dafür besonders geeignet?
- Welche Reihenfolge ist die wirksamste?
- Wie wird das Statement eingeleitet, damit das Interesse des Publikums geweckt wird?
- Welche sprachlichen bzw. rhetorischen Gestaltungsmöglichkeiten gibt es, um die Intention möglichst eindrücklich deutlich zu machen?

5 *a) Führt die Debatte durch.*
b) Wertet sie mit Hilfe der Feedback-Bogen aus.

Eine Debatte protokollieren

1 *a) Führt eine Debatte zu einem selbst gewählten Thema durch.*
b) Haltet die Debatte in einem ***Protokoll*** *fest. Überlegt zunächst, ob sich hier eher ein Ergebnis- oder ein Verlaufsprotokoll anbietet.*
Orientiert euch an der folgenden Arbeitstechnik.

ARBEITSTECHNIK

Protokollieren

Für ein Protokoll gibt es eine festgelegte äußere Form:

- einen **Protokollkopf** mit dem Titel der Veranstaltung, dem Datum, der Uhrzeit, dem Ort, den Namen der Anwesenden und der Protokollanten sowie dem Thema,
- einen **Hauptteil,** gegliedert nach Tagesordnungspunkten (TOPs),
- einen **Schluss** mit Datum des Tages, an dem das Protokoll geschrieben wurde, und der Unterschrift des Protokollanten.

Es werden zwei Arten von Protokollen unterschieden:

- Ein **Ergebnisprotokoll** kann man sachlogisch strukurieren, d. h., man kann verschiedene Aussagen zu einem Themenaspekt zusammenfassen, auch wenn sie in der Diskussion zeitlich getrennt waren.
- Das **Verlaufsprotokoll** berichtet in der genauen Reihenfolge über den gesamten Verlauf von Sitzungen, Besprechungen etc. Redebeiträge und Meinungsäußerungen müssen dem zeitlichen Ablauf nach festgehalten werden. Das Ergebnisprotokoll wird im Präsens abgefasst, das Verlaufsprotokoll im Präteritum oder Präsens.

2 *a) Versucht, folgenden Ratschlag zu „übersetzen":*
„Beim Prtkllieren br Rand lassen → man kann evtl Ergzgen a d Gedächtn vornehmen."
b) Welche Erleichterung der Mitschrift verdeutlicht dieser Satz?
c) Findet für euch selbst Abkürzungen und Symbole, die die Mitschrift erleichtern. Achtet darauf, dass die Abkürzungen noch „auflösbar" sein müssen.

Das Protokoll einer Debatte könnte so aufgebaut sein:

Protokoll der Debatte um Pelztierzucht vom 20. Oktober 2007

Ort:	Lou-Andreas-Salomé-Gymnasium
Zeit:	9.45–10.30 Uhr
Anwesend:	Schülerinnen und Schüler der Klasse 9 a, Frau R. Herbst (Klassenlehrerin)
Entschuldigt:	Sandra Pückler
Leitung:	Justine Specht
Protokoll:	Ruben Richter

Tagesordnung:
1. Begrüßung
2. Statements der Podiumsteilnehmer/innen
3. …

Zu TOP 1: Justine begrüßt in ihrer Eigenschaft als Diskussionsleiterin die Anwesenden und informiert über zeitlichen und inhaltlichen Ablauf der Debatte.

Zu TOP 2: Robert führt das seit Jahrhunderten bestehende Kürschnerhandwerk als Plädoyer dafür an, Traditionen nicht von vornherein in Frage zu stellen. Langlebigkeit spräche für das Verarbeiten von Pelzen. Silke informiert daraufhin über Bedingungen, unter denen Tiere für die Pelzzucht gehalten werden. Sie untermauert ihre Ausführungen, indem sie das Tierschutzgesetz zitiert …

Zu TOP 3: …

Essen, 26. 10. 2007   Protokollant   Leiterin der Besprechung

3 *Stimmt am Ende der Debatte noch einmal über die Debattenfrage ab. Welche Argumente haben wohl am meisten zu einer Veränderung der Meinung beigetragen?*

3 Fit für die Arbeitswelt – Berufe finden und sich bewerben

3.1 Was willst du werden? – Informieren und Präsentieren

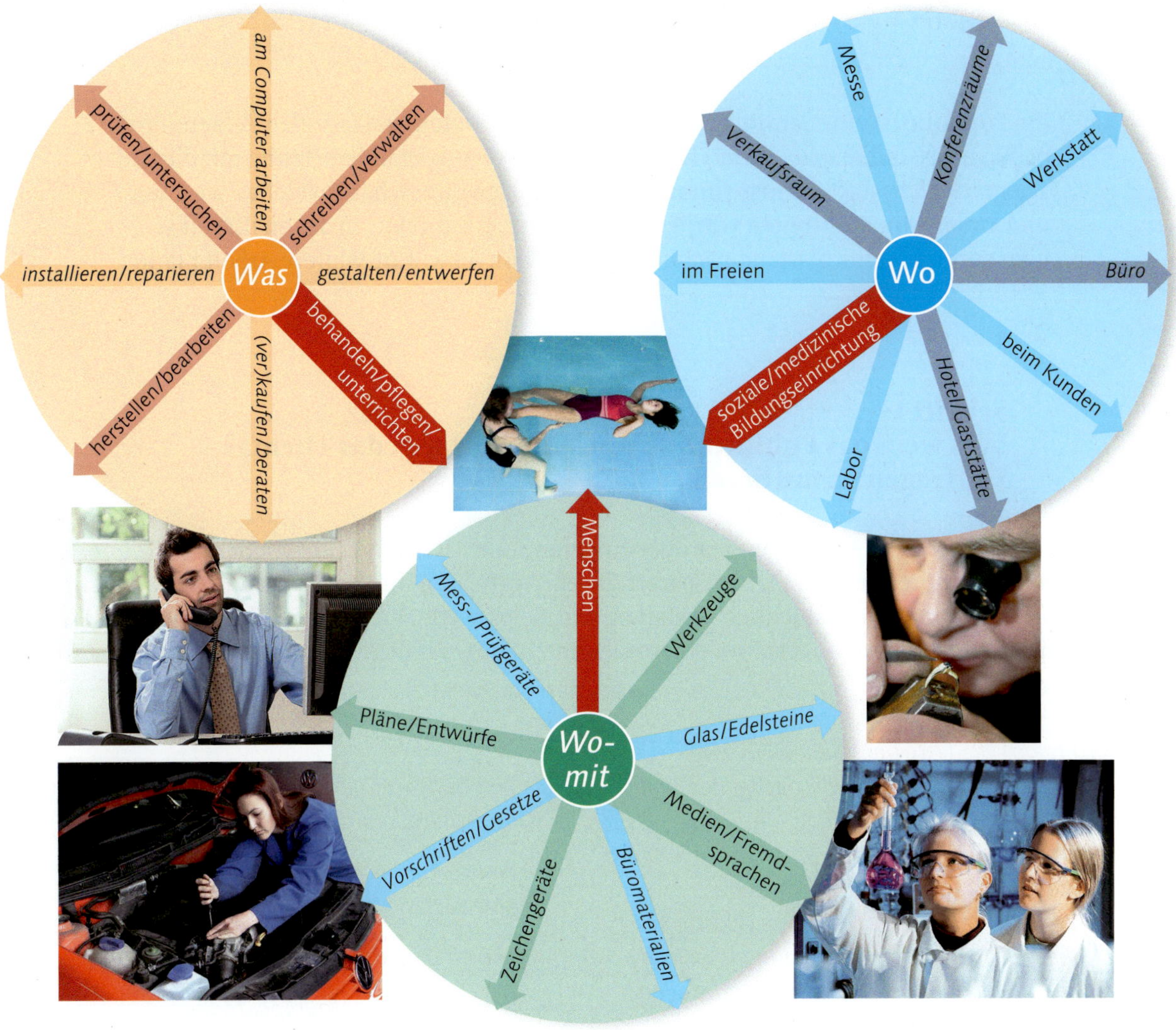

1 *Ordnet den Berufen die jeweiligen Tätigkeiten, Orte und Materialien bzw. Werkzeuge zu, wie es bei den Ergotherapeuten bereits (durch die roten Pfeile) geschehen ist.*

2 *Kombiniert aus den W-Rädern jeweils einen Punkt und sucht den passenden Beruf dazu.*

3 *a) Jeder notiert seinen Berufswunsch auf einem Blatt. Wertet dann eure Vorlieben aus.*
b) Diskutiert das Klassenergebnis und wertet es aus.

Was macht eigentlich ein Ergotherapeut? – Referat und Berufsportfolio erstellen

Ob für ein Praktikum oder für die spätere Berufswahl: Präzises Wissen über Berufe ist nützlich. Wenn ihr euren Mitschülerinnen und Mitschülern in einem Referat einen Beruf vorstellt, liegt es natürlich nahe, den eigenen Berufswunsch als Thema zu wählen. Es kann aber auch interessant sein, ein noch eher unbekanntes Berufsbild zu präsentieren. Den Weg von der ersten Planung über die Recherche und die Aufbereitung der Informationen dokumentiert ihr am besten in einem Portfolio.

!

Ein **Portfolio** ist eine Sammlung von selbst angefertigten und fremden Texten, Tabellen und Grafiken zu einem Thema. Es zeigt eure Auseinandersetzung mit diesem Thema: welche Erkenntnisse ihr nach und nach gewonnen habt, welche Zwischen- und Endergebnisse erreicht wurden. Ganz wichtig sind Texte, in denen ihr selbst über euren Erkenntnisstand nachdenkt (Reflexion) bzw. eure weitere Arbeit plant.

Schritt 1: Was weiß das Publikum schon? Was verlangt das Thema? – Leitfragen formulieren

Ein Referat soll nicht einfach ungeordnet Informationen wiedergeben, sondern die Zuhörerinnen und Zuhörer im Blick haben. Je nach ihrem Vorwissen und nach ihren Interessen können die Leitfragen unterschiedlich ausfallen: Ein Referat vor Fachleuten geht auf speziellere Fragen detailliert ein, ein Referat vor einem allgemeinen Publikum wird grundsätzlicher gestaltet sein.

1 *Ergänzt die Liste um mindestens zwei weitere Fragen, denen ihr nachgehen wollt.*

2 *Ordnet die Fragen nach ihrer Wertigkeit für die Adressatinnen und Adressaten: Welche Fragen sind besonders wichtig für meine Zuhörer und Zuhörerinnen, welche kann man eher in den Hintergrund stellen?*

3 *Benennt die Fragen, die vom Thema her unverzichtbar erscheinen.*

4 *Wählt allein oder in Gruppen einen Beruf, den ihr in einem Referat vorstellt. Eine Übersicht aller Berufe findet ihr auf den Internetseiten der Bundesagentur für Arbeit unter www.berufenet.de („Suche von A–Z").*

- *Was bedeutet die Berufsbezeichnung Ergotherapeut/Ergotherapeutin?*
- *Welche Möglichkeiten der Weiterbildung gibt es?*
- *Wie ist die Ausbildung aufgebaut?*
- *Was tut ein Ergotherapeut/eine Ergotherapeutin?*
- *Wo arbeiten sie?*
- *...*

5 *Formuliert Leitfragen für den von euch gewählten Beruf.*

6 ***Portfolio:*** *Stellt eure Ergebnisse in einer klar lesbaren und übersichtlichen Form dar und eröffnet damit euer Portfolio.*

Schritt 2: Wo erfahre ich Genaueres zu meinen Fragen? – Informationen recherchieren

1 *a) Informiert euch in eurer Stadtbibliothek zu den Themen „Berufe" und „Berufswahl". Welche Recherchemöglichkeiten bieten Bibliotheken, welche das Internet?*
b) Eine weitere Möglichkeit stellt das Interview dar. Bezieht auch dieses in eure Betrachtungen mit ein.

2 *Fasst eure Rechercheergebnisse in einer übersichtlichen Form zusammen.*
a) Stellt euer Ergebnis in der Klasse vor.
*b) Ergänzt euer **Portfolio** durch diese Übersicht.*

!

Informationsrecherche

- **Bibliotheken** sind wichtig, um verlässliche Informationen zu erhalten. In einem so genannten „Katalog", heute oft auch OPAC genannt (= Online Public Access Catalogue), ist der Buch- und Zeitschriftenbestand einsehbar. Man kann darin nach Stichworten suchen und erfährt, welche Printmedien (also Bücher oder Zeitschriften) und welche weiteren Medien (CD-ROM, DVD, Video) zu einem Thema in der Bibliothek erhältlich sind.
- **Das Internet** als Informationsquelle ist weniger zuverlässig als gedruckte Medien, weil dort alles veröffentlicht werden kann. Die Quellen sollten daher auf Zuverlässigkeit und ein kommerzielles Interesse des Anbieters untersucht werden. Hilfreich ist die hohe Aktualität. Genutzte Seiten speichert ihr am besten mit Datumsangabe ab, da sich Internetseiten schnell ändern können. (▷ Kap. 15)
- **Interviews** lassen einen Beruf oft in einem anderen Licht erscheinen als offizielle Informationen. Da sie persönlich sind, haben sie zwar eine eingeschränkte Perspektive, sind aber andererseits oft sehr treffend und echt (authentisch), wenn es um den Berufsalltag geht. Als Quelle können Interviews zu Berufsbildern grundlegende Informationen zwar nicht ersetzen, aber doch sehr gut ergänzen.

3 *Erarbeitet euch die richtige Interviewtechnik. Führt hierzu den Interview-Rösselsprung durch.*
a) Beginnt links oben auf S. 56 und schreibt die Leitsätze heraus. Sie bestehen immer aus zwei Teilsätzen, die logisch zueinanderpassen. Danach beginnt ein neuer Leitsatz. Alle Leitsätze lassen sich ohne Unterbrechung durch den Rösselsprung aneinanderreihen.
*b) Heftet das Ergebnis in eurem **Portfolio** ab.*

Der Interview-Rösselsprung

In Interviews geht es oft hin und her. In diesem Schaubild sind Leitsätze für ein gutes Interview so angeordnet, dass sie mit einem bestimmten Schachzug, dem Rösselsprung, hintereinander gelesen werden können. Das Rössel (oder der Springer) darf jeweils drei Felder ziehen, wobei er nach einem oder zwei Feldern seine Richtung um 90 Grad ändern muss und entsprechend noch zwei Felder oder ein Feld gehen darf.

Start **1. Vorbereitung**		Stelle keine Doppelfragen,		Leite das Gespräch,	Wähle einige Zitate aus,	damit kein Zeitdruck entsteht.
sonst verunsicherst du deine Gesprächspartner.		sondern überlasse ihm/ihr die eigene Wertung.	vielleicht sogar als „Original-Ton" für dein Referat.	Überprüfe das Aufnahmegerät,		dann kannst du besser anknüpfen.
	Sammle zunächst Hintergrundinformationen,	um technische Probleme auszuschließen. ***Weiter zu 2.***	aber sei flexibel und passe dich dem Verlauf an.	indem du die Aussagen nach Unterpunkten ordnest.	Wähle den Termin sorgfältig,	Stelle keine suggestiven Fragen *(Sie meinen doch sicher auch …)*,
2. Durchführung	Stelle keine wertenden Fragen,	Lass dich zu weiteren Recherchen anregen	Stelle Fragen offen (W-Fragen),	denn du willst doch echte Informationen hören, oder? ***Weiter zu 3.***	Höre unbedingt gut zu,	Fasse das Gespräch sinnvoll zusammen,
		um ernst genommen zu werden.	damit dein Gegenüber sich freisprechen kann.	um einen roten Faden zu haben.	damit du nicht nur „ja" oder „nein" hörst.	
	Beginne mit einer leichten Frage,		durch Fachinformationen, die dir neu waren. Weiter zu „Ziel"		**3. Nachbereitung**	
			Notiere dir Fragen in einer sinnvollen Ordnung,		**Ziel erreicht!** Herzlichen Glückwunsch! Das wird ein gutes Interview!	

Typische Fragefehler	Beispiel	besser: W-Fragen: wie?, was?, wann?, wie lange?, wozu?, warum?, womit?, woher?
Doppelfrage	Spielt Teamarbeit an Ihrem Arbeitsplatz eine große Rolle, und halten Sie das für sinnvoll?	Welche Rolle spielt Teamarbeit an Ihrem Arbeitsplatz? … Was halten Sie von dieser Form der Arbeit?
wertende Frage	Ist die Nachtschicht in der Notaufnahme nicht fürchterlich?	…
zu enge Frage	War Ihre Ausbildung gut?	…
Suggestivfrage *Frage, die eine Antwort schon mitliefert*	Sie meinen doch sicher auch, dass die Auszubildenden nicht zum Kaffeekochen da sind?	…

4 *Ergänzt in der dritten Spalte der Tabelle die W-Fragen. Schreibt diese in euer Heft.*

5 *Erstellt in Gruppen weitere Beispiele für Fragen, die man verbessern kann.*

6 ***Portfolio:** Erstellt einen Fragenkatalog für ein Interview mit einem Vertreter des von euch gewählten Berufs.*

Schritt 3: Informationsflut? – Informationen auswerten

Detaillierte Informationen zu Berufen finden sich in den Veröffentlichungen der Bundesagentur für Arbeit, die in den Berufsinformationszentren in größeren Städten einzusehen sind (eine Liste aller Zentren findet ihr im Internet unter der Adresse www.berufsinformationszentrum.org).

Im Internet sind vor allem die Seiten www.berufenet.de und www.machs-richtig.de der Bundesagentur für Arbeit sehr verlässliche Quellen zur Information über Berufe, oft findet man aber auch zuverlässige Daten bei Berufsverbänden oder Ausbildungsstätten.

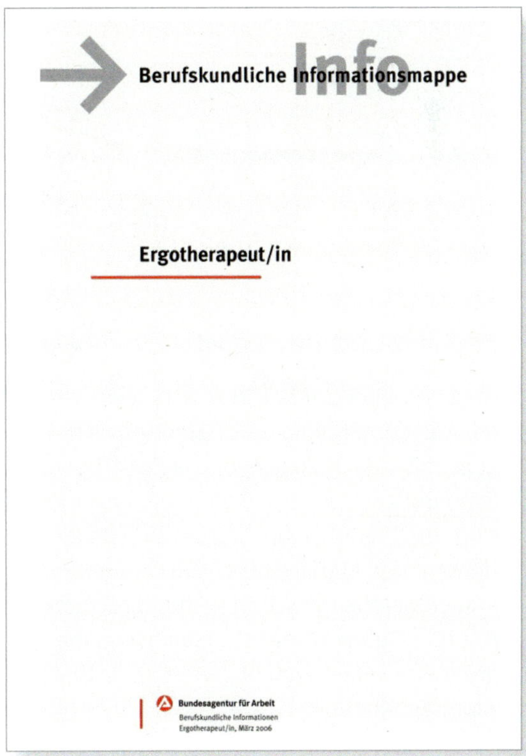
Info
Berufskundliche Informationsmappe
Ergotherapeut/in
Bundesagentur für Arbeit
Berufskundliche Informationen
Ergotherapeut/in, März 2006

M1 Diplom-Ergotherapeut/in (FH)

Die Tätigkeit im Überblick

Ergotherapie (seit 1999, vorher Beschäftigungstherapie) will kranken, unfallgeschädigten und körperlich, geistig oder seelisch behinderten Menschen helfen, ihre Handlungsfähigkeit zu erhalten oder wieder herzustellen. Dazu erarbeiten Ergotherapeuten und -therapeutinnen individuelle Behandlungspläne, die z. B. körperliche Übungen, (kunst-)handwerkliches Arbeiten, Rollenspiele oder Musiktherapie beinhalten. Durch gezielte Förderung und Forderung der Patienten sollen Beeinträchtigungen gemindert oder im Idealfall überwunden werden. Wo dies nicht möglich ist, kann auch das Trainieren mit technischen Hilfsmitteln wie z. B. Prothesen, Rollstühlen oder Punktschrift-Tastaturen zu den Aufgaben der Ergotherapie gehören.

M2 Entwicklung der Mitgliederzahl des Deutschen Verbandes der Ergotherapeuten e. V.

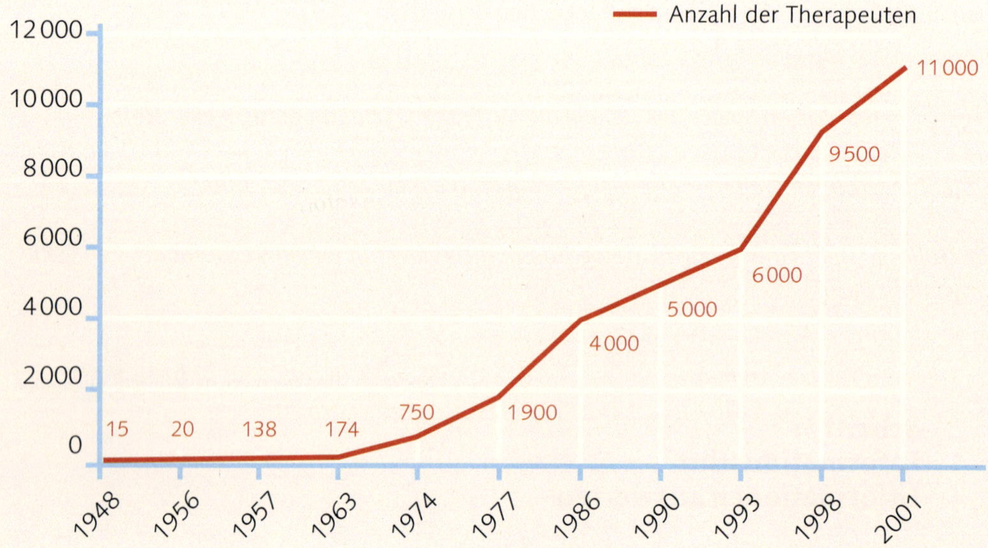

M3 Fit und beweglich: Ein Tag in der Ergotherapie

Kurz vor neun Uhr betritt Anette Heimann die Räume der Ergotherapie. Sie bespricht sich kurz mit den Kollegen und schaut auf dem Schreibtisch, ob neue Patienten angemeldet sind. Im Therapieraum warten bereits die Patienten der Handgruppe. Die Männer und Frauen bearbeiten schon kräftig die Therapie-Knete. „Guten Morgen", Frau Heimann begrüßt ihre Patienten und greift sich auch einen Klumpen Knete.

„Rollen Sie bitte eine lange Wurst – nicht nur mit den Fingern, mit der ganzen Hand", leitet die Ergotherapeutin die Patienten an. Dann wird die Rolle über die Finger gelegt. „Und jetzt spreizen Sie die Finger so weit Sie können", bittet Frau Heimann die Gruppenteilnehmer. Bei den einzelnen Übungen bleibt immer Zeit für ein „wie geht es Ihnen heute." Auch die Patienten haben hier die Möglichkeit, Fragen loszuwerden und sich mit anderen Patienten auszutauschen.

Um 10:30 Uhr üben die Patienten unter Anleitung in der Entspannungsgruppe. „Diese Form der Muskelentspannung ist relativ leicht zu lernen", erklärt Frau Heimann. „Sie hilft, Schmerzen zu lindern, und kann auch gut zu Hause gemacht werden." Als Nächstes steht die wöchentliche Teambesprechung auf dem Programm. (...)

Um 14 Uhr macht sich Anette Heimann auf den Weg zu einem Patienten nach Hause.

1 *Die Auszüge zum Beruf des Ergotherapeuten/der Ergotherapeutin stammen aus Texten unterschiedlicher Textsorten. Listet Besonderheiten bezüglich Wortwahl, Adressatenbezug und Auswahl der Informationen auf.*

2 *Welcher Auszug spricht euch am ehesten an? Begründet.*

3 *Wertet die Textauszüge aus:*
a) Markiert dazu auf einer Kopie der Texte die wichtigsten Informationen.
b) Notiert am Rand Stichwörter, sodass die Texte überblickartig erfasst werden können.
c) Verseht unbekannte Wörter und Zusammenhänge mit einem Fragezeichen und klärt ihren Sinn (z. B. durch Nachschlagen in einem Fremdwörterlexikon).
d) Ordnet die Aussagen euren Leitfragen zu (▷ S. 54, Aufg. 2), zum Beispiel in Form einer Tabelle. Welche Fragen bleiben noch unbeantwortet, wo müsstet ihr also nach weiteren Informationen suchen? Ergeben sich vielleicht weitere Leitfragen?

Leitfrage/Text	*Text M1*	*Diagramm M 2*	*Text M 3*
Was tun Ergotherapeuten?	*Wiederherstellung der Handlungsfähigkeit kranker Menschen*		
Wo arbeiten sie?			
Wie werden sie ausgebildet?			
Wie sieht ihr Tagesablauf aus?			*vormittags Arbeit mit Gruppen im Krankenhaus, nachmittags ...*
Wie hat sich der Beruf entwickelt?		*deutliches Wachstum 1963*	

4 ***Portfolio:*** *Recherchiert zu dem von euch gewählten Berufsbild zuverlässige Quellen und wertet die Ergebnisse in Form einer Tabelle aus.*

Schritt 4: Informationen übersichtlich ordnen – Das Referat gliedern

Die **Einleitung** soll das Interesse der Zuhörer und Zuhörerinnen wecken, sie kann dazu auf verschiedene Art und Weise gestaltet sein:

- ein typischer Gegenstand oder eine typische Handbewegung für den Beruf: „Könnt ihr euch vorstellen, dass Knetgummi mehr ist als ein Spielzeug?“
- eine überraschende Aussage über das Berufsfeld: „Ich möchte euch einen Beruf vorstellen, den es erst seit 1999 gibt ... “
- eine persönliche Bemerkung des Referenten über seine Einstellung zum vorgestellten Beruf: „Meine Tante ist Ergotherapeutin. Ich habe mir ihren Beruf immer sehr eintönig und langweilig vorgestellt. Seitdem ich sie aber einen Tag begleitet habe ...“
- eine Bemerkung über vermutete Reaktionen der Zuschauer: „Wahrscheinlich können die wenigsten von euch etwas mit der Bezeichnung ‚Ergotherapeutin‘ anfangen – wer kann schon Griechisch?“
- ein Fachbegriff bekannter oder unbekannter Art aus dem Tätigkeitsbereich: „Wer bei dem Wort ‚Motorik-Defizit‘ an den etwas schwachen Antrieb seines Rollers denkt, liegt völlig falsch. Es handelt sich hierbei vielmehr um ...“
- ...

1 ***Portfolio:*** *Schreibt zwei unterschiedliche Einleitungen zu dem von euch gewählten Beruf.*

In einem Referat ist es sinnvoll, unmittelbar an die Einleitung anknüpfend, die Gliederung des **Hauptteils** als so genannten „roten Faden“ vorzustellen. Es erleichtert die Aufnahme von Informationen wesentlich, wenn sie in einen Gesamtrahmen eingeordnet werden können. Auch während des Referates sollten Unterpunkte jeweils erwähnt werden.

Referate dienen nicht dazu, Wissen einfach „abzuladen“, sie sollen vielmehr die Zuhörer und Zuhörerinnen auf einem klar verständlichen Weg führen. Dazu dient die sinnvolle Gliederung der gesammelten Informationen im Hauptteil. Es ist zum Beispiel nicht zweckmäßig, bei den Weiterbildungsmöglichkeiten zu beginnen und erst dann die Tätigkeiten eines Berufes zu bestimmen

Beispiel

4	Tätigkeitsfelder des Therapeuten
4.1	im Krankenhaus
4.1.1	auf der Station
4.1.2	im Therapieraum
4.2	in der eigenen Praxis

2 ***Portfolio:*** *Erstellt – ausgehend von euren Leitfragen zu dem von euch gewählten Beruf – ein sinnvolles Gliederungsschema für euer Referat.*

TIPP

Ihr helft eurem Publikum, eure Informationen gedanklich zu verarbeiten, indem ihr diese mit Beispielen, Vergleichen, Bildern und Gegenständen veranschaulicht.

Der **Schluss** beginnt mit einer knappen Zusammenfassung der wesentlichen Aussagen, daran schließt sich eine Bemerkung an, die den Bogen zur Einleitung schlägt.
Zum Beispiel: „Wer jetzt Knetgummi immer noch nur für Kinderspielzeug hält, der ...“

3 ***Portfolio:*** *Entwerft zu euren Einleitungen einen entsprechenden Schluss.*

Schritt 5:
Medien stützen den Vortrag – Moderationskarten und Folien erstellen

Die Präsentation eines Referates darf keinesfalls in einem bloßen Ablesen der schriftlichen Fassung bestehen. Beim Vortrag sind freies Sprechen und Kontakt zu den Zuhörerinnen und Zuhörern das A und O. Als Gedächtnisstütze bietet es sich an, **Moderationskarten** zu gestalten, die die wichtigsten Informationen enthalten, klar gegliedert und groß beschriftet sind, damit ihr Inhalt auf einen Blick zu erkennen ist. Hilfreich sind farbige Markierungen für Schlüsselwörter, Zitate und Veranschaulichungen.

Karte 7 - Ergotherapeut/in

Hauptteil 3.1
Ausbildung

Folie 3 auflegen

Zwei Möglichkeiten:

a) Fachhochschulstudium (Diplom)
meist private Anbieter - Schulgeld

b) Berufsfachschule (Ausbildung)

1 ***Portfolio:*** *Erstellt Moderationskarten für den mündlichen Vortrag eures Referates. Geht dabei von eurer Gliederung aus.*

Präsentationsprogramme wie PowerPoint bieten auch für ein Referat in der Schule gute Möglichkeiten. Texte und Bilder lassen sich, auf **Folien** gestaltet, in vorher festgelegter Weise projizieren oder auf einem Bildschirm zeigen. Mit einem Mausklick werden Elemente ein- oder ausgeblendet.

Die Tätigkeit im Überblick

Ergotherapeuten und -therapeutinnen unterstützen und fördern Menschen jeden Alters, die in ihrer alltäglichen Handlungsfähigkeit eingeschränkt sind. Ziel der Ergotherapie ist es, die motorischen, kognitiven, psychischen und sozialen Fähigkeiten der Patienten zu erhalten oder wieder zu erlangen.

Sie arbeiten im Krankenhäusern, Rehabilitationskliniken und Altenheimen sowie in Wohnheimen für behinderte Menschen. Darüber hinaus sind sie in Praxen für Ergo- und Physiotherapie beschäftigt.

Während der Behandlungen sind Ergotherapeuten und -therapeutinnen in Behandlungsräumen von stationären und teilstationären Einrichtungen, in Werkräumen oder auch in Krankenzimmern tätig. Bei ambulanter Betreuung suchen sie Patienten auch in Privatwohnungen auf.

Die Tätigkeit der Ergotherapeuten im Überblick

Was tun sie?
unterstützen und fördern Menschen, die in ihrer alltäglichen Handlungsfähigkeit eingeschränkt sind

Was ist ihr Ziel?
Wiederherstellen der Fähigkeiten der Patienten durch gezielte Übungen und Anleitungen

Wo arbeiten sie?
in Krankenhäusern, Kliniken, Heimen, dazu in Praxen und in Privatwohnungen

2 *Bewertet die beiden Folien im Hinblick auf Informationsgehalt, Formulierung und Gestaltung (Lay-out). Begründet eure Änderungsvorschläge.*

ARBEITSTECHNIK

Ob PowerPoint-Präsentation oder OHP-Folie, die **Qualität der Informationen** ist entscheidend:

- Fasst euch kurz – nur die wesentlichen Informationen gehören auf Folien.
- Wenige Folien sind besser als Informationsüberflutung.
- Ein einheitliches Erscheinungsbild der Folien hilft beim schnelleren Erfassen.
- Farben sollen sinnvoll gewählt werden.
- Verwendet Animationen sparsam und einheitlich, lieber einfach als verspielt.
- Setzt Diagramme, Grafiken und Bilder gezielt und funktionell ein.
- Kontrolliert und übt den Ablauf vor dem Vortrag.
- Haltet eine Ersatzlösung bereit (zum Beispiel ein Tafelbild, falls die Technik versagt).

3 ***Portfolio:*** *Erstellt zu zwei Gliederungspunkten eurer Referate Beispiele für Präsentationsfolien.*

Schritt 6: Klar und deutlich, bitte – Frei vortragen und gezielt zuhören

Freies Sprechen, nur gestützt durch einige Moderationskarten oder Präsentationsfolien, stellt hohe Anforderungen an Redner und Rednerinnen. Hier sind Training, gegenseitige Kritik und Übung notwendig. Der **Beobachtungsbogen** soll euch helfen, eure Schwachstellen zu erkennen.

	gut gelungen	*noch zu trainieren*
Sprechweise		
angemessene Lautstärke		
passende Stimmhöhe (Aufregung?)		
Klarheit der Aussprache		
richtiges Setzen von Pausen		
angemessenes Tempo		
Gestik und Mimik		
Blickkontakt zum Zuhörer		
zur Aussage passende Bewegungen		
natürlich wirkende Bewegungen		
Wichtiges wird durch Gesten hervorgehoben		
vermeiden von Verlegenheitsgesten (Händereiben, Grinsen …)		
Wortwahl		
abwechslungsreicher Wortschatz		
klarer, nicht zu langer Satzbau		
schnelles Finden von treffenden Wörtern		
Körperhaltung		
den Zuhörern zugewandt		
aufrecht (nicht versteckt oder aufgestützt)		
Technikeinsatz		
Technik wird beherrscht		
technischer Einsatz unterstützt, lenkt aber nicht vom Vortrag ab		
mögliche Pannen werden einkalkuliert		

1 *Übertragt die Tabelle in euer **Portfolio.** Ihr könnt sie um weitere Punkte ergänzen.*

2 *Tragt in der Gruppe eure Referate oder Teile davon vor. Die Beobachter füllen jeweils den Bogen aus und geben nach dem Referat Tipps, was noch trainiert werden sollte.*

3 *Listet auf, welches Verhalten der Zuhörer für den Referenten bzw. die Referentin besonders förderlich ist.*
a) Erstellt daraus ein Plakat, das während der Vortragsreihe in der Klasse hängt.
*b) Wendet die unten vorgestellte **TQ3L-Methode** an.*

ARBEITSTECHNIK

Gezielt zuhören

Ein Referat ist kein Selbstzweck. Während des Vortrags haben die **Zuhörerinnen und Zuhörer** die Aufgabe, gezielt und interessiert zuzuhören, damit sie die wesentlichen Inhalte erfassen. Es empfiehlt sich, eigene Notizen zu machen, um nachfragen zu können und sich den Inhalt besser zu merken.
Das kann man mit einer Methode üben, die auch in jeder Unterrichtsstunde trainiert werden kann, der **TQ3L-Methode:**

Tune in:	Stimme dich ein, bereite dich auf das vor, was kommt: welches Thema, welches Referat, Besonderheiten, mein Interesse?
Question:	Notiere dir vor dem Referat oder der Stunde einige Fragen, die dich am Thema interessieren.
Look at the speaker:	Halte den Blickkontakt zum Vortragenden, dann wirst du nicht abgelenkt und merkst, was besonders wichtig ist, wo er durch Gestik und Mimik Betonungen setzt.
Listen:	Höre genau zu, unterscheide Wichtiges von weniger Wichtigem, notiere nur das Wichtige in Stichworten.
Look over:	Prüfe, ob du den roten Faden noch erkennst. Mache ihn in deinen Notizen sichtbar, indem du übergeordnete Punkte unterstreichst und nach links herausrückst. Ist dir etwas nicht klar, markiere es mit einem Fragezeichen.

4 ***Portfolio:** Fasst in einem Abschlusstext eure Erkenntnisse zusammen. Wo habt ihr noch Informationslücken, was ist euch klar geworden, was war besonders aufwändig, was ist euch eher leichtgefallen?*

3.2 Leben und Arbeit – Literarische Texte produktiv erschließen

Heinrich Böll

Anekdote zur Senkung der Arbeitsmoral (1963)

In einem Hafen an der westlichen Küste Europas liegt ein ärmlich gekleideter Mann in seinem Fischerboot und döst. Ein schick angezogener Tourist legt eben einen neuen Farbfilm in seinen Fotoapparat, um das idyllische Bild zu fotografieren: blauer Himmel, grüne See mit friedlichen, schneeweißen Wellenkämmen, schwarzes Boot, rote Fischermütze. Klick. Noch einmal: klick, und da aller guten Dinge drei sind und sicher sicher ist, ein drittes Mal: klick. Das spröde, fast feindselige Geräusch weckt den dösenden Fischer, der sich schläfrig aufrichtet, schläfrig nach seiner Zigarettenschachtel angelt; aber bevor er das Gesuchte gefunden, hat ihm der eifrige Tourist schon eine Schachtel vor die Nase gehalten, ihm die Zigarette nicht gerade in den Mund gesteckt, aber in die Hand gelegt, und ein viertes Klick, das des Feuerzeuges, schließt die eilfertige Höflichkeit ab. Durch jenes kaum messbare, nie nachweisbare Zuviel an flinker Höflichkeit ist eine gereizte Verlegenheit entstanden, die der Tourist – der Landessprache mächtig – durch ein Gespräch zu überbrücken versucht. „Sie werden heute einen guten Fang machen." Kopfschütteln des Fischers. „Aber man hat mir gesagt, dass das Wetter günstig ist." Kopfnicken des Fischers. „Sie werden also nicht ausfahren?" Kopfschütteln des Fischers, steigende Nervosität des Touristen. Gewiss liegt ihm das Wohl des ärmlich gekleideten Menschen am Herzen, nagt an ihm die Trauer über die verpasste Gelegenheit. „Oh, Sie fühlen sich nicht wohl?" Endlich geht der Fischer von der Zeichensprache zum wahrhaft gesprochenen Wort über. „Ich fühle mich großartig", sagt er. „Ich habe mich nie besser gefühlt." Er steht auf, reckt sich, als wollte er demonstrieren, wie athletisch er gebaut ist. „Ich fühle mich fantastisch." Der Gesichtsausdruck des Touristen wird immer unglücklicher, er kann die Frage nicht mehr unterdrücken, die ihm sozusagen das Herz zu sprengen droht: „Aber warum fahren Sie dann nicht aus?" Die Antwort kommt prompt und knapp. „Weil ich heute Morgen schon ausge-

fahren bin.“ „War der Fang gut?“ „Er war so gut, dass ich nicht noch einmal auszufahren brauche, ich habe vier Hummer in meinen Körben gehabt, fast zwei Dutzend Makrelen gefangen ...“ Der Fischer, endlich erwacht, taut jetzt auf und klopft dem Touristen beruhigend auf die Schultern. Dessen besorgter Gesichtsausdruck erscheint ihm als ein Ausdruck zwar unangebrachter, doch rührender Kümmernis. „Ich habe sogar für morgen und übermorgen genug“, sagt er, um des Fremden Seele zu erleichtern. „Rauchen Sie eine von meinen?“ „Ja, danke.“ Zigaretten werden in Münder gesteckt, ein fünftes Klick, der Fremde setzt sich kopfschüttelnd auf den Bootsrand, legt die Kamera aus der Hand, denn er braucht jetzt beide Hände, um seiner Rede Nachdruck zu verleihen. „Ich will mich ja nicht in Ihre persönlichen Angelegenheiten mischen“, sagt er, „aber stellen Sie sich mal vor, Sie führen heute ein zweites, ein drittes, vielleicht sogar ein viertes Mal aus und Sie würden drei, vier, fünf, vielleicht gar zehn Dutzend Makrelen fangen ... stellen Sie sich das mal vor.“ Der Fischer nickt. „Sie würden“, fährt der Tourist fort, „nicht nur heute, sondern morgen, übermorgen, ja, an jedem günstigen Tag zwei-, dreimal, vielleicht viermal ausfahren – wissen Sie, was geschehen würde?“ Der Fischer schüttelt den Kopf. „Sie würden sich in spätestens einem Jahr einen Motor kaufen können, in zwei Jahren ein zweites Boot, in drei oder vier Jahren könnten Sie vielleicht einen kleinen Kutter haben, mit zwei Booten oder dem Kutter würden Sie natürlich viel mehr fangen – eines Tages würden Sie zwei Kutter haben, Sie würden ...“, die Begeisterung verschlägt ihm für ein paar Augenblicke die Stimme, „Sie würden ein kleines Kühlhaus bauen, vielleicht eine Räucherei, später eine Marinadenfabrik, mit einem eigenen Hubschrauber rundfliegen, die Fischschwärme ausmachen und ihren Kuttern per Funk Anweisung geben, Sie könnten die Lachsrechte erwerben, ein Fischrestaurant eröffnen, den Hummer ohne Zwischenhändler direkt nach Paris exportieren – und dann ...“, wieder verschlägt die Begeisterung dem Fremden die Sprache. Kopfschüttelnd, im tiefsten Herzen betrübt, seiner Urlaubsfreude schon fast verlustig, blickt er auf die friedlich hereinrollende Flut, in der die ungefangenen Fische munter springen. „Und dann“, sagt er, aber wieder verschlägt ihm die Erregung die Sprache. Der Fischer klopft ihm auf den Rücken, wie einem Kind, das sich verschluckt hat. „Was dann?“, fragt er leise. „Dann“, sagt der Fremde mit stiller Begeisterung, „dann könnten Sie beruhigt hier im Hafen sitzen, in der Sonne dösen – und auf das herrliche Meer blicken.“ „Aber das tu ich ja schon jetzt“, sagt der Fischer, „ich sitze beruhigt am Hafen und döse, nur Ihr Klicken hat mich dabei gestört.“

Tatsächlich zog der solcherlei belehrte Tourist nachdenklich von dannen, denn früher hatte er auch einmal geglaubt, er arbeite, um eines Tages einmal nicht mehr arbeiten zu müssen, und es blieb keine Spur von Mitleid mit dem ärmlich gekleideten Fischer in ihm zurück, nur ein wenig Neid.

1 *a) Erstellt Hypothesen (Annahmen) zur Frage, worum es in der Erzählung geht.*
b) Sucht Textstellen, die eure Hypothesen stützen.

2 *Das Gespräch der beiden Männer lässt sich in verschiedene Phasen einteilen. Erstellt dazu eine Tabelle, in der ihr das Gesprächsverhalten (Inhalt, Absicht, Art des Sprechens) der beiden notiert.*

3 *Spielt das Gespräch szenisch nach. Legt dabei besonderen Wert auf die nonverbalen Elemente Gestik und Mimik, aber auch auf Lautstärke und Betonung.*
Experimentiert mit verschiedenen Möglichkeiten, die die Wendungen im Gespräch deutlich werden lassen.

4 *„... früher hatte er auch einmal geglaubt, er arbeite, um eines Tages einmal nicht mehr arbeiten zu müssen" (Z. 110–112). Verfasst zu diesem Gedanken eine Geschichte, die sich am Aufbau von Bölls „Anekdote zur Senkung der Arbeitsmoral" orientiert.*

5 *„‚Arbeiten, um zu leben' oder ‚Leben, um zu arbeiten'", „‚Zeit ist Geld' oder ‚Für (freie) Zeit verzichte ich auf Geld'" – wählt eines der Themen und diskutiert es.*

Robert Walser

Das Stellengesuch (undatiert)

Hochgeehrte Herren!

Ich bin ein armer, junger, stellenloser Handelsbeflissener, heiße Wenzel, suche eine geeignete Stelle und erlaube mir hiermit, Sie höflich und artig anzufragen, ob vielleicht in Ihren luftigen, hellen, freundlichen Räumen eine solche frei sei. Ich weiß, dass Ihre werte Firma groß, stolz, alt und reich ist, und ich darf mich daher wohl der angenehmen Vermutung hingeben, dass bei Ihnen ein leichtes, nettes, hübsches Plätzchen offen ist, in welches ich, wie in eine Art warmes Versteck, hineinschlüpfen kann. Ich eigne mich, müssen Sie wissen, vortrefflich für die Besetzung eines derartigen bescheidenen Schlupfwinkels, denn meine ganze Natur ist zart, und mein Wesen ist ein stilles, manierliches und träumerisches Kind, das man glücklich macht dadurch, dass man von ihm denkt, es fordere nicht viel, und dadurch, dass man ihm erlaubt, von einem ganz, ganz geringen Stück Dasein Besitz zu ergreifen, wo es sich auf seine Weise nützlich erweisen und sich dabei wohlfühlen darf. Ein stilles, süßes, kleines Plätzchen im

Schatten ist von jeher der holde Inhalt aller meiner Träume gewesen, und wenn sich jetzt die Illusionen, die ich mir von Ihnen mache, dazu versteigen zu hoffen, dass sich der junge und alte Traum in entzückende, lebendige Wirklichkeit verwandle, so haben Sie an mir den eifrigsten und treuesten Diener, dem es

Gewissenssache sein wird, alle seine geringfügigen Obliegenheiten exakt und pünktlich zu erfüllen. Große und schwierige Aufgaben kann ich nicht lösen, und Pflichten weitgehender Natur sind zu schwer für meinen Kopf. Ich bin nicht sonderlich klug, und was die Hauptsache ist, ich mag den Verstand nicht gern so sehr anstrengen, ich bin eher ein Träumer als ein Denker, eher eine Null als eine Kraft, eher dumm als scharfsinnig. Sicherlich gibt es in Ihrem weitverzweigten Institut, das ich mir überreich an Ämtern und Nebenämtern vorstelle, eine Art von Arbeit, die man wie träumend verrichten kann. – Ich bin, um es offen zu sagen, ein Chinese, will sagen, ein Mensch, den alles, was klein und bescheiden ist, schön und lieblich anmutet und dem alles Große und Vielerforderische fürchterlich und entsetzlich ist. Ich kenne nur das Bedürfnis, mich wohlzufühlen, damit ich jeden Tag Gott für das liebe, segensreiche Dasein danken kann. Die Leidenschaft, es weit in der Welt zu bringen, ist mir unbekannt. Afrika mit seinen Wüsten ist mir nicht fremder. So, nun wissen Sie, was ich für einer bin. Ich führe, wie Sie sehen, eine zierliche und geläufige Feder, und

ganz ohne Intelligenz brauchen Sie sich mich nicht vorzustellen. Mein Verstand ist klar; doch weigert er sich, Vieles und Allzuvieles zu fassen, wovor er einen Abscheu hat. Ich bin redlich, und ich bin mir bewusst, dass das in der Welt, in der wir leben, herzlich wenig bedeutet, und somit, hochgeehrte Herren, warte ich, bis ich sehen werde, was Ihnen beliebt zu antworten

Ihrem in Hochachtung und vorzüglicher Ergebenheit ertrinkenden

Wenzel

1 *Nehmt begründet Stellung zu der Frage, ob Wenzel mit dieser Bewerbung Aussicht auf Erfolg hat.*

2 *Stellt Textpassagen, in denen er seine Schwächen beschreibt, solchen gegenüber, die von seinen Stärken handeln.*

3 *Untersucht den Sprachstil des Textes.*
a) Nehmt dabei sowohl die Wortebene als auch die Satzebene in den Blick.
b) Schreibt Begriffe und Formulierungen heraus, die euch altertümlich anmuten. Schlagt sie in einem Bedeutungswörterbuch nach.

4 *Schreibt einen Antwortbrief eines Personalchefs, der Wenzel entweder*
a) höflich bedauernd mitteilt, dass er ihn nicht einstellen kann, oder
b) ihm eine Stelle anbietet.

5 *„Ich bin redlich, und ich bin mir bewusst, dass das in der Welt, in der wir leben, herzlich wenig bedeutet …", schreibt Wenzel (Z. 60–63). Verfasst unter einem der Titel „Währt ehrlich am längsten?" oder „Mehr Schein als Sein?" eine Glosse (▷ S. 128) für die Jugendseite einer Zeitung. Bezieht dabei Erfahrungen mit eigenen Bewerbungen nach Möglichkeit mit ein.*

3.3 Start in die Berufswelt – Berufsbezogenes Sprechen und Schreiben

Die Bewerbungsmappe

Bankkaufmann/-frau

Sparkasse Daren, 3 freie Stellen

Schulische Voraussetzung:	mittlere Reife/mittlerer Bildungsabschluss
Anforderungen:	Kommunikationsfähigkeit, Kontaktfähigkeit bei Abitur Durchschnitt 3,0–3,2 bei Fachoberschulreife Durchschnitt 2,0
Ausbildungsort:	Daren
Ausbildungsbeginn:	01. 09. 2009
Bewerbungsadresse:	Sparkasse Mönchshof Fünfthofstraße 46 42 549 Michenstadt Tel.: +49 51 24 80 76 53
Ansprechpartner:	Herr Burier
E-Mail:	burier@sparkasse-mönchshof.de
Bewerbungsart:	schriftlich
Bewerbungstermin:	ab 24. 07. 2008
Bewerbungsunterlagen:	Lebenslauf, Lichtbild, Zeugnisse

Datum der letzten Aktualisierung: 20. 07. 08 ID 10056-10019734256-r

Thimo Werner 25. 7. 2008
Am Broich 7 b
52391 Vettweiß

VORSICHT FEHLER!

Sparkasse Daren
Fünfthofstraße 46
42549 Michenstadt

Sehr geehrte Herren und Damen!

in der Schule, die ich mit der Fachoberschulreife Juni 2009 verlassen werde, war ich schon immer gut in Mathematik. Darum interessiert mich die von Ihnen ausgeschriebene Ausbildungsstelle als Bankkaufmann ganz besonders. Meine Tante hat Ihre Ausbildung ebenfalls bei der Sparkasse Daren absolviert und mir ihr Institut sehr empfohlen.

noch einfügen: Telefonnummer, evtl. E-Mail-Adresse

Abteilung? Adressat?

Betreffzeile fehlt, Bezug? Abstände falsch Anrede falsch, Ansprechpartner ist bekannt

Ich bewerbe mich daher um eine Ausbildungsstelle für Bankkaufmann für das nächste Jahr.
Neben der Freude am Rechnen hat es mir schon immer Spaß gemacht, mit Menschen Kontakt zu haben. Ich habe mich in der Schule, im Jugendrotkreuz und im Radsportverein schon immer für andere engagiert und dabei gelernt, im Team mit anderen zusammenzuarbeiten.
Ich spiele begeistert Querflöte und singe im Jugendchor der Musikschule Daren.
Meine Leistungen im Fach Deutsch sind leider nur befriedigend, an Ihnen arbeite ich allerdings besonders hart.
Ich hoffe, ihr Interesse an meiner Person geweckt zu haben und würde mich freuen, von ihnen zu hören.

Ich lege diesem Schreiben meinen Lebenslauf und Kopien all meiner Zeugnisse bei.

Auswahl und Reihenfolge der Informationen:

teilweise unwichtig
nachteilig für den Bewerber
unsachlich formuliert
Wiederholungen

Absätze (überall!)
Rechtschreibfehler!
Grammatikfehler!
Kommafehler!

Unterschrift fehlt

Anlagen nicht formalisiert

1 *Lest Thimo Werners* ***Bewerbungsanschreiben*** *genau und prüft dessen Bezug auf die Stellenausschreibung.*

2 *Thimo hat seinen ersten Entwurf einem Bewerbungsberater gezeigt, der seine Kommentare am Rand notiert hat. Schreibt die Bewerbung auf dem Computer neu, indem ihr die Vorschläge berücksichtigt. Zieht auch die Checkliste auf den Seiten 333–334 zur Überprüfung heran.*

!

Eine **Bewerbungsmappe** enthält alle Unterlagen, die es dem Arbeitgeber ermöglichen, sich ein möglichst genaues, positives Bild von einem Bewerber oder einer Bewerberin zu machen.

Dazu zählen:
- Deckblatt mit ansprechendem Foto
- das Anschreiben
- der Lebenslauf
- wichtige Schulzeugnisse (vor allem Abschlusszeugnisse)
- Zeugnisse und Nachweise über Praktika, Nebenjobs, ehrenamtliches Engagement
- Bescheinigungen über schulisches Engagement (z. B. SV-Arbeit)
- Nachweise über zusätzliche Qualifikationen (z. B. Schreibmaschinenkurs)
- eventuell passende Arbeitsproben (z. B. Schülerzeitung, Homepage)

Der **Lebenslauf** muss fehlerfrei und sorgfältig erstellt werden. In der Regel wird er in einer tabellarischen Form und maschinenschriftlich erwartet. Nur noch selten wird die handschriftliche Form ausdrücklich verlangt.

Lebenslauf

Zur Person

Name	Angelika Koch
Anschrift	Roncallistraße 55 53842 Rungsheim
Geburtsdatum	12.5.1992
Geburtsort	Düsseldorf
Eltern	Wilhelm Koch, Schlossermeister Ingeburg Koch, kaufmännische Angestellte
Geschwister	eine jüngere Schwester

Schulausbildung

1998 bis 2002	Grundschule Wolperather Straße, Wahldorf
2002 bis heute	Heinrich-Böll-Schule, Rungsheim angestrebter Abschluss Juni 2008 Fachhochschulreife

Praktikantentätigkeiten

2007	dreiwöchiges Schulbetriebspraktikum bei der Werbeagentur Majewski in Hürth
seit 2006	Mitarbeit im Büro des elterlichen Betriebes

Sprachkenntnisse

Englisch (gute Kenntnisse in Wort und Schrift, Sommersprachkurs 2006 in London)
Französisch (Grundkenntnisse)

Weitere Qualifikationen

Schreibmaschine (Grundkurs der Industrie- und Handelskammer)
Jugendarbeit im Sportverein

Persönliche Interessen

Volleyball, Lesen, Computerarbeit, Reiten

Rungsheim, den 4. März 2008
Angelika Koch

Lichtbild vom Fotografen

Wie sind deine persönlichen Verhältnisse beschaffen?

Welche Schule hast du besucht oder besuchst du?
Welche Abschlüsse hast du erreicht oder strebst du an?

Besitzt du Erfahrungen in dem angestrebten Berufsfeld?

Über welche besonderen Kenntnisse verfügst du?
Soziales Engagement?

Welche persönlichen Interessen und Hobbys hast du?

Wichtig! Ort, Datum, Unterschrift

1 *Erstellt einen erfundenen oder einen eigenen Lebenslauf für einen frei gewählten Ausbildungs- oder Praktikumsplatz.*

2 *a) Kontrolliert eure Entwürfe gegenseitig und stellt besonders gelungene der Klasse vor.*
b) Begründet eure Entscheidungen.

Das Bewerbungsgespräch – Rollenspiel und Videotraining

Bewerbungsgespräche dienen dazu, in die engere Wahl gekommene Bewerberinnen und Bewerber persönlich kennen zu lernen. Wenn man eingeladen wird, hat man die erste Hürde bereits geschafft. Nun kommt es darauf an, einen möglichst guten und authentischen Eindruck von seiner Persönlichkeit zu vermitteln. Von zentraler Bedeutung sind dafür euer Auftreten und euer Gesprächsverhalten. Von den Bewerbern wird erwartet, dass sie sich angemessen kleiden, ihre Fähigkeiten realistisch einschätzen bzw. ihre „wunden" Punkte erklären können (Lebenslauf, Zeugnisse) und über die Firma und das Berufsbild Bescheid wissen.
Trainiert die Situation des Bewerbungsgesprächs im Rollenspiel, nutzt dazu auch die Möglichkeit der Videoaufzeichnung.

1 *Entwerft in Kleingruppen auf der Grundlage eurer recherchierten Berufsbilder konkrete Gesprächssituationen für ein Bewerbungsgespräch eines Ausbildungsplatzsuchenden. Notiert euch Fragen aus den Bereichen:*
- *Persönlichkeit und Selbsteinschätzung*
- *Schule (Lieblingsfächer, Leistungsschwächen)*
- *Gründe für die Berufswahl*
- *Vorerfahrungen (Praktika)*
- *Freizeitgestaltung*
- *persönliche und familiäre Situation*

Ihr könnt den Lebenslauf bzw. das Anschreiben des Bewerbers/der Bewerberin heranziehen, um die Fragen möglichst persönlich zu formulieren.

2 *a) Führt die Bewerbungsgespräche durch und zeichnet sie nach Möglichkeit mit einer Videokamera auf.*
b) Wertet sie im Anschluss durch eine Analyse der Aufzeichnung aus. Dazu könnt ihr den Beobachtungsbogen nutzen.

Bewerbungsgespräch – Beobachtungsbogen

	voll erfüllt	mit Einschränkungen erfüllt	nicht erfüllt
Auftreten:			
tritt in angemessener Kleidung auf			
macht einen ruhigen und entspannten Eindruck, zeigt eine gerade Haltung			
ist freundlich			
hat ihre/seine Unterlagen und Schreibutensilien dabei			
...			

Gesprächsverhalten:
spricht klar, deutlich und in vollständigen Sätzen
ist gut vorbereitet, antwortet ohne Verzögerung
stellt eigene, vorbereitete Fragen
fragt nach, wenn etwas unklar ist
...

Der Praktikumsbericht

In vielen Schulen findet in der Klasse 9 oder der Klasse 10 ein Berufspraktikum statt. In der Regel sollen Erfahrungen, die Schülerinnen und Schüler dort machen, in Form einer Praktikumsmappe vorgestellt werden. Wie ein solcher Bericht aufgebaut sein kann, zeigt dieses Beispiel:

1 Mein Weg zum Betrieb
2 Allgemeines zum Betrieb
2.1 Name
2.2 Größe
2.3 Arbeitsbereich (Produktion, Dienstleistung, Versorgung)
2.4 Zusammenhänge mit anderen Betrieben (Zulieferer, Importe, Exporte ...)
3 Organisation und Weisungsordnung im Betrieb
3.1 Zusammensetzung der Mitarbeiter (weiblich/männlich, Angestellte/Arbeiter ...)
3.2 Auflistung aller im Betrieb vertretenen Berufe
3.3 Abteilungen des Betriebes
3.4 Weisungsordnung (eventuell nur des Bereiches, in dem dein Praktikum stattfand; Beispiel: Direktor – Betriebsleiter – Abteilungsleiter – Meister – Facharbeiter – angelernte Kräfte)
3.5 Möglichkeiten der Fort- und Weiterbildung im Betrieb
4 Allgemeines zur Arbeit im Betrieb, soziale Leistungen, Mitbestimmung
4.1 Arbeitszeiten
4.2 Unfallschutzmaßnahmen
4.3 Besondere soziale Leistungen
5 Mein Arbeitsplatz
5.1 Art des Arbeitsplatzes
5.2 Ausgeführte Tätigkeiten
5.2.1 Selbstständig ausgeführt
5.2.2 Unter Anleitung ausgeführt
5.3 Anforderungen des Arbeitsplatzes
5.4 Verlangter Bildungsabschluss
5.5 Dauer und Art der Ausbildung
5.6 Arbeitsplatzsituation
5.7 Möglichkeiten der weiteren Qualifizierung

6	**Tagesberichte (ein bis zwei Beschreibungen aller an einem Tag verrichteten Arbeiten)**
7	**Freizeit während des Praktikums**
7.1	Beschreibung des persönlichen Befindens am Ende eines Arbeitstages
7.2	Folgen der „Berufstätigkeit" für deine Freizeitaktivitäten
8	**Kritische Zusammenfassung der Praktikumserfahrungen**
8.1	Erwartungen und ihre Erfüllung bzw. Nichterfüllung
8.2	Beurteilung der Erfahrungen (sinnvoll oder nicht) mit Begründung
8.3	Verbesserungsvorschläge

1 *Erklärt das Prinzip, nach dem der Bericht gegliedert ist.*

2 *a) Besorgt euch Praktikumsberichte älterer Schülerinnen oder Schüler und vergleicht deren Aufbau mit dem Beispiel.*
b) Bewertet die Unterschiede: Was erscheint euch besser, was weniger gut gelungen?

1. Tagesbericht Dienstag, 19. 11. 2008

Wie an jedem Praktikumstag begann meine Arbeitszeit um 6 Uhr. Nachdem ich an den ersten Tagen mit der Herstellung von Brötchen vertraut gemacht worden war, konnte ich heute schon Tätigkeiten, die zur Herstellung beitragen, ausführen. Den Arbeitsablauf könnte man folgendermaßen beschreiben:
Der aus den Zutaten Weizenmehl, Malzmehl, Trinkwasser, Hefe und Salz bereitete Teig wurde von mir aus dem Kneter geworfen. Nun begann ich, den Teig in Ballen abzuwiegen, die später rundgestoßen wurden. Nachdem der Teig einige Zeit geruht hatte – denn Hefeteig braucht Reifezeit –, wurde die Arbeit fortgesetzt. Die abgewogenen und rund gestoßenen Teigballen wurden maschinell zu je 30 Teigstücken gepresst, die dann zu runden Wirklingen geformt wurden …

Ein Tagesbericht

Ich glaube nicht, dass es auffiele, wenn ich einen dieser fingierten Berichte schriebe, in dem alle möglichen Tätigkeiten aufgelistet sind und der Praktikant abends müde, aber tief befriedigt von der Erledigung einer solchen Fülle von Aufgaben (die in Wirklichkeit über viele Tage verteilt waren) müde auf sein Kissen sinkt. Nein, meine Tage in der Buchhandlung hatten auch viel Gleichförmiges: stundenlanges Kistenauspacken und andere Lagerarbeiten, mit denen ich den Leser dieser Zeilen nicht langweilen will.
Ich habe daher einen Tag ausgewählt, der aus der Fülle der immer gleichen Arbeiten deutlich herausragt und Abwechslung in meinen Praktikumsalltag brachte: der Besuch eines Verlagsvertreters. …

3 *Vergleicht die beiden Auszüge aus Tagesberichten.*
a) Untersucht die inhaltliche Auswahl.
b) Welche Absicht verfolgt der Verfasser?
c) Beschreibt den Satzbau und die Wortwahl und bewertet den Stil.

4 Träume und Visionen – Kreatives Schreiben

4.1 Fantasie und Wirklichkeit – Zu Bildern schreiben

Traumerzählungen – Umkehrungen und Übergänge

Katharina Fritsch: Mann und Maus, 1991–1992, Polyester, Farbe, Stahl.

1 *Welchen Traum hat der schlafende Mann? Schreibt eure Ideen auf.*

2 *Kennt ihr ähnliche Träume wie den des Schlafenden?*
a) Notiert, was euch davon in Erinnerung ist.
b) Vergleicht eure Aufzeichnungen zu den Träumen in einer Kleingruppe: Welche Übereinstimmungen und welche individuellen Unterschiede stellt ihr fest?

3 *a) Haltet typische Merkmale von Träumen allgemein (z. B. Aufhebung der Naturgesetze) und von Albträumen im Besonderen (z. B. Abstürzen) in einer Tabelle fest.*
b) Überlegt, welche Funktion Träume haben.

4 *Ersetzt die Maus durch ein anderes Objekt, das einen Träumer bedrücken kann.*
a) Zeichnet die Situation.
b) Schreibt dazu eine Traumerzählung, in die ihr auch andere Figuren und Dinge einbezieht. Die dargestellte albtraumartige Ausgangssituation soll sich dabei so verändern, dass am Ende ein anderes Bild zu sehen ist: Der oder die Träumende hat die Oberhand.

Verschlüsselungen von Gedanken im Traum
Im Traum werden „bedrohliche" Gedanken in „erträgliche" Traumbilder verschlüsselt. Dabei können z. B. mehrere Personen oder mehrere Handlungen zu einer einzigen verschmolzen, d. h. verdichtet werden. Auch kann der Traum einen Inhalt auf einen anderen verschieben oder ein Gefühl durch ein gegenteiliges ersetzen. Ein wichtiges Ergebnis solcher Verschlüsselungen ist die **Traumsymbolik,** z. B.: verfolgt werden, fliegen können, abstürzen, von Tieren gebissen werden. Die **verrätselte Bilderwelt des Traums** vermischt und montiert Dinge aus der Realität (z. B. Erlebnisse vom Tag, so genannte „Tagesreste") mit Fantastischem: So entstehen widersprüchliche Kombinationen, und das Vertraute wird befremdlich.

Hieronymus Bosch (1450–1516) entwickelte in seinen großflächigen Bildern mit unzähligen Figuren und Fabelwesen Visionen, d. h. traumhafte Vorstellungen von der zukünftigen Welt, wie zum Beispiel nach dem Jüngsten Gericht.

5 *a) Beschreibt mündlich die beiden Ausschnitte, die aus einem Gemälde stammen, genau bis in alle Details hinein.*
b) Welche Dinge erinnern euch an Alltägliches, worin seht ihr Traumhaftes, Visionäres?
c) Schildert jeweils die Stimmung auf den Bildausschnitten.

Hieronymus Bosch: Die Versuchung des heiligen Antonius (Ausschnitt), 1505–1506.

6 *Erzählt schriftlich in einer Traumgeschichte, was in der von Bosch dargestellten Welt geschieht. Geht folgendermaßen vor:*
- *Beginnt mit der Schilderung der Stimmung auf einem der Bilder. Erfasst die Atmosphäre genau. Was nehmen die Figuren jeweils mit allen Sinnen wahr: Was ist zu sehen, zu hören, zu riechen, zu fühlen?*
- *Erzählt dann spannend von merkwürdigen Begegnungen und Ereignissen.*
- *Die Situation soll sich schließlich so verändern, dass es einen Übergang in die Welt des anderen Bildes gibt, mit dem eure Erzählung schließt.*

7 *Überarbeitet eure ersten Textentwürfe in* ***Schreibkonferenzen.***
a) Lest dazu das Beispiel auf der folgenden Seite und beurteilt den Überarbeitungsprozess.
b) Tauscht eure Texte in Kleingruppen aus und prüft diese Aspekte:
- *Zum Inhalt und zur Struktur: Spielt die Geschichte in zwei verschiedenen Welten? Ändert sich die Atmosphäre? Ist der Übergang von der einen in die andere Situation interessant gestaltet? Ist die Handlung trotz fantastischer Elemente nachvollziehbar? Gibt es Textstellen, die sich eindeutig auf die Bilder beziehen?*
- *Zur sprachlichen Gestaltung: Ist der Erzählstil durchgängig oder gibt es Brüche? Ist die Wortwahl genau (treffende Verben, differenzierende Adjektive, anschauliche Vergleiche, Nomen)? Werden alle Sinne angesprochen? Sind Rechtschreib- und Grammatikregeln beachtet worden?*

c) Überarbeitet nun jeder für sich den eigenen Text.

8 *Wählt in jeder Gruppe einen überarbeiteten Text aus, den ihr im Plenum präsentiert. Die Zuhörer/innen geben Rückmeldung über Gehalt und Gestaltung der Texte.*

Hieronymus Bosch: Die Versuchung des heiligen Antonius (Ausschnitt), 1505–1506.

Beispiel für einen Überarbeitungsprozess:

(1) ... Der Dunst wurde stärker und legte sich wie eine Folie über das Blass-blau des Himmels, das sich zusehends ins Violette trübte. Die (2) Wärme wich einer (2) Kühle, die in (3) ~~mich~~ kroch. (4) Unter uns sah ich, wie andere (5) von ihren Fischen stürzten. Wie ein Stein in einem dunklen Brunnen verschwanden sie. Ich ahnte Unheilvolles und drückte den Fisch mit aller Kraft nach unten, aber (6) konnte ihn plötzlich nicht mehr steuern. (7) Wind kam ~~stark~~ auf und (8) wir hatten keinen Halt. (9) Wir stürzten ab! Es (10) gab einen Ruck, der mir durch alle Knochen ging. Senkrecht rasten wir auf dem Fisch nach unten. (11) Schwarze Nässe klatschte mir ins Gesicht, (12) Lärm vom (12) Wind dröhnte in meinen Kopf. (13) Und dann (14) ~~kam eine~~ Stille. Wo war ich? (14) ~~Ich traute mal wieder meinen Sinnen nicht.~~ Ich (15) schwamm – aber nicht mehr in der Luft, sondern (16) im Wasser. Ich öffnete die Augen, konnte aber nichts sehen, zu (17) ~~sehr~~ war die Finsternis. Mein Körper glitt (18) allein nach oben an die Wasseroberfläche, und ich tauchte auf, (19) und Augenpaare über der Wasseroberfläche glotzten mich an. ...

1. schöner Satz!
2. Adjektive ergänzen
3. meine Kleider
4. umstellen und ausbauen
5. wer?
6. Wort ergänzen
7. Adjektiv ergänzen
8. ausbauen
9. Absatz
10. Satz umstellen
11. schöne Metapher
12. Adjektive ergänzen
13. Absatz
14. streichen
15. schwebte
16. Adjektiv ergänzen
17. undurchdringlich
18. ersetzen
19. Satzbau

... Der Dunst wurde stärker und legte sich wie eine Folie über das Blassblau des Himmels, das sich zusehends ins Violette trübte. Die wohltuende Wärme wich dumpfer Kühle, die in mein Gewand kroch. Ich ahnte Unheilvolles und drückte den Fisch mit aller Kraft nach unten, aber ich konnte ihn plötzlich nicht mehr steuern. Starker Wind kam auf, und wir drohten, den Halt auf unserem glitschigen Flieger zu verlieren. Tief unter uns sah ich, wie einzelne dunkle Gestalten von ihren hellen Fischen glitten und in die Tiefe stürzten. Wie ein fallender Stein in einem tiefen, dunklen Brunnen verschwanden sie in der Dunkelheit.

Da plötzlich gab es einen harten Ruck, der mir durch alle Knochen ging. Wir stürzten ab! Senkrecht rasten wir auf dem Fisch nach unten. Schwarze Nässe klatschte mir ins Gesicht, ohrenbetäubender Lärm von reißendem Wind dröhnte in meinen Kopf.

Und dann: Stille. Totenstille.

Wo war ich? Ich schwebte – aber nicht mehr in der Luft, sondern in eiskaltem Wasser. Ich öffnete die Augen, konnte aber nichts sehen, zu dunkel war die Finsternis. Mein Körper glitt wie von selbst nach oben an die Wasseroberfläche. Ich tauchte auf. Rot glühende Augenpaare dicht über der Wasseroberfläche beobachteten mich.

9 *Recherchiert in der Bibliothek die Werke von Hieronymus Bosch.*

a) Sucht das Gemälde, aus dem die beiden Ausschnitte stammen.

b) Zeigt weitere Bildausschnitte, zu denen sich visionäre Geschichten erzählen lassen.

Surreale Bildwelten – Zu Begriffen assoziieren

Trauminhalte bildlich darzustellen, war in der Kunstgeschichte immer interessant. Einen Höhepunkt fand die Auseinandersetzung mit dem Traum aber in der **Kunst des Surrealismus,** zu der Künstler wie Max Ernst, René Magritte und Salvador Dalí gehören. Sie begeisterten sich für das Unbewusste, das Rätselhafte, das Zufällige. „Schön wie die Begegnung eines Regenschirms und einer Nähmaschine auf dem Seziertisch" (so der französische Dichter Lautréamont) sollten ihre Bilder sein.

1 *Beschreibt das Bild von Max Ernst:*
   a) Welche Bildelemente ordnet ihr der Realität zu, welche können nur im Traum vorkommen?
   b) Erzählt von Träumen, in denen Elemente aus der Realität mit fantastischen Elementen verbunden und verfremdet werden.

2 *a) Listet alle Elemente im Bild auf, die euch bedeutsam erscheinen.*
   b) Assoziiert dann zu jedem Element:
   Was fällt euch dazu ein? Notiert zu jedem Begriff mindestens drei Assoziationen.
   Zur letzten Assoziation soll dann ein Gegenbegriff gebildet werden, z. B.:
   Musik → Harmonie → Entspannung → Ruhe ↔ Lärm
   c) Erzählt nun einen Traum, in dem alle Gegenbegriffe eine Rolle spielen.

3 *Malt oder zeichnet ein Bild zu eurer Traumgeschichte. Orientiert euch dabei an dem Bild von Max Ernst (z. B. große Figur nimmt fast das gesamte Format ein, tief liegender Horizont, intensive Farben und Kontraste).*

4 *Recherchiert den Titel und das Entstehungsjahr des Bildes von Max Ernst. Erklärt den Titel.*

ARBEITSTECHNIK

Beim **Assoziieren** wird eine Vorstellung, die z. B. ein Begriff oder ein Bild hervorruft, mit einer anderen Vorstellung verknüpft. So können Gedankenketten entstehen. Assoziationen sind häufig abhängig von ganz eigenen Gedanken, Gefühlen und Erlebnissen.

Collagen – Widersprüchliches kombinieren

1 *Beschreibt die **Collage** genau. Benennt dabei die einzelnen Bereiche, aus denen die Bildelemente stammen können.*

2 *Schreibt dazu einen fantastischen Text.*
- *a) Assoziiert zu jedem Herkunftsbereich der Bildelemente Gedanken und Vorstellungen. Schreibt diese als Gedankenketten auf.*
- *b) Wählt aus eurem Wortmaterial in Kleingruppen einzelne Begriffe aus und schreibt sie jeweils auf einen Zettel.*
- *c) Experimentiert durch Verschieben und Kombinieren mit verschiedenen Wortfolgen und ihrer Wirkung.*
- *d) Ergänzt ausgewählte Nomen durch Adjektive, die eine widersprüchliche Aussage enthalten oder einen anderen Sinn ansprechen, z. B.:*
  starre Bewegung, weiße Stille, laufendes Schwarz.
- *e) Nutzt das Wortmaterial für einen kurzen fantastischen Text zum Bild.*

Max Ernst: Collage aus „Eine weiße Woche", 1933.

3 *Sammelt Bilder aus verschiedenen Zeitschriften und kombiniert sie zu Collagen.
Hinweis: Geht sparsam vor nach dem Prinzip „Weniger ist mehr", denn zu viele Ideen stören sich gegenseitig.*

4 *Schreibt nun zu euren Collagen durch Assoziieren und Kombinieren kurze Texte.*

ARBEITSTECHNIK

Bei der **Collage** kombiniert man Materialien aus unterschiedlichen – auch widersprüchlichen – Herkunftsbereichen. So ergibt sich aus Teilen ein neues Ganzes, das eine befremdende Wirkung haben kann.

Den Bildraum betreten – Gedichte verfassen

René Magritte: Die persönlichen Werte, 1952, Öl auf Leinwand.

1 *Stellt euch vor, ihr betretet den Bildraum: Seht euch genau um. Sucht einen Platz in dem Zimmer, an dem ihr euch niederlasst. Nehmt eine Weile lang alles wahr, was um euch herum zu sehen ist. Legt euch dann in das Bett, deckt euch zu. Ihr versinkt in tiefen Schlaf. Was passiert im Traum?*

2 *Schreibt die Traumgedanken zügig auf. Achtet dabei auf die Besonderheiten des Zimmers. Nutzt die Methode des automatischen Schreibens (▷ S. 251).*

3 *Verwandelt eure Traumgedanken in ein Gedicht.*
a) Tauscht dazu eure Texte untereinander aus und unterstreicht die Stellen im fremden Text, die für euch die stärkste Aussagekraft besitzen.
b) Lasst euch eure eigenen Texte zurückgeben und streicht nun darin alle entbehrlichen Füllwörter (aber nicht die unterstrichenen Stellen!). Von dem ursprünglichen Text soll nur wenig Wortmaterial übrig bleiben.
c) Schreibt nun die erste Zeile auf ein neues Blatt. Sie sollte nur aus einigen Wörtern bestehen und ein Schlüsselwort enthalten. Nun folgt darunter die nächste Zeile, bis nach und nach ein Gedicht entsteht.

4 *Nachdem ihr auf diese Weise euren Text in Zeilen umbrochen habt, könnt ihr mit sprachlichen Proben experimentieren, z.B. Ersetzen, Umstellen, Erweitern, Weglassen von Wörtern (▷ S. 154).*
Prüft die Wirkung für eine Überarbeitung des Gedichts.

5 *a) Sucht in Bildbänden oder im Internet nach weiteren Gemälden der Surrealisten mit Landschaften, die ihr betreten, oder mit fantastischen Figuren, denen ihr begegnen könnt.*
b) Verfasst Traumgedichte zu den Bildern.

Sich in Bildfiguren hineinversetzen – Rahmengeschichten entwickeln

Gregory Crewdson: Zwielicht, 1998–2002, Fotografie.

1 *Seht euch das Bild eine Weile genau an.*
Schildert die Szenerie und die Atmosphäre: Formuliert schriftlich komplexe Sätze jeweils zu den Farben, zu Licht und Schatten, Stille und Geräuschen, Kälte und Wärme, Stillstand und Bewegung.

2 *Geht nun auf das Mädchen ein.*
a) Formuliert mindestens drei Sätze, welche die Gefühle und Wünsche des Mädchens erfassen.
b) Sammelt Argumente dafür, ob das Mädchen träumt oder schlafwandelt.

3 *Bringt das Bild zum Sprechen.*
a) Legt ein Transparentpapier über das Bild. Paust alles durch, was euch wesentlich erscheint.
b) Zeichnet zu jeder Figur und jedem Objekt eine Denkblase und füllt sie mit Gedanken. Bedenkt dabei, dass im Traum auch Gegenstände belebt sein können.

4 *Eure Skizze soll der Mittelteil einer Folge aus drei Bildern sein: Skizziert auf zwei weiteren Blättern, was vorher geschehen ist und was nachher passieren wird.*

5 *a) Wählt nun eine der Figuren auf dem Bild aus und lasst sie das Geschehen aus ihrer Sicht erzählen. Nutzt dazu eure Skizzen und eure Formulierungen aus den Aufgaben 1 und 2 a).*
b) Lest eure Texte in Kleingruppen und kombiniert Passagen aus jedem Text so, dass daraus eine neue Traumerzählung entsteht, in der verschiedene Perspektiven aufeinandertreffen.

4.2 Sich in erdachten Welten bewegen – Texte durch Schreiben verstehen

Traumwelt Romantik – Texte weiterschreiben

Die Nähe von Märchen zu Träumen ist oft hervorgehoben worden. Märchen seien kollektive Träume des Volkes, die eine gerechtere Welt ausmalen. In Träumen und in Märchen werden die Verhältnisse der Wirklichkeit oft umgedreht: Der kleine, aber gewitzte Schneider besiegt die Riesen, die Eltern, die beschließen, ihre Kinder im Wald auszusetzen, kommen durch diese Kinder zu Reichtum usw.

Brüder Grimm

Jorinde und Joringel (1812)

Beim Sammeln deutscher Volksmärchen griffen Jacob (1785–1863) und Wilhelm Grimm (1786–1859) auch auf schon gedruckte Geschichten zurück. Autoren sind nämlich immer auch intensive Leser. Selbst wenn in Arbeitsjournalen persönlichste Erfahrungen aufgeschrieben werden, spielt oft die Erinnerung an Gelesenes eine Rolle.
Die Brüder Grimm passten die Geschichten stilistisch an die mündliche Erzählweise an, die sie bei den Märchenerzählerinnen kennen gelernt hatten. Eine davon ist „Jorinde und Joringel". Sie fanden sie in der Lebensbeschreibung des Arztes Jung-Stilling, der sie selbst als Kind erzählt bekommen hatte.

Max Ernst: Der Wald, 1927, Öl auf Leinwand.

Es war einmal ein altes Schloss mitten in einem großen dicken Wald, darinnen wohnte eine alte Frau ganz allein, das war eine Erzzauberin. Am Tage machte sie sich zur Katze oder zur Nachteule, des Abends aber wurde sie wieder ordentlich wie ein Mensch gestaltet. Sie konnte das Wild und die Vögel herbeilocken, und dann schlachtete sie, kochte und briet es. Wenn jemand auf hundert Schritte dem Schloss nahe kam, so musste er stille stehen und konnte sich nicht von der Stelle bewegen; bis sie ihn lossprach; wenn aber eine keusche Jungfrau in diesen Kreis kam, so verwandelte sie dieselbe in einen Vogel und sperrte sie dann in einen Korb ein und trug den Korb in eine Kammer des Schlosses. Sie hatte wohl siebentausend solcher Körbe mit so raren Vögeln im Schlosse.
Nun war einmal eine Jungfrau, die hieß Jorinde; sie war schöner als alle andern Mädchen. Die und dann ein gar schöner Jüngling, namens Joringel, hatten sich zusammen versprochen. Sie waren in den Brauttagen, und sie hatten ihr größtes Vergnügen eins am andern. Damit sie nun einsmalen vertraut zusammen reden könnten, gingen sie in den Wald spazieren. „Hüte dich", sagte Joringel, „dass du nicht so nahe ans Schloss kommst." Es war ein schöner Abend, die Sonne schien zwischen den Stämmen der Bäume hell ins dunkle Grün des

Waldes, und die Turteltaube sang kläglich auf den alten Maibuchen.

Jorinde weinte zuweilen, setzte sich hin im Sonnenschein und klagte; Joringel klagte auch. Sie waren so bestürzt, als wenn sie hätten sterben sollen; sie sahen sich um, waren irre und wussten nicht, wohin sie nach Hause gehen sollten. Noch halb stand die Sonne über dem Berg, und halb war sie unter. Joringel sah durchs Gebüsch und sah die alte Mauer des Schlosses nah bei sich; er erschrak und wurde todbang. Jorinde sang:.

„Mein Vöglein mit dem Ringlein rot
singt Leide, Leide, Leide:
es singt dem Täubelein seinen Tod,
singt Leide, Lei – zicküth, zicküth, zücküth."

Joringel sah nach Jorinde. Jorinde war in eine Nachtigall verwandelt, die sang: „Zicküth, zicküth." Eine Nachteule mit glühenden Augen flog dreimal um sie herum und schrie dreimal: „Schu, hu, hu, hu." Joringel konnte sich nicht regen; er stand da wie ein Stein, konnte nicht weinen, nicht reden, nicht Hand noch Fuß regen. Nun war die Sonne unter, die Eule flog in einen Strauch, und gleich darauf kam eine alte krumme Frau aus diesem hervor, gelb und mager – große rote Augen, krumme Nase, die mit der Spitze ans Kinn reichte. Sie murmelte, fing die Nachtigall und trug sie auf der Hand fort. Joringel konnte nichts sagen, nicht von der Stelle kommen; die Nachtigall war fort. Endlich kam das Weib wieder und sagte mit dumpfer Stimme: „Grüß dich, Zachiel, wenns Möndel ins Körbel scheint, bind los, Zachiel, zu guter Stund." Da wurde Joringel los. Er fiel vor dem Weib auf die Knie und bat, sie möchte ihm seine Jorinde wiedergeben; aber sie sagte, er sollte sie nie wieder haben, und ging fort. Er rief, er weinte, er jammerte, aber alles umsonst. „Uu, was soll mir geschehen?" Joringel ging fort und kam endlich in ein fremdes Dorf, da hütete er die Schafe lange Zeit. Oft ging er rund um das Schloss herum, aber nicht zu nahe dabei. Endlich träumte er einmal des Nachts, er fände eine blutrote Blume, in deren Mitte eine schöne große Perle war. Die Blume brach er, ging damit zum Schlosse – alles, was er mit der Blume berührte, ward von der Zauberei frei; auch träumte er, er hätte seine Jorinde dadurch wiederbekommen. [...]

1 *Was erzählt das Märchen über die „Erzzauberin" (Z. 3 ff.)? Verfasst eine Personenbeschreibung und illustriert sie durch eine Zeichnung. Schaut zuvor das Bild des surrealistischen Malers Max Ernst (▷ S. 83) an.*

2 *Untersucht, wie das Märchen von den Brüdern Grimm erzählt wird.*

a) *Sucht Stellen im Text, an denen ihr den Stil des mündlichen Erzählens nachweisen könnt, z. B.: „Nun war einmal eine Jungfrau, die hieß Jorinde …" (Z. 19–20).*

b) *Schaut euch die einzelnen Sätze an. Wie viel einfache Aussagesätze oder Satzreihen, wie viele Nebensätze findet ihr im Text? Was schließt ihr daraus?*

c) *Jorinde und die Zauberin sprechen Texte, die man nicht versteht. Welche Wirkung hat das auf die Zuhörerinnen und Zuhörer?*

d) *Stellt weitere „märchenhafte" Handlungen oder Reden aus dem Text zusammen und bestimmt auch hier die Wirkung.*

3 *Es geschehen seltsame Dinge.*

a) *Die beiden Liebenden gehen in den Wald. Jorinde klagt, Joringel weint … . Schreibt die Textstellen heraus und sucht mögliche Erklärungen für das Verhalten.*

b) *In welchem Zusammenhang stehen Nachtigall, Nachteule, Beginn der Dunkelheit und der Vorgang der Verwandlung einer jungen Frau durch eine alte?*

4 *Schreibt das Märchen im Stil der Brüder Grimm zu Ende. Verwendet dazu als Anregung die Quelle, die auch den Grimms zur Verfügung stand und die sie in ihrem Sammlerkommentar so zusammenfassten:*

69. Jorinde und Joringel
Aus Heinrich Stillings Leben 1, 104–108.
Eine mündliche Erzählung aus den Schwalmgegenden weicht nur in wenigem ab. Es sind zwei Kinder, die in einen großen Wald gehen, der Junge gerät in das Schloss einer Zauberin, sie rührt ihn mit einer Gerte an, worauf er sich in einen Vogel verwandelt. Das Mädchen träumt von der Blume und gibt ihm damit seine menschliche Gestalt wieder. Es hält die Blume auch an die Hexe, die wird dadurch in eine Rabe verwandelt. Die Kinder gehen heim, einmal spielen sie im Garten, da kommt die Rabe geflogen, setzt sich auf einen Baum und das Mädchen holt die Blume, berührt sie damit und gibt ihr dadurch die rechte Gestalt wieder.

5 *Vergleicht eure Versionen mit derjenigen der Grimms, die ihr in jeder Sammlung der Kinder- und Hausmärchen findet.*

6 *In dem Märchen der Grimms wird der Traum Joringels nur kurz erwähnt. Gestaltet diesen Traum so aus, dass den Lesern der Zusammenhang zwischen Traum und weiterem Handlungsverlauf deutlich wird.*

Ein Beispiel: Pharao, der König der Ägypter, träumt, dass sieben fette Kühe aus dem Nil steigen, danach sieben magere, welche die sieben fetten fressen. Joseph deutet: Der Nil (dessen Überschwemmungen die Fruchtbarkeit des Ackerbaus im Delta bestimmen) wird sieben magere Ernten bringen, die die Ernten der sieben fetten Jahre zuvor verschlingen. (1. Mose 41)

7 *Kennt ihr weitere Erzähltexte (insbesondere Fantasy-Romane), in denen Träume Geschehen vorwegnehmen oder darauf verweisen?*
a) Erzählt einen dieser Texte nach. Achtet bei der Wiedergabe des Traums darauf, dass dessen Bedeutung richtig verstanden wird.
b) Erinnern euch der Traum oder Teile der Erzählung an andere Texte, die ihr schon gelesen habt? Haltet Ähnlichkeiten oder Assoziationen stichpunktartig fest.
c) Recherchiert mögliche „Ursprungstexte" und vergleicht.

!

Mit Literatur produktiv umgehen

- Wenn Autorinnen und Autoren in ihren Texten auf andere Literatur, wie z. B. Märchen, Lieder oder mythologische Erzählungen, zurückgreifen und sie umgestalten, spricht man von **produktiver Rezeption.** Die Kenntnis beider Texte ermöglicht dann ein vertieftes Verstehen.
- Eine Möglichkeit, Texte individuell zu rezipieren, besteht darin, das eigene Textverständnis durch **produktives Schreiben** zu vertiefen. Das kann dadurch geschehen, dass die Lektüre eines Textes unterbrochen und im Stile des „Originals" ohne deutlich wahrnehmbaren Übergang weitergeschrieben wird. Man kann einem Text auch eine andere Wendung geben, indem man z. B. Nebenfiguren ins Zentrum rückt oder eine andere Konfliktlösung wählt.

Friedrich von Hardenberg (Novalis)

Heinrich von Ofterdingen. Erster Teil: Die Erwartung (1802)

Novalis, mit bürgerlichem Namen Georg Philipp Friedrich Freiherr von Hardenberg (1772–1801), gilt als wichtiger frühromantischer Lyriker und Erzähler. Als Dichter verschrieb er sich einer magischen Traumwirklichkeit und verband in höchst melodischer, schwermütiger Sprache tiefe Innerlichkeit, Fantasie und mystische Todessehnsucht. Nach seinem Tod erschienen u.a. der Gedichtzyklus „Hymnen an die Nacht" (1880) und das Romanfragment „Heinrich von Ofterdingen" (1802).

Als er seinen Roman begann, kannte Novalis das Märchen von Jorinde und Joringel in der Fassung, die auch den Brüdern Grimm vorgelegen hatte.

Die Eltern lagen schon und schliefen, die Wanduhr schlug ihren einförmigen Takt, vor den klappernden Fenstern sauste der Wind; abwechselnd wurde die Stube hell von dem Schimmer des Mondes. Der Jüngling lag unruhig auf seinem Lager und gedachte des Fremden und seiner Erzählungen. Nicht die Schätze sind es, die ein so unaussprechliches Verlangen in mir geweckt haben, sagte er zu sich selbst; fernab liegt mir alle Habsucht, aber die blaue Blume sehn' ich mich zu erblicken. Sie liegt mir unaufhörlich im Sinn, und ich kann nichts anders dichten und denken. So ist mir noch nie zu Mute gewesen: Es ist, als hätt' ich vorhin geträumt, oder ich wäre in eine andere Welt hinübergeschlummert; denn in der Welt, in der ich sonst lebte, wer hätte da sich um Blumen bekümmert, und gar von einer so seltsamen Leidenschaft für eine Blume hab' ich damals nie gehört. [...]
Der Jüngling verlor sich allmählich in süßen Fantasien und entschlummerte. [...]
Endlich gegen Morgen, wie draußen die Dämmerung anbrach, wurde es stiller in seiner Seele, klarer und bleibender wurden die Bilder. Es kam ihm vor, als ginge er in einem dunkeln Walde allein. Nur selten schimmerte der Tag durch das grüne Netz. Bald kam er vor eine Felsenschlucht, die bergan stieg. Er musste über bemooste Steine klettern, die ein ehemaliger Strom heruntergerissen hatte. Je höher er kam, desto lichter wurde der Wald. Endlich gelangte er zu einer kleinen Wiese, die am Hang des Berges lag. Hinter der Wiese erhob sich eine hohe Klippe, an deren Fuß er eine Öffnung erblickte, die der Anfang eines in den Felsen gehauenen Ganges zu sein schien. Der Gang führte ihn gemächlich eine Zeit lang eben fort, bis zu einer großen Weitung, aus der ihm schon von fern ein helles Licht entgegenglänzte. Wie er hineintrat, ward er einen mächtigen Strahl gewahr, der wie aus einem Springquell bis an die Decke des Gewölbes stieg und oben in unzählige Funken zerstäubte, die sich unten in einem großen Becken sammelten; der Strahl glänzte wie entzündetes Gold; nicht das mindeste Geräusch war zu hören, eine heilige Stille umgab das herrliche Schauspiel. Er näherte sich dem Becken, das mit unendlichen Farben wogte und

zitterte. Die Wände der Höhle waren mit dieser Flüssigkeit überzogen, die nicht heiß, sondern kühl war und an den Wänden nur ein mattes, bläuliches Licht von sich warf. Er tauchte seine Hand in das Becken und benetzte seine Lippen. Es war, als durchdringe ihn ein geistiger Hauch, und er fühlte sich innigst gestärkt und erfrischt. Ein unwiderstehliches Verlangen ergriff ihn, sich zu baden, er entkleidete sich und stieg in das Becken. Es dünkte ihn, als umflösse ihn eine Wolke des Abendrots; eine himmlische Empfindung überströmte sein Inneres; mit inniger Wollust strebten unzählbare Gedanken, in ihm sich zu vermischen; neue, nie gesehene Bilder entstanden, die auch ineinanderflossen und zu sichtbaren Wesen um ihn wurden, und jede Welle des lieblichen Elements schmiegte sich wie ein zarter Busen an ihn.
Berauscht von Entzücken und doch jedes Eindrucks bewusst, schwamm er gemach dem leuchtenden Strome nach, der aus dem Becken in den Felsen hineinfloss.

Marc Chagall: Der Traum, 1978, Tempera auf Leinwand.

1 *Untersucht das Verhältnis von Wirklichkeit und Traum in diesem Romananfang.*
a) Das Romankapitel beginnt in der Wirklichkeit.
Wo und wie findet der Übergang in die Welt der Träume statt?
Nennt die Textstellen mit Zeilenangaben.
b) Charakterisiert den Träumer. Achtet dabei besonders auf Hinweise im Text, die etwas über seine Gefühle aussagen, und über die Art, wie er mit ihnen umgeht.
c) Vergleicht ihn mit Joringel, dem Märchenhelden und Träumer.
d) Welche Beziehungen seht ihr zwischen dem Traum des jungen Mannes und der Kapitelüberschrift?

2 *Verfolgt die Traumwanderung der Romanfigur in ihren einzelnen „Stationen“.*
a) Malt oder sucht Bilder, die sie illustrieren könnten.
b) Untersucht die Frage, ob in der Abfolge der Stationen ein besonderer Sinn liegt.

3 *Der Jüngling erzählt den Eltern seinen Traum.*
a) Macht euch Notizen dazu, was er erwähnen, was er weglassen wird.
b) Wie werden die Eltern auf seine Erzählung reagieren? Verfasst einen Dialog.

4 *Entwerft eine Fortsetzung des Traums, in der die beiden Vorankündigungen (der Fremde und die blaue Blume) eine Bedeutung für das Leben des Jünglings erhalten.*

5 *Überarbeitet eure Fantasietexte in einer* ***Schreibkonferenz*** *(▷ S. 88; S. 154).*

ARBEITSTECHNIK

Fragengeleitete Überarbeitung in einer Schreibkonferenz

- Kann man den **Text gliedern** und den einzelnen Abschnitten eigene Überschriften geben? Danach: Passen die Textteile zusammen, stimmt die Reihenfolge, stimmen die Übergänge zwischen Wirklichkeit und Fantasiewelt?
- Wie werden **die handelnden Figuren** vorgestellt? Gibt es eine klare Trennung zwischen Gut und Böse, gibt es „gemischte" Charaktere? Spielen alle Figuren eine klar beschreibbare Rolle beim Fortgang der Handlung?
- Gibt es ein erkennbares **Muster in der Handlungsführung:** eine Suche, eine Reise, eine Rettung/Erlösung, die Lösung einer Aufgabe/die Erfüllung eines Auftrags?
- Was ist **Thema oder Gegenstand des Textes?** Soll z. B. ein psychischer Vorgang (aus dem Inneren eines einzelnen Menschen) oder ein überindividueller Vorgang (in der Natur, der Geschichte, zwischen den Generationen) der Gegenstand des Textes sein?
- Welche Beziehung besteht zwischen der gewählten **Überschrift** und dem Text?
- Bezug zu der **Vorlage:** Welche Stimmungen übermitteln die Vorlagen, welche die produktiven Nacharbeiten?

Geträumte Geschichten – Erzählfragmente verstehen und ausgestalten

Franz Kafka

Franz Kafka (1883–1924) schreibt in seinem Tagebuch, dass er viele seiner Geschichten im Kern geträumt habe, dass es der Sinn seines Schreibens sei, seinem „traumhaften inneren Leben" eine festere Gestalt zu geben.
Oft begegnen ihm im Traum seltsame Tiere. Daraus entwickelt er Erzählanfänge, von denen er dann einige zu ganzen Erzählungen ausgestaltet. Einmal stellt er einen jungen Angestellten vor, der eines Morgens aus „unruhigen Träumen" erwacht und feststellt, dass er in ein riesiges Insekt verwandelt ist („Die Verwandlung"). Ein andermal erzählt er von einem Affen, der Mitglied der menschlichen Gesellschaft geworden ist („Bericht für eine Akademie"). Oft bricht er allerdings seine Erzählanfänge ab, bevor die Handlung richtig begonnen hat. Die folgenden zwei Texte sind solche abgebrochenen Tagebucheintragungen.

Franz Kafka

Der grüne Drache (1917)

Es öffnete sich die Tür, und es kam, gut im Saft, an den Seiten üppig gerundet, fußlos mit der ganzen Unterseite sich vorschiebend, der grüne Drache ins Zimmer herein. Formelle Begrüßung. Ich bat ihn, völlig einzutreten. Er bedauerte, dies nicht tun zu können, da er zu lang sei. Die Tür musste also offen bleiben, was recht peinlich war. Er lächelte halb verlegen, halb tückisch und begann: „Durch deine Sehnsucht herangezogen, schiebe ich mich von weither heran, bin unten schon ganz wund gescheuert. Aber ich tue es gerne. Gerne komme ich, gerne biete ich mich dir an."

Max Ernst: Der Hausengel, 1937, Öl auf Leinwand.

Franz Kafka

Das Riesenei (1917)

Als ich abends nach Hause kam, fand ich in der Mitte des Zimmers ein großes, ein übergroßes Ei. Es war fast so hoch wie der Tisch und entsprechend ausgebaucht. Leise schwankte es hin und her. Ich war sehr neugierig, nahm das Ei zwischen die Beine und schnitt es vorsichtig mit dem Taschenmesser entzwei. Es war schon ausgetragen. Zerknitternd fiel die Schale auseinander, und hervor sprang ein storchartiger, noch federloser, mit zu kurzen Flügeln die Luft schlagender Vogel. „Was willst du in unserer Welt?", hatte ich Lust zu fragen, hockte mich vor den Vogel nieder und sah ihm in seine ängstlich zwinkernden Augen. Aber er verließ mich und hüpfte die Wände entlang, halb flatternd wie auf wehen Füßen. „Einer hilft dem andern", dachte ich, packte auf dem Tisch mein Abendessen aus und winkte dem Vogel, der drüben gerade seinen Schnabel zwischen meine paar

Bücher bohrte. Gleich kam er zu mir, setzte sich, offenbar schon ein wenig eingewöhnt, auf einen Stuhl, mit pfeifendem Atem begann er, die Wurstschnitte, die ich vor ihn gelegt hatte, zu beschnuppern, spießte sie aber lediglich auf und warf sie nur wieder hin. „Ein Fehler“, dachte ich, „natürlich, man springt nicht aus dem Ei, um gleich mit Wurstessen anzufangen. Hier wäre Frauenerfahrung nötig.“ Und ich sah ihn scharf an, ob ihm vielleicht seine Essenswünsche von außen abzulesen wären. „Kommt er“, fiel mir dann ein, „aus der Familie der Störche, dann werden ihm gewiss Fische lieb sein. Nun, ich bin bereit, sogar Fische ihm zu verschaffen. Allerdings nicht umsonst. Meine Mittel erlauben mir nicht, mir einen Hausvogel zu halten. Bringe ich also solche Opfer, will ich einen gleichwertigen Leben erhaltenden Lebensdienst. Er ist ein Storch, möge er mich also, bis er ausgewachsen und von meinen Fischen gemästet ist, mit in die südlichen Länder nehmen. [...]“

1 *Untersucht den Beginn des „Drachen“- und des „Riesenei“-Fragments.*
a) Geht bei eurer Textbeobachtung auf den Satzbau, die Wortwahl und die Erzählperspektive ein.
b) Vergleicht dann den Erzählstil, den Kafka wählte, mit dem des Märchens.

!

In der Literatur ist ein **Fragment** entweder ein unvollständig überliefertes oder ein unvollendetes literarisches Werk. Manchmal entscheidet sich der Autor oder die Autorin aber auch ganz bewusst dafür, den Text als Fragment zu belassen, d. h. ihn nicht zu Ende zu schreiben.

2 *Schreibt eines der Kafka-Fragmente weiter.*
a) Wählt entweder den Anfang der Erzählung „Der grüne Drache“ oder der Erzählung „Das Riesenei“.
b) Achtet beim Weiterschreiben auf Folgendes: Der Erzähler soll kein Märchenheld, der Drache und der Vogel sollen eigene zentrale Figuren sein.

ARBEITSTECHNIK

Textbeobachtungen

Um zu erreichen, dass eure Fortsetzung möglichst genau zu Kafkas Original passt, müsst ihr euch über Besonderheiten der Schreibweise und Auffälligkeiten der Handlung und Figuren klarwerden. **Textbeobachtungen,** die dafür wichtig werden können, antworten z. B. auf die folgenden Fragen:

- Woran erinnert mich das, was ich hier am Text beobachte? (Zum Beispiel erinnern die Erzählanfänge an die Begegnung des Märchenhelden mit einem Tier, das ein verwandelter Mensch ist.)
- Zu welcher Gattung gehört der Text? Passt die Fortsetzung zu den „Regeln“ dieser Textsorte? (In dem zitierten Fragment scheint es nichts Ungewöhnliches, dass der Drache spricht, aber der Erzähler selbst hat nichts Märchenhaftes.)
- Welche auffälligen Handlungselemente können im Verlauf des weiteren Erzählens noch eine überraschend neue Bedeutung gewinnen? (Zum Beispiel schließt der Erzähler mit dem Riesenvogel einen Vertrag.)

Der Traum und das Leben – Einen Paralleltext schreiben

Thomas Bernhard

Der Vorzugsschüler (1969)

DER VORZUGSSCHÜLER, dessen Leben mehr Methode hat als das Leben der Erwachsenen, träumt, dass er eine Rechenaufgabe nicht lösen kann und die Lösung auch dann noch nicht gefunden hat, als der Lehrer die Schulaufgaben einverlangt. Der Lehrer stellt den Vorzugsschüler in der Klasse zur Rede und droht ihm, seine Eltern von dem Vorfall zu benachrichtigen. Die Mitschüler sind voll Schadenfreude und stoßen den Vorzugsschüler, der körperlich ein Schwächling ist, in einen Kanal, aus dem er sich nur mit äußerster Anstrengung befreien kann. Am nächsten Tag getraut er sich gar nicht in die Schule hineinzugehen und bleibt zehn Minuten nach Schulbeginn unter dem Schultor stehen. Er macht kehrt und schwänzt. Er irrt in einem Park umher und wird dort plötzlich vom Schuldiener entdeckt, der den Vorfall in der Direktion meldet. Jetzt erwacht der Vorzugsschüler aus seinem Traum. Er stürzt schwitzend und halbnackt in das Schlafzimmer seiner Eltern. Aber so tief und mit welchen Mitteln sie auch in ihn eindringen, er sagt ihnen nicht den Inhalt seines Traums. Er weigert sich immer wieder, ihn zu erzählen.

Sandro Chia: Blaue Grotte, 1980, Öl auf Leinwand.

1 *Was ist eurer Meinung nach ein „Vorzugsschüler", was ein „Schuldiener"?*

2 *a) Was erfahrt ihr aus dem Traum über den Jungen? Notiert Stichwörter. Schaut das Bild von Sandro Chia an und setzt es in Beziehung zu dem Traum.*
b) Warum will der Junge seinen Traum nicht erzählen? Was müssten die Eltern tun, damit sie miteinander reden können?

3 *Untersucht den Stil und den Aufbau des Texts von Thomas Bernhard.*
a) Welche Rolle spielen Adjektive und Attribute? Welche Satzkonstruktion herrscht vor?
b) Welchen Stellenwert hat der erzählte Traum im Textganzen?

4 *Stellt euch vor: Ein Schüler ist in der Klasse 10 und hat eine Klassenfahrt nach Venedig gemacht, eine Stadt, die er schon aus Filmen kennt. Er träumt davon, dass er nachts in Venedig (enge Gassen, Kanäle, Brücken, Kirchen, kaum Straßenbeleuchtungen) seine Gruppe verliert und sich verirrt. Entwickelt aus diesem Traumfragment eine kurze Erzählung. Orientiert euch in Aufbau und Stil an der Geschichte von Thomas Bernhard. Achtet darauf, dass ihr so erzählt, dass der Träumer durch seinen Traum charakterisiert wird.*

4.3 Träume in Bewegung – Bilder filmisch verlebendigen

Das Medium Film eignet sich, um selbst verfasste Texte und Gemälde zu neuen Kunstwerken zu kombinieren. Durch die filmische Umgestaltung könnt ihr ein Bild „zum Leben erwecken". Dazu müsst ihr es mit der Videokamera abfilmen und mit euren gesprochenen Texten unterlegen.

1 *In einem Film zu Salvador Dalís Gemälde „Erscheinung von Gesicht und Obstschale an einem Strand" (1938) haben Schülerinnen und Schüler ausgewählte Bildausschnitte abgefilmt und dazu ihren selbst verfassten Text in Dialogform gesprochen sowie den Film mit Musik und Geräuschen unterlegt.*

a) Seht euch die Ausschnitte an und untersucht, wie die Bildausschnitte ausgewählt und kombiniert wurden.

b) Wie wird durch die Kombination von Bild und Ton (gesprochener Text, Geräusche, Musik) Spannung erzeugt?

Kameraeinstellungen (Einstellungsgrößen) **Schnitt** (Montage der Bilder)	**Ton** (Auszüge aus dem Text, Geräusche, Musik)
 Groß: Gesicht	*Zikadenzirpen, zwei Stimmen:* „Mein Traumgesicht" „Vergessen … die Welt versunken …" „Ich sehe blind: In meinen Augen ein weiches Gefäß, eine zerfließende Puppe … ich schweige …" „Sandfarbene Stille …" „Ich horche …"
 Schnitt, Detail: Mond	*Einzelne Klaviertöne* […] „Glasklare, klirrende Hitze …" „Gelbrosa Ruhe … eiskalte Stille" „Ganz weit der Mond am nächtlichen helldunklen Tag" […] *Hundejaulen*

Schnitt, Halbnah: Hundekopf, Landschaft, Figuren

[...]
„Ich horche ... ich sehe ..."
„Ein Tier"
„Eine Landschaft"
„Ein Tier in der Landschaft"
„Die Landschaft im Tier"
„Das Auge
ein Durchblick –
das Halsband, die Brücke"
„Der Weg führt zu mir."
Geräusche von zerreißendem Stoff

Schnitt, Halbtotale: Frau vor Mauer, Gegenstände

Geräusche von zerreißendem Stoff
[...]
„Am Fuße der Brücke
eine alte Frau"
„Steinhart zerfließende Formen ...
Stofffetzen"
„Und eine Schale mit Birnen"
„Mein Traumgesicht"
„Eine Schale"
[...]

Kamerafahrt nach unten, Nah: Rückenfigur

[...]
„Auf dem Sand
eine alte Frau"
„Steinharter Stofffetzen"
„Geschmeidige Härte"
„Blasse Stille"
„Schweigende Form"
[...]

Zoom, Weit: Auflösung, das gesamte Bild

„Mein Traumgesicht"
Zikadenzirpen

2 *Schreibt selbst Texte zu Bildern eurer Wahl.*
a) Wählt in Gruppen jeweils ein Bild zum Thema „Träume und Visionen" aus, das möglichst mehrere interessante Details enthält und als große Abbildung zur Verfügung steht (DIN A 3).
b) Jeder schreibt zunächst seine Eindrücke und Ideen zu dem Bild auf. Nutzt dazu Methoden wie z. B. das Assoziieren (▷ S. 79) oder das automatische Schreiben (▷ S. 251).
c) Einigt euch auf Grundlage eurer Aufzeichnungen auf eine Handlung und eine Textsorte (z. B. einen dramatisierenden Dialog, innere Monologe, eine Erzählung, eine Collage aus Stimmen, Textfetzen und Geräuschen oder einen Kommentar aus dem Off).

3 *Verfasst ein Drehbuch, in dem ihr filmische Mittel (Kamerabewegung, Einstellungsgröße, Schnitt) zur Umsetzung eurer Texte festhaltet.*

4 *Setzt das Bild nun mittels Videotechnik in einen kurzen Film von ca. fünf Minuten um. Die dargestellte Bildsituation soll dabei durch Sprache und mit Hilfe filmischer Gestaltungsmittel verlebendigt werden.*

ARBEITSTECHNIK

Filmische Umgestaltung eines Gemäldes
Verteilt die Rollen im Team (ca. vier Personen): Drehbuchautoren, Sprecher/innen und Toningenieur/innen, Kameramann oder -frau.
Materialien und Aufbau: Neben einer farbigen Bildreproduktion (z. B. aus der Kunstsammlung der Schule) benötigt ihr eine Videokamera, einen Monitor und entsprechende Verbindungskabel. In einem ruhigen und hellen Raum wird das Bild auf Augenhöhe an einer Wand befestigt.
Arbeitsvorgang: Die Kamera muss ruhig und fließend geführt werden. Der Arm, mit dem die Kamera gehalten wird, sollte stabil abgestützt werden.
Die einzelnen Einstellungen können durch Zoomen und Kamerafahrt ineinander übergehen oder durch harten Schnitt aneinandergereiht werden.
Außer den Kameraleuten verfolgen alle den gefilmten Bildausschnitt direkt auf dem Bildschirm. Die Sprecher/innen sprechen zeitgleich ihren Text zu der jeweiligen Bildsituation und setzen parallel Geräusche und Musik ein.

TIPP

Aufnahmetipps
- Bedenkt bei der Konzeption eures Films: Die Kamera muss sich auf einzelne Bildausschnitte konzentrieren, d. h. auswählen, heranholen, verweilen.
- Um Spannung aufzubauen, sollte man nicht sofort das Bild in der Totalen zeigen. Am besten beginnt man an einem Bildrand oder mit einem unauffälligen Detail.
- Probt zunächst die Kameraführung und den Ton, bevor ihr aufnehmt.

5 *Präsentiert eure Ergebnisse und wertet sie gemeinsam aus:*
a) Wie ist die Gesamtwirkung des Films: Idee und Thema (Handlung, Spannungsbogen), Logik der Kameraführung, Einsatz des Tons, Abstimmung von Bildausschnitt und Ton?
b) Inwiefern verändert sich die Wahrnehmung des Bildes im Blick durch die Kamera?

5 Ehre und Abenteuer – Begriffe untersuchen

5.1 Stolz und Ehre – Begriffen Bedeutungen zuordnen

Siegerehrung

So tritt uns der Begriff „Ehre“ im Alltag entgegen: in Schlagzeilen, in Redewendungen, in Nachrichten, Kommentaren, auch in der Alltagsrede der Fans. Immer und überall – das spüren wir – bedeutet er etwas anderes.

1 *Beschreibt die Stimmung, die ihr auf dem Bild seht.*

2 *Was bedeutet für euch der Begriff „Siegerehrung“? Welche Stimmungen und Gefühle löst er aus?*

3 *Die Spieler feiern ihre Drittplazierung und präsentieren ihre Medaillen. Was bedeutet diese Geste?*

Die Ehre der Nation, die Ehre der Person – Klärung eines Begriffs aus dem Kontext

Die deutsche Mannschaft verlor bei der Fußball-Weltmeisterschaft 2006 gegen die italienische; die französische und italienische bestritten das Finale. In den letzten Minuten gab es eine „rote Karte" gegen den französischen Starspieler Zidane, weil dieser einen italienischen Spieler mit einem scheinbar völlig unmotivierten Kopfstoß angegriffen hatte.

Squadra Azzurra muss die nationale Ehre retten

Im WM-Klassiker gegen Deutschland kämpft Italien um nicht weniger als die nationale Fußball-Ehre, erklärt Gigi Riva, Teammanager der Squadra Azzurra. Ungeachtet des Skandals [um Bestechungen in der ital. Ersten Liga], scheint das italienische Selbstbewusstsein derzeit größer denn je. „Deutschland, wir werden euch schlagen", titelt der *Corriere dello Sport*. „Jetzt ist Deutschland an der Reihe, Angst vor Italien zu haben", schrieb *La Repubblica*.

(Revier Sport 2. 7. 06)

Stolz auf die eigene Geschichte

Sie konkurrieren auf vielen Feldern, der Mode, der Gastronomie, der Touristenziele. Der Stolz auf die eigene Geschichte und die Fähigkeit, ihre dunklen Seiten erfolgreich zu verdrängen, eint beide Nationen. Das bevorstehende Spiel wird für herzzerreißende Szenen sorgen. *(Frankfurter Rundschau 8. 7. 2006)* Der Gott der Republik [Frankreich], Zinedine Zidane, wird die Ehre der „grande nation" auf dem Spielfeld hochhalten. Italien ist ein armes Land mit einem unterentwickelten Selbstbewusstsein. Der Titel gebührt Frankreich.

(FR 9. 7. 06)

Bisou[1]

Am Tag zuvor hatte ihn die *New York Times* noch zum „coolsten Mann der Welt" erklärt. Stunden später ist sich die Auslandspresse in ihrer Verurteilung so einig wie zuvor in ihrer Anbetung. Der Heiligenschein zerstört *(FAZ)*, das Ende schamvoll *(The Guardian)*, das Genie ein Rüpel *(The Sun)*. Zehn Minuten vor dem ewig währenden Ruhm hat Zidane alles zerstört, mit einem kopflosen Stoß in die Brust seines Gegners.
Nur in Frankreich wird die Geschichte anders erzählt. Zidane sei eben auch nur ein Mensch. Gerade das mache ihn so sympathisch.

Derweil sind in den Ghettos die Reporter unterwegs. Befragen die Jugendlichen. „Wie ein Stier", gibt ein 14-Jähriger mit Bewunderung zu Protokoll. Zinedine Zidane: Er hat den Kampf um die Ehre gewonnen. Er hat sie, die Ehre, über den Ruhm gestellt. Und über die Werbeverträge. Er hat dem Gesetz des Ghettos gehorcht, nicht dem der Arena. „Sein Wahnsinnsstoß wird Fußballgeschichte schreiben", urteilt die Tageszeitung *Libération*, „genau so wie seine Genietreffer."

(FR 12. 7. 06)

1 **Bisou:** „Küsschen", Begrüßungsform in Frankreich

Der Beleidigte hat gesprochen

Zidane entwickelte im Gespräch einen Ehrbegriff, wie er in der Banlieue[2], in der Vorstadt, zu Hause ist. „Ich werde meine Kinder immer dazu erziehen, sich nie auf den Füßen herumtreten zu lassen", sagte er, und seine Stimme klang nach Trotz und Stolz und verletzter Ehre. Es ging dann auch um den Rassismus, mit dem ein Einwandererkind, und sei es noch so erfolgreich, lebenslang kämpfen müsse. Der Fußball-Weltverband Fifa habe dem Rassismus den Kampf angesagt, „aber dann müssen Sie lesen, was der Vizepräsident des italienischen Senats gesagt hat. *(Roberto Calderoli, Politiker der Lega Nord, d. Red.)* Er hat erklärt", sagt Zidane, „dass Italien mit den Franzosen eine ‚Mannschaft' von Schwarzen, Islamisten und Kommunisten geschlagen hat. Das ist hart, so schwerwiegend, das schockiert mich", sagte Zidane.

(Der Spiegel 13. 7. 06)

2 **Banlieue:** Pariser Vorstädte

1 *Welche unterschiedlichen Bedeutungen des Begriffs „Ehre“ könnt ihr in diesen Beispielen feststellen? Sucht in den einzelnen Texten mögliche Umschreibungen oder Synonyme, die deutlich manchen, wie der Begriff jeweils gemeint ist.*

2 *Was bedeutet „Ehre“ für euch im Zusammenhang mit der eigenen Familie, dem Freundeskreis oder der eigenen Nation, dem Sport, dem Thema „Jungen/Mädchen“? Vervollständigt den angefangenen Begriffsstern.*

Stolz und Ansehen – Innere und äußere Ehre

Wenn ihr die unterschiedlichen Belegbeispiele, die euch eingefallen sind, genauer untersucht, so findet ihr überall den Unterschied zwischen äußerer Ehre (Ansehen bei anderen) und innerer Ehre (Selbstachtung).

3 *Sammelt Beispiele für äußere und innere Ehre.*
- *a) Notiert typische Situationen dafür auf Karteikarten.*
- *b) Hängt die Karten sortiert auf und nehmt alle Beispiele zur Kenntnis.*
- *c) Wählt auch ein Beispiel für einen Ehrbegriff aus und findet* ***Synonyme*** *dazu, z.B. Anerkennung, Selbstlosigkeit.*
- *d) Ordnet den Synonymbegriffen passende* ***Antonyme*** *zu. Hierzu könnt ihr entsprechende typische Situationen vorstellen.*

4 *Verfasst zu den abgedruckten Zeitungsausschnitten auf S. 96 einen Kommentar mit der Überschrift: „Zidanes unsportliche Verteidigung seiner Ehre", in dem ihr auf die verschiedenen Vorstellungen von „Ehre" (Nation, Sport, Person) eingeht.*

ARBEITSTECHNIK

Die Bedeutung eines Wortes aus dem Textzusammenhang heraus verstehen

- Bei schwierigen Texten muss man den **Kontext** heranziehen, um die exakte Bedeutung eines Wertbegriffs zu ermitteln. Unter „Kontext" versteht man hier die Antwort auf die Frage: „Wer spricht zu wem in welcher Situation mit welcher Absicht?"
- Die wichtigste Strategie, einen Begriff genau zu erfassen, ist die **Textparaphrase:** Man versucht, den Sinn des Gesagten in eigenen Worten zu umschreiben.

Beispiel: „Zinedine Zidane: Er hat den Kampf um die Ehre gewonnen. Er hat sie, die Ehre, über den Ruhm gestellt. Und über die Werbeverträge. Er hat dem Gesetz des Ghettos gehorcht, nicht dem der Arena."

Paraphrase: Zidane hat gehandelt, wie er es im Ghetto gelernt hat. Wenn er die Ehre seiner Familie angegriffen fühlt, sind ihm die Regeln des Fairplay und sein Ruf als französischer Nationalspieler egal.

Die Klärung der Begriffe im Lexikon – Konnotation, Denotation

Grammatisch-kritisches Wörterbuch der Hochdeutschen Mundart, von Johann Christoph Adelung, 2. Aufl. Leipzig: Breitkopf 1793
[gekürzt]

Die Ehre, plur. die -n. In der weitesten Bedeutung, das vortheilhafte Urteil anderer von dem Guten, welches wir an uns haben, und die thätige Erweisung dieses Urteils. Allein in dem allgemeinen Sprachgebrauche findet dieser Begriff oft und unter verschiedenen Einschränkungen und mancherley Nebenbegriffen statt. Ehre bedeutet daselbst

1. Vorzug im Äußeren. Vorzug im Ansehen der Ordnung. *Man muß dem Frauenzimmer die Ehre lassen, d.i. voran zu gehen.*

Duden. Das große Wörterbuch der deutschen Sprache in 10 Bde. 3. neu bearb. Aufl. Bd. 2, Mannheim: Dudenverlag 1999
[gekürzt]

Eh/re, die -n (Pl. nur in festen präp. Verbindungen) *Ansehen auf Grund offenbaren od. vorausgesetzten (bes. sittlichen) Wertes; Wertschätzung durch andere Menschen.* Die E. einer Familie. Seine E. wahren, verlieren. Ich habe immer so innig gewünscht, es zu etwas zu bringen im Leben und ein bisschen E. einzulegen (Th. Mann, Buddenbrooks); sein Wort in -n *(was er gesagt hat, soll keine Abwertung erfahren);* anders in der demokratischen Welt von heute, in der es nicht um E., sondern um Erfolg geht (Dönhoff,

Ehre dem Ehre gebühret, im allgemeinen Leben. *Gebt unserm Gott die Ehre* (5. Mose 32).

2. Dieses Ansehen, diese Würde verursachend. *Der König hat ihn zu Ehren erhoben. Zu Ehren kommen.*
3. Hochachtung, Hochschätzung. Beruht auf dem allgemeinen Zeugnis anderer. *Jemandem die letzte Ehre erweisen. Nach Ehre trachten.* Guter Name oder Zeugnis anderer. *Ehre verloren, alles verloren. Seine Ehre verteidigen, retten.*
4. Reinlichkeit der Sitten. *Wir waren lustig, aber in allen Ehren.*
5. In engerer Bedeutung: Unschuld. *Einer Person ihre Ehre rauben.*
6. Empfindung des Werthes der Ehre und des guten Namens. *Er hat Ehre im Leibe.*

Ära); Frauen kommen deutlich seltener zu akademischen E -n als Männer. Zu ihrer E. *(um ihr gerecht zu werden)* muss ich sagen; jmdm. die E. abschneiden *(jmdn. verleumden)*.

- auf E. und Gewissen *(die unbedingte Wahrheit verlangend od. bekräftigend)*
- jmdm. die letzte E. erweisen *(an jmds. Bestattung teilnehmen)*
- mit jmdm. keine Ehre einlegen *(mit jmdm. keinen Eindruck machen)*
- etw. geht mir gegen die Ehre *(meine E. verbietet mir)*
- seine Ehre dareinsetzen *(jmd. setzt sich mit seiner ganzen Person ein)*
- keine Ehre im Leibe haben *(kein Ehrgefühl besitzen)*
- jmdn. bei seiner E. packen *(erfolgreich an jemandes Ehrgefühl appellieren)*

1 *Vergleicht die beiden Lexikonartikel. Welchen Wandel hat der Ehrbegriff in 200 Jahren genommen?*

2 *Sammelt weitere Wendungen, in denen das Wort „Ehre" eine Rolle spielt.*

3 *Verfasst Mini-Dialoge (Rede und Gegenrede), in denen ein solcher Begriff oder eine solche Redewendung vorkommen.*
a) Verfasst die Dialoge so, dass ein und derselbe Ehrbegriff bei den Sprechern unterschiedliche Assoziationen auslöst.
b) Setzt die Dialoge im Rollenspiel szenisch um. Lasst eure Zuschauer formulieren, welche ***Konnotationen*** *(Assoziationen, Empfindungen) mit dem Ehrbegriff jeweils verbunden sind.*

Konnotation, Denotation

- Das **Denotat** (lt. *denotatum* = das Genannte) ist die Kernbedeutung eines Wortes und bezeichnet einen Begriff, Gegenstand oder Sachverhalt.
- Die **Konnotation** (lt. *con* = mit, *notatio* = Anmerkung) bezeichnet die Nebenbedeutung eines Wortes, seine emotionale Begleitvorstellung, die je nach Situation und Erfahrung der Sprechenden eine andere Bedeutung haben kann.

Beispiel: „Du hast keine Ehre im Leibe."
Denotation: kein Ehrgefühl, kein Gefühl für Anstand besitzen
Mögliche Konnotationen: ein Feigling, ohne Selbstwertgefühl sein, Verachtung verdienen

Mit dem Lexikon den Wortschatz erweitern – Bestimmungswort und Grundwort

Einer der besonderen Vorteile der deutschen Sprache ist deren Flexibilität bei der Bildung neuer Wörter. Besonders bei Komposita aus Nomen können durch einfache Zusammenfügungen neue Wörter geschaffen werden. Oft legt jedoch erst der Kontext fest, ob eine Herkunft (Hühner-Ei), ein Zweck (Sport-Platz), ein Material (Leder-Hose) gemeint ist.
Mit dem Wort „Ehre“ als Bestimmungswort sind sehr viele Wörter gebildet worden. Das „Wörterbuch der deutschen Sprache“ von Jacob und Wilhelm Grimm verzeichnet über hundert. Ihre Zahl kann ständig erweitert werden. Dabei sind die Bildungen sowohl aus dem Singular als auch aus dem Plural des Wortes möglich (Ehrgeiz – Ehr**en**platz).

1 *a) Ergänzt die angefangene Tabelle mit eigenen Beispielen.*
b) Schaut im Wörterbuch nach, ob dort noch weitere Zusammensetzungen aufgeführt sind.

Bestimmungswort	Kategorien der Grundwörter	Beispiele Bestimmungswort + Grundwort
Ehren-	Orte/Zeitpunkte, an denen die Ehrung stattfindet	Ehren(fried)hof, ...
	Zeichen (der Ehrung)	Ehrennadel, ...
	Personen (an der Ehrung beteiligt, auf die sich die Ehrung bezieht)	Ehrenbürger, ...
	Institutionen, die sich mit dem Thema Ehre befassen, die sich auf Ehre beziehen	Ehrenausschuss, ...
Ehr-	Verhaltensweisen, die sich mit Ehre verbinden (Ehre erstreben)	Ehrgefühl, ... ehrbewusst, ...

2 *Sucht aus den Gruppen der Wortbildungen jeweils zwei euch weniger bekannte Beispiele aus, recherchiert die Bedeutung und belegt durch einen Beispielsatz, dass ihr sie verstanden habt.*

3 *Nehmt euch das Verb „ehren“ vor. Bestimmt mit Hilfe des Lexikons (z. B. Jacob und Wilhelm Grimm, Deutsches Wörterbuch, neue Bearbeitung 2001) die Bedeutungen, die dieses Wort abdeckt, und legt eine ähnliche Tabelle wie oben an.*

ehren (Verb)	Bedeutung	Beispiele
	jemandem Respekt entgegenbringen	die Eltern ehren
	etwas in seinem Wert würdigen	das Andenken des Verstorbenen ehren
	jemanden beschenken	... mit einem Blumenstrauß geehrt ...
	...	...

Cool bleiben, Ehre wahren – Gefühlsbegriffe sind Normbegriffe

Cool

(aus Wikipedia)

Der Begriff wird einerseits zur saloppen Bezeichnung einer besonders gelassenen oder lässigen, nonchalanten, kühlen, souveränen, kontrollierten und nicht nervösen Geisteshaltung oder Stimmung genutzt (*vgl. kühl bleiben, kühler Kopf* im Sinne von ruhig bleiben).

Andererseits ist cool als jugendsprachliches Wort zur Kennzeichnung von als besonders positiv empfundenen, von Idealvorstellungen entsprechenden Sachverhalten (ähnlich wie „geil") gebräuchlich im Sinne von „schön", „gut", „angenehm" oder „erfreulich".

Ehre

(aus Wikipedia)

Ehre bedeutet in etwa „Achtungswürdigkeit" (einer Person), sie kann jemandem als Mitglied eines Kollektivs zuerkannt werden (Ehre des Weibes, des Edelmanns, des Handwerkers u. a.), sie kann aber auch (etwa durch die Nobilitierung oder eine Ordensverleihung) vom dazu Berechtigten zugesprochen werden. Durch Missachtung des Kollektivs wird der Einzelne, durch Missachtung des Einzelnen wird sein Kollektiv getroffen (*vgl.* Ehrverletzung) – anders als z. B. beim Ruhm.

[...] Arthur Schopenhauer: „Die Ehre ist, objektiv, die Meinung anderer von unserem Wert und, subjektiv, unsere Furcht vor dieser Meinung."

1 *Prüft die beiden Einträge in der Internet-Enzyklopädie, indem ihr in weiteren Nachschlagewerken nachschaut.*

Björn Tritschler: Straßenumfrage

Miri und Annabell: Eigentlich hat Ehre nicht so viel Bedeutung für mich. Es liegt eher in den Familien, in denen ist es ein wichtiges Thema. Wenn sie mich zum Beispiel mit einem Jungen sehen, dann wird es schwierig.

Ehre ist für mich meine Persönlichkeit. Und wenn mich jemand beleidigt, bricht die Person meine Ehre, weil er mich nicht respektiert.

Deborah: Das kann man schwer beschreiben. Eigentlich ist es so ein ungenauer Begriff, der was mit Würde und Stolz zu tun hat. Aber was es für mich ist, kann ich nicht so genau sagen.

Mehmet: Ich habe meine Ehre, wie jeder Mensch sie hat. Aber für mich ist das nicht so kompliziert, wie es für viele Moslems ist. Deswegen finde ich so etwas wie die „türkische Rache" nicht in Ordnung.

Kerim: Ehre und Stolz und Würde. Wenn in der Schule was passiert, muss man sich wehren, denn jeder guckt zu. Mein Vater sagt, wenn ich angemacht werde, soll ich mich ruhig verhalten. Wenn ich geschlagen werde, soll ich zurückschlagen, um mich zu wehren.

2 *Untersucht die anlässlich einer Straßenumfrage geäußerten Meinungen von Jugendlichen aus Berlin: Welche Rolle spielt da die persönliche „Ehre"?*

3 *Findet ihr es eher „cool", beim eigenen Verhalten auf die „Ehre" zu achten und die Sicht z. B. der Familie zu respektieren, oder ist es eher „cool", sich nicht nach der Meinung anderer zu richten? Schreibt kurze Statements (▷S. 51) und erläutert sie durch Beispiele.*

!

Begriffe voneinander abgrenzen: seine Ehre wahren – cool sein
Jeder Mensch hat ein Bild von sich selbst (**Identität**), das er gegenüber anderen zu wahren und anderen zu vermitteln sucht (Selbstdarstellung). Dabei richtet er sich nach **Normen** (dem, was die anderen von ihm erwarten). „Seine Ehre wahren" oder „cool sein" sind solche **Verhaltenserwartungen,** die auch miteinander in Konflikt geraten können. Sie geben Grundsätze vor, nach denen man sein Verhalten ausrichtet.

- Das **System der Ehre** ist ein traditionsgebundenes System, in dem die Familie und deren soziales Umfeld entscheiden, was man zu tun und zu lassen hat.
- Das **System Coolness** ist ein modernes Verhaltensmuster. Hier bestimmen Freunde, Gleichaltrige und deren Umfeld, was ihnen imponiert oder was sie selbst gern tun würden.

„Familienehre" – Ein Wertbegriff im Wandel

Aus einem Bericht der Bundeszentrale für politische Bildung

In Deutschland leben mehr als 3,2 Millionen Musliminnen und Muslime. Größtenteils ist die Familie die wichtigste soziale Einheit, deren Interesse sich alle Mitglieder unterzuordnen haben. [...] Der Verlust der Ehre gilt als Schande für die ganze Familie, vor allem aber für die männlichen Mitglieder, die für die Familienehre verantwortlich sind. [...] Im Kontext des türkischen Dorfes verbinden Männer mit dem Begriff „Ehre" vor allem ihre Fähigkeit, für die Familie zu sorgen, diese gegen Angriffe von außen zu verteidigen und die sexuelle Integrität der Frauen innerhalb der Familie zu gewährleisten. Wenn der Mann bei einem Angriff gegen diese Werte nicht reagiert, verliert er seine Ehre. Die Ehre der Frau leitet sich aus Regeln zum Schutze ihrer Keuschheit ab. [...] Erst mit längerem Aufenthalt und der Geburt der Kinder und Kindeskinder [in Deutschland] wurde das traditionelle Wertesystem – vor allem durch die Kinder selbst, die mit den Werten der bundesdeutschen Gesellschaft aufgewachsen waren – in Frage gestellt. Sie fühlten sich hin- und hergerissen zwischen zwei Kulturen.

Dies führt zu familiären Problemen, die in vielen türkischen Familien das Ausmaß der normalen Generationenkonflikte übersteigen. Vor allem an der Stellung der Frau und der Einhaltung gewisser religiöser Pflichten entzünden sich die Auseinandersetzungen. In manchen Fällen suchen die Betroffenen in der Hinwendung zur Religion die Lösung ihrer Identitätskrisen und -brüche.

Die meisten Türken regeln ihre Eheprobleme vor Gericht und nicht in tätlichen Auseinandersetzungen. Allerdings werden auch in Deutschland Ehrverbrechen und Ehrenmorde verübt. [...]

Zweifellos wandelt sich auch der Ehrbegriff: Darüber hinaus wird dieser nicht von allen Türkinnen und Türken geteilt.

1 *a) Welche Bedeutung hat der Begriff „Familienehre" in diesem Artikel?*
b) Beschreibt, wie „Ehre der Familie" und „Ehre der Mitglieder in der Familie" miteinander zusammenhängen.

Orhan Pamuk

Schnee (2002)

Orhan Pamuk (geb. 1952 in Istanbul) gilt als der bedeutendste Prosaschriftsteller der türkischen Gegenwartsliteratur. Mehrere seiner Romane („Die weiße Festung", „Das schwarze Buch", „Das neue Leben") sind ins Deutsche übertragen. Es sind politische Romane, in denen Pamuk die schwierige Position der Türkei zwischen Islam und Europa zum Thema macht. Von einem Istanbuler Bezirksstaatsanwalt wurde er wegen „öffentlicher Herabsetzung des Türkentums" angeklagt, in Deutschland erhielt er 2005 den Friedenspreis des deutschen Buchhandels, 2006 wurde er mit dem Nobelpreis ausgezeichnet.

In dem Roman „Schnee" reist der bekannte türkische Dichter Ka, der lange in Deutschland im politischen Exil gelebt hat, in die ostanatolische Provinzstadt Kars. Er soll im Auftrag einer Istanbuler Zeitung über eine mysteriöse Serie von Selbstmorden schreiben. Junge Mädchen haben sich umgebracht, weil man sie zwang, das Kopftuch abzulegen. Ka gerät zwischen die Fronten. „Westler" und Islamisten versuchen ihn jeweils auf ihre Seite zu ziehen und ihn für ihre Ziele einzuspannen. In dem folgenden Auszug geht es um Erpressung. Ka soll Kadife, die Studentin, die die Kopftuchaktion der Mädchen organisiert hatte, überreden, öffentlich ihr Kopftuch abzulegen. Nur so könne sie verhindern, dass ihr inhaftierter islamistischer Freund Lapislazuli nicht „verschwindet". Gelegenheit dazu soll ein im Fernsehen live übertragenes Theaterstück bieten. Zeigt Kadife vor den Zuschauern ihr Haar, wäre das für den Polizeipräsidenten ein Zeichen ihres politischen Umdenkens.

„Ich fürchte mich davor, dass ich ja sage, wenn ich darüber nachdenke."

„Außerdem kannst du eine Perücke unter dem Kopftuch anziehen. Niemand wird deine Haare sehen."

„Würde ich eine Perücke akzeptieren, dann hätte ich das wie manche andere auch getan, um in die Universität gelassen zu werden."

„Jetzt geht es nicht darum, an der Tür zur Universität deine Ehre zu retten. Um Lapislazuli zu retten, wirst du das tun."

„Wird denn Lapislazuli dadurch gerettet werden wollen, dass ich meinen Kopf entblöße?"

„Das wird er wollen", sagte Ka. „Es befleckt Lapislazulis Ehre nicht, wenn du dein Haar zeigst, denn niemand weiß über euer Verhältnis Bescheid. Ich weiß, dass du klug und einfühlsam genug bist, um aus dieser Sache unversehrt herauszukommen. Ich spreche zu dir als jemand, der jahrelang im politischen Asyl gelebt hat. Hör mir zu: Das Leben ist nicht um der Prinzipien willen da, sondern damit man glücklich wird."

„Aber ohne Prinzipien, ohne Glauben kann niemand glücklich sein", sagte Kadife.

„Richtig. Aber in einem grausamen Land wie dem unseren, in dem der Mensch keinen Wert hat, ist es nur Dummheit, sich für seinen Glauben aufzuopfern. Hohe Prinzipien, reiner Glauben: Das ist etwas für die Menschen in reichen Ländern."

„Ganz im Gegenteil. Die Menschen in armen Ländern haben nichts anderes als ihren Glauben, woran sie sich halten können."

„Was ist wichtiger, was dir deine Religion befiehlt oder was alle denken? Auf diese Weise wirst du deine Haare nicht wirklich entblößt haben. Aber wenn es dir darum geht, was alle sagen, dann erzählen wir ihnen, wenn dieser ganze Unfug hier vorbei ist, dass es ein Filmtrick war. Wenn sich herausstellt, dass du all das auf dich genommen hast, um Lapislazuli zu retten, werden die Schüler von der Vorbeter- und Predigerschule vor dir noch mehr Respekt haben."

„Hast du schon einmal daran gedacht", fragte Kadife mit einem ganz anderen Ausdruck, „dass du Dinge sagst, an die du überhaupt nicht glaubst, wenn du jemanden mit aller Kraft zu etwas überreden willst?"

„Ja. Aber jetzt habe ich nicht das Gefühl."

„Aber du hast Gewissensbisse, wenn es dir am Ende gelungen ist, diese Person zu überzeugen, weil du sie hereingelegt hast, oder? Weil du ihr keinen Ausweg gelassen hast."

„Es geht jetzt nicht darum, Kadife, dass du keinen Ausweg hast. Du siehst, dass du als vernünftiger Mensch nichts anderes tun kannst. Die Leute in Sunays[2] Umgebung hängen Lapislazuli auf, ohne dass ihnen auch nur die Hand zittert; und das kannst du nicht zulassen."

„Sagen wir, ich habe vor aller Augen meinen Kopf entblößt, ich habe kapituliert. Woher soll ich wissen, dass sie Lapislazuli freilassen? Warum soll ich an ein Versprechen dieses Staates glauben?"

„Da hast du recht. Ich werde das mit ihnen bereden."

„Was wirst du wann mit wem bereden?"

„Wenn ich Lapislazuli getroffen habe, werde ich wieder zu Sunay gehen."

Beide schwiegen eine Weile, und es wurde deutlich, dass Kadife die Bedingungen im Großen und Ganzen angenommen hatte.

Um aber ganz sicherzugehen, schaute Ka trotzdem noch einmal auf seine Uhr, so dass es Kadife sah.

„Die Soldaten foltern ihn vielleicht nicht", sagte Kadife. Sie schwieg einen Moment. „Ich möchte, dass du ihm das hier gibst." Sie streckte Ka ein altmodisches perlmuttenes Feuerzeug und ein Päckchen rote Marlboro hin. „Das Feuerzeug ist das meines Vaters. Lapislazuli wird sich gern seine Zigaretten damit anzünden."

Ka nahm die Zigaretten, aber nicht das Feuerzeug. „Wenn ich ihm das Feuerzeug gebe, weiß Lapislazuli, dass ich zuerst mit dir gesprochen habe."

„Das soll er auch wissen."

„Dann weiß er auch, worüber wir miteinander geredet haben, und wird deine Entscheidung wissen wollen. Aber ich werde ihm nicht sagen, dass ich dich gesehen habe und dass du es auf dich nimmst, in gewisser Weise dein Haupt zu entblößen, um ihn zu retten."

„Weil er das nicht akzeptieren wird?"

„Nein. Lapislazuli ist klug und vernünftig genug, um zu akzeptieren, dass du so tust, als würdest du deinen Kopf entblößen, um ihn zu retten, und das weißt du auch. Was er nicht akzeptieren würde, ist, dass ich nicht zuerst ihn, sondern dich gefragt habe."

„Aber das ist nicht nur ein politisches Thema, sondern auch ein privates, das mich ganz persönlich angeht. Lapislazuli versteht das."

„Selbst wenn er es versteht, weißt du doch ganz genau, dass er als Erster gefragt werden möchte. Er ist Türke. Und obendrein ein politischer Muslim. Ich kann nicht zu ihm gehen und ihm sagen: ‚Kadife hat sich entschlossen, ihr Haar zu zeigen, damit du freigelassen wirst.' Er muss glauben, dass er die Entscheidung selbst getroffen hat. Ich werde ihm auch

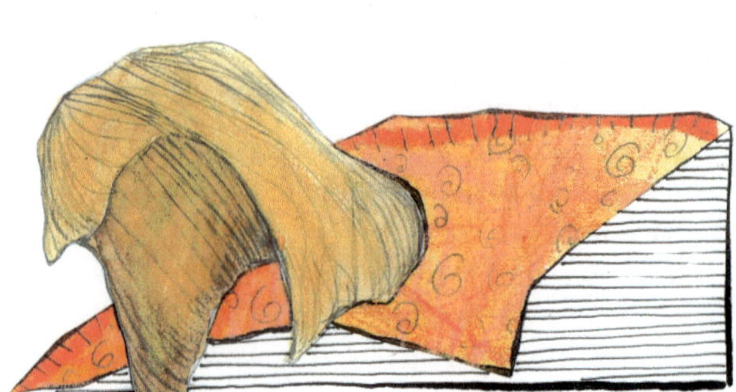

2 **Sunay:** Polizeipräsident

die Variante mit der Perücke und die Zwischenlösung mit dem Schnitt anbieten. Er wird sich selbst sofort davon überzeugen, dass du deine Ehre rettest und dass dies eine Lösung ist. Er wird sich nicht einmal jene dunklen Bereiche vorstellen wollen, in denen dein Ehrbegriff, der keine Tricks akzeptiert, und seine praktische Vorstellung von Ehre sich nicht vertragen. Er wird gar nicht hören wollen, dass du, wenn du dein Haar zeigst, das ehrlich und ohne Tricks tun wirst."

„Du bist auf Lapislazuli eifersüchtig, du verabscheust ihn", sagte Kadife. „Du willst ihn nicht einmal als Menschen betrachten. Du bist wie die Säkularisten[3], die alle, die nicht verwestlicht sind, für primitiv, unmoralisch und minderwertig halten und vorhaben, sie mit Prügeln zu bessern. Es freut dich, dass ich mich der militärischen Gewalt beuge, um Lapislazuli zu retten. Du verbirgst noch nicht einmal deine unmoralische Freude." Hass funkelte in ihren Augen. „Wenn schon in dieser Angelegenheit erst Lapislazuli zu entscheiden hatte, warum bist du, der du doch auch ein Türke bist, nicht geradewegs zu Lapislazuli, sondern zu mir gegangen? Soll ich dir das sagen? Du hast erst sehen wollen, wie ich mich entschloss, mich zu beugen. Das sollte dich Lapislazuli gegenüber in eine überlegene Position bringen, denn du fürchtest dich vor ihm."

„Es stimmt, ich habe Angst vor ihm. Aber der Rest von dem, was du gesagt hast, Kadife, ist ungerecht. Wäre ich erst zu Lapislazuli gegangen und hätte dir dann seine Entscheidung, dass du dein Haupt entblößen musst, wie einen Befehl überbracht, dann hättest du nicht gehorcht."

„Du bist kein Vermittler, du arbeitest zusammen mit den Unterdrückern."

3 **Säkularist:** Anhänger einer weltlichen Gesellschaft (im Gegensatz zu einer religiös bestimmten staatlichen Ordnung)

1 *Rekonstruiert die Szene: Was genau ist der Plan des Journalisten Ka?*

2 *Lest den Text mit verteilten Rollen laut vor.*
a) Welchen Gesprächspartner findet ihr überzeugender?
b) Begründet eure Ansicht und belegt sie mit Stellen aus dem Text.

3 *Fünfmal in dem Text spricht Ka von Ehre.*
a) Sucht die entsprechenden Textstellen und klärt, was Ka jeweils mit „Ehre" meint: eher die soziale Anerkennung durch andere oder eher die auf die eigene Person bezogene Achtung vor sich selbst?
b) Zeigt durch Umformulierungen der Stellen an, wie ihr Kas Rede hier verstanden habt.

4 *Verfasst eine Zusammenfassung des Dialogs, aus dem die beiden Problemlagen deutlich hervorgehen:*
- *Kadife befindet sich in einem Dilemma: Soll sie auf den Vorschlag zur Rettung ihres Freunds eingehen – aber ihre Überzeugung verraten – oder soll sie es nicht tun?*
- *Ka befindet sich ebenfalls in einem Dilemma: Soll er das Mädchen überreden, um des Freundes willen etwas gegen die eigene Gesinnung zu tun, oder soll er den Versuch, sie zu überreden, abbrechen und riskieren, dass ein Mord geschieht?*

5 *Warum sagt Kadife am Ende: „Du bist kein Vermittler, du arbeitest zusammen mit den Unterdrückern." (Z. 153–154)? Begründet eure Sicht aus dem Text.*

6 *Überlegt, wie Ka sich nach diesem Gespräch verhalten wird. Gibt es dafür Hinweise im Text?*

5.2 Gefahr, Ruhm, Abenteuer – Begriffe in Literatur und Sachtexten untersuchen

Tolkien & Co – Abenteuerinszenierungen

J. R. R. Tolkien

Der Herr der Ringe (1978)

Im Haus des Elben Elrond hat sich eine Gemeinschaft um den Ringträger Frodo geschart, der den Ring der bösen Macht nach Mordor tragen muss, dem einzigen Ort, an dem der Ring vernichtet werden kann. Die Gefährten, unter ihnen Aragorn und Boromir, müssen unter der Führung des Zauberers Gandalf auf ihrem Weg durch die gefährlichen Höhlen von Moria. Dort werden sie von einer Übermacht Orks, menschenähnlicher Ungeheuer, angegriffen und fliehen zu einer schmalen Brücke, die als einziger Fluchtweg aus den Höhlen führt.

Die dunkle, Feuer verströmende Gestalt raste auf sie zu. Die Orks kreischten und schwärmten über die steinernen Laufbretter aus. Da hob Boromir sein Horn und blies. Laut erschallte die Herausforderung und gellte wie der Schrei vieler Kehlen unter dem Gewölbe. Einen Augenblick verloren die Orks den Mut, und der feurige Schatten verharrte. Dann erstarben die Echos plötzlich wie eine Flamme, die von einem dunklen Wind ausgeblasen wird, und der Feind ging wieder vor.

„Über die Brücke!", rief Gandalf, der wieder Kraft gesammelt hatte.

„Flieht! Das ist ein Feind, gegen den ihr alle nichts ausrichten könnt. Ich muss den schmalen Weg halten. Flieht!" Aber Aragorn und Boromir hörten nicht auf den Befehl und blieben Seite an Seite hinter Gandalf am anderen Ende der Brücke stehen. Die anderen hielten an der Tür am Ende der Halle an und drehten sich um, denn sie brachten es nicht über sich, ihren Führer dem Feind allein gegenübertreten zu lassen.

Der Balrog[1] erreichte die Brücke. Gandalf stand in der Mitte des Bogens und stützte sich auf den Stab in seiner Linken, aber in seiner Rechten glänzte Glamdring[2], kalt und weiß. Sein Feind blieb wieder stehen und schaute ihn an, und der Schatten um ihn reckte sich wie zwei riesige Flügel. Er hob die Peitsche, und die Riemen wimmerten und knallten. Feuer drang aus seinen Nüstern. Aber Gandalf stand fest.

„Du kannst nicht vorbei", sagte er. Die Orks blieben stehen, und eine Totenstille trat ein. „Ich bin ein Diener des Geheimen Feuers und Gebieter über die Flamme von Anor. Du kannst nicht vorbei. Das dunkle Feuer wird dir nichts nützen, Flamme von Udûn. Geh zurück zu den Schatten. Du kannst nicht vorbei."

1 **Balrog:** ein übermächtiges Ungeheuer
2 **Glamdring:** Schwert mit Zauberkräften

Der Balrog gab keine Antwort. Das Feuer in ihm schien zu ersterben, aber die Finsternis nahm zu. Langsam ging er weiter auf der Brücke, und plötzlich richtete er sich zu seiner ganzen Größe auf, und seine Flügel erstreckten sich von Wand zu Wand; aber immer noch war Gandalf zu sehen, schimmernd in der Düsternis; er sah klein aus und ganz allein: grau und gebeugt wie ein dürrer Baum, ehe ein Sturm losbricht.

Aus dem Schatten sprang flammend ein rotes Schwert hervor.

Glamdring glitzerte weiß als Antwort. Es gab einen klirrenden Aufprall und eine weiße Stichflamme. Der Balrog wich zurück, und sein Schwert flog hoch, in Stücke zerschmolzen. Der Zauberer schwankte auf der Brücke, trat einen Schritt zurück und blieb dann wieder stehen.

„Du kannst nicht vorbei!", sagte er. Mit einem Satz sprang der Balrog ganz auf die Brücke. Seine Peitsche wirbelte und zischte.

„Er kann allein nicht standhalten!", rief Aragorn plötzlich und rannte wieder die Brücke entlang. „Elendil[3]!", schrie er. „Ich bin bei dir, Gandalf!"

„Gondor[4]!", schrie Boromir und setzte ihm nach.

3 **Elendil:** ein Vorfahre, der um Hilfe angerufen wird

4 **Gondor:** im Roman die Hauptstadt eines Menschenvolks

In diesem Augenblick hob Gandalf seinen Stab, und mit einen lauten Ruf schlug er vor sich auf die Brücke. Der Stab zerbrach und fiel ihm aus der Hand. Eine blendend weiße Feuerwand stieg vor ihm auf. Die Brücke krachte. Genau zu den Füßen des Balrogs barst sie, und der Stein, auf dem er gestanden hatte, stürzte in den Abgrund, während der Rest stehen blieb, schwebend, bebend wie eine ins Leere hinausgestreckte Zunge aus Fels. Mit einem entsetzlichen Aufschrei fiel der Balrog vornüber, und sein Schatten stürzte hinab und verschwand. Doch noch im Fallen schwang er seine Peitsche, und die Riemen trafen die Knie des Zauberers, wickelten sich herum und zogen ihn an den Rand. Er schwankte und fiel, griff vergebens nach dem Stein und glitt in den Abgrund. „Flieht, ihr Narren", schrie er und war weg.

Die Feuer erloschen, und es wurde völlig dunkel. Die Gemeinschaft stand vor Entsetzen wie angewurzelt und starrte in den Abgrund. Gerade als Aragorn und Boromir zurückgeeilt kamen, krachte die Brücke wieder, und der Rest stürzte ein. Mit einem Schrei scheuchte Aragorn sie auf.

„Kommt! Ich werde euch jetzt führen", rief er. „Wir müssen seinem letzten Befehl gehorchen. Folgt mir!"

1 *Gebt die Handlung dieses Romanabschnitts in einer* ***Inhaltsangabe*** *(**▷ S. 333**) von wenigen Sätzen wieder.*

2 *a) Untersucht die Gestaltung des Abenteuers. Berücksichtigt dabei Handlungsaufbau, Handlungsmotive, Figuren, Gegenstände und Naturphänomene.*
b) Welche Bedeutung haben Begriffe wie „Herausforderung" (Z. 5) und „Befehle" (Z. 18) in Abenteuergeschichten?

3 *Versetzt euch wahlweise in Gandalf oder in Aragorn und beschreibt in einem inneren Monolog dessen Gefühle in der dargestellten Situation.*

4 *Dieses Abenteuer ist nur eines von vielen, die die Gefährten in Tolkiens „Der Herr der Ringe" bestehen müssen. Wenn ihr das Buch oder die Filme kennt, könnt ihr weitere Abenteuer aus dieser Fantasygeschichte erzählen.*
a) Lest in einer Textzusammenfassung den Gang der Handlung nach.
b) Diskutiert, was die Helden der Geschichte antreibt, sich immer neuen, gefährlichen Abenteuern zu stellen. Spielt dabei auch Ehre eine Rolle?

5 *a) Legt eine Wandzeitung zum Thema „Abenteuer" an: Sammelt darauf andere Abenteuer, die ihr aus Büchern, Fernsehen, Kino und Computer kennt.*
b) Beschreibt typische Merkmale und Strukturen von Abenteuerinszenierungen in verschiedenen Medien.

6 *a) Welche Gefühle löst das Wort „Abenteuer" bei euch aus? Sammelt eure Assoziationen in einer Mind-Map.*
b) Habt ihr selbst schon einmal ein Abenteuer erlebt? Haltet es in einer spannenden Erzählung fest.

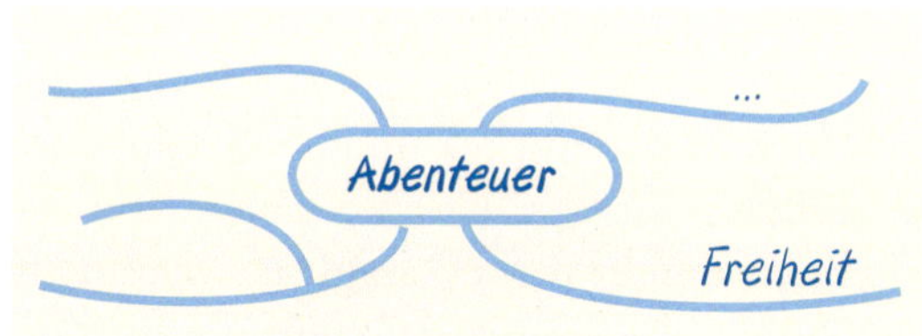

7 *a) Informiert euch in verschiedenen Nachschlagewerken (Bedeutungswörterbuch, etymologisches Wörterbuch, Lexikon) und im Internet (z. B. bei „Wikipedia") über den Begriff „Abenteuer".*
b) Stellt eure Rechercheergebnisse übersichtlich auf eurer Wandzeitung dar.

„Ach, Ihr seid es, Frau Aventüre!" – Lehnwörter aus Frankreich

Wolfram von Eschenbach

Das Abenteuer von Schastel marveile

Der Ritter Gawan ist zu Gast bei einem Fährmann und dessen Tochter. In der Nähe gibt es eine Burg. Gawan hat dort aus der Ferne viele schöne Frauen gesehen. Als er seine Gastgeber danach fragt, stößt er zunächst auf Abwehr. Erst nach beharrlichem Nachfragen erklärt ihm der Hausherr:

Herr, es schmerzt mich, dass Ihr auf einer Antwort besteht. Gut, so rüstet Euch zum Kampfe! Einen Schild will ich Euch leihen. Ihr seid in Terre marveile; hier steht auch das Lit marveile. Bisher hat niemand das gefährliche Abenteuer auf Schastel marveile bestanden. Versucht Ihr's, findet Ihr den Tod! Seid Ihr auch in Abenteuern erfahren, so ist doch alles, was Euch bisher begegnet ist, ein Kinderspiel: Ihr geht einem todbringenden Abenteuer entgegen! [...] Viele Damen werden hier gefangen gehalten, die ein mächtiger Zauber hergezwungen hat. Mancher Knappe und edle Ritter hat schon versucht, sie zu befreien und damit ritterlichen Ruhm zu ernten, doch alle sind gescheitert. Erlöst Ihr sie mit Eurer Heldenkraft, so erringt Ihr gewaltigen Ruhm und könnt Gott für die große Ehre danken. Froh und stolz werdet Ihr dann über viele wunderschöne Damen aus aller Herren Länder gebieten können. [...]

1 a) *„Terre marveile", „Lit marveile", „Schastel marveile": Klärt die Bedeutung dieser Begriffe mit Hilfe eines Französisch-Wörterbuchs. Beachtet dabei, dass es sich um altfranzösische Ausdrücke handelt: Schastel ≙ château; marveile ≙ merveille*
b) *Wie stellt ihr euch das Abenteuer in „Schastel marveile" vor?*
Entwerft eine mögliche Handlungsskizze, in deren Mittelpunkt das „Lit marveile" steht: Was für eine Bewandtnis könnte es mit diesem außergewöhnlichen Möbelstück haben?

2 *Welche Beziehung wird zwischen den Begriffen „Abenteuer", „Ruhm" und „Ehre" im Text hergestellt?*
Bedenkt die gesellschaftliche Bedeutung, die das Bestehen eines Abenteuers hier hat.

Seit dem 12. Jahrhundert hat das französische Rittertum großen Einfluss auf die höfische Kultur im mittelalterlichen Deutschland genommen. Dieser Einfluss hat sich auch in einer großen Anzahl von Lehnwörtern niedergeschlagen, für die das Wort „aventiure" – Abenteuer – ein Beispiel ist. Im 14. Jahrhundert gab es schließlich fast 2000 französische Lehnwörter im Deutschen, von denen heute allerdings nur noch ein geringer Teil verwendet wird. Der Einfluss des Französischen zeigt sich aber nicht nur an einzelnen Wörtern, sondern auch an folgenden sprachlichen Prozessen:

- Aus der französischen Infinitiv-Endung *-ier* werden zwei mittelhochdeutsche Endungen abgeleitet, nämlich *-ie* für Nomen (neuhochdeutsch *-ei*) und *-ieren* für Verben, z. B.: *zegerie* (mhd.) zu *Zaghaftigkeit* (nhd.), *stolzieren;*
- die Endung *-lei* wird aus dem Altfranzösischen „loi" (= Art) entlehnt, z. B.: *viererlei;*
- die wichtigsten höfischen Standeswörter werden nach französischem Vorbild geprägt;
- die 2. Person Plural wird zur Höflichkeitsform; *Ihr* wie *vous* im Französischen.

rime	tournelle	torneir	prix	lance
danse	fable	flaüte	harnais	joel

3 a) *Sucht die heute noch gebräuchlichen deutschen Wörter, die auf diese altfranzösischen Begriffe zurückgehen.*
b) *Welche Gemeinsamkeit haben alle diese Begriffe?*

loschieren – jegerie – mancherlei – parlieren – hövesch (gebildet nach „courtois") – allerlei – prophezie – ritter (gebildet nach „chevalier") – regnieren

4 *Ordnet diese Wortbeispiele den im Text oben genannten Spracheinflüssen zu.*

Aus dem „Lexikon des Mittelalters“

Aventure (âventiure)

Altfranzösisch: aventure (avanture) wird hergeleitet aus vulgärlateinisch aventura, dem nominalisierten Partizip von advenire, „was geschehen soll“. Daneben hat offenbar der semantische Bereich von lat. evenire-eventus („Ende, Ziel, Ereignis, Zufall“) auf den Gebrauch des Wortes eingewirkt. In den ältesten Belegen […] verweist der Begriff […] auf das von menschlichem Wollen unbeeinflussbare, unbegreifliche Walten einer jenseitigen Macht. […] Im Artusroman [ist die aventure dann] nicht mehr willkürliches Geschick, das dem Helden zustößt, sondern eine von ihm aus eigenem Antrieb gesuchte und durch wunderbare Fügung für ihn allein bestimmte gefahrvolle Bewährungsprobe. […]

Mittelhochdeutsch: âventiure, bald nach 1150 aus altfranzösisch aventure entlehnt, bezeichnet entsprechend „Zufall“, „Geschick“, „zufällige ritterliche Begegnung, Waffentat“ und in einer mittelhochdeutschen Sonderbedeutung „literarische Vorlage“. […] In Wolfram von

Hans Thoma: Die Gralsburg, 1899, Öl auf Leinwand.

Eschenbachs „Parzival“ ist der Gebrauch vielfältig aufgefächert: von „Kampf“ über „Gefahr“, „Schicksal“ bis zu „göttliche Vorsehung“, „Heil“ einerseits und „Neuigkeit“, „Erzählung“, „literarische Quelle“ andererseits. […] Spätere Wortformen wie affenteuer, abenteuer sind wohl vom Bestreben einer Anlehnung an deutsche Wörter bestimmt.

5 a) *Stellt die Informationen zur Begriffsgeschichte von „Abenteuer“ aus dem Lexikonartikel grafisch dar, z. B. in Form eines Flussdiagramms.*

b) *Nehmt euer Ergebnis in eure Wandzeitung auf und ordnet es euren anderen Rechercheergebnissen zum Begriff „Abenteuer“ (▷ S. 108, Aufg. 5) zu.*

c) *In welcher Bedeutung wird der Begriff „Abenteuer“ im Text „Das Abenteuer von Schastel marveile“ (▷ S. 108–109) verwendet?*

6 *Beschreibt, welche Arten von Abenteuern in verschiedenen Formen von erzählender Literatur vorkommen. Greift dabei nach Möglichkeit auf eigene Leseerfahrungen zurück.*

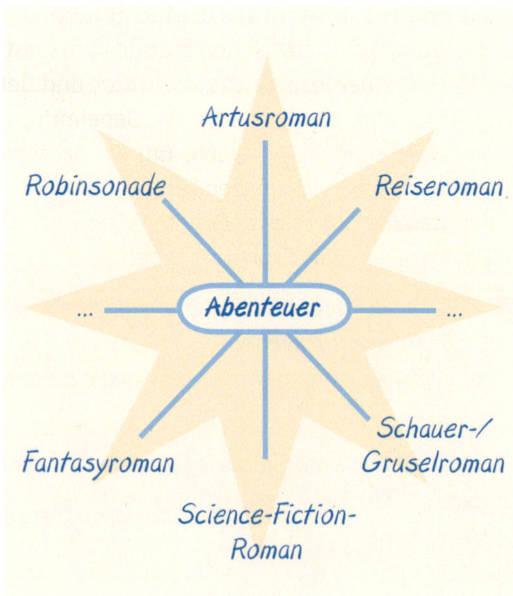

„Shopping Adventure“ und andere „Abenteuerlein“ – Inflation eines Hochwertwortes

Andreas Altmann

Jeder Furz ein Abenteuer

Abenteuer ist das schönste, das dunkelste, das muskulöseste Wort, das ich kenne. Orgien der Gewöhnlichkeit laufen heute unter diesem Begriff. Kaum organisiert jemand einen Waldspaziergang, lese ich darüber in einer bekannten Tageszeitung unter dem aberwitzigen Titel „Abenteuer Freizeitgestaltung". Ein Herrenmagazin, nachdrücklich verlangt von „echten Männern", annonciert auf seiner ersten Seite: „Lust auf Abenteuer".

Ich stürze drauflos und finde inwendig zwei liebevoll frisierte Fotomodelle, die unter der Überschrift „Outfits für Eroberer" geschmackvoll abgestimmte Viskosesocken von Valentino, handgebügelte Hemden von Fiorucci und ein tailliertes, schneeweißes Seidenjackett von Jil Sander vorstellen. Sie stehen mitten im Urwald von Borneo (siehe weißes Seidenjackett), und an ihren zarten Fesseln tragen sie die raffiniert geschnittenen Sandalen von Kenzo. […]

Ein paar Seiten später wird es dann ernst. „Wenn Helden reisen", heißt es jetzt, und der Leser erfährt die „wichtigsten Geheimtipps, um abenteuerlich zu reisen, um als richtiger Kerl seine eigenen Grenzen kennen zu lernen". Ein starkes Stück Text. Die Redaktion verrät Geheimtipps für Eroberer, Abenteurer und richtige Kerle. Alle auf der Suche nach eigenen Grenzen. Erbarmen mit diesen Maulhelden. Ein Beispiel mag zeigen, wie knallhart und peinlich der Aufprall ist, wenn die dünne Realität nicht hergibt, was die so fett gedruckten Worte versprechen: „Motorradfahren in China" traut man sich anzubieten. Aber herdenweise, unter Aufsicht, zwei Wochen lang 250 Kilometer pro Tag auf nagelneuen BMW-Maschinen. Und abends ins reservierte First-Class-Bettchen. Das einzig Aufregende an diesem Ausflug ist der Preis. 6.850 Deutschmark für ein solches Abenteuerlein. […]

Und sie schämen sich […] nicht für den schamlosen Missbrauch eines Wortes, das allemal zu gewaltig ist, um die läppischen Spritztouren dieser Sonntagsausflügler „mitten in den Dschungel" zu beschreiben. […]

Aber es geht noch billiger. „A Shopping Adventure" für jeden, der den Weg zum nächsten Kaufhaus schafft. Das „Abenteuer-Auto" für jeden, der „mehr will". Wo andere resigniert in öffentliche Verkehrsmittel flüchten, fordert unser Out-of-Africa-Verschnitt das Schicksal geradezu heraus. Mit Tierschutzgitter, Vierradantrieb und Sturzbügel schlägt er sich durch. Von Schwabing nach Neuhausen. […]

Neben meinem Zorn über den Raubbau an unserer Sprache noch ein anderes Gefühl: heftiges Mitleiden. Beim Betrachten dieser Abenteurer, deren Aufregungen auf dem Millimeterpapier stattfinden. Das unwiderrufliche Bedürfnis, ihnen eine warme Decke überzuwerfen. Damit sie nicht in Tränen ausbrechen, wenn es kalt wird und der Wind geht.

Ich bin gegen alle Formen und Versuche der Verharmlosung dieses einmaligen Wortes: Abenteuer. […] Denke ich an Abenteuer, denke ich an das Wort: allein. In brisanten Situationen das schmerzhafte Kennenlernen voll Einsamkeit. Es aushalten: das Frieren, die Fremde, das Fremde. Ohne Fluchtversuche, ohne die sofortige Zuhilfenahme anderer Menschen. Das wäre ein Weg mitten ins Leben, mitten in mich hinein. […]

1 *Welche Formen der Abenteuerinszenierung werden von Altmann kritisiert? Stellt zur Illustration eine Collage zusammen. Sammelt dafür Bilder, Überschriften und andere Textzitate aus verschiedenen Zeitschriften und aus der Werbung.*

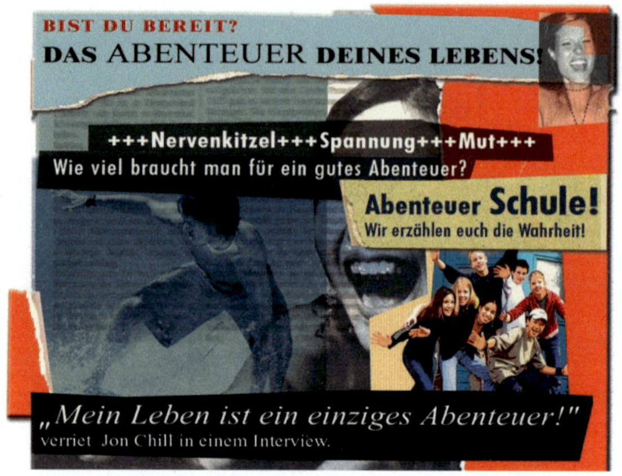

2 *Sammelt im Text (▷ S. 111) alle Begriffe, die Gefühle ausdrücken. Macht in einer Grafik deutlich, in welche unterschiedlichen Beziehungen zum zentralen Begriff „Abenteuer" der Autor diese Begriffe setzt.*

3 *a) Für oder gegen Abenteuer? Klärt die Position des Autors. Achtet dafür besonders auf die Einleitung und den letzten Textabschnitt.*
b) Findet ihr die Kritik des Autors am Umgang mit dem Wort „Abenteuer" berechtigt? Begründet eure Meinung.

4 *Untersucht die Sprache des Textes genau:*
a) Schreibt die Begriffe heraus, die der Text für die vermeintlichen Abenteurer verwendet, und beschreibt die Denotation und Konnotation dieser Begriffe. (▷ S. 99)
b) Untersucht im Text alle Adjektive und beschreibt deren Funktion. Beobachtet dazu, wie sich die Wirkung einzelner Sätze verändert, wenn ihr die Adjektive weglasst.
c) Beschreibt alle sprachlichen Mittel, die an den folgenden Textstellen eingesetzt werden, um eine besonders intensive Wirkung zu erzielen.

„das schönste, das dunkelste, das muskulöseste Wort" (Z. 1–2)
„das Frieren, die Fremde, das Fremde" (Z. 68–69)
„First-Class-Bettchen" (Z. 37)
„Abenteuerlein" (Z. 40)

5 *a) Auch folgende Begriffskombinationen werden gerne verwendet: „Abenteuer Lesen" – „Abenteuer Wissenschaft": Was haltet ihr von diesen Abenteuern bzw. Abenteuerbegriffen?*
b) Diskutiert die folgenden Thesen (▷ S. 31–33).

Abenteuer sind ehrenhaft.

Abenteuer sind Männersache.

ABENTEUER SIND COOL.

Das Beste an Abenteuern ist, dass man später von ihnen erzählen kann.

Abenteuer sind Gift für eine (Liebes-)Beziehung.

5.3 Projekt: Selbstdarstellung im Interview

Was ist für dich Stolz, was Ehre? – Antworten aus einer internationalen Klasse

1. **Mirjam** *(Deutsche, 15 Jahre)*
Man benötigt Stolz und Ehre, sonst bekommt man Minderwertigkeitskomplexe. Besonders kompliziert ist aber der Kollektivstolz [auf Familie, Nation], denn es kann schnell passieren, dass man eingeschnappt ist bzw. überheblich wird, obwohl sich die Aussage, die diese Gefühle hervorgerufen hat, gar nicht auf einen persönlich bezieht.

2. **Luciana** *(Argentinierin, 18 Jahre)*
You feel honour, when you are proud of something you have done. And you also feel honour of being part of something. You feel the worth of yourself. You need the good feeling. You are proud, you are happy.

3. **Leon** *(Deutscher, 16 Jahre)*
Stolz kann man sein, wenn man etwas Gutes getan hat, aus eigener Leistung heraus. Stolz klingt aber nach Eigenlob oder Arroganz. Ehre dagegen ist für mich etwas viel Größeres und sehr Positives. Es beruht auf eigener Leistung, ist aber nicht arrogant.

4. **Linn** *(Dänin, 16 Jahre)*
Stolz und Ehre treffen nicht auf die Familie zu. Denn ich denke, dass das weniger mit Selbstwertgefühl, sondern mit Liebe zur Familie zu tun hat. Die Menschen, die man liebt, verteidigt man auch, aber nicht aus Stolz, sondern einfach, weil man sie liebt.

5. **Laura** *(16 Jahre, USA)*
My collective pride ist tied to the individual pride. When my collective pride is posted, it also boosts my individual pride along with it. I'm proud to belong to my family. It gives me a selfworth, what I can't get from myself.

6. **Yanisa** *(16 Jahre, Thailand)*
Treat people as you wish to be treated! I connect pride and honour in my way. Honour is the respect I receive from other people. That is my pride.

7. **Emma** *(16 Jahre, Deutsche mit Italienisch als Muttersprache)*
Um bei anderen Respekt und Ehre zu gewinnen, würde ich mich nie verstellen. Ich möchte Respekt ehrlich verdienen. Beleidigt jemand meine Familie, so trifft mich das mehr, als wenn er mich beleidigte. Wenn er aber mein Land beleidigt, so ärgert mich das vielleicht, aber es könnte ja auch eine berechtigte Kritik sein.

8. **Adrienne** *(17 Jahre, Rumänin mit Ungarisch als Muttersprache)*
I personally have pride, but I always try not to forget my mistakes. A little self criticism never hurts, it just makes you be more realistic and your pride will not loose its connection with honour.

1 *Untersucht die Äußerungen der Schülerinnen und Schüler auf die unterschiedliche Bedeutung, die sie „Stolz" und „Ehre" in ihrem Verhalten einräumen.*

!

In einer **Meinungsumfrage** äußern sich die Befragten direkt zu einem Problem und gleichzeitig indirekt über sich selbst, die eigenen Einstellungen, Wertvorstellungen oder Vorlieben/Abneigungen.
In einem **Interview** kann man durch gezielte Fragen zu Meinungen, Einstellungen und Bewertungen ein umfassendes Bild der Persönlichkeit des Befragten erhalten.

2 *Entwickelt selbst Interviewfragen, durch die ihr euch wechselseitig die Gelegenheit gebt, eure eigenen Auffassungen von „Stolz, Ehre, Achtung, Respekt" zu begründen.*

3 *Bildet Paare, die sich wechselseitig in Form von Interviews vorstellen. Dabei ist entscheidend, dass die Interviewfragen in der großen Linie abgesprochen sind, im Detail aber Überraschungen enthalten sollten, damit Planung und Spontaneität in einem ausgewogenen Verhältnis bleiben.*

4 *Nehmt die Kurzinterviews auf und wertet sie aus.*

ARBEITSTECHNIK

Eine Meinungsumfrage vorbereiten, durchführen und auswerten

1. Schritt: Interviewfragen für die Befragungsaktion ausarbeiten
Wechselt im Interview zwischen folgenden Fragetypen:
- Definitionsfragen vom Typ „Was verstehst du unter ...";
- Stellungnahmen zu einem Fall, bei dem eine Begründung gefordert wird, z. B.: „Wie beurteilst du das Verhalten von X im Fall Y?";
- Zustimmung oder Ablehnung zu einer vorgegebenen Meinung, z. B.: „Stimmst du der Meinung zu, dass ...?".

2. Schritt: Materialerhebung (Statements sammeln und sichten)
Ihr könnt mit Fragebogen arbeiten oder mündliche Interviews führen. Wichtig ist, dass immer die gleichen Fragen gestellt werden, damit die Vergleichbarkeit gewahrt bleibt und die Auswertung leichtfällt.

3. Schritt: Materialauswertung
Ordnet eure Beobachtungen bei der Materialauswertung unter folgende Gesichtspunkte:
- Können alle mit dem Begriff etwas anfangen?
- Gibt es nationale Unterschiede in der Einschätzung des Begriffs?
- Findet ihr typische Mädchen- und Jungenantworten?
- Gibt es individuell geprägte Antworten, oder entsprechen sie eher normativen Erwartungen?

4. Schritt: Ergebnispräsentation
Eure Präsentation wird anschaulich, wenn ihr einzelne Interviewäußerungen zitiert.

5 *Präsentiert eure Ergebnisse in geeigneter medialer Form, z. B. als Poster oder Hör-CD.*

6 Zwischen Dialekt, Denglisch und PC – Sprache und Sprachkritik

6.1 „Kids“ und „Pänz“ – Sprachvarietäten

Karneval in Aachen

Fasnet in Freiburg

Fasching in München

1 *Wie heißt bei euch der Karneval? Berichtet von verschiedenen Karnevalsbräuchen in eurer Gegend.*

2 *Stellt Bezeichnungen für verschiedene Karnevalsbräuche zusammen. Recherchiert dazu auch im Internet. Im Karnevalslexikon für Deutschlandtouristen („Glossary of Carnival Terms“) findet ihr für „Weiberfastnacht“ u.a. folgende Bezeichnungen: „Women's Carnival/Thursday, Fastelabend, Schmutziger Donnerstag, Schmotzige Dunschstig, Dorendonderdach, Feister Phinztag, Gumpiger Donstag, Kleine Fastnacht, Fetter Donnerstag, Tumbe Fassnacht, Unsinniger Donnerstag, Weiberdonnerstag, Wuetig Donnerstag, Wuscheltag, Zimpertag“.*

3 *Übersetzt das Kölner Karnelvalsmotto ins Hochdeutsche.*
Erläutert Unterschiede zwischen beiden Versionen.

„Kölle un die Kids der Welt" – Brauchtum oder Globalisierung?

„Kids" ist schlicht peinlich

Er hat es ja nur gut gemeint: Alexander von Chiari ist Zugleiter des Rosenmontagszuges, und ihm gehört der kreative Kopf, in dem alljährlich die neuen Zug-Motti heranreifen. Dieses Mal, so scheint es, hat von Chiari zu früh geerntet. Denn das Motto scheint noch undurchdacht, noch nicht ganz reif. „Kölle un die Kids der Welt, fiere nit nur Fasteleer", lautet sein akuter Auswuchs. – Besonders störend empfinden die Jecken dabei das Wort „Kids". Chiari will dem kölschen Karneval einen internationalen Beigeschmack verleihen. Doch der mundet nicht. Alexander von Chiaris Argument: Niemand außer den Kölnern könne das ersehnte „Pänz" verstehen. Na und? Wen es interessiert, der fragt. Wen es nicht interessiert, der braucht es nicht zu verstehen. – Wir können nicht anfangen, den Fastelovend in alle Sprachen der Welt zu übersetzen, nur damit man ihn außerhalb der Stadtgrenzen versteht. Das wäre ja wohl der Tod für den kölschen Frohsinn. Der ja nicht so bekannt ist, weil er international, sondern weil er lokal ist: kölsch [...]

Lara Fritsche, Kölner Stadt-Anzeiger 26.2.2004

Leserbriefe

Holperig, falsche Rechtschreibung, Verwendung eines amerikanischen Begriffs ohne erkennbaren Sinn oder Notwendigkeit – Nää, wat enen Driss! Wie kutt er dann op esu en Idee kumme? Met esu enem knüseliche Spruch deit ihr uns nur blameere.

Drongo, Köln

Eine Gesellschaft, oder besser Gemeinschaft, funktioniert grundsätzlich über das gemeinsame Interesse. Damit ist primär die Kultur angesprochen. Nur die Kultur vermag unterschiedliche Gruppen einzubinden. Im Kölner Raum wird das besonders deutlich. Über die Sprache des Fränkisch-Ripuarischen, eben Kölsch, verbindet die Mundartkultur ganz unterschiedliche Kreise, vom einfachen Volk bis hin zu den besseren Kreisen. Leider wird diese Kultur in den Medien missachtet. Sie wird ausschließlich dem Karneval zugerechnet. Dabei stand und steht die Literatur im Kölschen auf nicht schlechtem Niveau.

Bruno Melchert, Köln

Kein Münchener würde auf die Idee kommen, seinen Dialekt wegen des Oktoberfestes zu ändern. Warum müssen wir Kölsche uns nun verbiegen lassen? Wer zu uns kommt, kommt doch, um den Kölner Karneval mit uns zu feiern und unsere Mentalität kennen zu lernen. Ich finde das Wort Kids auch ohne Karneval grässlich.

Paul R., Köln

Es geht um Brauchtum. Brauchtum ist immer regional verwurzelt und erlebt seine Attraktivität gerade dadurch, dass es sich von anderen Regionen absetzt, die ihr eigenes Brauchtum haben. Der Kölner Karneval ist sicherlich weltweit bekannt und ein Begriff – eine liebedienernde Anbiederung an eine „Globalisierung" zerstört gerade den Kern der Sache. Weiterhin sehe ich auch keinerlei Grund dafür, sprachlich starke Begriffe unserer Sprache – und auch noch für den regionalen Gebrauch – zugunsten fremder und weniger treffender über Bord zu werfen. Mit traurigem Gruß

S. Peters, Köln

1 *Übersetzt den ersten Leserbrief – vielleicht mit Hilfe eines Kölsch-Wörterbuchs im Internet.*

2 *Unterscheidet bei dem Presseecho ein engeres und ein grundsätzlicheres Problem. Stellt dabei aus den Leserbriefen Argumente zum Für und Wider des umstrittenen Mottos zusammen.*

3 *Wie soll der Mottospruch nun heißen? Formuliert eure eigene Meinung und begründet sie.*

The noun **kid** has 5 senses:

1. child, kid, youngster, minor, shaver, nipper, small fry, tiddler, tike, tyke, fry, nestling – (a young person of either sex; *"she writes books for children"; "they're just kids"; "'tiddler' is a British term for youngsters"*)
2. kid, kidskin – (soft smooth leather from the hide of a young goat; *"kid gloves"*)
3. Kyd, Kid, Thomas Kyd, Thomas Kid – (English dramatist (1558–1594))
4. child, kid – (a human offspring (son or daughter) of any age; *"they had three children"; "they were able to send their kids to college"*)
5. kid – (young goat) *(Online-Wörterbuch)*

Kid <n.> *Fell einer jungen Ziege; <salopp> Kind;* die brandneue Mode für Kids; → a. Computer-Kid [engl., „Zicklein", auch umg. für „Kind, Bengel"] *(Wahrig: Deutsches Wörterbuch)*

4 *Erläutert mit Hilfe der Lexikoninformationen, wie der heutige Gebrauch von „kid" wohl entstanden sein mag.*

5 *Worin besteht das Problem, wenn man „kids" einfach mit „Kinder" übersetzt? Erklärt Unterschiede und macht einen angemessenen Übersetzungsvorschlag.*

Motto des Rosenmontagszuges 2005 wird geändert

Zur Änderung des Mottos des Rosenmontagszuges 2005 erklärt das Festkomitee des Kölner Karnevals von 1823 e.V.: Offensichtlich gibt es eine Anzahl von Kölnern, die sich durch das Wort „Kids" in ihrem Sprachgefühl gestört oder sogar verletzt fühlen. Aus diesem Grund ...

6 *Auf Grund des öffentlichen Streits um das Motto gab es eine Debatte, in der die beteiligten Interessengruppen vertreten waren. Überlegt deren jeweilige Ziele und tragt die verschiedenen Argumente so vor, dass die unterschiedlichen Interessen deutlich werden.*

Journalist aus Köln

Redakteurin aus Aachen

Hersteller von Karnevalsartikeln

Zeitungsleser/innen

Schülerinnen und Schüler

Karnevalsvereinsvorsitzender

Pänz, Chindre, Stumpa, Bobbala ... statt Kids – Dialekte

Wir befinden uns im Jahre 50 v. Chr. Ganz Gallien ist von den Römern besetzt ... Ganz Gallien? Nein! Ein von unbeugsamen Galliern bevölkertes Dorf hört nicht auf, dem Eindringling Widerstand zu leisten. Und das Leben ist nicht leicht für die römischen Legionäre, die als Besatzung in den befestigten Lagern Babaorum, Aquarium, Laudanum und Kleinbonum liegen ...

Wi denken uns torügg in't Jahr 50 v. Chr. De heel Landstreek, de Gallien nömt word, is van Römers besett ... Nee, ho! Een Loog in Gallien sett de Römers d'r alltied weer 'n p vör, wenn se versöken, hier ok Foot to faten. De Soldaten ut Rom, de in hör fast Lagers Barbaorum, Aquarium, Laudanum un Lüttjebonum liggen, hebben't neet licht ...

Mer schrieven et Johr 50 v. Chr. Janz Jallie es vun de Römer besatz ... Janz Jallie? Enä! Ei Dorp, en däm widderbööschtije un kurascheete Jallier leeve, weed nit mööd, denne Römer de Steen zo bede, ...

1 *Ordnet die Auszüge aus den Klappentexten zu „Asterix und Obelix" einer Sprachvariante zu. Wählt unter den sechs aufgelisteten Titeln.*

Einleitung in „Der Sohn des Asterix":
Die Überraschung ist groß, als eines Morgens vor dem Haus von Asterix ein Findelkind gefunden wird. Ebenso überraschend ist das Interesse der Römer an diesem Säugling. Es stellt sich heraus, dass Brutus, der Adoptivsohn Cäsars, hinter allem steckt ...

2 *Wenn ihr eine **Mundart** beherrscht, dann versucht, die Einleitung oben in diese zu übersetzen. Sprecht ihr keine Mundart, dann fragt eure Großeltern oder andere Verwandte. Tragt eure Texte vor.*

!

Dialekte sind lokale oder regionale, landschaftlich begrenzte Sonderformen einer Sprache. Der auf das lateinische „dialectos" (= Ausdrucksweise) zurückgehende Begriff wurde im 17. Jahrhundert durch Philipp von Zesen mit **Mundarten** eingedeutscht. Dialekte gehören zu den **Sprachvarietäten.** Sprachwissenschaftler verwenden den Begriff, um mögliche Vorurteile gegenüber Dialekten zu vermeiden. Prinzipiell wird unter den Dialekten einer Sprache eine gegenseitige Verständlichkeit bewahrt, doch können die Abweichungen in Aussprache, Wortschatz und Teilen der Grammatik sowie in Bedeutung und Gebrauch der Wörter sehr groß sein.

3 *Lest, nachdem ihr die Definition zur Kenntnis genommen habt, noch einmal genau die Asterix-Textauszüge.*
a) Erklärt an einzelnen Stellen Abweichungen vom Hochdeutschen in Wortschatz, Satzbau, Grammatik, Bedeutung und Gebrauch.
b) Sprecht euch die Auszüge vor und versucht auch auf Aussprache, Satzmelodie und Klang einzugehen.

4 *Hört euch im Internet Beispieltexte aus verschiedenen Dialekten an, notiert eure Eindrücke und vermittelt sie euch gegenseitig. Achtet dabei auf Verständlichkeit, Schwierigkeitsgrad, Verwandtschaft, ...*

5 *Erörtert Vorzüge und Nachteile des mundartlichen Sprechens (▷ S. 36ff.).*

Ein Sprachwissenschaftler fordert Dialekt an Schulen

An deutschen Schulen soll die Mundart wieder Einzug halten. Ein Dialektunterricht könne einer wachsenden Stigmatisierung[1] der Mundart entgegenwirken und die Ausdrucksfähigkeit von Kindern fördern, sagen Sprachwissenschaftler. Die immer noch verbreitete Stigmatisierung von Dialekten in Schule und Gesellschaft führe häufig dazu, dass Kinder eine Störung entwickelten, sagte Wolfgang Schulze, Professor für allgemeine Sprachwissenschaft an der Universität München, in einem Interview der Nachrichtenagentur AP. Deshalb müsse der Deutschunterricht reformiert und mit einem Fach „Dialektdeutsch" ergänzt werden. [...] Schulze sagte, das Problem sei, dass im Deutschunterricht grundsätzlich nur die Normsprache Hochdeutsch beigebracht werde. Die „Heimsprache" der allermeisten Kinder werde dagegen oft abgelehnt und in negativen Gegensatz zur Normsprache gesetzt. Mit „so sagst du zwar zu Hause, aber hier hast du gefälligst so zu sagen" werde der kindliche Erstspracherwerb in der Schule wieder zerstört. Dies könne bei Schülern zu einer Blockade führen, die sich in Frustration und schlechten Leistungen niederschlage. [...] Mit der Einführung eines eigenen Unterrichtsfaches „Heimsprache" oder Dialektdeutsch könnten Kinder in ihrer Ausdrucksform bestätigt werden und sie als eigenes Kommunikationsmittel begreifen, sagte Schulze. Dabei mache es keinen Unterschied, ob es sich um Bairisch, Schwäbisch oder um städtische Jugendsprache, etwa von Migrantenkindern[2], handele. [...] Kern müsse sein, den Schülern das Gefühl zu vermitteln, dass sie neben der Hochsprache auch einen Dialekt beherrschten. Das sei wichtig für ihre Identität, zudem biete die Umgangssprache oft viel bessere Ausdrucksmöglichkeiten.

Rheinische Post 29. 12. 05

1 **Stigmatisierung:** Brandmarkung

2 **Migrantenkinder:** *hier:* Kinder, deren Eltern nach Deutschland eingewandert sind

6 *Dialekt als Schulfach? Listet aus den Materialien Argumente dafür und dagegen auf.*

7 *Hast du Zigarette?* | *isch morgen nischt komme* | *voll krass* | *weil Kinder zu Hause nie spielen erstens* | *dann gibt es schon mal paar Stress*

Migrantenkinder haben teilweise einen Sprechstil mit reduziertem Satzbau, fehlenden Präpositionen und Artikeln, falschen Flexionsformen sowie eigenen Wendungen. Dieser reduzierte Sprechstil ist auch in die deutsche Jugendsprache übergegangen. Erörtert, ob der beschriebene Sprechstil, Umgangssprache und Dialekte denselben Stellenwert haben.

8 *Führt in zwei Parteien eine Debatte: „Für eine Stärkung der Dialekte – für eine Stärkung der Hochsprache." (**▷ S. 49–51**)*

Call-center – Call Center – Callcenter – Call-Center – Anglizismen

Verein Deutsche Sprache

Faltblatt, Prospekt, Flugblatt, „Flyer" ...

Die deutsche Sprache wird zurzeit von einer Unzahl unnötiger und unschöner englischer Ausdrücke überflutet. Die Werbung bietet „Hits for kids" oder Joghurt mit „weekend feeling". Im Fernsehen gibt es den „Kiddie Contest" oder die „History Specials", im Radio „Romantic Dreams". Wir stählen unseren Körper mit „body shaping" und „power walking". Wir kleiden uns in „outdoor jackets", „tops" oder „beach wear". Wir schmieren uns „anti-aging" Creme ins Gesicht oder sprühen „styling" ins Haar. Bei der Bahn mit ihren „tickets", dem „service point" und „McClean" verstehen wir nur Bahnhof.

Manche Leute finden das „cool". Andere – die Mehrheit der Menschen in Deutschland – ärgern sich über die überflüssigen englischen Brocken und sehen darin eine verächtliche Behandlung der deutschen Sprache. Sie halten es für albern – und würdelos –, Wörter wie „Karte", „Fahrrad", „Nachrichten" oder „Weihnachten" durch „card", „bike", „news" oder „X-mas" zu ersetzen.

Diese Anglisierung der deutschen Sprache hängt mit der weltweiten Ausbreitung des „American Way of Life" (der amerikanischen Lebensart) zusammen, hinter dem die politische und wirtschaftliche Macht der USA steht und durch den sich die Lebensformen vieler Länder und deren Sprachen verändert haben. Das gilt auch für Deutschland. Eine besonders geringe Treue zur eigenen Sprache und die gierige Bereitschaft zur Anbiederung an die englische haben zur Entstehung eines Sprachgemischs beigetragen, das wir „Denglisch" nennen.

Wir wollen der Anglisierung der deutschen Sprache entgegentreten und die Menschen in Deutschland an den Wert und die Schönheit ihrer Muttersprache erinnern. Wir wollen unsere Sprache bewahren und weiter entwickeln. Die Fähigkeit, neue Wörter zu erfinden, um neue Dinge zu bezeichnen, darf nicht verloren gehen.

Dabei verfolgen wir keine engstirnigen nationalistischen Ziele. Wir sind auch keine sprachpflegerischen Saubermänner und akzeptieren fremde Wörter – auch englische – als Bestandteile der deutschen Sprache. Gegen „fair", „Interview", „Trainer", „Doping", „Slang" haben wir nichts einzuwenden. Prahlwörter wie „event", „highlight", „shooting star", „outfit", mit denen gewöhnliche Dinge zur großartigen Sache hochgejubelt werden, lehnen wir ab. Dieses „Imponiergefasel" grenzt viele Mitbürger aus, die über keine oder nur eingeschränkte Englischkenntnisse verfügen.

Wir schreiben Protestbriefe an Firmen und Einrichtungen, die als „Sprachhunzer des Monats" aufgefallen sind, wählen den „Sprachpanscher des Jahres" und veranstalten einen jährlichen „Tag der deutschen Sprache". [...] Personen, die sich besondere Verdienste um die deutsche Sprache erworben haben, zeichnen wir mit dem dreiteiligen „Kulturpreis Deutsche Sprache" aus.

1 *Der Text entstammt einem Faltblatt des „Vereins Deutsche Sprache". Untersucht den Text:*
a) Welche Absicht verfolgen die Verfasser?
b) Mit welchen Argumenten, Beispielen und sprachlichen Mitteln macht der Verein seine Intention besonders deutlich?

2 *Wie beurteilt ihr die Position des Vereins? Schreibt eine Stellungnahme, in die ihr den Begriff „Denglisch" mit einbezieht.*

3 *Überarbeitet den Text so, dass ihr danach eine Veröffentlichung in eurem Sinne für vertretbar haltet.*

Dieter E. Zimmer

„Das Deutsche ist nie ein reines Deutsch gewesen" (2006)

Aus einem Gespräch mit Jochen Rak über seine neuen Sprachglossen in „Wortlupe" 2006

In diesen letzten zwanzig, dreißig Jahren hat ein Sprachwandel stattgefunden, ein sehr, sehr deutlicher, ich glaube sogar, es ist der größte Sprachwandel in der kürzesten Zeit, den die deutsche Sprache jemals durchgemacht hat. Und dieser Sprachwandel, ja wenn man einzelne Einflussfaktoren nennen soll, würde ich sagen: Die Hauptsache war das, was man unter dem Begriff „Globalisierung" zusammenfassen könnte, also eine Internationalisierung, eine Globalisierung mit sehr intensiven Sprachkontakten, nicht nur zum Englischen, sondern zu dem, was international gesprochen wird, und eine allmähliche, aber sichere und starke Angleichung des Deutschen, sowohl des Wortschatzes wie auch sozusagen des Begriffsschatzes des Deutschen an das Internationale, was vorwiegend, aber nicht nur das Englische ist. [...] Die Anglisierung des deutschen Schatzes an Redensarten ist ein eigenes Thema. Ich meine, es gibt bei den Importen aus dem Englischen solche, die sind rundheraus Englisch und bleiben es: Also wer „no problem" sagt, hat eine englische Redensart importiert. Aber es gibt dann eine heimlichere und leisere Art des Imports von Wörtern und auch von Redensarten, die überhaupt nicht als Englisch auffällt, weil es total Deutsch zu sein scheint. Früher sagte man für „once more" auf Deutsch ausschließlich und immer „noch einmal". „Noch einmal" findet man heute in den Medien so gut wie überhaupt nicht mehr. Was gesagt wird, ist „einmal mehr". Früher sagte man „eine Woche lang", heute sagt man „für eine Woche". Früher sagte man „das ergibt keinen Sinn", heute sagt man „das macht keinen Sinn". „Das ist kein Unterschied" heute: „Das macht keinen Unterschied." – Und dann zu krasseren Anglizismen, verkappten Anglizismen: „ich vermisse dich" statt „du fehlst mir" und dergleichen. [...]

Ich bin ja gegenüber diesen ganzen Importen überaus lax, das würde mir ja jeder Sprachkritiker übel nehmen. Mit dem „Verein Deutsche Sprache" habe ich nichts zu tun, und diese Eindeutschungen, die da ständig vorgeschlagen werden, finde ich zum größten Teil albern, hoffnungslos, weil sich doch niemand daran kehren wird, und teilweise auch einfach falsch, weil der Sinn des englischen Wortes sich nicht mit dem Sinn des entsprechenden deutschen Wortes deckt. Ein „kid" ist in der Tat etwas anderes als ein „Kind", das kann man nicht gegeneinander austauschen. Ich glaube also, dass die Sprache durch den Import von Fremdsprache bereichert wird, dass sie gewinnt, und das möchte ich nicht missen. Das Deutsche ist nie ein reines Deutsch gewesen, so etwas wie reines Deutsch hat es noch nie gegeben. Jede Sprache, die im Kontakt mit andern Sprachen steht, nimmt Fremdes auf und gibt Eigenes an das Fremde ab, das Lateinische, das Griechische, dann später das Italienische, das Französische, das fast ein ganzes Jahrhundert lang ungeheuer stark präsent war im Deutschen; alles das hat's gegeben, und viel ist davon übrig geblieben und ist heute Teil der deutschen Sprache und lässt sich aus der überhaupt nicht mehr wegdenken. Im Prinzip nichts anderes ereignet sich heute mit dem Englischen, nur, es geht sehr schnell, es wird sehr allgemein, und es irritiert das Sprachgefühl, die Sprachintuition, auf die wir alle angewiesen sind, wenn wir eine allgemein verständliche Sprache sprechen wollen.

Die wirkliche Alarmglocke geht bei mir an, wenn die Sprachimporte eingreifen und verunsichern: das Deutsche als System, also die Wort- und die Satzgrammatik des Deutschen. Diese ganzen Renovierungen im Wortschatz, das ist etwas relativ Oberflächliches. Das passiert: Die Wörter kommen, die Wörter gehen wieder, vielleicht sind's ein paar zu viel, vielleicht aber nicht, das kann man nicht genau sagen; das ist alles nicht so schlimm. Aber ernst wird die Sache, wenn nicht mehr feststeht, welches eigentlich die Spielregeln sind, die im Deutschen gelten sollen. Es hat angefangen zum Beispiel im Bereich der Adjektive, wo viele Formen eindringen nach dem Vorbild des Englischen, in denen das Adjektiv unflektiert gelassen wird: etwa nachgestellt „Kultur kompakt" und „Zirkus total" und „Wodka absolut" usw. Das ist etwas, das unter dem Einfluss des Englischen sich ausbreitet. Manchmal wandern diese nachgestellten unflektierten Adjektive auch schon nach vorne. Wenn diese Adjektive nach vorne gestellt werden, kommt das Deutsche als System in Schwierigkeiten. Diese Schwierigkeiten hat es sowieso schon, wenn irgendein Substantiv nicht attributiv, sondern prädikativ gebraucht wird, was wir sehr gerne tun: „Diese Aufführung war klasse", das „Essen war Mist" usw. Im prädikativen Gebrauch steht es unflektiert gut. Was macht man damit, wenn man es nach vorne holt? „Eine klasse Aufführung“, „ein klasse, ein klasser Film“? Ein „Spitzenkonzert“ oder ein „spitze Konzert“? Das finden Sie alles, und ich glaube, an dieser Stelle geht in der Tat dem Deutschen im Augenblick die Sicherheit in der Behandlung von Adjektiven verloren.

1 *Sucht weitere Beispiele für sprachliche Formen, die nach Dieter E. Zimmer nun sogar die „Spielregeln“, die grammatischen Strukturen des Deutschen, verändern.*

2 *Analysiert die Argumentation in Zimmers Text nach* ***Thesen, Argumenten und Beispielen.***

3 *Stellt Beispiele zusammen, die zeigen, dass „das Lateinische, das Griechische, dann später das Italienische, dann das Französische“ (Z. 63–65) im Deutschen weiter präsent sind.*

4 *Schreibt im Sinne Dieter E. Zimmers einen Brief an den „Verein Deutsche Sprache“: Setzt euch darin mit Zielen des Vereins auseinander und führt das Beispiel „kid – Kind“ genauer aus.*

5 *In vielen Lebensbereichen heutiger Jugendlicher verbreitet sich das „Denglisch“.*
a) Ordnet den Bereichen „Computer/Internet“, „Medien“, „Sport“, „Wirtschaft“, „Bank-/Finanzwesen“, „Freizeit/Unterhaltung“, „Telekommunikation“ und „Mode“ folgende Begriffe zu:

Einkaufsmall – Raver – Homepage – Late-Night-Show – Infotainment – Blockbuster – Prepaidkarte – E-Commerce – outsourcen – Onlinebanking – E-Cash – Multiplexkino – Highheels – Walking – inlineskaten – Outdoorjacke – E-Mail – Internetadresse

- Der letzte Schliff -

SMS – Indoorsport – auschillen – Call-by-Call – Direktbanking – Baseballcap

b) Wie kann man sich das Sprachverhalten der Jugendlichen erklären?

6 *Sammelt weitere Beispiele zu den Bereichen. Dokumentiert diese durch entsprechende Fotos aus eurer Umgebung.*

6.2 Männersprache, Frauensprache – Schreiben mit Witz und Verstand

Kenneth A. Maple

Maple & Schrobinski (2004)

50 Sekunden – „In der Radioredaktion"
Jingle: Musik

SCHROBI: Das müssen Sie sich mal vorstellen. Da kauft sich diese junge Mutter einen Rasenmäher und baut das ganze Ding alleine zusammen.

MAPLE: Ja, schön.

SCHROBI: Heutzutage sind Frauen voll unabhängig. Und die Katja hat ja ...

MAPLE: Herr Schrobinski, wir haben noch einiges an Büroarbeit zu ...

SCHROBI: Das ist für Katja keine Doppelbelastung, das ist schon eine Dreifachbelastung. Sie muss hier arbeiten und das Wetter moderieren, dann muss sie sich um ihren Haushalt und um ihren Sohn Jonas kümmern und dann noch einen Rasenmäher zusammenbauen. Ihr Jens ist ja beruflich immer voll unterwegs und so.

MAPLE: Ja, prima. Katja ist die Beste, die Tollste, und hübsch ist sie auch noch. Können wir jetzt weiterarbeiten?

SCHROBI: Meine Güte. Sind Sie aber gereizt.

MAPLE: Ich bin nicht gereizt, ich bin nur der Einzige von uns beiden, der arbeitet. Sie reden ja immer nur drüber. Sie reden und reden und reden ...

SCHROBI: Ehhhh ...

MAPLE: Glauben Sie mir, Herr Schrobinski. **Sie sind mehr Frau, als Sie denken!**

1 *a) Erklärt die Pointen bei „Maple & Schrobinski".*
b) Setzt den Sitcom-Text akustisch um: Tragt ihn vor, sprecht ihn auf Tonträger ...

! **Sitcom** (engl. situation comedy, dt. Situationskomödie): in Hörfunk und Fernsehen beliebte Sendebeiträge. Die Auseinandersetzung mit einem aktuellen Problem findet hier auf humorvolle Weise in einer einfachen dramatischen Szene statt, in der Pointen und Gags rasch aufeinanderfolgen.

2 *Schreibt selbst einen witzigen Dialog oder Text. Lasst euch von den Fotos auf der nächsten Seite anregen.*

3 *Entwickelt weitere Bildideen. Fertigt entsprechende Bildcollagen an.*

Warum es besser ist, ein Mann zu sein

Männer werden bewundert, wenn sie kochen können.

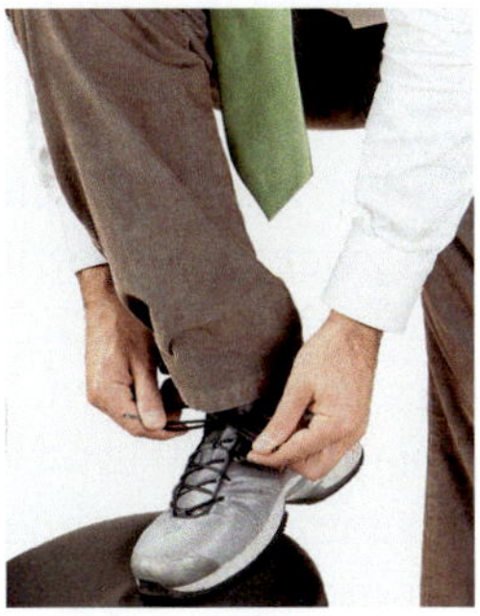

Männer haben immer genügend Klamotten im Schrank.

Frauen zu beeindrucken, ist so einfach: Freiwillig den Müll runterbringen und schon …

Männer brauchen einfach weniger Zeit zum Einkaufen.

Liebe FrauInnen, liebe Brüder und Brüderinnen – Binnen-I oder Doppelformen?

A Renate Doppler

Ober oder Oberin? (2006)

Als Frau begrüße ich es aufrichtig, dass weibliche Formen heutzutage nicht nur im altbekannten, kurvigen Sinn verstanden werden, sondern auch im sprachlichen. Frau ist „in"! Frau Minister*in* zum Beispiel oder Frau Direktor*in*. Frau ist endlich auch „Frau": Frau Landeshaupt*frau* etwa oder Frau Bezirkshaupt*frau*. Putzfrau war sie ohnedies schon immer. Das so genannte Binnen-I trägt ebenfalls zur Emanzipation bei. Manchmal passiert es, dass man beim flüchtigen Lesen ein I nicht vom i unterscheidet. Erst kürzlich habe ich mich gewundert, dass in Frankreich nur die Studentinnen demonstrieren, bis mir endlich ein Licht aufging: wieder einmal das Binnen-I übersehen. Man muss halt mitdenken beim Lesen! Das gilt in Zukunft besonders für Radfahrer männlichen Geschlechts. In Zukunft sollen Verkehrstafeln nämlich an „RadfahrerInnen" gerichtet sein. Hoffentlich bleibt da keiner stehen bis zum Sankt-Nimmerleins-Tag, weil er glaubt, nur Frauen dürfen den Weg benützen.

Manchmal geht einem die weibliche Form zwar geschmeidig vom Papier, aber nicht so über die Lippen. Frau Doktorin klingt befremdlich, Dr.in liest man fließend.

Hingegen sind die „Brüder und Schwestern" im Herrn längst zum allgemeinen Wohlgefallen in den Sprachgebrauch eingegangen. Im Zusammenhang mit „krank" hat sich die geschwisterliche Bezeichnung freilich nicht durchsetzen können. „Krankenschwester“ entspricht halt gar so gut dem herkömmlichen Frauenbild, „Krankenbruder“ aber nicht dem männlichen und klingt daher fast lächerlich.

Eine große Lücke klafft immer noch. Man empfindet sie geradezu als schmerzlich. Weniger vom frauenrechtlerischen Standpunkt her als vom praktischen. Wie spricht man das weibliche Bedienungspersonal in Gast-(und Kauf-)häusern richtig an? „Fräulein“ ist für jedes weibliche Wesen über vierzehn politisch inkorrekt und oft auch wegen des reifen Alters der betreffenden Dame unpassend. „Frau“ ohne was dahinter gilt als unhöflich. Frau Kellnerin klingt nicht viel besser. „Frau Ober“ hat zwar mehr Gewicht, ist aber ungebräuchlich und entspricht keineswegs dem Emanzipationsgedanken. „Frau Oberin“ oder kurz „Oberin“ heißt etwas ganz anderes und würde bestenfalls Gelächter hervorrufen. Aber vielleicht wird auch da bald die passende weibliche Form gefunden. Wäre wichtig!

B Dagmar Lorenz

Die neue Frauensprache (1991)

Vorbei scheinen die Zeiten, da die *Lehrer* ihren *Schülern* Deutschunterricht erteilten, die *Firmenchefs* nach geeigneten *Stellenbewerbern* suchten, der *Kunde König* war und man im Übrigen *Gott* einen *guten Mann* sein ließ. Inzwischen haben sich die Zeiten geändert, das Sprechen und Schreiben ist um mehrere Grade komplizierter geworden. [...]

Politiker, die sich ans Wahlvolk wenden, adressieren ihre Reden nicht mehr an die *lieben Wähler*, sondern an die *Wählerinnen* und *Wähler*. Renommierte Großunternehmen und kommunale Verwaltungsinstitutionen gleichermaßen bedienen sich in ihren Stellenanzeigen wahlweise der geschlechtsanzeigenden Doppelform *(Lehrer/innen)* oder des großgeschriebenen Buchstabens in der Wortmitte *(LehrerInnen)*. Auch die Zeitungssprache hat sich dem neuen Trend inzwischen verschrieben, und selbst in der Netzwelt erkennt man den feministisch korrekten E-Mail-Verfasser am zwischengeschalteten Großbuchstaben „I“.

Aber: Ist die feministische Mode wirklich so korrekt, wie es uns die Korrekten (fast) aller Medien glauben machen wollen? Wäre es nicht sogar möglich, dass der Furor unserer *SprachverbesserInnen* schlicht auf einem Irrtum beruht? [...]

Kehren wir noch einmal zurück zu unserem anfänglich zitierten Beispielsatz. Er enthält eine Vielzahl so genannter „generischer Maskulina“[1], die sich auf Personen- bzw. Berufsbezeichnungen beziehen („Lehrer“, „Schüler“, „Stellenbewerber“ etc.). Den in unserem Zusammenhang interessierenden Lexemen[2] kommt dabei generalisierender bzw. neutraler Charakter zu. Sie geben lediglich Auskunft

1 **generisches Maskulinum:** Das generische oder verallgemeinernde Maskulinum ist die Verwendung maskuliner Formen, wenn das natürliche Geschlecht (Sexus) als unwichtig betrachtet wird oder wenn weibliche und männliche Personen gemeint sind: „Jeder muss sein Schicksal tragen. Unser Betrieb beschäftigt 420 Mitarbeiter.“ Im Zuge der Bemühungen um sprachliche Gleichbehandlung von Frauen wird das generische Maskulinum häufig abgelehnt. Duden – Richtiges und gutes Deutsch

2 **Lexem:** bedeutungstragende Einheit im Wortschatz

über die Berufszugehörigkeit bzw. den Status („Stellenbewerber") einer Personengruppe, sagen jedoch nichts über das „Mischungsverhältnis" der in ihr vertretenen Männer oder Frauen aus: Wenn z. B. „Lehrer" ihre „Schüler" unterrichten, so mag die Äußerung sich auf Lehrer bzw. Schüler ausschließlich männlichen Geschlechtes **oder** auf Personen weiblichen und männlichen Geschlechtes beziehen ...

Entscheidend dabei ist, dass über das Geschlecht der Lehrer und Schüler nichts ausgesagt wird, ja dass die Geschlechtszugehörigkeit in diesem Zusammenhang keine Rolle spielt. Da zudem in unserem Kulturkreis sowohl Frauen als auch Männer beruflich als Lehrer tätig sind, da es darüber hinaus auch meist üblich ist, dass Schüler beiderlei Geschlechts gemeinsam unterrichtet werden, so kann man durchaus davon ausgehen, dass das „generische Maskulinum" „Lehrer" eher als generalisierendes Neutrum, denn als „männlichkeitsanzeigendes" Lexem verstanden wird.

C Mark Twain

Die schreckliche deutsche Sprache (1897)

Jedes Substantiv hat sein grammatisches Geschlecht, und die Verteilung ist ohne Sinn und Methode. Man muss daher bei jedem Substantiv das Geschlecht eigens mitlernen. Eine andere Möglichkeit gibt es nicht. Um das fertigzubringen, braucht man ein Gedächtnis wie ein Terminkalender. Im Deutschen hat ein Fräulein kein *Geschlecht*, wohl aber ein Kürbis. Welch übermäßige Hochachtung vor einem Kürbis und welch kaltherzige Missachtung der unverheirateten jungen Dame sich hier verrät! Ein Baum ist männlich, seine Knospen aber sind weiblich und seine Blätter sächlich; Pferde sind geschlechtslos, Hunde sind männlich, Katzen weiblich; Mund, Hals, Busen, Ellenbogen, Finger, Nägel, Füße und Rumpf eines Menschen sind männlichen Geschlechts; was auf dem Hals sitzt, ist entweder männlich oder sächlich, aber das richtet sich nach dem Wort, das man dafür benutzt, und nicht etwa nach dem Geschlecht des tragenden Individuums, denn in Deutschland haben alle Frauen entweder einen männlichen „Kopf" oder ein geschlechtsloses „Haupt". Nase, Lippen, Schultern, Brust, Hände, Hüften und Zehen eines Menschen sind weiblich, und sein Haar, seine Ohren, Augen, Beine, Knie, sein Kinn, sein Herz und sein Gewissen haben gar kein Geschlecht. Was der Erfinder der Sprache vom Gewissen wusste, muss er vom Hörensagen gewusst haben. [...] Ein Deutscher nennt einen Bewohner Englands einen Engländer. Zur Änderung des Geschlechts fügt er ein „in" an und bezeichnet die weibliche Einwohnerin desselben Landes als Engländerin. Damit scheint sie ausreichend beschrieben. Aber für einen Deutschen ist es noch nicht exakt genug, also stellt er dem Wort den Artikel voran, der anzeigt, dass das nun folgende Geschöpf weiblich ist, und schreibt: „die Engländerin". Meiner Ansicht nach ist diese Person überbezeichnet. [...]

1 *Ermittelt in den Texten A–C die Position der Autorinnen und Autoren. Listet ihre zentralen Thesen auf. Erklärt, woran es liegt, dass diese Aufgabe bei zwei Texten schwerfällt.*

2 *„Entscheidend dabei ist, dass über das Geschlecht der Lehrer und Schüler nichts ausgesagt wird" (B; Z. 49–51). Macht es einen Unterschied, wenn Lehrerinnen Schüler unterrichten oder Lehrer Schülerinnen oder Lehrerinnen und Lehrer Schülerinnen und Schüler ...? – Erörtert die Frage.*

3 *Erklärt aus A–C selbst das Problem des „geschlechtsspezifischen" oder „neutralen" Sprachgebrauchs.*
   a) Geht dabei auf die Formen als sprachliches Problem ein.
   b) Nehmt die Ziele als gesellschaftliches Problem in den Blick.

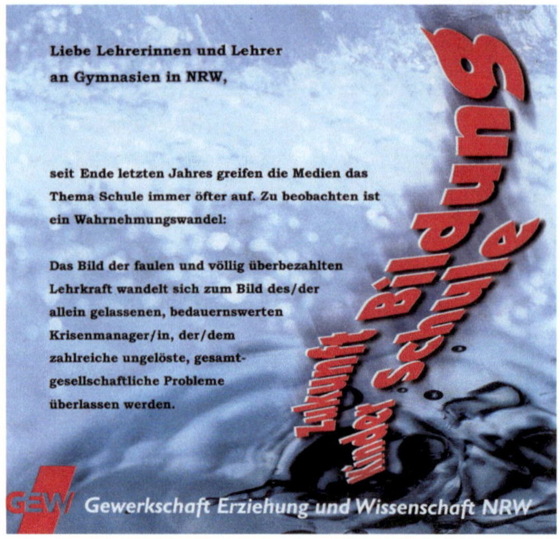

4 *Recherchiert in Zeitungen im Anzeigenteil zum Arbeitsmarkt, wie heute mit diesem Sprachproblem umgegangen wird.*

5 *Zum Poster:*
Schlagt in einer Redaktionskonferenz sprachliche Optimierungen für den Text vor.

6 *Glosse oder Sachtext?*
   a) Bestimmt bei den Texten A–C die Art der Textsorte und sammelt Unterscheidungsmerkmale für diese Textsorten.
   b) Erläutert die eingesetzten Mittel an Beispielstellen.

7 *Schreibt Glossen zur Verwendung von „man/frau".*
   a) Findet im Brainstorming ein aktuelles Problem, auf das man reagieren könnte.
   b) Entwerft eine witzige Situation, eine schlagkräftige Argumentation und eine Pointe am Schluss.
   c) Schreibt frech und ironisch.
   d) Überarbeitet eure Texte mit den in der Arbeitstechnik genannten Gestaltungsmitteln.
   e) Tauscht eure Texte in Kleingruppen aus. Benennt die sprachlichen Überarbeitungen und begründet sie.

ARBEITSTECHNIK

Glossen schreiben

Die Glosse gehört wie der Kommentar zu den meinungsäußernden **journalistischen Textsorten.** Mit genügender Sachkenntnis setzt sich ein Autor auf lockere Weise mit einer aktuellen Nachricht oder einem grundsätzlichen Thema auseinander. Entscheidend für eine gelungene Glosse ist ein Ausdrucksvermögen, mit dem die Leser gut unterhalten und zugleich nachdenklich gemacht werden.

Folgende **Gestaltungsmittel** werden dabei gezielt eingesetzt:
- Übertreibungen
- bildliche Ausdrücke
- witzige Wendungen
- schlagkräftige, auch einseitige und zugespitzte Argumente
- satirische, ironische und polemische Formulierungen
- bissige Kommentare
- überraschende Pointen
- Parodien von bekannten Beispielen
- elegant formulierte, überarbeitete und ausgefeilte Sprache

„Alle sind verantwortlich“ – Geschlechtsneutrale Formulierungen

MÖGLICHKEITEN ZUM GENDERGERECHTEN[1] SPRACHGEBRAUCH (2005)

Eva Wienker-Salomon

Vollformen:
Teilnehmerinnen und Teilnehmer; Beamtin und Beamter; Bürgerinnen und Bürger

Verkürzte Paarformen:
Berufung eines Professors/einer Professorin; der/die Mitarbeiter/in

Zusammenziehen der Paarform mit Schrägstrich oder „I“:
Beamt/innen, Bürger/innen; BeamtInnen, BürgerInnen

Geschlecht sichtbar in Artikeln, Attributen usw.:
die Lehrende – der Lehrende; eine Verantwortliche – ein Verantwortlicher; die Sekretärin – der Sekretär; die Ministerin – der Minister

Geschlechtsneutrale Begriffe:
Person, Mitglied, Elternteil, Bürokraft

geschlechtsneutraler Plural:
der/die Interessierte → die Interessierten

stilistisch einwandfreie Umformulierungen:
Die heutigen Referenten kommen bitte nach vorne. → Wer heute referiert, komme bitte nach vorne.

geschlechtsneutraler Passiv oder Infinitiv:
Die Mitarbeiter des Archivs erstellen eine neue Benutzungsordnung. → Für das Archiv wird eine neue Benutzungsordnung erstellt.

direkte Anrede:
Der Antragsteller hat Folgendes zu beachten. → Bitte beachten Sie Folgendes. Name des Antragstellers → Ihr Name.

1 **Gender:** Mit diesem Begriff wird „Geschlecht“ nicht als grammatisches oder biologisches Phänomen bezeichnet, sondern als ein kulturelles und somit historisch und sozial veränderliches Phänomen.

unpersönliche Pronomen ersetzen:
Jeder ist für seine Anmeldung selbst verantwortlich. → Alle sind für ihre Anmeldung selbst verantwortlich. Niemand darf auf Grund seiner Herkunft benachteiligt werden. → Niemand darf auf Grund der Herkunft benachteiligt werden.

weitere Beispiele:
Fachmännische Auskunft → fachkundige Auskunft; die Unterstützung der Kollegen → die kollegiale Unterstützung; Verfasser → verfasst von

1 *Schreibt einen kurzen sachlichen Text – z. B. über einen Behördenbesuch, einen Antrag, einen Gang zum Ticket-Laden, ein Problem am Bahnhofsschalter – und erprobt dabei zwei Varianten: einmal „gendergerecht“ mit Mitteln aus dem Katalog, einmal mit „generischem Maskulinum“ (**▷ S. 126**).*

2 *Schreibt eine Glosse, in der ihr Mittel dieses Katalogs bunt mischt: z. B. „gendergerecht formulierte Regelungen für die Schule“.*
Schaut dazu in das Schulgesetz, in die allgemeine Schulordnung, in Regelungen für die SV, den Wandererlass …

3 *Wie würdet ihr euch für das nächste Referat entscheiden: „gendergerecht formulieren“ oder? Spielt verschiedene Begründungen durch.*

Gerd Brantenberg

Die Töchter Egalias (1977)

Direktorin Bram und ihre Familie: Gatte Kristoffer, Sohn Petronius (16 J.), Töchterchen Ba

„Schließlich sind es noch immer die Männer, die die Kinder bekommen“, sagte Direktorin Bram und blickte über den Rand der Egalsunder Zeitung zurechtweisend auf ihren Sohn. Es war ihr anzusehen, dass sie gleich die Befrauschung verlor. „Außerdem lese ich Zeitung.“ – Verärgert setzte sie ihre Lektüre fort, bei der sie unterbrochen worden war.
„Aber ich will Seefrau werden! Ich nehme die Kinder einfach mit“, sagte Petronius erfinderisch.
„Und was glaubst du wohl, wird die Mutter des Kindes dazu sagen? Nein, mein Lieber. Es gibt gewisse Dinge im Leben, mit denen du dich abfinden musst. Du wirst allmählich lernen, auch das zu mögen, womit du dich abfinden musst. Selbst in einer egalitären Gesellschaft wie der unseren können es nicht alle Wibschen gleich haben. Es wäre zudem tödlich langweilig. Grau und trist.“
„Es ist viel grauer und trister, nicht werden zu dürfen, was dam will.“ „Wer hat denn gesagt. dass du nicht werden darfst, was du willst? Ich sage nur, du sollst realistischer sein. Keine kann das Ei essen und zugleich das Küken haben wollen. Bekommst du Kinder, so bekommst du Kinder. Hör mal zu, Petronius. In meiner Jungmädchenzeit hatte ich auch eine Menge hochfliegender Träume von dem, was ich werden wollte. Seefrauenromantik. Daran leidest du. Du solltest aufhören, all die abenteuerlichen Erzählungen über die Taten von Frauen zu lesen, und dich lieber in Jünglings-

romane vertiefen. Dabei bekommst du viel realistischere Vorstellungen. Außerdem ist das kein richtiger Mann, der zur See fahren will."
„Aber die meisten Seefrauen, die ich kenne, haben doch auch Kinder!" „Das ist doch etwas ganz anderes! Eine Mutter, Petronius, kann nie Vaterstelle bei einem Kind vertreten."
Seine Schwester lachte gemein. Sie war anderthalb Jahre jünger als er und ärgerte ihn immer. „Haha! Ein Mann soll Seefrau werden? Denkste!" Neunmalklug fügte sie noch hinzu, dass der Widersinn doch schon in den Wörtern liege. „Eine männliche Seefrau! Der blödeste Ausdruck seit Wibschengedenken. Hoho! Vielleicht solltest du Schiffs*junge* werden? Oder Zimmer*mann*? oder Steuer*mann*?! Ich lach' mich tot." [...]
„Papa, Ba ziept mich!"
„Meine Göttin noch mal! Gibt es denn nie Frieden hier?" Der Gatte der Direktorin Bram kam aus dem Badezimmer gestürzt, den Bart auf Lockenwickler gerollt. „Befrauscht euch endlich, Kinder! Ba, merk dir, Petronius ist haarempfindlich."
„Empfindlich an den Haaren und empfindlich überall. Merk dir, Petronius gehört dem empfindsamen Geschlecht an!" Das klang wie ein Refrain. Kess fuhr Ba fort: „Papa, muss Petronius nicht bald einen PH tragen?" Petronius wurde puterrot.
„Ruhe! Ich lese!", brummte die Direktorin.
„Noch etwas Kaffee, Rut?", fragte der Direktorinnengatte ablenkend und freundlich.
„Hmmmmmm", kam es geistesabwesend ...

1 *Kommentiert die folgenden Urteile über das Buch der norwegischen Autorin:*
- ☐ *Für Neugierige: „In diesem Buch ist alles anders."* Irmela Bender/Süddeutscher Rundfunk
- ☐ *Für Lachsüchtige: „Ein Buch zum herzlich Lachen, und das können wir ja dringend gebrauchen."* Emma
- ☐ *Für Eilige: „Da werden blitzartig Vorurteile, plumpe Klischees, abgenutzte Denkschablonen entlarvt."* Dr. Gisela Schlientz/Südfunk
- ☐ *Für Kritische: „Das Überzeugendste an dieser witzigen Satire aufs Patriarchat ist: Es funktioniert."* Manuela Reichart/DIE ZEIT

2 *Untersucht den Sprachgebrauch des Romanausschnitts und stellt eine Liste der Abweichungen vom normalen Sprachgebrauch mit „Übersetzungen" zusammen; erweitert sie um eigene Einfälle.*

3 *Schreibt eine Fortsetzung des Romanausschnitts.*

6.3 „Political Correctness“ – Umsichtiger Sprachgebrauch

Eigenbezeichnungen haben Vorrang

Political Correctness (PC) ist eine Anfang der 90er-Jahre an Universitäten der USA geprägte, umstrittene Bezeichnung für eine „richtige“ Einstellung, die alle Handlungen und Ausdrucksweisen ablehnt, die Personen auf Grund ihrer Rasse, ihres Geschlechts, ihrer Zugehörigkeit zu einer bestimmten sozialen Schicht, ihrer körperlichen sowie geistigen Behinderung oder sexuellen Neigung diskriminieren. Der Ausdruck wird wegen seiner Unschärfe kritisiert und häufig ironisiert; inhaltliche Kritik entzündet sich vor allem an der Frage, ob ohne Überzeugung angewandte Sprachgebrauchsregelungen eine Verbesserung in der Realität herbeiführen können.
Auch in Europa zeigt das Konzept der PC deutliche Auswirkungen auf den öffentlichen Sprachgebrauch. Dabei kann – anders als in den USA – zumeist keine politisch korrekte, verbindlich „richtige“ Bezeichnung genannt werden, sondern es kann nur aufgelistet werden, welche Wörter nicht mehr unreflektiert verwendet werden sollen. Es handelt sich dabei nicht um die Bezeichnungen, die offensichtlich diskriminierend[1] gemeint sind, sondern vielmehr um solche, die lange Zeit neutral verstanden und dementsprechend etwa auch in Wörterbüchern nicht mit Markierungen wie z. B. *abwertend* gekennzeichnet wurden. [...]
Wichtigstes Prinzip der PC ist die Übernahme der von den Betroffenen gewünschten Eigenbezeichnungen. Am bekanntesten hierbei ist wohl die Ablehnung des Wortes *Neger* in der Sprache der Öffentlichkeit. Die mit dem Wort verbundenen Vorstellungen sind so negativ, dass das Argument, das Wort sei neutral gemeint, nicht mehr akzeptiert wird. Es müssen also andere Bezeichnungen wie *Afrikaner, Schwarze, Farbige* oder *Afroamerikaner* verwendet werden.
Bereits seit Jahren wird vom Zentralrat Deutscher Sinti und Roma die Bezeichnung *Zigeuner* als diskriminierend abgelehnt. [...]

1 **diskriminierend:** herabsetzend

Zypries verteidigt Gesetzentwurf

Bundesjustizministerin Brigitte Zypries verteidigte das Gesetz im Parlament gegen die Kritik aus der Opposition. „Wir haben in Deutschland eine freiheitliche und tolerante Gesellschaft, aber es gibt noch Diskriminierungen“, sagte sie in der Schlussdebatte zu dem Gesetzesvorhaben. Der Staat könne Toleranz nicht verordnen, solle aber deutlich machen, dass er bestimmte Verhaltensweisen nicht duldet. Das neue Gesetz sei „effektiv und unbürokratisch“, sagte die SPD-Politikerin.

Allgemeines Gleichbehandlungsgesetz beschlossen – Do, 29. 06. 2006

Der Deutsche Bundestag hat das Allgemeine Gleichbehandlungsgesetz (AGG) verabschiedet. Die im Entwurf als Antidiskriminierungsgesetz bezeichnete Neuregelung geht zurück auf EU-Richtlinien zur Gleichbehandlung und zum Schutz vor Diskriminierungen.
Die Europäische Union ist nicht nur eine Wirtschafts- und Währungsunion. Sie ist zuallererst eine Wertegemeinschaft. Der Schutz vor Diskriminierung gehört zum Kernbestand der Menschenrechtspolitik. Nicht zuletzt ist es auch wirtschaftlich, Minderheiten und benachteiligte Gruppen so weit als möglich zu integrieren. Mit dem neuen Gesetz werden Benachteiligungen aus Gründen der Rasse oder ethnischen Herkunft, des Geschlechts, der Religion, einer Behinderung, des Alters oder der sexuellen Identität beseitigt.

1 *Recherchiert im Internet zu den Begriffen „Zigeuner", „Roma" und „Sinti" und erläutert die Ursachen für das Bemühen um politisch korrekte Verwendung der Volksbezeichnung.*

2 *„Auch in anderen Sprachen heißt es doch ‚Zigeuner': engl. gipsy, frz. gitan, span. gitano, nl. zigeuner, russ. zygán, ung. cygány, poln. cygan!"*
Prüft dieses Argument mit den Informationen aus dem Text oben.

3 *Erörtert vor dem Hintergrund der Ausführungen, ob es bei den Diskussionen über „Frauensprache – Männersprache" und „Denglisch" ebenfalls um politische Korrektheit geht.*

4 *Sammelt weitere Beispiele zum Thema „politische Korrektheit".*

Rudolf Grosskopff

Tote Wörter

Der Ursprung von PC in den Vereinigten Staaten lag in dem Bemühen, niemanden durch sprachlich anrüchige Bezeichnungen zu diffamieren. Aber sogar das hat es in Deutschland schon lange vor der Erfindung des Begriffs gegeben. Von einem bestimmten Augenblick an war es inkorrekt, jemanden einen Lehrling zu nennen, korrekt musste man bekanntlich das dämliche Kürzel Azubi (= Auszubildender) verwenden. Jahrelang gab es eine scharfe Trennlinie zwischen jenen, die anklagend von Berufsverbot sprachen, und denen, die zustimmend das Wort Radikalenerlass verwendeten. Und auch die Ersetzung des Wortes Zigeuner durch Sinti/Roma war im Grunde schon ein früher Ausdruck von sprachlichem Tugenddruck. [...]

Kurzum, die Geschichte der Bundesrepublik ist eine einzige Sammlung von Belegen dafür, dass das Wort politische Korrektheit nur ein neuer Begriff für den uralten Hang ist, Denkverbote aufzustellen, Gegner zu diffamieren, Tugendterror auszuüben. Heute sind solche Verhaltensweisen nur insofern anders, raffinierter, als man mit dem dafür gefundenen Begriff dialektisch wundervoll spielen kann. Je nach Bedarf kann man dem anderen politische Unkorrektheit vorwerfen oder ihn bezichtigen, im Namen von politischer Korrektheit gefährlichen Druck auszuüben.

Aber insgesamt erfasst der Begriff kein neues Verhaltensschema. Er ist darum wenig geeignet, zur Analyse der heutigen politischen Wirklichkeit beizutragen. Im Gegenteil, er hilft immer wieder, andere zu diffamieren. Man sollte ihn darum möglichst bald im Orkus der toten Wörter versenken.

5 *Arbeitet die Thesen und Argumente des Autors heraus und vergleicht sie mit den Texten auf S. 132.*

6 *a) Überarbeitet diesen Text so, dass drei Versionen entstehen:*
A sachlich informierend – B polemisch attackierend – C locker glossierend.
b) Besprecht untereinander eure sprachlichen Überarbeitungen und reflektiert die unterschiedliche Wirkung.

„Asylant" – ein Schimpfwort?

Der Begriff „Asylant" wird zwar in der öffentlichen Diskussion laufend verwendet, ist jedoch nicht nur diskriminierend, sondern auch unpräzise, da er nicht genügend zwischen Asylbewerbern, Asylberechtigten und anderen Flüchtlingsgruppen unterscheidet. Laut Duden bezeichnet der Begriff „Asylant" den Asylbewerber. Der Begriff „Flüchtling" stellt eine moralische und soziale Aufgabe und Herausforderung dar. Der Begriff „Asylant" (häufig verbunden mit „Schwemme") suggeriert eine unzumutbare, nicht mehr zu verkraftende Belastung.
Entstanden ist der Begriff „Asylant" an Stelle von „Flüchtling" und „Verfolgter" vermutlich 1973 im Dienstgebrauch der Ausländerbehörden und wurde seit Ende der 70er-Jahre zunehmend von der Presse aufgegriffen, bis er sich in allen gesellschaftlichen Bereichen, vor allem aber in der Politik durchsetzte. Das neue Wort rief von Anfang an negative Assoziationen und Bilder hervor: Asylantenströme, Asylantenfluten, Asylantenschwemme usw.

Günther Gugel

Der Begriff sei diffus, urteilt Gerhard Müller von der Gesellschaft für deutsche Sprache in Wiesbaden. Erst Anfang 1978, fand die in der Flüchtlingsarbeit aktive Juristin Simona Wolke heraus, tauchte „Asylant" im Bundestag auf – und damit in den Medien. Er wird seither gern in Kombination mit bedrohlichen Worten verwendet: „Asylantenflut" oder „Asylantenansturm". Schon solche Wortwahl schaffe Entfremdung, monierte Burkhard Hirsch. Das Wort, so Germanist Müller wissenschaftlich, ordne sich eher in die Reihe der negativ besetzten „ant"-Worte ein wie „Simulant", „Querulant", „Intrigant" oder „Sympathisant" als in die der neutralen „-anten" wie „Leutnant" oder „Lieferant". Gerade in der Asyldebatte solle man mit „emotionsgeladenen" Worten sparsam umgehen. Und „Asylant" ist für ihn „ein sprachlicher Pogromausdruck".

Kölner Stadt-Anzeiger 5. 10. 1991

Ihrer Aufzählung von Wörtern auf -ant mit negativer Bedeutung ließen sich Gratulant, Garant, Aspirant, Lieferant, Infant, Paukant entgegenstellen, die nicht negativ sind. (Das letzte Wort dieser Reihe stammt aus der Studentensprache meiner Jugend und dürfte daher heute auch als negativ bewertet werden. Ich bin 81.) Nicht Wörter und nicht Worte sind es, auf die es ankommt, sondern die innere Einstellung und Haltung, und diese haben ihren Ursprung im Charakter, in der Veranlagung und in einer Erziehung, die Vorbilder anzubieten hat.

Nikolai Bursian

7 *Gastarbeiter, Ausländer, Fremde, Asylanten, Asylbewerber, Wirtschaftsflüchtlinge, Migranten, Deutsche mit Migrationshintergrund, Flüchtlinge, Verfolgte, Einwanderer, Zuwanderer, Immigranten, Umsiedler, Spätaussiedler, Aussiedler, Zugereiste, Geduldete …*

a) *Ordnet die Begriffe in ein Bewertungsraster ein: Welche Bezeichnungen sind eher sachgerecht, angemessen, differenzierend, welche sind bürokratisch, welche diskriminierend, welche sind politisch korrekt?*

b) *Erläutert, bezogen auf die oben genannten Begriffe, die Unterschiede im Sprachgebrauch. Prüft den Wortgebrauch in Zeitungsartikeln (▷ S. 11–15).*

7 Das „schwarze Schaf" im „Stillen Ozean" – Richtig schreiben

7.1 Vom Wörterbuch zur Ratgeberliteratur – Rechtschreibproblemen begegnen

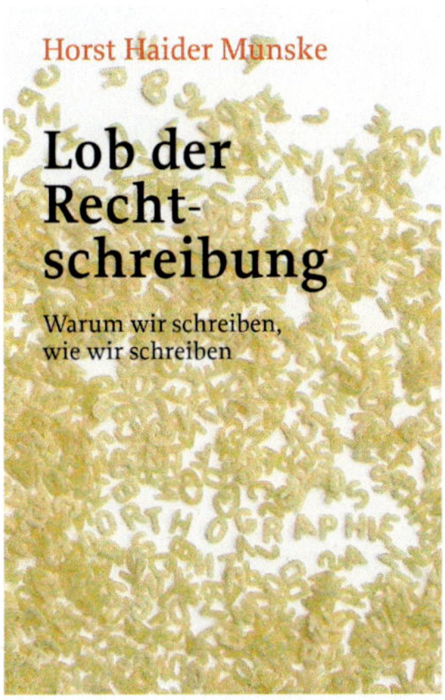

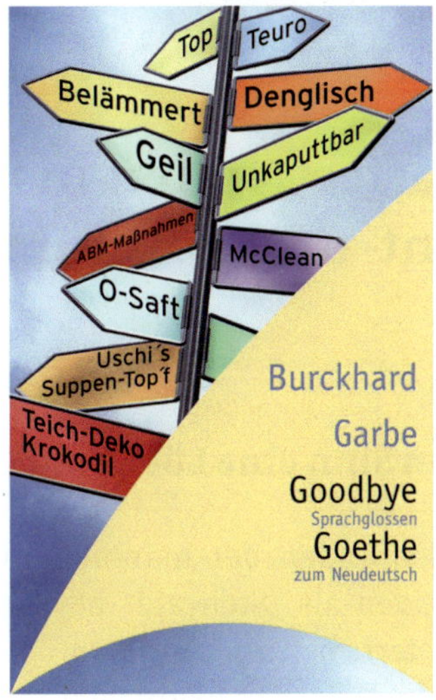

1 *Beschreibt die Buchtitel und ihre Gestaltung: Auf welche Inhalte lassen sie schließen? In welcher Absicht werden diese präsentiert?*

2 *Bücher wie die oben abgebildeten sind Verkaufsschlager in den Buchhandlungen: Sucht Erklärungen dafür. Welches Buch würde euch am ehesten interessieren?*

3 *Wo sucht ihr Rat, wenn ihr Probleme mit der Rechtschreibung habt?*

a) Tauscht eure Erfahrungen mit Wörterbüchern, Rechtschreibprogrammen und „persönlichen Beratern“ aus.

b) Bringt verschiedene Wörterbücher oder andere Rechtschreibhilfen, die ihr regelmäßig verwendet, mit und vergleicht sie, z. B. anhand folgender Kriterien:

- ☐ *Aus welchem Jahr stammt das Buch oder Heft, die Software?*
- ☐ *Enthält es die „Amtlichen Regeln“ oder eigene Regelformulierungen?*
- ☐ *Gibt es Erläuterungen zu den Regeln? Übungen? Wörterlisten?*
- ☐ *Wie ist das Lay-out? Gibt es eine farbliche Gestaltung?*

Zum Kaffeetrinken ins Stehcafé – Getrennt- und Zusammenschreibung

Bastian Sick

Dem Wahn Sinn eine Lücke

Da stehe ich nun in dem Laden, den man unter normalen Umständen als „Stehcafé“ bezeichnen würde, und starre betroffen auf meinen Milchkaffee. Der Laden selbst nennt sich „Steh Café“, in zwei Wörtern. Steh – gähnende Leere – Café. Ich habe versucht, mir einzureden, dass da früher mal ein Bindestrich war, der heruntergefallen ist. So etwas kommt ja vor. So wie auch Neonbuchstaben von Hotels und Geschäften gelegentlich mal ausfallen und man dann nur noch „OTEL“ oder „OUTIQUE“ liest und rasch weitergeht. Aber da war kein Bindestrich. Das „Steh Café“ ist nie ein „Steh-Café“ gewesen. Den Beweis liefert die Getränkekarte. Was da vor mir auf dem Tisch steht, ist laut Karte nämlich gar kein Milchkaffee, sondern ein „Milch Kaffee“. Dabei wird auf einem kleinen Zettel im Schaufenster sogar noch eine „Tassekaffee“ angeboten.

Ganz offensichtlich hat der Besitzer des Ladens ein Problem mit der Zusammen- und Getrenntschreibung. Und er ist bei weitem nicht der Einzige. Unsere Städte sind gepflastert mit zerrissenen Begriffen wie „Auto Wäsche“, „Kosmetik Studio“ und „Kunden Parkplatz“. Ganz zu schweigen von den neuerdings überall zu findenden „Back Shops“, die ausländischen Touristen immer wieder Rätsel aufgeben: Was soll das sein – ein „rückwärtiges Geschäft“, ein „Hinterladen“? Ursprung dieses Auseinanderschreibungswahns ist die englische Sprache. Für Briten und US-Amerikaner ist es selbstverständlich, dass „service center“, „car wash“ und „book store“ jeweils in zwei Wörtern geschrieben werden. In Deutschland, Österreich und der Schweiz [...] gelten andere Regeln als die englischen. Thank God! Doch die Sehnsucht nach internationalem Flair scheint übermächtig. [...]

Im Duden suchte man das Wort „Stehcafé“ bis vor kurzem noch vergebens, obwohl es in der deutschen Schildersprache wirklich sehr häufig vorkommt. In der 23. Auflage steht es nun aber, und zwar zusammengeschrieben: Stehcafé. Wenn der unsägliche Trend der Auseinanderschreibung anhält, wird man in einer späteren Auflage vielleicht folgenden erweiterten Eintrag finden:

Steh|ca|fé, das; -s, Plur. -s auch: Steh-Café, Steh Café, StehCafé (Schreibw. völlig beliebig. Macht doch, was ihr wollt!)

1 *Habt ihr selbst ähnliche Erfahrungen gemacht wie Bastian Sick? Sammelt Beispiele aus eurer Umgebung.*

2 *a) Paraphrasiert (▷ S. 10) die Aussage der Textüberschrift mit eigenen Worten und erläutert ihre Wirkung.*
b) Mit welchen Mitteln gelingt es dem Autor, das Thema „Rechtschreibung" unterhaltsam zu präsentieren?

3 *a) Schlagt in einem aktuellen Wörterbuch nach, ob es Einträge für folgende im Text genannte Wörter gibt und wie diese dort lauten:*
Steh-Café, Milch Kaffee, Kosmetik Studio, Back Shop, service center.
b) Testet auch die Rückmeldungen, die ein Rechtschreibkorrekturprogramm bei Eingabe der Begriffe gibt.

! Zusammensetzungen aus Nomen und Nomen (z. B. „Körnerbrötchen"), Nomen und Adjektiven (z. B. „Schwarztee"), Nomen und Verbstamm (z. B. „Backform") sowie Nomen und Pronomen oder Partikeln (z. B. „Ichsucht" oder „Nichtraucher") werden zusammengeschrieben.

4 *Welche Erklärung gibt Bastian Sick für die häufig beobachtete falsche Getrenntschreibung? Nennt Gründe, die für diese Erklärung sprechen, sucht aber auch andere Erklärungsmöglichkeiten.*

5 *Zusammengesetzte Nomen sind nur ein Bereich der Getrennt- und Zusammenschreibung, der Probleme bereitet. Testet eure Sicherheit bei der Getrennt- und Zusammenschreibung von Verben und anderen Wortarten mit Hilfe des folgenden Textes.*
a) Schreibt die zusammengesetzten Verben und Wortgruppen mit Verben richtig in euer Heft.

Gegenüber von unserer Schule ist ein Stehcafé, da kann man prima nach Schulschluss noch k/Kaffee◎trinken und l/Leute◎treffen. Letztens hat meine Freundin Lisa dort einen süßen Typen kennen◎gelernt. Mit dem hat sie erst eine Stunde zusammen◎gehockt und herum◎gealbert, und dann sind sie auch noch spazieren◎gegangen. Als Lisa h/Heim◎gekommen ist, war das Essen natürlich kalt◎geworden, und ihre Mutter musste alles wieder warm◎machen und hat sie gleich zusammen◎gestaucht: Wenn Lisa sich nachmittags so lange herum◎treibe und ihre Hausaufgaben immer liegen◎blieben, wäre ja schon abzusehen, dass sie im Sommer sitzen◎bleibe. Lisa hat dann gleich h/Hausaufgaben◎gemacht und sogar ihr Zimmer s/Staub◎gesaugt, weil sie den Typen doch am nächsten Tag wieder◎sehen wollte. Aber der hat sie dann einfach sitzen◎lassen, beim k/Kaffee◎trinken, im Stehcafé.

b) Ordnet die fraglichen Verben den Regeln auf S. 138 zu.
c) Schlagt für die Fälle, die ihr keiner Regel zuordnen könnt, im Regelteil eines Wörterbuches nach.

klein rückwärts zusammen
krank Rad Tee
weiter bleiben kalt schwer

schneiden laufen lachen
sitzen fahren kochen
machen lassen stellen fallen

6 *a) Kombiniert jeweils ein Wort aus dem linken Kasten mit einem Verb aus dem rechten Kasten und klärt, ob die Kombinationen zusammengeschrieben werden oder getrennt oder ob unterschiedliche Schreibungen möglich sind.*

b) Schreibt mit diesen Verbgruppen selbst eine kurze Glosse (▷ S. 114) zum Thema „Getrennt- und Zusammenschreibung“ von Verben.

!

Verben und Nomen:

1. Verbindungen aus Verben und Nomen werden in der Regel getrennt geschrieben.

Verben und Partikeln:

2. Verb und Verbpartikel werden zusammengeschrieben, wenn die Betonung auf der Partikel liegt. Partikel sind Wörter, die nicht flektiert werden können, wie z. B. Präpositionen oder Adverbien: ab-, aus-, durch-, zwischen-, heraus-, nieder-, weiter-, zurück-, zusammen-, ... Also z. B.: „*weiter*gehen“, „*wieder*kommen“.

Verben und Adjektive:

3. Verb und Adjektiv werden meistens getrennt geschrieben, z. B.: „tief schlafen“
4. Haben Adjektiv und Verb zusammen eine neue Bedeutung, so werden sie zusammengeschrieben, z. B.: „blaumachen“ (die Schule schwänzen), „klarmachen“.
5. Bezeichnet das Adjektiv das Ergebnis des Vorgangs, den das Verb benennt, so können Adjektiv und Verb zusammengeschrieben werden, z. B.: „blank putzen“/„blankputzen“.

Verben und Verben:

6. Verbindungen aus zwei Verben werden getrennt geschrieben, z. B.: „lesen üben“.
7. Verbindungen mit „bleiben“ und „lassen“ als zweitem Bestandteil können zusammengeschrieben werden, wenn sie eine neue, übertragene Bedeutung haben, z. B.: „stehen lassen“/„stehenlassen“ (kalte Schulter zeigen). Das gilt auch für „kennenlernen“.

Gesprächsfetzen im Schülercafé

„Da haben sie uns in der Englischklausur ja ganz schön *schwitzenlassen!*“ – „Ja, wenn die nächste Arbeit auch noch so wird, werde ich wohl *hängenbleiben.*“ - „Ach, Unsinn, du solltest dich auf keinen Fall jetzt schon *hängenlassen!*“ – „Ja, aber sich die Lage *schönreden,* hat auch keinen Sinn. Und es ist nun mal so, dass ich schon *rotsehe,* wenn im ersten Satz vom Text gleich drei mir völlig unbekannte Vokabeln vorkommen.“ – „Trotzdem solltest du nicht gleich *dichtmachen,* sondern dir lieber erst den ganzen Text und die Aufgaben anschauen.“ – „Ja, du hast ja Recht, so würde ich mich sicher *besserstellen.* Aber jetzt genug davon, lass uns noch was trinken, und dann müssen wir uns hier *dünnmachen,* um nicht zu spät zum Sport zu kommen.“

7 *Weist die neue, übertragene Bedeutung der Verbzusammensetzungen im Text oben durch eine* ***Ersatzprobe*** *nach: Findet einen anderen, im Satzzusammenhang sinngemäßen verbalen Ausdruck.*

Die mittlere Reife für das Fleißige Lieschen? – Besonderheiten der Groß- und Kleinschreibung

Groß oder klein?

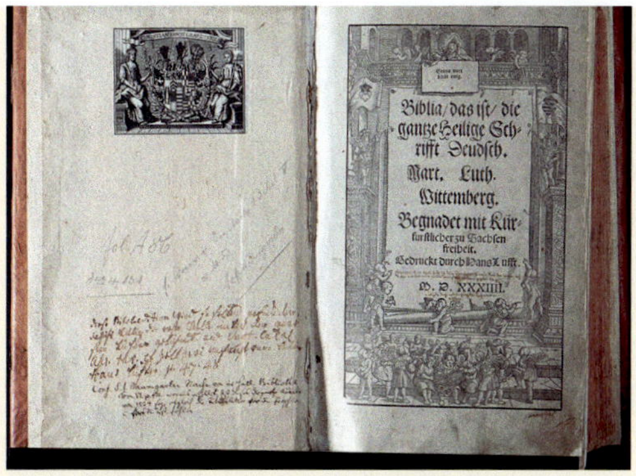

Die Großschreibung der Substantive und Substantivierungen[1] ist die hervorstechendste Eigentümlichkeit unserer Rechtschreibung. Wir finden sie bereits in der Lutherbibel aus dem Jahr 1543 vorgebildet und in der gesamten klassischen deutschen Literatur angewandt. Reformer wollen diese deutsche Eigentümlichkeit seit langem loswerden. Der Prominenteste unter ihnen war Jacob Grimm, der in seinem Deutschen Wörterbuch eine radikale Kleinschreibung praktizierte, die bis heute die Benutzung dieses großen Werks erschwert. Meist wird heute argumentiert, die Substantiv-Großschreibung sei schwer erlernbar, stellenweise auch willkürlich. Demgegenüber bezeugen viele Ausländer, die hervorgehobenen Substantive machten das Lesen deutscher Texte leichter. Empirische[2] Nachweise sind für beide Positionen schwer zu erbringen. Bisherige Tests bestätigen meist das, was die betreffenden Wissenschaftler beweisen wollten. Jedem zweifelhaften Reformversuch steht die Macht der Tradition gegenüber.

Horst Haider Munske

1 **Substantive:** Nomen; Substantivierungen: Nominalisierungen

2 **empirisch:** auf Erfahrung beruhend

1 *a) Großschreibung pro und kontra: Sammelt die Argumente aus dem Text in einer Tabelle und sucht weitere Argumente für beide Seiten.*

b) Prüft eure eigenen Erfahrungen mit der Großschreibung: Habt ihr hier besondere Fehlerschwerpunkte? Führt anhand von Texten, die ihr in der letzten Zeit geschrieben habt, eine Fehleranalyse durch.

2 *Der Autor nennt im weiteren Verlauf seines Textes Beispiele dafür, dass auch andere Wortarten nominalisiert werden können:*
„Präpositionen wie das Für und Wider, *Pronomina wie* das traurige Ich, *Verben wie* das Soll und Haben *und schließlich Adjektive und Partizipien wie das* Blau des Himmels, die Ausgestoßenen."

a) Legt eine entsprechende Tabelle an und sucht weitere Beispiele. Formuliert zu jedem Beispiel einen ganzen Satz.

Nominalisierung von				
Verben	Partizipien	Adjektiven	Pronomen	Präpositionen
...	...	...	...	...

b) Gebt das Zitat in ein Textverarbeitungsprogramm ein und prüft, ob die Rechtschreibhilfe des Programms richtig reagiert.

Klaus Mackowiak

Groß- oder Kleinschreibung bei mehrteiligen Eigennamen und anderen Wortgruppen

Das Grenzgebiet zwischen mehrteiligen Eigennamen ([...] Hohe Pforte, Kahler Asten, Stiller Ozean usw.) und anderen mehrteiligen, oft als „feststehende Ausdrücke" bezeichneten Wendungen (schwarzes Brett, rote Karte, italienischer Salat, neue Medien usw.) erweist sich immer wieder als Fehlerquelle für die Groß- und Kleinschreibung. [...] So wird gelegentlich empfohlen, auf Eigennamenkriterien aus der philosophischen Logik zurückzugreifen, um mehrteilige Eigennamen von anderen mehrteiligen festen Wendungen zu unterscheiden. Das ist umstritten, hilft aber in der alltäglichen Schreibpraxis durchaus.

Danach zeichnet sich ein Eigenname durch mehrere Eigenschaften aus, vor allem durch zwei, die in jedem Fall stets beide erfüllt sein müssen:

- das „Highlander-Kriterium":
  Es kann nur einen geben.
- das „Baptisterium":
  Ein Taufakt ist zu unterstellen.

Das „Highlander-Kriterium" besagt: Eigennamen werden nur bestimmten ausgesuchten Einzelgegenständen gegeben, etwa einem bestimmten Gebirge: Hohe Tatra, einem bestimmten Tier: Rin Tin Tin [...], einem bestimmten Menschen: Karl der Kahle usw. [...]

Das „Baptisterium" besagt: Alles, was einen Eigennamen trägt, muss getauft, muss als Individuum mit einem Namen belegt worden sein. Es geht um die Frage: Ist dieser Gegenstand lediglich ein x oder heißt er x?

1 *Das „Highlander-Kriterium" und das „Baptisterium":*

a) Erklärt mit eigenen Worten, wie diese beiden Begriffe bei der Großschreibung von Eigennamen helfen sollen.

b) Prüft die Groß- oder Kleinschreibung für folgende Begriffe anhand der beiden Kriterien. Schlagt dann in einem Wörterbuch nach, ob die Kriterien euch zur richtigen Lösung geführt haben.

das s/Schwarze Schaf

die g/Goldenen Zwanziger

das h/Heilige r/Römische Reich d/Deutscher Nation

die e/Ewige Stadt

Albrecht der e/Entartete

die m/Mittlere Reife

2 *Der Autor nennt die beiden Hilfen selbst „umstritten":*
a) Macht anhand von Beispielen wie den folgenden die Probleme deutlich.

der h/Heilige Vater | der a/Alte Fritz | das Institut für d/Deutsche Sprache

der r/Regierende Bürgermeister | u/Unsere l/Liebe Frau | der k/Kleine Bär

b) Sicherlich habt auch ihr für eure „alltägliche Schreibpraxis" (Z. 14–15) Merksprüche oder andere Hilfen im Kopf, die so nicht in den amtlichen Regeln stehen: Sammelt solche Hilfen und prüft ihre Gültigkeit.

!

Die Schreibung von Verbindungen aus Adjektiv und Nomen ist nicht in allen Fällen eindeutig geregelt:

- Wenn ein Nomen mit einem Adjektiv eine feste Verbindung eingeht, die aber kein Eigenname ist – wie z. B. in „das *neue* Jahr" –, so wird das Adjektiv in der Regel kleingeschrieben.
- Wenn aber eine solche Verbindung eine neue Gesamtbedeutung hat – wie z. B. in „der *weiße*/ *Weiße* Tod" –, bleibt es dem oder der Schreibenden überlassen, ob er oder sie dies durch Großschreibung des Adjektivs deutlich machen will.
- In den Fachsprachen gibt es unterschiedliche Regelungen, wie fachsprachliche Ausdrücke aus Nomen und Adjektiv geschrieben werden, z. B. „der *graue* Star" in der Medizin, „die *Schwarze* Witwe" in der Zoologie.
- Häufig sind hier beide Schreibweisen möglich, z. B. „der *goldene* Schnitt"/„der *Goldene* Schnitt", „die *gelbe* Karte/die *Gelbe* Karte".

3 schwarzes Brett, rote Karte, italienischer Salat, neue Medien *(S. 140 Z. 5–6):*
Schlagt diese Begriffe in einem Wörterbuch nach, schreibt sie heraus und notiert die dazugehörigen Regeln mit weiteren Beispielen.

guten abend, meine damen und herren, hier ist das erste deutsche fernsehen mit den nachrichten. zunächst die meldungen im überblick:

- die vereinten nationen fordern eine anti-armuts-kampagne in der dritten welt.
- der bundespräsident besucht am tag der deutschen einheit ehemalige grenzorte der alten und neuen bundesländer.
- nach einer großen anfrage im bundestag verzögert sich das inkrafttreten des neuen gesetzes zur amtlichen regelung der deutschen rechtschreibung.
- der allgemeine deutsche automobilclub entlässt fristlos zwölf leitende angestellte.
- der große österreichische staatspreis für literatur geht an die graue eminenz der wiener literaturszene.

4 *Schreibt den Text in der richtigen Groß-/Kleinschreibung ab.*

Auf dem Weg zur Integration – Schreibweisen von Fremdwörtern

Fremdwörter – fremde Wörter?

von Horst Haider Munske

Heute ist „Integration“ ein Schlagwort, wenn es um Zuwanderer, Asylanten, Spätaussiedler geht. [...] Zu den Fremdwörtern gibt es hier gewisse Parallelen. [...] Wir holen sie aus fremden Sprachen, weil sie uns gefallen oder weil wir sie benötigen, und wir benutzen sie, so lange wir wollen. Daraus kann ein Dauergastrecht werden, sobald sie einen festen Platz im Lexikon der deutschen Sprache haben. Manche, die ältesten unter ihnen, sind gar nicht mehr als fremd erkennbar. [...]

Vor allem in einem Bereich lebt jedoch die Fremdheit der meisten Fremdwörter fort, in der Orthografie.

Wir erkennen Wörter griechischer Herkunft an den Zeichen *ph, rh, th* (◎1), am *ch* im Wortanfang (◎2) und am Buchstaben *y*, der in einheimischen Wörtern gar nicht vorkommt. [...] Lateinische Lehnwörter erkennt man vor allem am Buchstaben *v* (◎3), der Aussprache */ts/* in Wörtern wie (◎4), französische an den Nasalvokalen (◎5) und vielen spezifischen Schreibungen (◎6). [...] Und was das Englische betrifft, so folgen wir heute fast sklavisch der englischen Schreibung. [...] Was lässt sich aus diesem Befund schließen? Die Deutschen bringen ihre besondere Wertschätzung gegenüber Fremdem auch in der Beibehaltung von Aussprache und Schreibung entlehnter Wörter zum Ausdruck. [...]

Ein Blick in die Orthografien benachbarter Sprachen zeigt dagegen: Die meisten gehen mit den orthografischen Hinterlassenschaften der Antike weniger behutsam um. Das illustriert ein exemplarischer Vergleich von drei international bekannten Wörtern griechischer Herkunft [...]:

altgriechisch	deutsch	englisch	französisch	schwedisch	italienisch	polnisch
φιλόσοφος	Philosoph	philosopher	philosophe	filosof	filosofo	filozof
αθλετής	Athlet	athlete	athlète	atlet	atleta	atleta
ρυθμός	Rhythmus	rhythm	rythme	rytme	ritmo	rytm

1 *Integration von Zuwanderern – Integration von Fremdwörtern: Was ist vergleichbar, was nicht? Nehmt Stellung: Findet ihr den Vergleich gelungen?*

2 a) *Ergänzt die Tabelle um Wörter aus weiteren Sprachen, die ihr kennt.*
b) *Benennt die Fremdwörter-Kennzeichen, um die es bei den drei Beispielwörtern in der Tabelle geht, und beschreibt den unterschiedlichen Umgang mit diesen Schreibweisen in den verschiedenen Sprachen.*
c) *Untersucht an weiteren, selbst gesuchten Wörtern aus der altgriechischen oder lateinischen Sprache den Wandel ihrer Schreibweise in heutigen Sprachen.*

3 *Munske nennt verschiedene Merkmale, an denen man die Herkunft aus einer bestimmten Sprache ableiten kann.*
Rekonstruiert die im Text „Fremdwörter – fremde Wörter?“ (▷ S. 142) ausgelassenen Beispiele und ordnet sie mit Hilfe der Nummern im Text den richtigen Stellen zu:

hilPoosph	yRhthsmu	retaehT	lichchstri	auevIN	tavpri	
mufPra	Nnatoi	noitknuF	Gener	Patteni	aiSson	etnioP
iettUnvrsä	Fl lneuieo	nalJoruist	stauRentra	rIngieneu		

4 *a) Übertragt die in Lautschrift geschriebenen Wörter in normale Schreibung.*
Kontrolliert in einem Wörterbuch, ob die Schreibung bereits eingedeutscht ist.
b) Gebt die Wörter in den verschiedenen möglichen Schreibweisen in ein Textverarbeitungsprogramm ein: Wie reagiert das Programm?

☐ [foːtozyn'teːzə]	☐ ['kɛtʃap]	☐ [skɛtʃ]
☐ [poːtɛnti'ɛl]	☐ [biːblio'grafiː]	☐ ['zaksofoːn]
☐ ['teːlefoːn]	☐ [palɛolitikʊm]	☐ [mw'reː]
☐ [kataːr]	☐ [majo'nɛzə]	☐ [ʃar'mant]

Er designs, sie hat recycled, und alle sind chatting

von Bastian Sick

Fremdwörter, egal, welcher Herkunft, werden zunächst mit Ehrfurcht und Respekt behandelt, manche Menschen fassen sie mit Samthandschuhen an, andere nur mit spitzen Fingern. Man ist im Allgemeinen froh, wenn man weiß, was sie bedeuten, aber man vermeidet es, sie zu deklinieren oder zu konjugieren. Doch je mehr man sich an sie gewöhnt hat, desto geringer werden die Berührungsängste. Und irgendwann, wenn das Fremdwort schon gar nicht mehr aus unserer Sprache wegzudenken ist, betrachtet man es als ein Wort wie jedes andere auch und behandelt es dementsprechend. Und dagegen ist im Prinzip auch nichts einzuwenden.

Andere Sprachen machen es genauso. Zum Beispiel heißt die Mehrzahl von „bratwurst“ auf Englisch nicht etwa „bratwuerste“, sondern „bratwursts“. Kein Brite oder Amerikaner käme auf die Idee, sich über diese „undeutsche“ Pluralendung aufzuregen. Und das kuriose Verb „to abseil“, aus dem deutschen Bergsteigerwort „abseilen“ gebildet, wird problemlos ins Gerundium gesetzt: abseiling. Also halten wir es genauso. Wir haben Wörter wie „design“ und „recycle“ in unsere Sprache aufgenommen, und nun, da sie unentbehrlich geworden sind, hängen wir ihnen unsere eigenen Endungen an: Ich designe eine Kaffeekanne, du designst ein Auto, der Architekt designt ein Haus; ich recycle Papier,

du recycelst Plastik, er recycelt Biomüll. Im Perfekt entsprechend: Er hat ein Haus designt, wir haben Autoreifen recycelt.
Was wäre die Alternative? Sollte man die englischen Formen benutzen? Er hat ein Haus designed, wir haben Papier recycled – das mag im Perfekt noch angehen. Aber wie sieht es im Präsens aus? Er designs ein Haus, wir recycle Papier? Es sieht nicht nur befremdlich aus, es klingt auch äußerst seltsam. […]
Doch nicht jedes englische Verb, das sich in unseren Sprachraum verirrt hat, braucht ein deutsches Perfektpartizip: Die Antwort auf die Frage, ob es „downgeloadet" oder „gedownloadet" heißen muss, lautet: Weder noch, es heißt „heruntergeladen". […] Fremdwörter sind willkommen, wenn sie unsere Sprache bereichern; sie sind unnötig, wenn sie gleichwertige deutsche Wörter ersetzen oder verdrängen.

5 *Vergleicht die Aussagen von Munske und Sick zum Umgang mit Fremdwörtern in der deutschen Sprache: Benennt Gemeinsamkeiten und Unterschiede.*

6 *a) Informiert euch in aktuellen Wörterbüchern zur Schreibweise und Konjugation der im Text genannten Verben: designen, recyclen, downloaden. Achtet auf die Schreibung des Partizips Perfekt.*
b) Konjugiert das Verb to design/designen im Präsens mit den deutschen und den englischen Personalformen nebeneinander: I design – ich designe …

7 *a) Schreibt aus dem Text alle Fremdwörter heraus, die Sick selbst verwendet, und erklärt, was sie bedeuten.*
b) Benennt den Fachbereich, aus dem die meisten dieser Fremdwörter stammen.
c) Die folgenden Fachbegriffe solltet ihr aus dem Deutschunterricht kennen!
Ergänzt die fehlenden Buchstaben. Es können auch mehrere Buchstaben in einer Lücke fehlen.
Erklärt dann alle Begriffe.

a_e_ati_ | Da_t_lus | _e_orik | A_re_at | S_non_m

Inte_ogati_pronomen | Di_u_ion | In_en_rung | Meta_er

Anti_ese | A_osi_on | Ko_ota_on | Para_rase

7.2 Kommagefühl und Kommaregeln – Satzzeichen thematisieren

Des einen Leid, des anderen Thema – Das Komma im Satzgefüge

Das gefühlte Komma

Dass die Orthografie nicht jedermanns Sache ist, ist bekannt. Noch weniger Freunde aber hat die Zeichensetzung. Die meisten Kommas werden nicht nach Regeln, sondern nach Gefühl gesetzt. Und Gefühle können trügen. [...]
Gefühlte Kommas verunstalten Zeitungsartikel, Briefe, E-Mails und öffentliche Hinweise: „Außerhalb der Sommermonate, ist das Café nur bis 16 Uhr geöffnet", steht auf einem Schild an einem Ausflugslokal am See. Es ist nicht schwer, sich auszumalen, wie so ein Schild entsteht. Der Erwin malt es und ruft dann seine Roswitha „zum Gucken". Roswitha kommt und guckt, und weil sie meint, dass sie irgendetwas dazu sagen müsse, sagt sie: „Da fehlt noch was." – „Wat denn?", fragt Erwin. „Weiß nich", sagt Roswitha, „aber irgendwas fehlt, das spür ich genau." – „Also, der Strich über Café kann's nicht sein, der ist da, wie du siehst." – „Nee, das mein ich auch nich'. Irgendwas anderes. Ein Komma oder so." – „Ein Komma? Wo denn?" – „Da, wo die Stimme beim Lesen hochgeht, da muss ein Komma hin." Erwin liest den Text des Schildes noch einmal laut vor, allerdings ohne die Stimme an irgendeiner Stelle anzuheben. „Du liest das falsch", sagt Roswitha.
„Außerhalb der Sommermo-na-tee ..." Sie zieht das e in die Länge wie ein Gummiband und hebt die Stimme, als wolle sie singen. Dann macht sie eine bedeutungsvolle Pause und sieht Erwin an. „Hier, meinst du?", fragt er. Roswitha nickt. Also nimmt Erwin den Stift und malt ein Komma hinter die Sommermonate. Doch wir ahnen es längst: Mit ihrem Gefühl lag Roswitha falsch. Zwar stimmt es, dass das Komma oft dort zu finden ist, wo die Satzmelodie ihren Höhepunkt erreicht. Grundsätzlich aber erfüllt das Komma keine musikalische Funktion, sondern eine syntaktische. [...] Die drei Wörter [„Außerhalb der Sommermonate"] bilden keinen Nebensatz, und es handelt sich auch nicht um eine nachgestellte Erläuterung oder einen Einschub. Tatsächlich ist „Außerhalb der Sommermonate" eine adverbiale Bestimmung und gehört als solche zum Hauptsatz.
Adverbiale Bestimmungen nennt man diese vielen kleinen Zusatzinformationen im Satz, die etwas über Art und Weise, Ort, Zeitpunkt und Grund einer Handlung aussagen und mit „wie", „wo", „wann" und „warum" erfragt werden können. Da sie nicht nur aus einzelnen Wörtern, sondern auch aus ganzen Wortgruppen bestehen können, werden sie häufig mit Nebensätzen verwechselt. [...]
Was [eine adverbiale Bestimmung] von einem Nebensatz unterscheidet, ist das so genannte „Prädikat", der grammatische Kern, das gebeugte Verb. Im Unterschied zur adverbialen Bestimmung zeichnet sich ein Nebensatz immer durch das „Prädikat: verbvoll" aus:
„Nach Verlassen des Klassenzimmers ..." *kam bislang ein Prädikat? Nein! Und deshalb kommt hier auch kein Komma!* „... brachen die Schüler in Gelächter aus."
„Nachdem sie das Klassenzimmer **verlassen hatten** ..." *Da! Das war ein Prädikat! Jetzt muss ein Komma her!* „..., brachen die Schüler in Gelächter aus."

Bastian Sick

1 a) *Lest den Text zunächst ein- bis zweimal still.*
Probiert dann unterschiedliche Möglichkeiten des lauten Vortrags aus: sachlich wie ein Nachrichtensprecher, engagiert wie eine Politikerin, humorvoll-hintergründig wie ein Kabarettist usw.
b) *Welche Vortragsweise empfindet ihr als die angemessenste? Begründet eure Wahl.*

2 a) *Greift einzelne Textabschnitte heraus und ergänzt oder ersetzt sie durch visuelle Darstellungsformen, z. B. Comicelemente, unterschiedliche Schriftformen, -farben, -größen, Illustrationen, Rahmen usw.*

b) *Übertragt dann diese aufbereiteten Textelemente auf ein Plakat. Ihr könnt auch eigene Kommentare, Beispiele, Fragen oder Ähnliches in das Plakat integrieren.*

3 *Klärt anhand eurer Ergebnisse zu den Aufgaben 1 und 2 den Aufbau des Textes und die Intention des Autors.*

4 *Der Text „Das gefühlte Komma" ist als Artikel in der Kolumne „Zwiebelfisch" erschienen.*

a) *Informiert euch über die Textsorte „Kolumne" und veranschaulicht ihre Merkmale an den Texten von Bastian Sick (▷ S. 143 und S. 145).*

b) *Klärt die Bedeutung der Kolumnenüberschrift „Zwiebelfisch".*

5 a) *Berichtet über eure eigenen Erfahrungen mit „gefühlten Kommas" und veranschaulicht sie anhand von Beispielen.*

b) *Testet zunächst euer „Kommagefühl" und dann Sicks „Prädikat-Probe" (Z. 54–67) an folgenden Sätzen:*

Nach endlosen Debatten und immer neuen Änderungsvorschlägen gaben die Vermittler schließlich erschöpft auf und verließen die Sitzung.

Im Gegensatz zu seinem Freund Konrad hat Paul keinen Klavierunterricht genossen.

Bevor der nächste Tag anbrach wollten sie Kapstadt erreichen.

Einen Tag nach dem Absturz einer ägyptischen Chartermaschine über dem Roten Meer tauchen erste Hinweise auf schwere Sicherheitsmängel bei der Airline auf.

c) *Führt auch an allen Sätzen* ***Ersatzproben*** *durch: Ersetzt adverbiale Bestimmungen durch Adverbialsätze und umgekehrt.*

6 *Erklärt jedes im Text auf S. 145 markierte Komma mit der entsprechenden Kommaregel aus folgender Übersicht:*

Wahrig
Die deutsche Rechtschreibung

R 48 Innerhalb eines Ganzsatzes trennt man gleichrangige Teilsätze, Wortgruppen oder Wörter mit Komma voneinander ab.

R 49 Ein Komma steht vor den entgegenstellenden Konjunktionen *aber, doch, jedoch, sondern.*

R 50 Zwischen Haupt- und Nebensatz steht ein Komma. Eingeschobene Nebensätze werden durch paariges Komma eingeschlossen.

R 51 Bei Infinitivgruppen mit *zu* lassen sich Kommafehler durch folgende Regel vermeiden: Infinitivgruppen aus Infinitiv + *zu* + mindestens einem weiteren Wort werden durch Komma abgetrennt.

7 *Die Regeln sind im Wörterbuch um genauere Ausführungen und Beispiele ergänzt.*
a) Stellt den vollständigen Wortlaut der Regeln auf einer Wandzeitung übersichtlich zusammen.
b) Sammelt zu allen Regeln Beispiele, möglichst aus euren eigenen Texten.
c) Vergleicht die zum Überblick zusammengefassten Regeln mit der „Amtlichen Regelung“, die ihr ebenfalls im Wörterbuch findet.

Das reicht, Komma

Trösten Sie sich: Es ist kein Weltuntergang wenn mal ein Komma verrutscht selbst wenn manche Philologen Oberstudienräte Literaturkritiker und Gralshüter der reinen Lehre das meinen. Fragen Sie sich ob das was Sie sagen wollen eindeutig zu verstehen ist im Zweifel schlagen Sie nach oder machen einen kleinen Test ob es auch so wie Sie es meinen verstanden wird.

Hier ein paar Tipps für alle Sprachliebhaber und Schreibenden:

- ☐ *Bleiben Sie locker wenn es um Kommaregeln geht*
- ☐ *schlagen Sie öfter mal im Wörterbuch nach*
- ☐ *lesen Sie laut um ein Gefühl für Komma-Pausen zu bekommen*
- ☐ *und wenn Sie unsicher sind bilden Sie lieber zwei kurze Sätze als einen langen mit falscher Zeichensetzung und missverständlicher Bedeutung.*

Lynne Truss

8 *a) Schreibt den Text „Das reicht, Komma“ ab und ergänzt die fehlenden Kommas.*
b) Gebt zu jedem von euch ergänzten Komma die entsprechende Regel an.

9 *a) Was haltet ihr von den Tipps, die Lynne Truss zur Kommasetzung gibt?*
b) Erläutert und vergleicht die unterschiedlichen Funktionen, die die drei Texte von Sick, Wahrig und Truss zum Thema Kommasetzung erfüllen sollen.

Fremde Texte im eigenen Text – Zeichensetzung bei Zitaten

Sehr geehrte Frau Truss,

Ihre tröstenden Worte zur Kommasetzung haben wir, die Klasse 9c, gerne gelesen, denn bislang hatten wir schon manchmal den Eindruck, dass es ein Weltuntergang ist, wenn mal ein Komma verrutscht. Unser Lehrer, Oberstudienrat Dr. Müller, war, wie Sie sich vielleicht vorstellen können, auch nicht so ganz angetan von Ihren Ratschlägen. Besonders die Empfehlung, Bleiben Sie locker, wenn es um Kommaregeln geht, entspricht nämlich so gar nicht seiner eigenen Haltung. Dagegen fand er es auch ganz richtig, dass man lieber zwei kurze Sätze als einen langen mit falscher Zeichensetzung bilden soll. Problematisch erschien uns allen Ihr Vorschlag, laut zu lesen, um ein Gefühl für Kommapausen zu bekommen. Wir haben nämlich die Erfahrung gemacht, dass unser Kommagefühl zum Teil recht trügerisch ist, wie es auch Bastian Sick in seiner Zwiebelfisch-Kolumne Das gefühlte Komma beschreibt. Und dann haben wir noch zwei Fragen: Erstens, was ist eigentlich ein Gralshüter der reinen Lehre? Und zweitens: Wie soll das gehen, im Zweifel einen kleinen Test machen? Es wäre toll, wenn Sie uns antworten könnten.

Mit freundlichen Grüßen und vielen Dank im Voraus — Ihre Klasse 9c des Mozart-Gymnasiums

1 *In ihrem Leserbrief an die Autorin Lynne Truss hat die Klasse 9c viele Stellen aus dem Text (▷S.147) wörtlich wiedergegeben. Solche Zitate eines fremden Textes im eigenen Text müssen immer kenntlich gemacht werden, damit klar ist, wer für den Text verantwortlich ist, wessen „geistiges Eigentum" ein Satz oder eine Aussage ist.*

a) Macht im Leserbrief der Klasse 9c alle Textzitate entsprechend den folgenden Regeln zum Zitieren deutlich.

b) Entscheidet, ob in diesem Brief Zeilenangaben hinter den zitierten Stellen notwendig sind oder nicht.

!

Regeln zum Zitieren:

- Wörtlich wiedergegebene Textstellen werden durch Anführungszeichen gekennzeichnet.
- Innerhalb des durch Anführungszeichen gekennzeichneten Zitats darf der Originaltext nicht verändert werden.
- Geringfügige Änderungen, die z. B. durch die Stellung des Zitates im Satz notwendig sein können, werden in eckige Klammern gesetzt: [ ].
- Auslassungen werden durch [...] gekennzeichnet.
- Bei bestimmten Textsorten (z. B. Textanalysen oder Interpretationen) wird hinter dem Zitat in Klammern die Zeilenangabe zur Textstelle eingefügt: „..." (Z xy).
- Zitate sollten sparsam eingesetzt werden – nur dann, wenn es um eine besonders wichtige Aussage, einen prägnanten Ausdruck oder eine auffällige Formulierung des fremden Textes geht.

2 *Untersucht, an welchen Stellen die Zitate in dem Leserbrief besser durch eigene Formulierungen ersetzt werden sollten. Schreibt den Brief entsprechend um.*

Bei der Wiedergabe fremder Äußerungen werden häufig auch **dass-Sätze** verwendet. Die Kommasetzung und die Schreibung des Wortes „dass" in solchen Sätzen gehören zu den häufigsten Fehlerquellen. Deshalb solltet ihr beim Verfassen von Texten immer kontrollieren, ob ihr die folgenden Regeln beachtet habt:

!

Nebensätze mit „dass" oder „das"
Die **Konjunktion „dass"** leitet in der Regel einen Nebensatz ein, der auf die Fragen „Wer oder was?" bzw. „Wen oder was?" eine Antwort gibt. Als Nebensatz wird der dass-Satz durch Komma vom Rest des Satzgefüges abgetrennt.
Beispiel: „Die Autorin schrieb, *dass* sie gerne unsere Fragen beantworten wolle."
Das **Relativpronomen „das"** leitet einen Relativsatz ein, der sich auf ein **Bezugswort** im Hauptsatz bezieht. Auch der Relativsatz wird, weil er ein Nebensatz ist, vom restlichen Satzgefüge durch Komma abgetrennt.
Beispiel: „Sie nannte uns ein Beispiel, *das* uns weiterhalf."

Einen **Relativsatz** erkennt man
- am Bezugswort, z. B.: „ein *Beispiel*, das ...";
- anhand der Ersatzprobe, z. B.: „ein Beispiel, *welches* uns weiterhalf";
- anhand der Frageprobe, z. B.: „*Was für ein Beispiel?* Eines, das uns weiterhalf."

3 *In Horst Haider Munskes Buch „Lob der Rechtschreibung" gibt es auch ein Kapitel unter der Überschrift „Das Kummerwörtchen dass".*
a) Formuliert die folgenden Sätze Munskes in dass-Sätze um.
Achtet dabei auch auf die Kommasetzung. Beispiel: Der Autor verweist darauf, dass die Wörtchen „das" und „dass" zu den häufigsten im Deutschen gehören.

1 Bei der Entscheidung *das* oder *dass* geht es um Grammatik in der Rechtschreibung.
2 Die richtige Schreibung von *dass* setzt ein syntaktisches Grundverständnis voraus.
3 Die Herausbildung einer Konjunktion *dass* aus dem Pronomen *das* ist ein komplizierter sprachhistorischer Vorgang.
4 Gute Gründe haben dazu geführt, dass die Unterscheidungsschreibung in der Neuregelung der Rechtschreibung beibehalten wurde.

b) Führt bei den Sätzen 5–8 die ***Ersatz- und Fragenproben*** *durch, um zu entscheiden, ob „da◎" mit s oder ss geschrieben wird. Setzt auch die fehlenden Kommas.*

5 Da◎ da◎ Wort *das* kurz gesprochen aber nur mit einfachem s geschrieben wird entspricht anderen einsilbigen Wörtern wie z. B. *bis* oder *was*.
6 Es ist auch nicht verwunderlich da◎ die unterschiedliche Schreibung der beiden Wörter schon früh bezeugt ist.
7 Da◎ verstehende Lesen da◎ durch die beiden unterschiedlichen Schreibweisen gefördert wird ist ein guter Grund für die Beibehaltung dieser Regelung.
8 Deshalb ist es auch kein Zufall da◎ gerade in alten Rechtstexten die beiden Schreibweisen zuerst auftauchen.

c) Erläutert die Aussagen unter a) und b) weitgehend mit eigenen Worten.
Achtet auf die Zeichensetzung, wenn ihr Zitate verwendet.

„Kommas brauchen wir nicht Worte allein genügen“ – Mit Satzzeichen besondere Wirkungen erzielen

Eats, Shoots and Leaves *Lynne Truss*

Kommt ein Panda ins Café, bestellt ein Sandwich, verspeist es, zieht eine Pistole und feuert zwei Schüsse in die Luft.
„Was ist denn los?“, ruft der erschrockene Kellner. Der Panda wirft ihm ein Lexikon der Tierwelt zu. „Ich bin ein Panda“, sagt er, bereits an der Tür, „schlag selbst nach.“
Der Kellner sucht den entsprechenden Eintrag und findet die Erklärung:
PANDA. Large black-and-white bear-like mammal, native to China. Eats, shoots and leaves.

1 *Übersetzt den englischen Lexikoneintrag ins Deutsche, um den Witz zu verstehen. Welcher Bedeutungsunterschied ergibt sich durch die Zeichensetzung im letzten Satz?*

2 *Der Witz steht auf dem hinteren Buchdeckel von Truss' Buch*
a) Erklärt, wie der Witz funktioniert.
b) Welche Absichten werden damit verfolgt?

3 *a) Klärt, wie sich die Bedeutung der Überschrift „Kommas brauchen wir nicht Worte allein genügen“ durch das Setzen eines Kommas ändert. Welche Aussage ist eurer Meinung nach zutreffend?*
b) Formuliert selbst Sätze, deren Bedeutung sich bei unterschiedlicher Zeichensetzung ändert. Versucht, daraus ebenfalls einen Witz zu machen.

Jessica, 30

[…] Alles wird gut, ich muss nur die Praterhauptallee hinauf- und hinunterrennen und dann ist wieder alles gut, dann kann ich das Schokoeis von heute Nacht und das Essen von Weihnachten vergessen und dass ich nicht geschlafen habe, wegen dem Gerhard, obwohl ich das gar nicht will und es gar keinen Grund gibt, den so ernst zu nehmen, aber beim Laufen dann, dann brauche ich an nichts zu denken, und bei der Kälte vergeht einem auch noch jeder Wunsch, ich möchte nicht, eigentlich möchte ich nicht, eigentlich möchte ich gar nicht, überhaupt nicht, ich möchte in der Badewanne liegen und warmes Wasser um die Haut und nur daliegen und nicht bewegen und warmes Wasser um die Haut und nur daliegen und nicht bewegen, bewegen nur, wenn das Wasser schaukelt und warm und nicht aus dem Auto in diese Kälte hinaus und der Mann da, in dem roten Fiat, der zieht sich auch seine Joggingjacke an, der wurschtelt sich auch in seine Windstopperjacke oder nein, der zieht sie aus, der ist schon fertig, der ist schon laufen gewesen […]

Marlene Streeruwitz

4 *Bei diesem Text handelt es sich um den Anfang eines Romans.*
a) Erläutert die Situation, in der sich die Ich-Erzählerin befindet.
b) Beschreibt, wie die Autorin die Zeichensetzung einsetzt, um eine bestimmte Wirkung zu erreichen.
c) Schreibt den Text so um, dass er den Regeln von Satzbau und Zeichensetzung entspricht. Wie verändert sich dadurch seine Wirkung?

7.3 Die eigene Rechtschreibbiografie bedenken – Texte überarbeiten

Zwei Welten auf einem Blatt Papier – Texte genau lesen

Sarah:

Ich und die Grammatik, dass waren schon immer zwei Welten, die auf einem Blatt Papier aufeinandergetroffen sind. In der Grundschule hielten sich die Fehlerzahlen noch in Grenzen, doch auf der weiterführenden Schule wurde es nicht unbedingt besser. Ich denke das lag daran, dass ich zwar schon immer gerne gelesen und auch geschrieben habe, mich allerdings die Strukturen dahinter nicht wirklich interessiert haben. Die Rechtschreibung und Grammatik hab ich auf Grund des vielen Lesens relativ gut auf die Reihe bekommen, doch insbesondere die Kommasetzung hatte es mir nicht angetan. Allerdings fand ich es auch nicht besonders interessant Sätze in ihre Bestandteile, wie Subjekte, Objekte u.s.w. auseinander zunehmen oder herauszufinden, in welchem Fall etwas steht. Ich habe Grammatik als Hindernis und Begrenzung beim Schreiben gesehen. Und ich denke, dass bis auf Menschen, die sich in ihrem Studium oder ähnlichem mit der Materie wohl oder übel beschäftigen müssen, niemand oder die wenigsten grammatikalisch richtig schreiben. Naja, ich denke aber dieses Problem ist während meinem Studium schon besser geworden und bis ich in einer Schule bin, werde ich wohl in der Lage sein Schüler Grammatik und ähnliches näher zu bringen.

Pinelopi:

Der Erwerb der Rechtschreibung wurde fast immer, im Rahmen des Unterrichts der Griechischen Sprache, auf diese Weise erarbeitet: In unserem Buch „Meine Sprache" gab es jedes Mal einen auf ein bestimmtes grammatisches Phänomen bezogenen Text, den wir gelesen hatten und uns danach auf die Grammatik konzentriert haben. Nach der Analyse folgten Grammatikübungen, wie z. B. unsere „Lieblingsaufgabe" „Ergänzen Sie die Lücke", oder einfach Abschreibungsaufgaben. Es ging um ein kleines Stück des Textes, über das wir am nächsten Tag in der Orthographie geprüft würden, sowie neue, wichtige Wörter, die wir zu schreiben lernen mussten. Diese Routineaufgaben waren für mich ziemlich angenehm und zugleich ermutigten sie mich mehrere Wörter zu lernen. Sie passten wahrscheinlich deshalb zu mir, das es für mich einfacher war, in einem Buch schon richtig geschriebene Wörter in meinem Gedächtnis einzuprägen. Allerdings muss ich zugeben, dass ich auch bis heute nicht richtig schreibe. Ich mache immer dieselben Fehler, meistens mit homonymen Wörtern, oder Wörtern mit vielen i's. Entweder schreibe ich sie ganz falsch oder umgekehrt! Trotzdem finde ich es ein bisschen blöd zuerst auf die Rechtschreibung zu achten und danach zu schreiben. Meiner Meinung nach, soll der schöne Ausdruck unabhängig von der Rechtschreibung sein, da man sonst die Spontaneität und die Originalität seine Gedanken verliert. Andererseits verstehe ich, dass von einem Lehrer verlangt wird richtig zu schreiben und dass ich als zukünftige Lehrerin auf der Tafel richtig schreiben soll. Aber bis jetzt habe ich leider keine Sorgen gemacht! Ich glaube, dass die persönliche Schrift original bleiben soll. Übrigens, alle großen, berühmten Dichter und Schriftsteller Griechenlands benutzten die Rechtschreibung mit ihrem eigenen Stil und ihrer eigenen Weise und deshalb sind sie mehr bewundernswert geworden!

Diese Texte haben Studierende geschrieben, die das Fach Deutsch später einmal unterrichten wollen – Sarah als Muttersprache in Deutschland, Pinelopi als Fremdsprache in Griechenland.

1 *Sammelt eure spontanen Eindrücke zu diesen beiden Texten.*

2 *„Grammatik" und „Rechtschreibung":*
a) Untersucht und beschreibt die Verwendung der Begriffe in den beiden Texten.
b) Wie sind die Begriffe voneinander abzugrenzen? Worin bestehen Zusammenhänge?
c) Prüft, ob es sich bei den nebenstehenden Sätzen um Grammatik-, Rechtschreib- oder Ausdrucksfehler handelt. Bestimmt jeden Fehler genau und korrigiert ihn dann. Nutzt dazu verschiedene Hilfsmittel (Wörterbuch, Rechtschreibprogramm, Schülergrammatik u. a.).

Z. 1: „Ich und die Grammatik, dass waren ..."
Z. 12–13: „... in ihrem Studium oder ähnlichem ..."
Z. 15: „... während meinem Studium ..."
Z. 16: „... Schüler Grammatik oder ähnliches ..."
Z. 1–2: „... Unterrichts der Griechischen Sprache ..."
Z. 24: „... mehr bewundernswert geworden ..."

Ich habe Grammatik als Hindernis und Begrenzung beim Schreiben gesehen. (Sarah)

Trotzdem finde ich es ein bisschen blöd zuerst auf die Rechtschreibung zu achten und danach zu schreiben. (Pinelopi)

3 *Diese beiden Aussagen sind nicht ganz einfach zu verstehen:*
a) Klärt, was die Studentinnen wahrscheinlich ausdrücken wollten.
b) Vergleicht die Aussagen dann mit euren eigenen Erfahrungen und Standpunkten zur Rechtschreibung und Grammatik.

4 ... insbesondere die Kommasetzung hatte es mir nicht angetan *(Z. 8–9). Prüft diese Selbstaussage, indem ihr die Kommasetzung in Sarahs Text sorgfältig kontrolliert und, wo es nötig ist, korrigiert.*

5 *Getrennt oder zusammen? Entscheidet und begründet, ob hier richtig oder falsch geschrieben wurde.*

herauszufinden (Z. 11) — näher zu bringen (Z. 17) — weiterführenden (Z. 4)

auseinander zunehmen (Z. 11) — aufeinandergetroffen (Z. 2)

6 *In Pinelopis Text findet man einige Fremdwörter: „Orthographie", „homonymen", „Spontaneität".*
a) Schlagt nach, ob die Schreibungen richtig sind und ob es alternative Schreibungen gibt.
b) Erklärt die Bedeutung der Fremdwörter.

Erfahrungen mit der richtigen Schreibweise – Biografische Texte schreiben und überarbeiten

1 *Verfasst selbst einen biografischen Text zu eurer Entwicklung und/oder euren Erfahrungen im Bereich der Rechtschreibung und Grammatik. Themen können z. B. sein:*
- *Erinnerungen an die Grundschule und die Jahre auf der weiterführenden Schule*
- *besonders markante persönliche Fehlerschwerpunkte – und wie ihr sie überwunden habt*
- *witzige, bemerkenswerte, merkwürdige, verwirrende … Vorfälle im Rechtschreib- und Grammatikunterricht*
- *Erfahrungen mit der Rechtschreibreform*
- *„privater" Umgang mit der Rechtschreibung und Grammatik (bei Briefen, SMS, chatten u. Ä.)*
- *Erfahrungen mit Nachschlagewerken und Rechtschreibprogrammen*
- *Erfahrungen mit Rechtschreibung und Grammatik in beruflichen Zusammenhängen (Praktikum, Bewerbung, Aushilfsjobs)*

2 *Führt zu euren Texten eine Schreibkonferenz durch.*
- *Bildet dazu Kleingruppen und tauscht die Texte, die ihr geschrieben habt, aus.*
- *Lest die Texte eurer Mitschülerinnen und Mitschüler aufmerksam und kritisch. Haltet durch Randbemerkungen, Randzeichen und kurze Notizen fest, was euch an den Texten auffällt: Gelungenes, Fragwürdiges, Fehler.*
- *Gebt euch gegenseitig ein erstes Feed-back auf eure Texte. Denkt dabei daran, sowohl Positives als auch Negatives anzusprechen.*
- *Sprecht dann genau über die Anmerkungen zu euren Texten und überlegt gemeinsam, wie jeder Text verbessert werden kann. Orientiert euch dabei an den Hinweisen auf der folgenden Seite (S. 154).*
- *Überarbeitet euren eigenen Text zu Hause auf der Grundlage eurer Schreibkonferenz.*
- *Vergleicht und besprecht die überarbeiteten Texte dann noch einmal in eurer Gruppe.*

3 *Alle „Rechtschreibbiografien" können dann zu einem kleinen Buch gebunden oder in der Klasse als Ausstellung präsentiert werden.*

4 *Wendet das Verfahren der Schreibkonferenz und das Überarbeiten auch bei Pinelopis Text an (▷S. 151).*
Führt dazu folgende Proben durch:
- ***Umstellprobe:** „Trotzdem finde ich es ein bisschen blöd zuerst auf die Rechtschreibung zu achten und danach zu schreiben." (Z. 16–17) Stellt den Satz so um, dass er mit „Zuerst auf die Rechtschreibung zu achten" beginnt.*
- ***Ersatzprobe:** „Sie passten wahrscheinlich deshalb zu mir, das es für mich einfacher war, in einem Buch schon richtig geschriebene Wörter in meinem Gedächtnis einzuprägen." (Z. 11–12) Welche Funktion hat „das" in einem Satz? Ersetzt es durch ein anderes Wort und formuliert den Satz neu.*
- ***Erweiterungsprobe:** „Aber bis jetzt habe ich leider keine Sorgen gemacht!" (Z. 21–22) Stellt die Frage, worüber sie sich keine Sorgen gemacht hat, und erweitert den Satz entsprechend.*
- ***Weglassprobe:** „Ich mache immer dieselben Fehler, meistens mit homonymen Wörtern, oder Wörtern mit vielen i's. Entweder ich schreibe sie ganz falsch oder umgekehrt!"(Z. 14–16) Welche Information ist überflüssig und deshalb zu streichen?*

ARBEITSTECHNIK

Proben anwenden in der Schreibkonferenz

Nehmt eure Texte auf allen Ebenen unter die Lupe. Wendet dazu die folgenden Proben an:

	Inhalt/Gliederung	Stil/Ausdruck	Sprachliche Richtigkeit
Umstellprobe	Welche Textaussagen sollten verschoben werden, um einen schlüssigeren Aufbau der Gesamtaussage zu erzielen?	Kann durch das Umstellen von Satzgliedern ein flüssigerer Stil oder eine passendere Betonung erreicht werden?	Ist die Stellung der Satzglieder grammatisch richtig?
Ersatzprobe	Sollten Textstellen ganz ersetzt werden (z. B. anderes Beispiel, anderes Argument)?	Welche (zu) häufig verwendeten Wörter sollten durch abwechslungsreichere Ausdrücke ersetzt werden? Kann die Aussagekraft des Textes durch treffendere Begriffe erhöht werden? Ist die Stilebene angemessen gewählt, oder müssen z. B. umgangssprachliche Begriffe ersetzt werden?	Sind Wörter falsch geschrieben? Achtet besonders auf Groß-/Kleinschreibung, Getrennt- und Zusammenschreibung, s-Laute (s, ss, ß), das/dass, Fremdwörter. Müssen grammatische Formen ausgetauscht werden?
Erweiterungsprobe	Müssen Aussagen genauer ausgeführt oder erläutert werden, um verständlich zu sein? Möchte man als Leser gerne mehr über eine bestimmte Sache erfahren? Kann eine weitere inhaltliche Ausschmückung der Anschaulichkeit dienen?	Kann durch Einfügen von Gelenkwörtern die logische Struktur des Textes verbessert werden? Kann eine sprachliche Ausschmückung (z. B. durch Adjektive) der Anschaulichkeit dienen?	Müssen Satzzeichen (z. B. Kommas) ergänzt werden? Sind Endungen, Buchstaben oder ganze Wörter vergessen worden? Sind Zitate durch die entsprechende Zeichensetzung und Textverweise gekennzeichnet worden?
Weglassprobe	Weicht der Text an bestimmten Stellen vom eigentlichen Thema ab? Wird der Text zu weitschweifig und dadurch langweilig?	Sollten überflüssige Füllwörter weggelassen werden? Gibt es unnötige Häufungen von gleichartigen Wörtern?	Sind überflüssige Satzzeichen gesetzt worden (z. B. zu viele Kommas)? Ist aus Versehen das gleiche Wort zweimal hintereinander geschrieben worden?

8 Rausch der Geschwindigkeit – Textverständnis erarbeiten

8.1 Mensch, Maschine, Tempo – Sachtexte und literarische Texte lesen und verstehen

1 *Untersucht die Abbildungen unter folgenden Aspekten:*
- ☐ *Auf welche Art und Weise wird das Thema „Geschwindigkeit" dargestellt?*
- ☐ *Welche Geschwindigkeitserlebnisse könnt ihr selbst gut nachvollziehen?*

2 *Welche Bilder kommen euch in den Sinn, wenn ihr an „Geschwindigkeit" denkt?*

3 *Geschwindigkeit kann man sowohl von außen betrachten als auch am eigenen Körper erleben. Worin unterscheiden sich die beiden Arten von Geschwindigkeitserlebnis?*

Wissensbissen – Wusstet ihr schon, dass

- ☐ der Geschwindigkeitsrekord für Autos 1898 bei gerade einmal 63,2 Kilometer pro Stunde lag, aber schon 1909 ein 200-PS-Auto, gebaut von Carl Benz in Mannheim, die Marke von 200 km/h übertraf?
- ☐ der erste Radspezialist im Einzelzeitfahren der Franzose Lucien-Petit Breton war? 1907 gewann er die Tour de France mit einer durchschnittlichen Geschwindigkeit von 28 Kilometern pro Stunde. Diese damalige Glanzleistung wird heute schon von Rekordjägern in den Schatten gestellt, die mit einer Spitzengeschwindigkeit von 29 Kilometer pro Stunde rückwärts Fahrrad fahren.
- ☐ die Vögel wahrlich alle Geschwindigkeitsrekorde ohne maschinelle Hilfe brechen? Der Wanderfalke kann im Sturzflug sogar auf mehr als 350 km pro Stunde beschleunigen. Das schnellste Landtier, der Gepard, erreicht Spitzengeschwindigkeiten von 110 km pro Stunde.
- ☐ Astronauten sich mit bis zu 102 000 Stundenkilometern durch das All bewegen?
- ☐ die schnellsten Menschen der Welt, wie etwa die amerikanische Sportlerin Marion Jones, beim Sprinten auf ca. 40 km pro Stunde kommen?

Schüler aus Singapur ist schnellster SMS-Schreiber

SINGAPUR *(RP)* Ein 16-jähriger Schüler aus Singapur ist der neue Weltrekordhalter im SMS-Schnellschreiben. Er tippte einen Satz mit 160 Buchstaben in 41,52 Sekunden in sein Handy und war sieben Zehntelsekunden schneller als der erst im Juli in den USA gekürte Rekordhalter, berichtet Spiegel-Online unter Berufung auf die Lokalzeitung „Straits Times“. Ang Chuang Yang will damit einen Eintrag in das Guinnessbuch der Rekorde erreichen. Er tippte den Satz unter Aufsicht. Der Junge hat viel Übung: Er schreibe mehr als 1 000 SMS im Monat an Freunde und Familie, sagte er der Zeitung.

1 *Zur Geschichte des technischen Fortschritts wie des Sports gehören spektakuläre wie kuriose Versuche, Geschwindigkeitsrekorde aufzustellen oder zu brechen.*
Sammelt weitere Wissensbissen zum Thema „Geschwindigkeit“ und stellt sie kurz vor. Legt eine entsprechende Datei an oder hängt sie im DIN-A4-Format (pro Wissensbiss ein Blatt) in der Klasse auf.

2 *Worin liegt der Reiz, solche Rekorde aufzustellen?*

3 *Sucht Erklärungen für die Zunahme der Geschwindigkeit in den unterschiedlichen Bereichen.*

„Ich tippe aufs Gaspedal" – Texte in Beziehung setzen

Graham Joyce

Frontal (2005)

Matt ist 16 Jahre alt und stiehlt mit seinem großen Bruder schnelle Autos, um den ultimativen Kick beim Joyride zu suchen und den Freundinnen zu imponieren. Bei einem dieser Rennen kommt sein Bruder ums Leben, für Matt ist der Spaß todernst geworden. Sein weiteres Leben verlangt Konsequenzen.

Ich tippe wieder aufs Gaspedal. Der Motor röhrt und brummt, tief und rau. Schön. Vielleicht sehen Gilb und Amy Funken sprühen, denn sie springen beide zur Seite.
Ich schnalle mich an. Jake kümmert sich nicht um seinen Sicherheitsgurt.
„Waschlappen", sagt Jake. „Schlappschwanz."
Und dann trete ich aufs Gas.
Entfesselte Kraft. Der Cerbera schießt in den Tunnel, wie ein Panter, der im Dunklen losspringt. Der Wagen ist erfüllt von der feuchten Luft aus dem Tunnel, die durch die offenen Fenster reinströmt. Jake streckt den Kopf nach draußen und treibt mich brüllend an, schneller, schneller. Ich rase in die Dunkelheit, und Jake schreit immer noch in den Wind. Der Motor knattert. Wir stoßen gegen einen Backstein oder so was, aber der Cerbera fängt den Stoß auf, ohne ins Schlingern zu geraten. Ich hab das Fernlicht eingeschaltet. [...] Ich rase auf den Punkt zu, an dem es kein Zurück mehr gibt.
„Jetzt kommt's gleich!", brüllt Jake und schlägt Löcher in die Luft. „Huuuuuuuuu! Jeden Moment!"
Das stimmt. Jeden Moment. Meine rechte Hand liegt locker auf dem Lenkrad, bereit, es rumzureißen. Meine Linke umklammert die Handbremse. [...]
Der Augenblick stürzt in ein gespenstisches Loch, eine Zeitlupenzone, aus der ich alles überdeutlich erkennen kann. Ich sehe mein ganzes Leben. [...]
Die Stelle, wo ich rumschleudern muss, nähert sich rasch. Ich kann sie schon sehen. Und nicht nur das, ich spüre auch, wie der genaue Moment auf mich zuprescht. Der versteckte Nebengang senkt ein bisschen den Luftdruck, während er auf mich zugerast kommt. Jake schreit: „Mach los! Mach los!" Der Cerbera röhrt und brummt.
In meinem Kopf schwirren auch noch andere Sachen. Stimmen: Sarah, Pete, Alex, Cookie. [...]
Ich mache eine Vollbremsung. Nicht mit der Handbremse, sondern mit dem Fußpedal. Ich halte das Lenkrad still. Der Cerbera krallt sich in den Boden. Es quietscht und knirscht, als wäre ich in eine Herde gemästeter Schweine gerast. Der Wagen steht still. Zack!

Jürgen Theobaldy

Abenteuer mit Dichtung (1973)

Als ich Goethe ermunterte einzusteigen
war er sofort dabei
Während wir fuhren
wollte er alles ganz genau wissen
Ich ließ ihn mal Gas geben
und er brüllte: „Ins Freie!"
und trommelte auf das Armaturenbrett
Ich drehte das Radio voll auf
er langte vorn herum
brach den Scheibenwischer ab
und dann rasten wir durch das Dorf
über den Steg und in den Acker
wo wir uns lachend und schreiend
aus der Karre wälzten

„La Jamais Contente" aus dem Jahre 1899, Stich.

Günter Kunert

Rennfahrer (1972)

Wenn der Wagen anrollt, aufheult, über die Straßen herfällt, sie unter sich zu zwingen, sie zu verschlingen und hinter sich zu lassen als schrumpfende, hinter dem Heck schneller und schneller versinkende Asphaltspur, erhebt es den Fahrer in einen merkwürdigen Zustand: ein kalter, nüchterner und scharfer Rausch, der den Körper hinter der Maschine zittern macht: vor Lust und dem Gift, das in ihr steckt, dem Tropfen Angst. Und wäre ohne diesen Tropfen schal. [...]

Der Fahrer rast nicht gen Irgendwo, weil er da wichtige Geschäfte hat, weil ihn dort etwas braucht und ruft, er fährt nur, um zu fahren.

Die Landschaft rauscht vorbei. In der Ferne die Berge währen länger im Blick als alles Nahe, Buschhafte, Blättrige, Bauschige, das, kaum aufgetaucht, sogleich zurückbleibt.

Plötzlich ein helles Bauwerk. Vielleicht lüde es ein, darin zu hausen, gemächlich aus einem Fenster auf den kriechenden Fluss zu schauen, läge es nicht bereits wieder im Rücken des Fahrers und eingeschmolzen in die Natur, aus der es kurz nur trat. Menschen fliegen vorüber; unkenntlich, wer und was für welche. So das Gesicht einer Frau, ungewiss, ob jung, ob dunkeläugig; vorüber schon im selben Tempo wie die Minuten, die Stunden.

Wo die Fahrt endet, ist ein weißer Streifen über den Beton gemalt, steht auf einem ausgespannten Tuch die kleine Lüge: ZIEL. Der Wagen rollt aus, der Fahrer hält an, hinter den Augäpfeln noch die sich überdeckenden Bilder der Fahrt. Von Helfern aus dem Wagen gehoben, geht er schwankend fort. Nirgendwo angekommen, nicht mehr unterwegs, betäubt von der übergroßen Dosis Erleben, bleibt er sich selber unverständlich und sein Tun ihm unbegreifbar.

Marie Holzer

Das Automobil (1912)

Das Automobil ist der Anarchist[1] unter den Gefährten[2]. Er rast, Schrecken verbreitend, durch die Welt, losgelöst von althergebrachten Gesetzen. Kein Schienenstrang schreibt ihm die Wege vor; keine Pferdelunge zwingt ihn zu einem vorgeschriebenen Tempo, das in sich selber eng gezogene Grenzen hat. Es ist der Herr der unbegrenzten Möglichkeiten. Sein Lenker spottet jeder Fahrordnung, jeden Aufenthaltes, jeder Ruhepause, für ihn gibt es nur ein Gesetz, und das ist sein eigener Wille. Vorschriften werden erdacht und ersonnen, um auch diese Tyrannenlaune menschlichen Geistes einzufrieden. Um auch diesen Teufelsspuk an ihre Leine zu bekommen. Aber der Einzelwille triumphiert hier über die Bedürfnisse der Gesamtheit, erzwingt sich sein Recht, tritt zerstörend in ihre Gewohnheiten, in ihre Ruhe ein, weist alle Einwendungen mit Erobergeste von sich.

Es ist der Sieg der Kraft über die Pedanterie[3] vorgeschriebener Grenzpfähle, ein Überschlagen, Überspringen langsamer Entwicklungsstadien, ein plötzliches Emporwachsen [...]. Ein glänzender Rekord der Technik, die uns bewiesen, dass persönlicher Wille zum Gesetz werden kann, werden muss; dass Kraft, Stärke und Überzeugung über alles mühsam Zusammengetragene und mühsam Erworbene hinweggeht, hinwegsaust ...

Es ist Versinnbildlichung des Gedankens, der keine Wege braucht, keine Radabweiser, keine Bahnschranken, Leuchtkörper, Wächterhäuser, Stationen, Fahrpläne, er bahnt sich einen Weg mitten durch das alltägliche Getriebe, über Marktplätze, Straßen, zwischen Spaziergängern und an Leiterwagen vorbei, immer vorbei, seinem weiten Ziele entgegen.

Das Automobil ist der Überwinder der Zeiteinteilung, unseres Lebens grausamster Uhr [...]

1 **Anarchist:** eigentlich Anhänger einer radikalen politischen Lehre, die jede Staatsgewalt und von ihr erlassene Gesetze ablehnt. Hier im Sinne von Fahrzeug, das sich an keine Vorschriften und Schranken hält, sondern sich alle Freiheiten herausnimmt.

2 **Gefährt:** *hier:* Fahrzeug

3 **Pedanterie:** übergroße Genauigkeit, Kleinlichkeit

1 *Lest die Texte nacheinander durch. Führt anschließend folgenden Satz zu Ende:* Die vier Texte widmen sich dem Thema „Rausch der Geschwindigkeit" am Beispiel ...

2 *Beschreibt in eigenen Worten, wie jeweils der Reiz der schnellen Fortbewegung dargestellt wird. Nutzt zur* **deutenden Beschreibung** *folgende Begriffe:*

Übermut – Leichtsinn – Risiko – Freiheit – Grenzen ausprobieren – Spaß haben – Erfahrungshunger – Selbstüberschätzung – Kritik – Technik – Einstellung des Autors – Faszination – Begeisterung – Fortschritt – Erfindung

3 *Sucht durch* **gezieltes Lesen** *diejenigen Stellen heraus, die das „Rauschhafte" der Geschwindigkeitserfahrung besonders verdeutlichen. Zitiert sie wörtlich (*▷ S. 148*) und begründet eure Auswahl.*

4 *In dem Auszug aus dem Roman „Frontal" findet sich eine Stelle, die das genaue Gegenteil von hoher Geschwindigkeit beschreibt. Könnt ihr sie erklären?*

5 *In dem Gedicht Theobaldys heißt es, Goethe wollte „alles ganz genau wissen" (Z. 4).*
a) Sucht nach Erklärungen. Tragt dazu Informationen über Goethe zusammen, z. B.: Lebensdaten, Tätigkeiten als Naturwissenschaftler und Minister, damaliger Stand der Technik.
b) Erklärt die Bedeutung des Titels „Abenteuer mit Dichtung".

6 *Das Schaubild zeigt die Pulskurve eines Redakteurs, der zur Erarbeitung des Themas „Rausch der Geschwindigkeit" auf einer Teststrecke in einem Sportwagen mitgefahren ist.*
a) Beschreibt zunächst Aufbau und Aussage des Schaubilds.
b) Auf welche der vier Texte lässt sich eurer Meinung nach das Schaubild besonders gut beziehen? Begründet eure Meinung.

7 *a) Untersucht den Text „Rennfahrer" von Günter Kunert im Hinblick auf Erzählform und Erzählperspektive.*
b) Schreibt den Text um, indem ihr die Ich-Form wählt. Schildert die Rennrunde aus der Innensicht des Fahrers.

8 *Erschließt euch den Text „Das Automobil" von Marie Holzer genauer.*
a) Nennt die Fortbewegungsmittel, die neben dem Automobil aufgeführt werden. Wozu dient der Autorin der Vergleich mit den anderen Fortbewegungsmitteln?
b) In ihrem Text verwendet die Autorin das Stilmittel der Personifikation, d. h., Gegenständen werden menschliche Züge zugeschrieben. Zitiert entsprechende Textstellen und erläutert ihre Wirkung.
c) An welcher Stelle des Textes ist vom Fahrer des Automobils die Rede? Trifft die Aussage zu, dass der Fahrer als rücksichtsloser Egoist dargestellt wird?
d) Erläutert anhand von Beispielen aus dem Alltag die Aussage des Schlusssatzes.
e) Der Text ist fast 100 Jahre alt. Kann die Charakterisierung des Automobils auch heutzutage noch Gültigkeit beanspruchen?
f) Zeigt anhand von Textstellen auf, wo der Text einem Sachtext entspricht und wo er literarische Züge hat.

„Räder! Räder!" – Einen literarischen Text durch Testaufgaben erschließen

Sechstagerennen gibt es seit Anfang des letzten Jahrhunderts. Verschiedene Rennradfahrerteams fahren dabei innerhalb einer geschlossenen Sportarena sechs Tage um die Wette, nur unterbrochen von kurzen Schlaf- und Essenspausen. Ihre Blütezeit waren die 20er-Jahre, als das moderne Großstadtleben und ein ungeahnter technischer Fortschritt den Alltag schnell veränderten.

Walter Mehring

Sechstagerennen (1924)

6
Tage
Rennen!
Brennend liegt das Hirn auf Lauer
6 x zweihunderttausend Augen:
Saugt sich fest die Menschenmauer!
6 x zweihundert und tausend!
Brausend
Aus den Nüstern schnaubend
Atemraubend
Uns den Atem raubend!
Pestend Schweiß!
Heiß und bloß
Los –
Getreten treten treten
Musik Musik
Treten treten wie zum Beten
Musik Musik
Räder greifen
Ineinander
Aneinander!
Reifen
Knirscht am frischen Holz
Schießt Kobolz[1]
Und ineinander
Aneinander
Räder! Räder!
Nur noch Räder!
Feste! Feste!
Zieht vom Leder
Presst die Schenkel
Rund ins Rund um jede Rundung
Jede Stunde Jede Windung
Hirn an Hirn
Ins Hirn gerädert!
Und die Stunde
Wird zergliedert
Zur Sekunde
Und zerhackt
Im Takt die Runde
Hart
Am Start
Die Hirne brennen
In dem Kreislauf
Freilauf
Endlos
Los
Auf und davon
6
Tage
Rennen!

1 **Kobolz schießen:** Purzelbaum schlagen

1 *Aus welcher Perspektive schildert das Gedicht das Sechtstagerennen? Begründet eure Entscheidung.*

a) aus der Sicht eines Zuschauers;
b) aus der Sicht eines Fahrers;
c) aus der Sicht eines unbeteiligten Beobachters;
d) aus wechselnder Sicht?

2 *Prüft, ob sich alle im Folgenden genannten sprachlich-stilistischen Mittel im Gedicht finden. Führt Textbelege für die vorhandenen an.*

a) Alliterationen
b) Anaphern
c) Wiederholungen
d) Reimformen
e) Wortspielereien
f) Partizipien
g) Doppeldeutungen
h) gleiche Anlaute

richtig	falsch
■	■
■	■
...	...

3 *Welche Aussagen treffen auf das Gedicht zu?*

a) Von der Anspannung und Konzentration der Fahrer ist nicht die Rede.
b) Im Gedicht werden die Sinneswahrnehmungen Hören, Sehen, Riechen und Fühlen alle angesprochen.
c) Das Gedicht thematisiert die Eintönigkeit des Sechstagerennens für die Fahrer.
d) Der Fahrer muss wie eine Maschine funktionieren.
e) Das Gedicht ähnelt einer Reportage.

richtig	falsch
■	■
■	■
...	...

4 *Verbindet die Satzanfänge jeweils mit den zu ihnen gehörenden Fortsetzungen. Schreibt die richtig verbundenen Sätze in euer Heft.*

a) Die inflationäre Verwendung von Ausrufen
b) In dem Gedicht „Sechstagerennen" wird Geschwindigkeit
c) Metaphern unterstützen die sinnliche Wahrnehmung,
d) Häufige Wortwiederholungen, Verse, die nur aus einem Wort bestehen, und Binnenreime

A) sowohl auf der Inhaltsebene als auch auf der syntaktischen Ebene umgesetzt.
B) setzt das „gefühlte" Tempo noch weiter herauf.
C) setzen das Thema auch mittels der äußeren Form um.
D) indem sie sich aus den konkreten Bildbereichen speisen.

Raserei im Kopf – Sachtexte strategisch lesen und erarbeiten

Discovery Channel – Rubrik „Wissen":

Speed Week – Im Rausch der Geschwindigkeit (2006)

Sich schnell und rasant durch unsere Umgebung zu bewegen, kann einerseits aufregend, andererseits ein erschreckendes Gefühl sein. Warum erleben Menschen die gleiche Situation ganz unterschiedlich? Und warum suchen Menschen das Erlebnis Geschwindigkeit trotz der damit verbundenen Risiken?

Das Fahren mit hoher Geschwindigkeit ist eine große Herausforderung und gleichermaßen Stress für Psyche und Körper. Rennautos können in zwei Sekunden von 0 auf 160 km/h beschleunigen. Unser Gehirn ist aber nicht dafür entwickelt, die sensorischen[1] Informationen und die damit verbundenen physikalischen Kräfte zu verarbeiten. Die Gefahren sind ebenfalls bekannt, und das führt zu der Frage, warum so viele Menschen ihr Leben auf der Überholspur riskieren.

Um das zu verstehen, ist es notwendig zu wissen, wie das Gehirn auf Geschwindigkeit reagiert, inwiefern das individuell verschieden ist und welche psychischen Fähigkeiten Spitzenfahrer haben müssen.

Sogar schon bevor das Rennen begonnen hat, wird das Nervensystem aktiviert, um die Menge der sensorischen Informationen zu erhöhen, die das Gehirn erreichen. Diese werden kontinuierlich erneuert und enthalten Informationen über die Umgebungsbedingungen, das Fahrzeug und den Zustand des Körpers des Fahrers. Daraufhin kann die Koordination der Muskeln erfolgen. Diese intensiven „biologischen Berechnungen" können bei Bedarf stundenlang aufrechterhalten werden, vorausgesetzt, dass das Gehirn genug Sauerstoff erhält, Treibstoff in Form von Kohlehydraten, Flüssigkeit und eine konstante interne Temperatur (zwischen 37 und 38° C).

Ungefähr 80 % der Energie, die für die Gehirnfunktion verwendet wird, wird in Wärme umgewandelt, die dann abgeleitet werden muss, damit eine Überhitzung verhindert wird. Daher schwitzen die Fahrer stark und können durch die Dehydrierung[2] während eines Rennens 5–10 % ihres Körpergewichts verlieren. Die Herzfrequenz steigt durch den intensiven emotionellen Druck auf die gleiche Höhe wie bei trainierenden Athleten und bleibt lange Zeit auf diesem Niveau (20–60 Minuten). An diesem Punkt sind die Pegel der Neurotransmitter Adrenalin und Noradrenalin[3] zwischen zwei und drei Mal höher als bei einer starken körperlichen Beanspruchung.

1 **sensorisch:** die sinnliche Wahrnehmung betreffend
2 **Dehydrierung:** Austrocknung
3 **Neurotransmitter:** chemische Überträgerstoffe im Nervensystem; Signalstoffe

[...] Eine niedrige kognitive[4] Erregung reduziert die Reaktionszeit und macht den Fahrer schläfrig oder müde. Das Bewusstsein von Risiko und ein moderates Maß an Angst helfen den Fahrern daher, aufmerksam zu sein und sich selbst ein wenig weiterzutreiben. [...] In den 1960er-Jahren begannen Forscher zu vermuten, dass Menschen, die sich freiwillig für ungewöhnliche oder riskante Experimente meldeten, ähnliche persönliche Eigenschaften haben könnten. Sie schienen sich nach neuen und aufregenden Erfahrungen zu sehnen, trotz der damit verbundenen möglichen Gefahren. Der Wesenszug, der einen Menschen Empfindungen „suchen" lässt, hilft uns vielleicht zu verstehen, warum einige Menschen fast von der Geschwindigkeit besessen zu sein scheinen.

Die Beschleunigung beim Autofahren ist wahrscheinlich die häufigste Form dieser Suche bei jungen Männern, trotz tausender tödlicher Unfälle, die jedes Jahr auf den Straßen geschehen. Professionelle Rennfahrer suchen diese Gefühle noch mehr, ebenso andere Risikosportler wie Bergsteiger und Fallschirmspringer.

Die Suche nach diesen Empfindungen ist bei Männern durchschnittlich höher und nimmt mit dem Alter ab. Sie wurde außerdem mit ungewöhnlich niedrigen Pegeln der Monoamin-Oxydase[5] in Verbindung gebracht, die möglicherweise die Auswirkungen des Neurotransmitters Dopamin[6] dämpft. Dopamin wird auch als „Genusschemikalie" bezeichnet, und Risikofreudige brauchen möglicherweise intensive Erfahrungen, um die Freisetzung von Dopamin auszulösen und eine befriedigende Erfahrung zu erleben. Sowohl die Genetik als auch die Umwelt beeinflussen das Ausmaß der Suche nach dem Risiko.

4 **kognitiv:** auf Erkenntnis beruhend
5 **Monoamin-Oxydase:** Transmitter abbauende Enzyme
6 **Dopamin:** Name eines Neurotransmitters

1 *Kopiert den Text für eure Bearbeitung.*

*a) Unterstreicht in eurer Kopie die **Schlüsselwörter** (Begriffe oder Textstellen), die die Nähe des Artikels zum Oberthema dieses Kapitels schon beim orientierenden ersten Lesen anzeigen.*

b) Markiert mit Ausrufungszeichen und Pluszeichen Aussagen, die euch wichtig erscheinen, und mit Fragezeichen solche, die noch unklar sind.

*c) Nutzt den Platz für **Randnotizen,** indem ihr Kernaussagen paraphrasiert (▷ S. 10).*

d) Gliedert den Text in vier Sinnabschnitte und ordnet ihnen aus den folgenden Überschriften jeweils die passende zu: Achtung: Die Reihenfolge der Überschriften ist durcheinandergeraten!

Im Kopf eines Geschwindigkeitsbesessenen — *Das beschleunigte Gehirn*
Geschwindigkeit und Psychologie — *Das Gen für die Liebe zur Geschwindigkeit*

*e) Unterstreicht euch unbekannte **Fachbegriffe.** Nutzt die Worterklärungen oder schlagt nach.*

TIPP

Im Alltag stößt man besonders bei der Lektüre von Fachartikeln auf spezifische Fremdwörter, die sich nicht allein mit einem normalen **Fremdwörterbuch** klären lassen. Hierzu bedarf es besonderer **Fachlexika,** die ihr in den Stadt- und Universitätsbibliotheken findet, z. B. ein Medizinlexikon oder Lexika zu den Fachbereichen Biochemie, Pharmazie, Architektur usw.
Oft reicht es aber aus, den nächsten Apotheker, Biologielehrer, Verwandten zu fragen oder den Begriff in eine Suchmaschine einzugeben.

2 *Nutzt eure Vorarbeiten für eine Textzusammenfassung, die für Laien verständlich ist.*
a) Sammelt noch einmal kurz die Eindrücke und Ergebnisse, die ihr bei der Bearbeitung der fünf literarischen Texte gewonnen habt.
b) Welche Erklärungen bietet der Sachtext „Speed Week – Im Rausch der Geschwindigkeit" für die dort geschilderten Verhaltensweisen, Einstellungen, Gefühle? Übertragt dazu die folgende Tabelle in euer Heft und ergänzt sie.

Literarischer Text	Verhaltensweisen, Einstellungen, Gefühle	Erklärungen aus dem Sachtext „Speed Week"
„Frontal"	...	...
„Abenteuer mit Dichtung"	...	...
„Rennfahrer"	...	...
„Das Automobil"	...	...
„Sechstagerennen"	...	...

Harro Albrecht

Physiologie der Raserei (2006)

Menschen geben gerne Gas. Das verschafft den ersehnten Kick, endet aber manchmal im Blackout

Als der erste Homo sapiens noch zu Fuß die afrikanische Savanne erkundete, schlummerte bereits eine bemerkenswerte Eigenschaft in ihm, für die er noch keine Verwendung hatte. Er war für weit höhere Geschwindigkeiten gerüstet, als er jemals in seinem Leben als Fußgänger kennen lernen sollte. Erst heute, einhunderttausend Jahre später, nutzen wir unsere physische und psychische Hochgeschwindigkeitstauglichkeit – täglich.
Ob im Auto oder im Flugzeug, das menschheitsgeschichtlich beispiellose Tempo überfordert uns noch lange nicht. Selbst im Formel-1-Renner und jenseits der Schallmauer können wir überleben. Mehr noch, die Psyche des modernen Menschen sucht geradezu den Rausch der Geschwindigkeit und der Beschleunigung. Eine ganze Industrie lebt davon: Sportwagenhersteller, Motorradbauer und Achterbahnbetreiber. Die besorgen dem Publikum mit Kingda Ka in New Jersey gerade den ultimativen Kick: von null auf 205 Stundenkilometer in 3,5 Sekunden. Was aber lässt uns bei diesem Tempo juchzen?

Schnelligkeit bedeutet für den Menschen eine doppelte Herausforderung. Der gesamte Körper muss die Beschleunigung bewältigen – Auge und Hirn müssen bei hoher Geschwindigkeit die Flut der Bilder verarbeiten. Die Beschleunigungsforschung konzentriert sich im Wesentlichen auf Piloten. Kampfpiloten erleben das bis zu Sechsfache der Erdbeschleunigung. Damit die Körperflüssigkeiten nicht an die falschen Stellen gepresst werden, sind umfangreiche Schutzmaßnahmen nötig. „Wichtig ist dabei die Zeit der Einwirkung", sagt Norbert Luks vom Deutschen Zentrum für Luft- und Raumfahrt. Bei einem Aufprall mit dem Auto gegen einen Betonpfeiler wirkten Kräfte, die das 50-Fache der Erdbeschleunigung betragen können. Das sei auszuhalten, wenn die Belastung nur Millisekunden dauere. „Lässt sich jemand aber in einer Zentrifuge stundenlang im Kreis herumwirbeln, kann das die Herz-Kreislauf-Steuerung völlig durcheinanderbringen", sagt er. Anschließend müsse der Betreffende sich erst einmal mit schwerer Übelkeit einen halben Tag hinlegen.

Menschen reagieren offenbar sehr unterschiedlich. „Dem einen wird schlecht", sagt Luks, „der andere findet es toll." Das wirkt sich auch auf den Autokauf aus: Wer Spaß daran hat, beschleunigt zu werden, braucht ein sehr schnelles Auto. Sein Wagen soll sich mit möglichst hohem Drehmoment in die Straße krallen und den Fahrer beim Kavalierstart in den Sitz pressen.

Von imposanten Beschleunigungen war in den Anfängen der motorisierten Fahrt noch nicht die Rede. So viel Drehmoment gaben die Dampfmaschinen gar nicht her. Dafür sorgten sich Mediziner schon früh um übermenschliche Geschwindigkeiten. Anlässlich der Eröffnung der ersten deutschen Bahnverbindung am 7. Dezember 1835 zwischen Nürnberg und Fürth wurde angeblich gewarnt: Bahnfahrten schneller als 30 Kilometer pro Stunde würden bei den Reisenden wie bei den Zuschauern unfehlbar schwere Gehirnerkrankungen, eine Art Delirium furiosum[1], erzeugen. Doch diese Warnung ist erfunden. […]

In Wahrheit ist die Geschichte der ersten deutschen Bahnverbindung eine Geschichte des Geschwindigkeitsrauschs. Volk und Adel liebten das Tempo, sie wollten die Grenze des Erreichbaren ausloten. Schon wenige Wochen nach der Erstlingsfahrt bot die Bahn Schnellfahrten mit 70 Kilometern in der Stunde zur Belustigung des Publikums an.

Die Frage nach den Folgen des schnellen Reisens beschäftigte gerade im 19. Jahrhundert immer wieder die Forschung. 1862 vermerkte das medizinische Fachblatt „The Lancet": „Die Geschwindigkeit und Verschiedenartigkeit der Eindrücke ermüden notwendigerweise sowohl das Auge als auch das Gehirn." Bei höheren Geschwindigkeiten kommt es zum „Tunneleffekt". Die Augen können eigentlich nur in einem Bereich von 30 bis 40 Grad richtig scharf sehen. Das ganze Gesichtsfeld von 200 Grad wird erst dadurch ausgeschöpft, dass der Blick ständig die Umgebung abtastet. Steigt die Geschwindigkeit, ist das Auge überfordert, Details an den Rändern des Gesichtsfeldes verschwimmen. Eingeschränkte Wahrnehmung aber erhöht die Anspannung, sie macht Angst. Und dass in bewusst gesuchter Angst Lustempfinden möglich ist, weiß jeder Achterbahnfahrer. […]

1 **Delirium furiosum:** starke Gehirnstörungen, heftige geistige Unruhe

1 *a) Wendet eine **geeignete Lesestrategie** an, z. B: erstes überfliegendes Durchlesen – zweites, intensives Lesen – eine Kopie des Textes dabei mit Markierungen/Randnotizen versehen – unbekannte Begriffe herausschreiben und gleich klären – Sinnabschnitte festlegen (▷ S. 350).*

b) Haltet eine erste Meinung zur möglichen Bedeutung der Überschrift und des Untertitels kurz schriftlich fest. Kann man aus beidem schon Schlussfolgerungen über Inhalt, Form und Intention des Textes ziehen?

c) Notiert Zwischenüberschriften zu jedem Textabschnitt.

d) Bringt eure Vorkenntnisse aus dem Text „Speed Week" ein. Welche Parallelen gibt es, wo setzt der Artikel einen anderen Schwerpunkt?

2 *a) Verständigt euch in Partnerarbeit darüber, welches die zentralen Aussagen des Textes sind. Schreibt maximal drei auf ein Blatt und hängt dieses in der Klasse auf. Achtet darauf, wo der Autor Aussagen macht und wo er Beispiele gibt, die diese veranschaulichen sollen.*

b) Vergleicht anschließend eure Ergebnisse. Streicht Aussagen, die der gemeinsamen Überprüfung nicht standhalten. Prüft auch die Notiz rechts.

Zentrale Textaussagen:

- Eine ganze Industrie lebt von der Suche des Menschen nach dem Rausch der Geschwindigkeit.
- Menschen reagieren sehr unterschiedlich auf Beschleunigung.
- Die Geschichte der ersten deutschen Bahnverbindung ist eigentlich eine Geschichte des Geschwindigkeitsrauschs.

3 *Fertigt eine schriftliche Zusammenfassung des Textes an. Nutzt die folgenden Hinweise:*

ARBEITSTECHNIK

Zusammenfassung

- Die **Zusammenfassung** unterscheidet sich von der euch bekannten Inhaltsangabe dadurch, dass diese in der Regel einen literarischen Text als Bezugstext hat. Die Zusammenfassung hingegen bezieht sich auf einen Sach- bzw. fachbezogenen Text.
- Dabei beschreibt man **Thema und Inhalt,** erklärt aber zusätzlich den jeweiligen **Sachzusammenhang** und das argumentative und informierende Vorgehen des Verfassers.
- Wie bei der Inhaltsangabe schreibt ihr im **Präsens,** und ihr gebt Inhalt und Erläuterungen in eigenen Worten wieder. Dazu müsst ihr euch weitgehend vom Wortlaut des zu bearbeitenden Textes lösen. Indirekte Rede und kurze Zitate von Kernaussagen sind jedoch erlaubt.
- Hilfreich sind bestimmte **sprachliche Wendungen,** z. B: „In dem vorliegenden Artikel setzt sich der Journalist mit dem Phänomen ‚Geschwindigkeit' auseinander", „der Autor/die Autorin behauptet/unterstellt/überrascht mit der Aussage, dass ...", „sie/er schränkt ein/folgert daraus, dass ...", „... andererseits zeigt er/sie aber auch, dass ...", „weiterhin wird deutlich, dass ...".

8.2 Radrennen = Muskelkraft + Ausdauer + Doping? – Informationen ermitteln, vergleichen und bewerten

Fotos, Grafiken, Texte – Materialien sichten

In diesem Teilkapitel findet ihr zunächst unterschiedliche Texte, Grafiken und Bilder zum Themenfeld „Radsport und Dopingproblem". Bearbeitet die Materialien nach folgender Aufgabenstellung:

1. Fasst die Informationen, die Aufschluss über natürliche, technische und künstliche Möglichkeiten der Leistungssteigerung geben, jeweils kurz zusammen.
2. Setzt einzelne Informationen in Beziehung und erläutert den Zusammenhang.
3. Nehmt abschließend Stellung zum Problem des Dopings im Radrennsport.

Beachtet bei der Bearbeitung der Aufgabe folgende Arbeitsschritte:
- Schaut euch die Materialien gründlich an und macht euch jeweils Notizen.
- Setzt die Titel in Beziehung zu den Informationen, welche ihr den jeweiligen Texten, Grafiken und Bildern entnehmen könnt.
- Nutzt die zusätzlichen Arbeitsanregungen unterhalb der Materialien.
- Bittet gegebenenfalls eine/n Biologielehrerin/-lehrer um weitere Informationen.

M1 Geschwindigkeit bei der Tour de France (1903–2006)

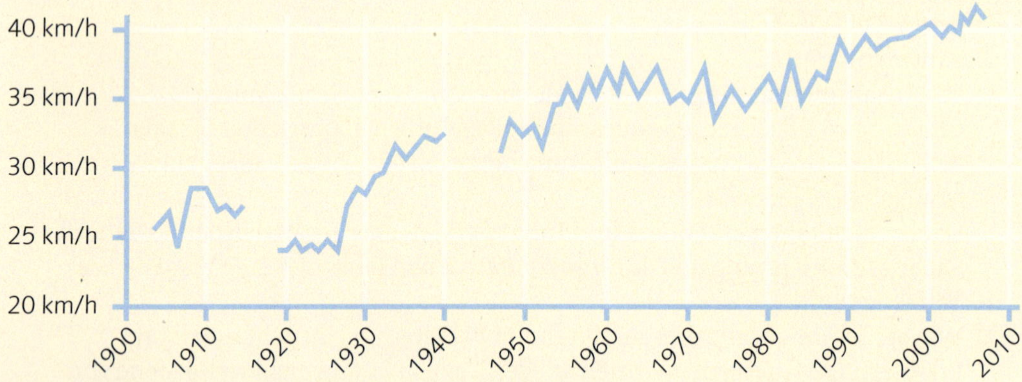

1 *a) Beschreibt und erläutert die Entwicklung, die das Diagramm zeigt.*
b) Findet eine Erklärung für die beiden Unterbrechungen in der dargestellten Kurve.

2 *a) Worin liegt eurer Meinung nach die Faszination solcher Straßenrennen? Unterscheidet zwischen Fahrern und Zuschauern.*
b) Wie wird eurer Meinung nach die Begeisterung für diese Sportart nachlassen, wenn eines Tages die Grenze des Schnellerwerdens für den Radrennfahrer erreicht sein sollte?

M2 Strychnin und Steroide[1]

Radrennfahrer schrecken vor nichts zurück. Sie rasieren sich die Beine, schlucken seltsame Dinge und strampeln in der Sauna.

Bevor wir übers Schnellerwerden auf dem Rad reden, müssen wir uns erst einmal ganz langsam einer grundlegenden Frage nähern: Was heißt hier überhaupt „schnell"? Mancher Klappradfahrer ist schon froh, wenn er bergab mit Rückenwind 25 km/h erreicht. Wenn dann plötzlich eine 90-Grad-Kurve mit Rollsplitt auf dem Asphalt erscheint, kann auch das schon viel zu schnell sein. Geschwindigkeit ist relativ. [...]

Zwei Faktoren verhindern den unbegrenzten Geschwindigkeitsrausch: der Luftwiderstand und das Gewicht. Neben der windschnittigen Haltung ist vor allem Leichterwerden ein Mittel, schneller zu sein. Deshalb feilen die Fahrradindustrie und private Tüftler an immer filigraneren Maschinen. Es gibt Rahmen aus Karbon, die nur noch ein knappes Kilogramm wiegen, und Rennräder, die leichter als 4 kg sind. Doch gewinnen lässt sich so nichts mehr. Um der kostspieligen Material-Magersucht Einhalt zu gebieten, hat die UCI das Mindestgewicht für Räder im Wettkampf auf 6,8 kg festgelegt.

Ein Rad um ein Kilogramm abzuspecken, kann tausende von Euro kosten. Billiger und leichter ist es, wenn der Fahrer selbst abnimmt. Nicht zufällig sind die meisten Radprofis spindeldürre Hungerhaken. Wie schwer auch sie mit den Pfunden zu kämpfen haben, lesen wir jedes Frühjahr in den Geschichten über das Gewicht unseres Lieblingsradlers Jan Ullrich. Auf der erwähnten Homepage gibt es auch ein Formular für den Radler-Gewichtscheck. Mein BMI, mein Body-Mass-Index[2], liegt noch im Normalbereich. Dennoch werde ich freundlich ermahnt: „Als Radsportler sollten Sie 6,6 kg abnehmen!" [...]

Für Hobbyfahrer gibt es neben Diät und angemessener Kleidung (vermeiden Sie Regencapes, wir sind ja nicht beim Segeln) ein einfaches Mittel, schneller zu werden: mehr trainieren. Ein Profi bringt es auf 40 000 Trainingskilometer im Jahr. Sagen Sie nicht, dafür hätten Sie keine Zeit. Kurt Stöpel, immerhin Zweiter bei der Tour de France 1932, war Bürobote. Er trainierte täglich von 3.00 bis 9.00 Uhr in der Frühe; dann musste er seinen Dienst antreten. Wenn Sie ordentlich trainieren, können Sie vielleicht irgendwann eine größere Übersetzung treten. Wer bei einem vorderen Kettenblatt mit 53 und hinten mit 12 Zähnen vom Fleck kommt, schafft pro Pedalumdrehung neuneinhalb Meter. Bahnradfahrer treten bis zu 160 Umdrehungen pro Minute und erreichen dabei im Schnitt 60 km/h – das aber selten länger als ein paar Minuten.

Bis vor wenigen Wochen konnte man noch glauben, dass eine höhere Frequenz höheres Tempo erlaube. Die konstante Überlegenheit des Hektikers Armstrong gegenüber dem Langsamtreter Ullrich schien das zu beweisen. Doch wahrscheinlich war Armstrong einfach nur gedopt. Womit wir bei der am weitesten verbreiteten Technik wären, schneller zu werden: Seit es Radrennen gibt, gehört die Leistungsmanipulation dazu, in der Frühzeit mit Strychnin, Koffein, Kokain, Alkohol, später mit Medikamenten für Nierenkranke, Einzelkämpfer und Zuchtbullen. Der italienische Dopingexperte Alessandro Donati schätzt, dass fast alle der heutigen Profis ihre Leistung illegal steigern. Er nennt Zahlen: Wachstumshormone machen den Fahrer im Schnitt 3 Stundenkilometer schneller, Steroide bringen 4 Stundenkilometer, das Wundermittel EPO[3] (das die Sauerstoff-

1 **Strychnin:** starkes Nervengift; **Steroide:** Hormone, die durch die Nebenniere produziert werden und Leistungsfähigkeit, Stress und Erregung fördern. Sie können heute künstlich hergestellt werden.

2 **Body-Mass-Index:** Verhältnis von Gewicht und Größe

3 **EPO:** Erythropoietin; erhöht den Sauerstofftransport im Körper

transportleistung des Bluts erhöht und auch von Armstrong benutzt wurde) sogar 8 Stundenkilometer.

Weniger heikel ist da das Rasieren der Beine. Auch das machen alle wahrhaft schnellen Radler – aber wohl doch weniger aus aerodynamischen Gründen. Jedenfalls ist nichts darüber bekannt, wie viel Tempo ein paar hundert Haare kosten. Sicher ist, dass sich ein rasiertes Bein besser massieren lässt. [...]

Den außergewöhnlichsten Weg zum höheren Tempo hat – nicht ganz freiwillig – der amerikanische Profi Greg LeMond beschritten. Bei einem Jagdausflug schoss ihm sein Schwager eine Ladung Schrot in den Hintern. Wer danach wieder stundenlang auf einem Rennradsattel sitzen kann, ist willensstärker und tempohärter als der Rest der Menschheit. Nach dem Unfall gewann Greg LeMond noch zweimal die Tour de France.

Christof Siemes

1 *Worin unterscheidet sich der Text „Strychnin und Steroide“ von einem reinen Sachtext?*

2 *Unterstreicht mit verschiedenfarbigen Stiften auf einer Kopie des Textes*
- ☐ *sachlich informierende Textpassagen;*
- ☐ *Textpassagen, die literarische Züge aufweisen.*

3 *Welcher Textsorte ordnet ihr den Text zu? Welche Wirkung wird dadurch erreicht?*

M3

Giacomo Balla: Abstrakte Geschwindigkeit, 1913, Öl auf Leinwand.

Lyonel Feininger: Das Radrennen, 1912, Öl auf Leinwand.

1 *Durch welche Gestaltungsmittel wird das Thema „Geschwindigkeit“ in den Bildern umgesetzt?*

2 *Welcher Abschnitt aus dem Text „Strychnin und Steroide“ lässt sich zur Erklärung der dargestellten Haltung der Fahrer heranziehen?*

M4

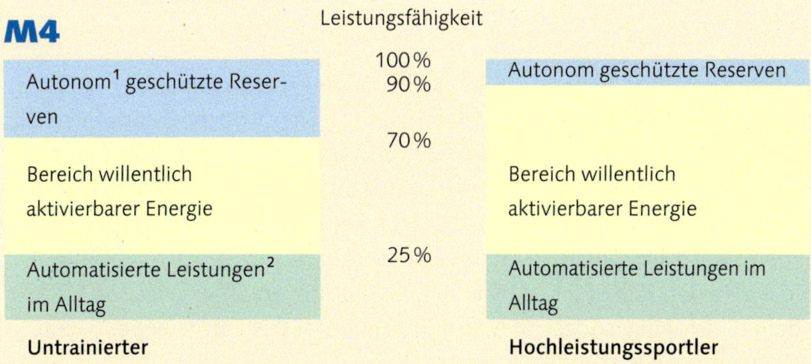

1 **autonom:** durch sich selbst
2 **automatisierte Leistungen:** z. B. gehen, schreiben
3 **Mobilisationsschwelle:** *hier:* Hürde, die überwunden werden muss

Die Mobilisationsschwelle[3] eines Untrainierten und eines Hochleistungssportlers, bezogen auf die genetisch festgelegte absolute Leistungsfähigkeit eines Athleten (Grosser/Starischkas 1998)

1 *Beschreibt in eigenen Worten, worüber diese grafische Darstellung informiert.*

2 *a) In welchen Bereich könnte der Mensch durch Hilfe von Dopingmitteln vorstoßen?*
b) Welchen Vorteil bekommt dadurch z. B. ein Wettkampfsportler?

M5 Ein Wundermittel für Radrennfahrer? EPO (Erythropoietin)

Aus der Perspektive eines Sportlers … der Entscheid für EPO:

Eines Tages im Herbst 1994 sagte ich mir: Ich beweise allen, dass es auch ohne EPO geht. Dafür trainiere ich den Winter hindurch pickelhart. Ich kam wirklich super in Form, hatte aber nie eine Chance auf den Sieg. Obwohl ich im Finale stets dabei war – wenn die anderen Gas gaben, fiel ich weg. Ich stellte mir die Grundsatzfrage: Höre ich auf mit dem Velofahren oder mache ich weiter, und zwar mit reellen Erfolgsaussichten? In der Woche, in der ich den Entscheid fällte, fühlte ich mich miserabel.

Ganz allein hatte ich die Verantwortung zu tragen: Ich entschied mich fürs Weitermachen. Oder genauer: Ich entschied mich für EPO, und zwar für die Minimalvariante. Von jenem Zeitpunkt an ging es mir psychisch wieder besser – und ich gewann nach einer zweijährigen Durststrecke schnell wieder Rennen.

Durch das Dazukommen von EPO wurde das Training viel härter und umfangreicher. Zuvor hatte es natürliche Leistungsdifferenzen gegeben, doch die wurden nun verwischt. EPO hob alle Profis auf dasselbe Niveau, den Unterschied konnte man nur noch durch das Training machen. Ich wusste, dass andere Mittel im Umlauf waren. Doch auf diese ist der Rennfahrer nicht angewiesen. Aus meiner Sicht gibt es nur ein Mittel, das nützt: EPO. Allein damit lassen sich Rennen gewinnen. Man könnte es vielleicht so sagen, aus dem Bauch heraus: EPO macht dich zehn Prozent schneller […], der Unterschied zwischen einer Hochform mit und ohne EPO war enorm. Bei mittelmäßiger Form lässt sich selbst mit EPO nicht viel ausrichten, doch wenn die Form da ist, kann man superschnell fahren. Das ist ein unglaubliches Gefühl: eine Steigung, die man sonst mit 20 km/h erklimmt, plötzlich mit 25 km/h hinaufbolzen zu können.

M6

Erläuterung: 1987 kam das erste künstlich hergestellte Erythropoietin in Europa auf den Markt, ein Hormon, das die Bildung von roten Blutkörperchen (Erythrozyten) stimuliert. Damit einhergehend soll die Ausdauerleistung verbessert werden. Mit dem gentechnisch produzierten EPO können die gleichen Effekte erreicht werden wie mit dem Blutdoping, sodass die aufwändige und auch gefährliche Methode der Bluttransfusion vermieden werden kann. EPO wird vorwiegend in der Niere gebildet und stimuliert in den Knochenmarkzellen die Bildung von Erythrozyten. Dies führt zu einer größeren Anzahl von Erythrozyten im Blut und durch den erhöhten Sauerstofftransport zu einer verbesserten Ausdauerleistungsfähigkeit. Die bevorzugte Anwendungsform von EPO ist eine Injektion unter das Fettgewebe.

1 *Beschreibt jeweils die Beweggründe, die den Sportler einmal dazu veranlassten, auf Dopingmittel zu verzichten, ein anderes Mal, wieder darauf zurückzugreifen.*

2 *Erläutert die Funktionsweise des Dopingmittels Erythropoietin.*

3 *Vergleicht den Verlauf der Kurve zur Geschwindigkeitssteigerung bei der Tour de France vor und nach der Markteinführung des Dopingmittels EPO.*

Doping, ein Problem? – Zusammenhänge herstellen, Stellung nehmen

Mit Hilfe der jeweiligen Arbeitsanregungen habt ihr die Materialien M1–M6, eure Arbeitsgrundlage, gründlich unter die Lupe genommen und genau gesichtet. Nun geht es darum, Schritt für Schritt die Aufgabenstellung (▷ S. 168) zu lösen.

Schritt 1: Informationen zusammenfassen

1 *Formuliert für jedes der Materialien M1–M6 die zentrale Aussage(n), indem ihr die wichtigsten Informationen paraphrasiert. Gibt es eine gemeinsame Problemstellung?*

ARBEITSTECHNIK

Texte paraphrasieren
Zum besseren Verständnis ist es sinnvoll, schwierige Texte in eine verständlichere Sprache zu übersetzen. Dabei hilft die Vorstellung, den Sachverhalt anderen vermitteln zu müssen.
Bei **Statistiken** und **Grafiken** müsst ihr die Informationen in einen beschreibenden und erklärenden Text umsetzen.

2 *Erfasst für jedes Material die Kernaussage zusätzlich in zwei bis drei Schlüsselwörtern. Tragt diese in eine Tabelle ein und ergänzt sie, wo nötig, durch eigene Begriffe:*

		Schlüsselwörter	Funktion
M1	Höchstgeschwindigkeit	…	…
M2	…	…	…
…	…	…	…

3 *Überlegt für jedes Material, welche Funktion es hat. Ist der Text/die Grafik/das Foto informierend, beschreibend, wertend? Wird vorrangig erzählt, definiert, berichtet, appelliert oder argumentiert? Tragt die Funktion ebenfalls in die Tabelle ein.*

4 *Schreibt nun für die Texte kurze Zusammenfassungen, greift dabei auf die Ergebnisse der Aufgaben 1–3 zurück.*

Schritt 2: Informationen in Beziehung setzen

1 *Vergleicht die zentralen Aussagen, die ihr notiert habt. Achtet dabei v.a. auch auf die jeweiligen Schlüsselwörter. Haltet Gemeinsamkeiten und Unterschiede fest.*

2 *Überlegt, welche Informationen aus den Texten durch die Grafiken und Fotos belegt werden. Wo werden im Text angesprochene Fragestellungen/Probleme vertieft oder differenziert dargestellt?*

3 *Schreibt auf Basis der beiden vorhergehenden Aufgaben einen zusammenhängenden Text, der die Informationen aus den Materialien miteinander verbindet.*

M1: Das Diagramm zeigt, dass sich im Zeitraum von hundert Jahren die Geschwindigkeit fast verdoppelt hat.

M2: Radrennfahrer reduzieren Gewicht durch Diät, aerodynamische Kleidung und superleichte Räder.

M3: Gemälde von Balla und Feininger zeigen vorbeirasende, kaum wahrnehmbare Radrennfahrer.

M4:

ARBEITSTECHNIK

Beziehungen zwischen den Informationsmaterialien herstellen

Vergleicht die zu Grunde liegenden Materialien, indem ihr sie auf Gemeinsamkeiten und Unterschiede hin prüft. Die notierten Schlüsselwörter sind hier eine gute Orientierung.

Welcher Text, welche Grafik vertieft eine Stelle in einem anderen Text, veranschaulicht einen Aspekt oder füllt eine Informationslücke? Klärt die Verbindungen und schreibt einen „Überblickstext".

Schritt 3: Informationen bewerten und Stellung nehmen

1 *Verschafft euch einen Überblick zu der Problemstellung „Doping im Radrennsport“.*
a) Sammelt dazu aus den Materialien 1–6 wertende Aussagen. Haltet diese in einem Cluster fest.
b) Ergänzt Aspekte, die über die Materialien hinausgehen, und ordnet eure Position in das Cluster ein.

2 *Sortiert die im Cluster festgehaltenen Aussagen nach Pro- und Kontra-Argumenten und gewichtet diese nach ihrer Überzeugungskraft.*

3 *Erstellt einen Schreibplan, in dem ihr festlegt, was in Einleitung, Textanalyse und eigener Positionierung eurer Stellungnahme stehen soll.*

4 *Verfasst nun eure Stellungnahme zu der Fragestellung „Doping im Radrennsport“.*

ARBEITSTECHNIK

Zu informierenden Texten Stellung nehmen

- ☐ Setzt euch mit den vorliegenden Texten und Materialien kritisch auseinander.
- ☐ Wertet die Materialien unter der vorgegebenen Problemstellung aus und setzt sie zueinander in Beziehung. Sortiert die darin getroffenen Aussagen nach Pro- und Kontra-Argumenten und gewichtet diese.
- ☐ Haltet Thesen, Argumente, Beispiele und Belege gedanklich auseinander und bezieht sie sinnvoll aufeinander.
- ☐ Achtet auf die richtigen Satzverknüpfungen; sie legen fest, ob Argumente logisch folgern („deshalb“, „daher“, „so ... dass“) oder in Frage gestellt werden („zwar ... aber“, „obwohl“).
- ☐ Macht euren eigenen Standpunkt deutlich. Dies kann als abschließendes Fazit in Form einer Folgerung, eines Ausblicks oder eines Ergebnisses geschehen.

Schritt 4: Den eigenen Text überarbeiten

1 *Tauscht eure Texte untereinander aus und überarbeitet sie in einer Schreibkonferenz (▷ S. 154). Prüft, ob ihr die folgenden Punkte beachtet habt.*
a) ***Sprachliche Kriterien:***
- ☐ *Habt ihr wichtige Fachbegriffe richtig verwendet?*
- ☐ *Ist eure Sprache sachlich und angemessen, oder kommen Begriffe wie „natürlich“, „nämlich“, „logisch“ vor? Wenn ja, dann streicht diese.*
- ☐ *Ist euer Text durchgängig im Präsens verfasst?*

b) ***Inhaltlich-logische Kriterien:***
- ☐ *Wird die gemeinsame Problemstellung aller Materialien deutlich?*
- ☐ *Sind Unterschiede und Gemeinsamkeiten der Materialien herausgearbeitet?*
- ☐ *Werden Pro- und Kontra-Argumente erkannt und gewichtet?*
- ☐ *Wird der gedankliche Zusammenhang in der Argumentation deutlich?*
- ☐ *Steht am Ende der Stellungnahme ein Fazit?*

8.3 Projekt: Geschwindigkeit in modernen Medien recherchieren und präsentieren

Geschwindigkeitsdarstellungen spielen in vielen Bereichen der Unterhaltungsliteratur und in Filmen eine große Rolle. In Comics, Sciencefiction und Computerspielen werden sämtliche physikalischen Gesetze und Grenzen durchbrochen, um noch höhere und spektakulärere Formen von Geschwindigkeit zu gestalten. Bei Computerspielen kommt noch der Faktor „Simulation" hinzu, d. h., man selbst kann das fiktive Geschwindigkeitserlebnis beeinflussen und sinnlich wahrnehmen.

Im Rausch der Geschwindigkeit

Bewertung: ★★★★★ (fünf von fünf Sternen)

Vorteile: absoluter Spielspaß, sehr realistisch
Nachteile: ähm, hmmm …

Du befindest dich am dritten Platz. Der Ferrari 360 Spider und die Dogde Viper vor dir geben alles. Du aber auch. Es geht ums Ganze. Du beschleunigst, um aufzuholen. Vorsicht, eine Kurve! Mit einem gekonnten Driftmanöver packst du sie und ziehst dabei am 360 Spider vorbei. Nur noch die Viper macht Probleme. Das Feld hinter dir lässt aber auch nicht locker.

Du näherst dich der Viper, die dich nicht so einfach vorbeilassen will.

Doch da steht ein Streifenwagen am Straßenrand. Du hörst den Polizeifunk.

„Neunzehn an County, hier ist einer mit Höchstgeschwindigkeit an mir vorbeigefahren. Habe Fahrzeugtyp und Farbe nicht erkennen können. Nehme die Verfolgung auf."

„County an Forrest, Neunzehn verfolgt schnell fahrendes Fahrzeug."

Die Sirene ertönt, der Streifenwagen hat die Verfolgung aufgenommen. Doch dein Ziel ist weiterhin, die Viper zu überholen, um die baldige Ziellinie als Erster zu überfahren. Der Streifenwagen nähert sich weiter mit hoher Geschwindigkeit. Du versuchst zu entfliehen. Er rammt dich von links. Du kommst leicht ins Schleudern, schaffst es aber noch im letzten Moment, das Fahrzeug unter Kontrolle zu bringen. Der Streifenwagen musste durch sein aggressives Manöver auch abbremsen. Das ist deine Chance! Jetzt schnell weiter, die Viper hat ihren Vorsprung ausbauen können. Die Abkürzung hinter der Haarnadelkurve könnte dich näher an deinen Gegner heranbringen. Du gibst Vollgas. Der Streifenwagen bleibt hinter dir. Da ertönt erneut der Polizeifunk.

„Lasst uns seine Reifen zum Platzen bringen. Bitte um Erlaubnis, einen Nagelstreifen einsetzen zu dürfen."

„Bestätigt, Nagelstreifen befindet sich auf der Straße."

Dir ist klar, jetzt hast du ein Problem. Irgendwo da draußen liegt ein Nagelstreifen. Aber um zu gewinnen, musst du alles geben. Du nimmst die Abkürzung. Irgendwo hatte die Dogde Viper Probleme, und du bist an ihr vorbeigezogen. Jetzt hast du das ganze Feld hinter dir. Das Ziel ist auch nicht mehr weit. Deine Gegner sind nicht weit hinter dir, aber du fühlst dich schon siegessicher. Doch auf einmal siehst du nach einer Kurve direkt vor dir zwei quer stehende Streifenwagen auf der Fahrbahn. Eine Straßensperre! Dir bleibt nicht viel Zeit zu überlegen.

Du versuchst, den Fahrzeugen auszuweichen. Die linke Fahrspur sieht frei aus, dort könntest du vorbei. Aber was ist das? Ein Nagelstreifen! Du legst eine Vollbremsung ein, um nicht auf die Nägel zu fahren. Quietschende Reifen … Das Ende dieser nervenaufreibenden Szene lasse ich nun offen. Es handelte sich um eine mögliche Szene des Spiels „Need for Speed Hot Pursuit 2“, die ich diesmal vorstellen wollte.

von RandalFlag2

1 *a) Mit welchen Darstellungsmitteln versucht der Verfasser, seinen „Testbericht“ den Lesern schmackhaft zu machen?*
b) Worin liegt eurer Meinung nach die Faszination solcher „High-Speed-Spiele“? Begründet.

2 *Gerade die Erfindung des Films vor über hundert Jahren und die rasante Entwicklung dieses Mediums (denkt z. B. an die Schnitttechnik) haben der Darstellung von Geschwindigkeit ganz neue Möglichkeiten eröffnet.*
a) Sammelt Beispiele von Geschwindigkeitsdarstellungen aus Filmen, Comics, Sciencefiction-Literatur, Computerspielen, Werbung, Videoclips, Musik.
b) Recherchiert Informationen zum Thema „Medien und Geschwindigkeit“ in der Bibliothek und im Internet.

3 *Prüft und reflektiert, mit welchen sprachlich-stilistischen, akustischen, grafisch-bildlichen oder filmsprachlichen Elementen jeweils gearbeitet wird, um die Art von Geschwindigkeit anschaulich zu machen.*

4 *Überlegt in Arbeitsgruppen, ob ihr eines der gesammelten Beispiele näher vorstellen wollt oder lieber ein eigenes, persönlich erfahrenes Geschwindigkeitsthema erarbeiten wollt; z. B. die Geschwindigkeitserfahrung bei einer Achterbahnfahrt, beim Ski- oder Fahrradfahren, beim Skaten, Surfen oder Reiten, im ICE, auf einem Schnellboot etc.*

5 *Präsentiert eure Ergebnisse.*
Je nach Zeit und euren Möglichkeiten im Unterricht bieten sich folgende Formen der Präsentation an:

- ***Mündlicher Vortrag** (Referat), z. B. unterstützt durch Bild- und/oder Tonbeispiele, Poster, Folie oder PowerPoint-Präsentation (▷ S. 61–63).*
- ***Internetpräsentation.** Nutzt hierfür Gestaltungshilfen wie die so genannten „Autorenprogramme“ oder ähnliche Software. Wichtig bleibt in jedem Fall die sinnvolle Vernetzung von Text-, Bild-, Ton- oder Filmelementen; d. h., die Arbeitsgruppe sollte vorher eine Art Drehbuch verfassen:*

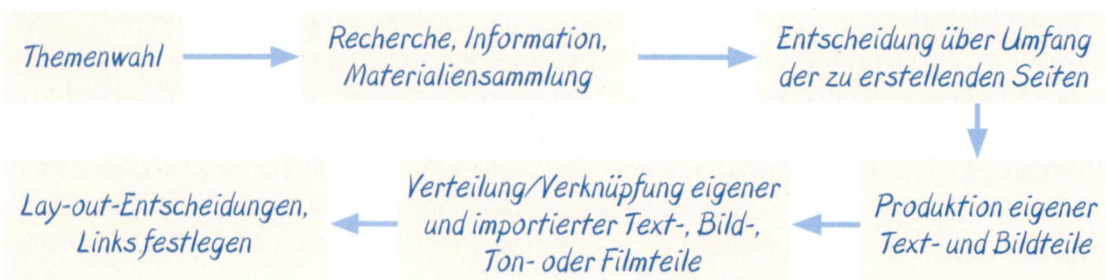

9 Beziehungsgefüge – Kurze Prosatexte interpretieren

9.1 Der Schritt aus der Familie – Kurzgeschichten analysieren

Jos Albert: Familienbildnis, 1928.

1 *Tragt in einem Brainstorming zusammen, was euch beim Betrachten des Bildes durch den Kopf geht.*

2 *Beschreibt und deutet den Blick und den Gesichtsausdruck des Jungen.*

3 *Stellt euch vor, der Junge führt anschließend ein Telefongespräch mit einem Freund. Setzt das Gespräch als spontanes Rollenspiel um.*

Franz Hohler

Bedingungen für die Nahrungsaufnahme (1973)

Franz Hohler, geb. 1943 in Biel, gilt als einer der bedeutendsten zeitgenössischen Autoren der Schweiz. Er schreibt Kurzgeschichten, Kinderbücher, Romane und Theaterstücke, gestaltet Beiträge für Rundfunk und Fernsehen und tritt mit literarisch-kabarettistischen Programmen auf.

Mir ist der Fall eines Kindes bekannt, das, knapp nachdem es ein Jahr alt geworden war, nichts mehr essen wollte. Wenn man ihm seine Nahrung, die meistens aus einem Brei bestand, eingeben wollte, verwarf es die Hände vor dem Gesicht, schüttelte den Kopf und wand sich, sodass es unmöglich war, ihm auch nur einen Löffel davon in den Mund zu bringen. War man doch einmal so weit vorgedrungen, spuckte es sofort alles wieder aus und begann zu schreien. Das Einzige, was es zu sich nahm, war etwas Wasser, aber schon wenn man ihm stattdessen Milch hinhielt, wollte es nichts mehr davon wissen.

Die Eltern waren beunruhigt und konnten sich diese plötzliche Änderung nicht erklären. Sie versuchten, das Kind zuerst mit Zureden, dann mit Drohungen und Schlägen zur Annahme des Breis zu bewegen, aber es war vergebens; sie legten ihm eine Banane hin, die es sonst unter allen Umständen gegessen hätte, doch das Kind nahm sie nicht. Erst ein Zufall führte zu einer Lösung. Das Zimmer des Kindes war mit einem Gatter, das man in den Türrahmen einklemmte, abgesperrt, sodass das Kind bei offener Tür im Zimmer gelassen werden konnte und man hörte, was drinnen vorging, ohne dass es die Möglichkeit hatte hinauszurennen. Am dritten Tag der Nahrungsverweigerung wollte der Vater der Mutter, die sich schon im Zimmer befand, um das Kind zu Bett zu bringen, den Brei hineinreichen, da kam das Kind an das Gatter gelaufen und schaute begierig zum Teller hinauf. Sogleich beugte sich der Vater hinunter und begann, ihm über das Gatter hinweg den Brei einzulöffeln, und das Kind, das sich mit den Händen an den Stäben hielt und mit dem Kopf gerade über den Gatterrand hinausreichte, schien sehr zufrieden und aß den ganzen Brei auf. Am nächsten Morgen fütterte der Vater, bevor er zur Arbeit ging, das Kind auf dieselbe Weise, und es zeigte nicht die geringsten Widerstände. Als aber die Mutter am Mittag dem Kind den Brei über das Gatter geben wollte, lief es weg und schlug den Deckel seiner Spieltruhe so lange auf und zu, bis sich die Mutter aus dem Türrahmen entfernte. Vom Vater nahm es am Abend wieder ohne Umstände den Brei über das Gatter.

Nun aß das Kind zwar wieder, aber die Tatsache, dass es nur von seinem Vater gespeist werden wollte, machte den Eltern zu schaffen. Abgesehen davon, dass es so nur zwei Mahlzeiten am Tag bekam, war es für den Vater nicht einfach, jeden Abend pünktlich da zusein, um dem Kind sein Essen zu verabreichen, er musste sich von Berufs wegen öfters von seinem Wohnort wegbegeben. Einmal erschien er leicht verspätet und hörte das Kind schon schreien, warf den Mantel rasch über einen Stuhl, ging zum Kinderzimmer und gab dem Kind sein Essen. Erst nachher merkte er, dass er vergessen hatte, seinen Hut dazu abzunehmen. Als er am andern Morgen wieder zum Kind ging, wollte es nicht essen, zeigte ihm jedoch unablässig auf den Kopf. Da erinnerte sich der Vater an den vorigen Abend, holte seinen Hut und setzte ihn auf, und befriedigt ließ sich das Kind nun seinen Brei geben. Von nun an musste der Vater immer einen Hut anhaben, wenn er wollte, dass das Kind aß.

Bisher war die Mutter stets zugegen gewesen, wenn das Kind sein Essen erhielt, nun blieb sie einmal am Morgen, als sie schlecht geschlafen hatte, im Bett, da sich der Vater anerboten hatte, das Kind allein zu besorgen. Das Kind weigerte sich aber, den Brei ohne die Gegenwart der Mutter zu essen, und so blieb dem Vater nichts anderes übrig, als die Mutter herzuholen, welche sich im Nachthemd auf ein Kinderstühlchen setzte.

Am selben Abend wehrte sich das Kind schreiend gegen die Zumutung, seinen Brei zu essen, dabei war alles in Ordnung. Der Vater stand außerhalb des Gatters und hatte seinen Hut an, und die Mutter war auch dabei. Allerdings trug sie jetzt ihre Tageskleidung, und da das Kind immer wieder auf die Mutter zeigte, zog sie schließlich ihr Nachthemd an und kam wieder ins Zimmer. Das Kind war aber erst zufrieden, als sie sich wieder auf das Kinderstühlchen setzte und von dort aus zuschaute, wie es aß.

Von jetzt an musste sich die Mutter immer zur Essenszeit des Kindes das Nachthemd anziehen, sonst war an eine Nahrungsaufnahme gar nicht zu denken.

Bald ließ sich das Kind nicht mehr von zufällig eingetretenen Ereignissen leiten, die es wiederholt haben wollte, sondern begann, sich selbst neue Forderungen auszudenken. So deutete es als Nächstes auf den Schrank, der im Zimmer stand, und schaute dazu seine Mutter an. Die Mutter ging auf den Schrank zu und wollte ihn öffnen, doch da heulte das Kind und zeigte auf die Decke des Schranks. Die Mutter sagte, nein, das mache sie nicht, da legte sich das Kind auf den Boden und strampelte mit Händen und Füßen in der Luft, indem es gellende Schreie von besonderer Widerlichkeit dazu ausstieß. Trotzdem beschlossen die Eltern, auf diesen Wunsch des Kindes nicht einzugehen, und so musste es ohne Essen ins Bett. Bis zum Morgen, so hofften sie, hätte es den Gedanken bestimmt wieder vergessen.

Als die Mutter am andern Morgen im Nachthemd auf dem Kinderstühlchen saß und der Vater im Hut vor dem Gatter stand und dem Kind das Essen eingeben wollte, lehnte es wieder ab und zeigte auf die Decke des Schranks. Die Eltern erfüllten ihm den Wunsch nicht, aber das Kind aß nichts.

Nach zwei Tagen, als es bereits Schwächeerscheinungen zeigte, weil es außer Wasser nichts zu sich genommen hatte, gaben die Eltern nach, die Mutter kletterte im Nachthemd auf den Schrank und legte sich flach hin, worauf das Kind sofort und mit großer Begeisterung seinen Brei aß, sich aber immer wieder mit Blicken versicherte, ob die Mutter ihm auch wirklich beim Essen zuschaue. Die Eltern waren nach dieser Niederlage sehr geschlagen und schauten geängstigt dem entgegen, was noch kommen würde. Man kann sich fragen, ob ihr Verhalten richtig war, aber sie sahen keinen andern Weg, um das Kind nicht verhungern zu lassen. Die Kinderärztin, die immer für die Kinder und gegen die Eltern entschied, empfahl dringend, den Wünschen des Kindes nachzugeben, da es wichtiger sei, dass das Kind esse, als dass die Eltern möglichst sorglos lebten, und ein Kinderpsychologe, mit dem der Vater bekannt war, konnte auch nicht helfen, sprach von einer etwas verfrühten Trotzphase und machte vage Hoffnungen, dass sie vorübergehend sei.

Dafür gab es aber noch keine Anzeichen, denn als das Kind das nächste Mal essen sollte, rannte es zum Fenster und war nicht mehr davon wegzubringen. Der Vater wies das Kind auf die Mutter hin, die ordnungsgemäß im Nachthemd auf dem Schrank lag, deutete auf seinen Hut und wollte ihm das Essen über das Gatter geben, aber das Kind schüttelte sich am ganzen Körper und griff mit beiden Händen nach dem Fenstersims. Der Vater wollte es zwar nicht wahrhaben, aber er wusste, was das bedeutete. Das Zimmer lag im ersten Stock, er holte also eine Leiter im Keller, stellte sie außen an das Haus, stieg darauf zum Kinderzimmer hoch und reichte dem Kind den Brei durch das offene Fenster. Das Kind strahlte und aß alles auf.

Am folgenden Tag regnete es, und der Vater erstieg die Leiter zum Kinderzimmer mit einem Regenschirm. Von nun an musste er immer mit dem Regenschirm ans Fenster kommen, unabhängig vom Wetter, sonst wurde der Brei nicht gegessen.

Inzwischen hatten die Eltern, um sich etwas zu entlasten, ein Dienstmädchen genommen. Das Kind jedoch lehnte dieses gänzlich ab und wollte sich nur von der Mutter betreuen lassen. Auch die Hoffnung, das Dienstmädchen könne sich im Nachthemd der Mutter auf den Schrank legen, erwies sich als falsch, das Kind verfiel fast in Tobsucht ob des plumpen Täuschungsversuches. Als aber das Dienstmädchen das Zimmer verlassen wollte, war es auch wieder nicht recht. Es musste am Gatter stehen bleiben und ebenfalls zusehen, wie das Kind aß, wenn das Dienstmädchen bei jedem Löffel, den es schluckte, einmal eine Rasselbüchse schüttelte.

Das, hätte man annehmen können, war nun fast das Äußerste, aber jetzt fing das Kind an, den Vater wegzustoßen, wenn er sich über den Sims lehnte, und auch den Teller mit dem Brei hinunterzuwerfen, den der Vater jeweils aufs Fensterbrett stellte. Dem Vater fiel nichts anderes mehr ein, als sich eine sehr hohe Bockleiter zu kaufen. Die stellte er in einiger Entfernung von der Hausmauer auf, stieg dann hoch und verabreichte dem Kind den Brei mit einem Löffel, den er an einem Bambusrohr befestigt hatte. Um mit diesem Löffel in den Brei eintauchen zu können, musste er den linken Arm mit dem Teller ganz ausstrecken, konnte also den Brei nicht auf der Leiter abstellen. Da er aber nicht ohne Schirm auftreten durfte und ihn nicht wie bisher in der Hand halten konnte, hatte er sich ein Drahtgestell angefertigt, das er auf die Schultern nehmen konnte und in welches der Schirm eingesteckt wurde, sodass er ihn etwa in derselben Höhe über sich trug, wie wenn er ihn in der Hand gehabt hätte.

Ein Nachbar, der zu diesem Zeitpunkt seinen Feldstecher auf das Haus gerichtet hat, sieht also Folgendes:

Der Vater reicht dem Kind den Brei in einem an einer Bambusstange befestigten Löffel von einer Bockleiter außerhalb des ersten Stockes durchs Fenster. Dazu trägt er einen Hut und einen Regenschirm, den er an einem Drahtgestell über den Schultern festgemacht hat. Die Mutter liegt im Nachthemd auf dem Schrank, und das Dienstmädchen steht vor dem Gatter, das im Türrahmen eingeklemmt ist. Beide schauen zu, wie das Kind isst, und das Dienstmädchen schüttelt zusätzlich bei jedem Löffel, den das Kind schluckt, eine Rasselbüchse.

Wenn diese Bedingungen erfüllt sind, und nur dann, dann isst das Kind.

1 *Wie wirkt diese Geschichte auf euch? Teilt eure ersten Eindrücke mit.*

2 *a) Formuliert schriftlich möglichst aussagekräftige* ***Hypothesen*** *(Annahmen, Vermutungen), in denen ihr die Wirkung der Geschichte auf euch zusammenfasst.*
b) Prüft die Stichhaltigkeit eurer Hypothesen, indem ihr die jeweiligen Aussagen durch Textstellen belegt.

3 *In dieser Geschichte entwickelt sich ein fortschreitender Rollentausch.*
a) Notiert Verhaltensmerkmale, die normalerweise der Elternrolle bzw. der Kinderrolle zugeordnet werden.
b) Weist nach, bei wem diese Merkmale in verschiedenen Stadien der Geschichte tatsächlich zu finden sind.

4 *a) Notiert, welche Assoziationen an andere Textsorten die Geschichte bei euch hervorgerufen hat.*
b) Schreibt auf, in welcher Weise diese Vorstellungen die Wirkung der Geschichte beeinflussen. Nutzt dabei die folgenden Formulierungen.

Der Satzbau ist auffällig, da .... Dadurch wirkt die Geschichte eher wie ...
Für eine Kurzgeschichte ist auch die Wortwahl ungewöhnlich; es kommen viele Wörter vor, die man eher in ... vermuten würde. Die Wirkung dieser Wortwahl ist, ...
Einige der Wörter wirken wie Leitmotive, z. B.: ...

Reiner Kunze

Fünfzehn (1976)

Reiner Kunze, 1933 in Oelsnitz/Erzgebirge geboren, musste in der damaligen DDR aus politischen Gründen die Universität Leipzig verlassen und schrieb dann als freier Schriftsteller Gedichte, Kurzgeschichten und Dialoge, die u. a. 1976 in der Sammlung „Die wunderbaren Jahre" veröffentlicht wurden. Darin schildert Kunze das Leben von Jugendlichen in der DDR. Da das Buch im Westen Deutschlands erschien, wurde Kunze aus dem Schriftstellerverband der DDR ausgeschlossen.

Sie trägt einen Rock, den kann man nicht beschreiben, denn schon ein einziges Wort wäre zu lang. Ihr Schal dagegen ähnelt einer Doppelschleppe: lässig um den Hals geworfen, fällt er in ganzer Breite über Schienbein und Wade. (Am liebsten hätte sie einen Schal, an dem mindestens drei Großmütter zweieinhalb Jahre gestrickt haben – eine Art Niagarafall aus Wolle. Ich glaube, von einem solchen Schal würde sie behaupten, daß er genau ihrem Lebensgefühl entspricht. Doch wer hat vor zweieinhalb Jahren wissen können, daß solche Schals heute Mode sein würden.) Zum Schal trägt sie Tennisschuhe, auf denen jeder ihrer Freunde und jede ihrer Freundinnen unterschrieben haben. Sie ist fünfzehn Jahre alt und gibt nichts auf die Meinung uralter Leute – das sind alle Leute über dreißig.

Könnte einer von ihnen sie verstehen, selbst wenn er sich bemühen würde? Ich bin über dreißig.

Wenn sie Musik hört, vibrieren noch im übernächsten Zimmer die Türfüllungen. Ich weiß, diese Lautstärke bedeutet für sie Lustgewinn. Teilbefriedigung ihres Bedürfnisses nach Protest. Überschallverdrängung unangenehmer logischer Schlüsse. Trance. Dennoch ertappe ich mich immer wieder bei einer Kurzschlußreaktion: Ich spüre plötzlich den Drang in mir, sie zu bitten, das Radio leiser zu stellen. Wie also könnte ich sie verstehen – bei diesem Nervensystem?

Noch hinderlicher ist die Neigung, allzu hochragende Gedanken erden zu wollen.

Auf den Möbeln ihres Zimmers flockt der Staub. Unter ihrem Bett wallt er. Dazwischen liegen Haarklemmen, ein Taschenspiegel, Knautschlacklederreste, Schnellhefter, Apfelstiele, ein Plastikbeutel mit der Aufschrift „Der Duft der großen weiten Welt", angelesene und übereinandergestülpte Bücher (Hesse, Karl May, Hölderlin), Jeans mit in sich gekehrten Hosenbeinen, halb- und dreiviertel gewendete Pullover, Strumpfhosen, Nylon und benutzte Taschentücher. (Die Ausläufer dieser Hügellandschaft erstrecken sich bis ins Bad und in die Küche.) Ich weiß: Sie will sich nicht den Nichtigkeiten des Lebens ausliefern. Sie fürchtet die Einengung des Blicks, des Geistes. Sie fürchtet die Abstumpfung der Seele durch Wiederholung! Außerdem wägt sie die Tätigkeiten gegeneinander ab nach dem Maß an Unlustgefühlen, das mit ihnen verbunden sein könnte, und betrachtet es als Ausdruck persönlicher Freiheit, die unlustintensiveren zu ignorieren. Doch nicht nur, daß ich ab und zu heimlich ihr Zimmer wische, um ihre Mutter von Herzkrämpfen zu bewahren – ich muß mich auch der Versuchung erwehren, diese Nichtigkeiten ins Blickfeld zu rücken und auf die Ausbildung innerer Zwänge hinzuwirken.

Einmal bin ich dieser Versuchung erlegen.

Sie ekelt sich schrecklich vor Spinnen. Also sagte ich: „Unter deinem Bett waren zwei Spinnennester."

Ihre mit lila Augentusche nachgedunkelten Lider verschwanden hinter den hervortretenden Augäpfeln, und sie begann „Jix! Ääx! Uh!" zu rufen, so daß ihre Englischlehrerin, wäre sie zugegen gewesen, von soviel Kehlkopfknacklauten – englisch „glottal stops" – ohnmächtig geworden wäre. „Und warum bauen die ihre Nester gerade bei mir unterm Bett?"

„Dort werden sie nicht oft gestört." Direkter wollte ich nicht werden, und sie ist intelligent.

Am Abend hatte sie ihr inneres Gleichgewicht wiedergewonnen. Im Bett liegend, machte sie einen fast überlegenen Eindruck. Ihre Hausschuhe standen auf dem Klavier. „Die stelle ich jetzt immer dorthin", sagte sie. „Damit keine Spinnen hineinkriechen können." R

1 *Welche Verhaltensweisen der Figuren erscheinen euch vertraut? Welche findet ihr ungewöhnlich?*

2 *Nennt Textpassagen, an denen deutlich wird, wie sich die Tochter fühlt.*

3 *Die Geschichte ist in der Ich-Form geschrieben.*
- *a) Führt Stellen an, die erkennen lassen, dass das Geschehen aus der Sicht eines Erwachsenen erzählt wird.*
- *b) Stellt Argumente zusammen, die für diese Wahl der Perspektive sprechen.*

4 *In kurzen Prosatexten findet man oft ausgefeilte sprachliche Gestaltungen.*
- *a) Mit welchen sprachlichen Mitteln wird die Tochter des Erzählers beschrieben?*
- *b) Wie wird dadurch der Charakter der Figur deutlich?*
  Beginnt folgendermaßen:

> „Die Ausläufer dieser Hügellandschaft erstrecken sich bis ins Bad und in die Küche." (Z. 45–47). An dieser Beschreibung fällt auf, dass …

!

Figurencharakteristik

Das Bild einer literarischen Figur entsteht in vielschichtiger Weise auf verschiedenen Ebenen:
- durch Aussagen anderer Figuren **(direkte Charakterisierung)**. In diesem Fall muss man berücksichtigen, dass sich die Figuren selten neutral gegenüberstehen. Ihr Urteil wird also durch Sympathie oder Antipathie geprägt sein;
- durch das Verhalten und die Rede der Figur selbst, aus denen man Rückschlüsse auf ihre Absichten und ihren Charakter ziehen kann **(indirekte Charakterisierung)**.

Italo Calvino

Eine Reise mit den Kühen

Italo Calvino wurde 1923 in Santiago de las Vegas auf Kuba geboren und starb 1985 in Siena, Italien. Mit Romanen wie „Der Baron auf den Bäumen" oder „Wenn ein Reisender in einer Winternacht" wurde Calvino zu einem der bedeutendsten italienischen Autoren des 20. Jahrhunderts.

Die Geräusche der Stadt, die in Sommernächten durch die offenen Fenster in die Stuben der Menschen dringen, denen die Hitze den Schlaf raubt, die wahren Geräusche der nächtlichen Stadt, hört man erst, wenn zu einer bestimmten Stunde der anonyme Lärm der Motoren verebbt und schließlich ganz verstummt, wenn aus der Stille unaufdringlich, deutlich, je nach der Entfernung abgestuft, der Schritt eines nächtlichen Spaziergängers vernehmbar wird, das Fahrrad eines Nachtwächters, gedämpftes Stimmengewirr aus der Ferne, Schnarchen aus den oberen Stockwerken, das Stöhnen eines Kranken, der Klang einer alten Pendeluhr, die stetig alle Stunden schlägt. Bis dann im Morgengrauen das Orchester der Wecker in den Arbeiterwohnungen einsetzt und eine Straßenbahn über die Schienen rollt.

So lag Marcovaldo eines Nachts mit geschlossenen Augen zwischen Frau und Kindern, die im Schlaf schwitzten, und horchte auf diesen feinen Staub schwacher Geräusche, der vom Pflaster des Bürgersteigs durch die tief gelegenen Fensterchen bis auf den Fußboden des Kellergeschosses drang. Er hörte die lustigen und rasch klappernden Absätze einer Frau, die sich verspätet hatte, das Schlappen der abgelösten Schuhsohle eines Kippensammlers, der in unregelmäßigen Abständen stehen blieb, das Pfeifen eines Einsamen und hie und da einen gebrochenen Wortwechsel zwischen Freunden, wobei man erraten konnte, ob die über Sport oder über Geld redeten. In der warmen Nacht verloren all diese Geräusche ihre durchdringende Schärfe, sie wurden gleichsam gedämpft von der Schwüle, die in den leeren Straßen lag, und doch war es, als wollten sie sich aufdrängen, ihre Herrschaft über dieses unbewohnte Reich bekräftigen. In jedem einzelnen menschlichen Dasein erkannte Marcovaldo traurig einen Bruder, der gleich ihm in diesem glühenden, staubigen Zementofen festgebannt war, sogar während der Ferienzeit, durch Schulden, durch die Bürde einer großen Familie, durch den niedrigen Lohn.

Als habe ihm der Gedanke an einen nicht möglichen Urlaub schnurstracks die Tore ins Traumland geöffnet, glaubte er, von weither Glockenbimmeln und Hundegebell und auch ein kurzes Muhen zu hören. Aber er hatte ja die Augen geöffnet, er träumte nicht: Er bemühte sich, während er scharf hinhörte, eine Bestätigung für diesen vagen Eindruck zu erhalten oder auch eine Widerlegung; tatsächlich kam ein Geräusch zu ihm wie von hundert und aberhundert Tritten, langsam, verstreut, dumpf, ein Geräusch, das sich näherte und jedes andere Geräusch übertönte, mit Ausnahme des unablässigen scheppernden Gebimmels.

Marcovaldo stand auf, zog sich Hemd und Hosen an. „Wo willst du hin?", fragte seine Frau, die sozusagen nur auf einem Auge schlief.

„Da muss gerade eine Herde durch die Straße ziehen. Ich will mir das ansehen."

„Ich auch! Ich auch!", sagten die Kinder, die im rechten Augenblick aufzuwachen verstanden.

Es war eine von den Herden, wie sie im Frühsommer nächtens durch die Städte ziehen, den Almen des Gebirges zu. Als sie zur Straße hinaufgestiegen waren, die Augen vom Schlaf noch halb verklebt, sahen die Kinder, wie ein Strom hellbrauner und gescheckter Rücken den Bürgersteig erfüllte und die plakatbeklebten Hauswände entlangstreifte, an heruntergelassenen Rollläden vorbei, an den Stangen der Halteverbotsschilder, den Tankstellen. Die Kühe stiegen mit behutsamen Hufen die Randsteine zu den Straßenkreuzungen hinab, die Gesichter, ohne jedes neugierige Zucken, dicht an den Lenden der vor ihnen Trottenden, sie nahmen ihren Geruch nach Stroh und Wiesenblumen und Milch mit sich und den sehnsüchtigen Klang ihrer Glocken, und die Stadt schien sie überhaupt nicht zu berühren, da sie schon ganz in ihrer Welt der feuchten Wiesen lebten, der Bergnebel und der Furten durchs Wildwasser.

Ungeduldig hingegen, wie nervös vor der Übermacht der Stadt, wirkten die Kuhhirten, die sich mit kurzen, nutzlosen Laufschritten neben der Tierreihe abplagten, die Stöcke hoben und unvermittelt in heisere, abgehackte Rufe ausbrachen. Die Hunde, denen ja nichts Menschliches fremd ist, trugen betonte Unbefangenheit zur Schau und gingen erhobenen Kopfes einher, bimmelnd, auf ihre Arbeit bedacht, aber man merkte doch, dass auch sie unruhig und befangen waren, sonst hätten sie sich ablenken lassen und Ecken, Laternenpfähle, Flecken auf dem Pflaster beschnüffelt, wie dies doch der erste Gedanke jedes Stadthundes ist.

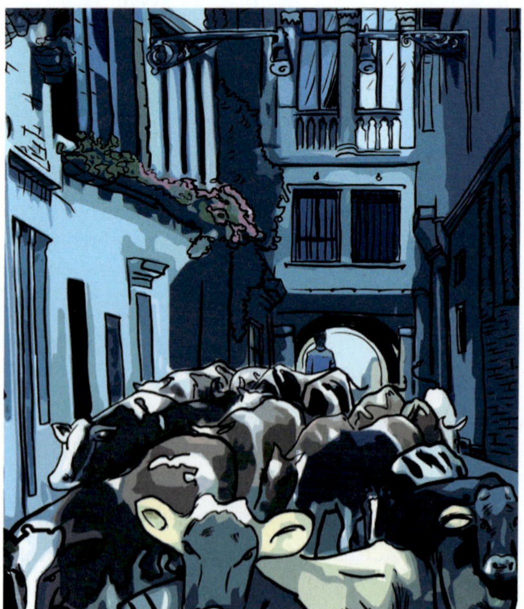

„Papa“, fragten die Kinder, „sind Kühe eigentlich wie Straßenbahnen? Halten sie auch an Haltestellen? Wo ist denn dann die Endstation der Kühe?“

„Sie haben mit einer Straßenbahn überhaupt nichts zu tun“, erklärte Marcovaldo. „Sie ziehen ins Gebirge.“

„Binden sie sich Skier an die Füße?“, fragte Pietruccio.

„Sie gehen auf die Weide, um Gras zu fressen.“

„Werden sie nicht bestraft, wenn sie den Rasen zertrampeln?“

Michelino, der Älteste, stellte keine Fragen, er hatte bereits seine Vorstellungen von Kühen und war jetzt nur darauf bedacht, die sanft geschwungenen Hörner zu betrachten, die Euter mit den vier Zitzen, die schmutzigen Schwänze, die verschiedenfarbenen Kruppen und Wammen. So folgte er der Herde, trottete neben ihr her wie ein Hütehund.

Als der letzte Trupp vorüber war, nahm Marcovaldo die Kinder an der Hand, um wieder schlafen zu gehen, doch Michelino war nicht zu sehen. Er stieg in seine Stube hinab, fragte seine Frau: „Ist Michelino schon zurück?“

„Michelino? War er nicht bei dir?“

„Er ist der Herde nachgelaufen, weiß der Himmel, wo er jetzt steckt“, dachte er und rannte wieder auf die Straße hinaus. Die Herde hatte den Platz bereits hinter sich gelassen, und Marcovaldo musste die Straße suchen, in die sie eingebogen war. Doch anscheinend zogen in dieser Nacht mehrere Herden durch die Stadt, eine jede durch eine andere Straße, ihrem Gebirgstal entgegen. Marcovaldo entdeckte eine Herde und holte sie auch ein, dann aber merkte er, dass es nicht die richtige war; in einer Querstraße sah er, dass vier Straßenzüge weiter eine andere Herde parallel zu dieser dahinzog, er eilte ihr nach, und die Hirten sagten ihm, dass sie einer anderen Herde begegnet seien, die in umgekehrter Richtung gezogen sei. So suchte Marcovaldo überall vergeblich, bis die letzte Kuhglocke im Morgengrauen verstummt war.

Der Kommissar, an den Marcovaldo sich wandte, um Vermisstenanzeige zu erstatten, sagte: „Einer Herde ist er nachgelaufen? Da wird er mit ins Gebirge sein, ein bisschen Sommerfrische machen, der Beneidenswerte. Du wirst schon sehen, er kommt kräftig und braungebrannt zurück."

Die Meinung des Kommissars wurde ein paar Tage später bestätigt von einem Angestellten der Firma, in der Marcovaldo arbeitete; der Angestellte war gerade vom ersten Ferienturnus zurückgekommen. Auf einem Gebirgspass war er dem Jungen begegnet: Er war bei der Herde, ließ seinem Vater Grüße ausrichten, und es ginge ihm gut.

In der staubigen Hitze der Stadt dachte Marcovaldo nur an seinen beneidenswerten Sohn, der jetzt gewiss stundenlang im Schatten einer Tanne saß, auf einem Grashalm blies, zuschaute, wie die Kühe unten langsam über die Wiese zogen, und im kühlen Tal das Wasser rauschen hörte.

Die Mutter aber konnte kaum erwarten, dass er wieder heimkehrte. „Wird er mit der Bahn kommen? Oder mit dem Bus? Es ist schon eine Woche her ... Es ist schon einen Monat her ... Es wird schlechtes Wetter geben ..." Und sie fand keinen Frieden, obwohl es doch eine Erleichterung bedeutete, täglich einen Esser weniger bei Tisch zu haben.

„Glück hat er, er lebt im Freien draußen, wo es kühl ist, und futtert sich dick und rund an Butter und Käse", sagte Marcovaldo, und jedes Mal, wenn in der Tiefe der Straßenschlucht, vom Hitzedunst kaum verhüllt, der weiß und graue Ausschnitt der Berge sichtbar wurde, kam er sich vor, als sei er tief in einen Brunnenschacht versunken, und vermeinte, hoch droben im Licht die Ahorn- und Kastanienzweige schimmern zu sehen und wilde Bienen summen zu hören und Michelino dort oben zu erkennen, faul und glücklich zwischen Milch und Honig und Brombeeren.

Aber auch er wartete von Abend zu Abend auf die Rückkehr des Sohnes, wenn er auch nicht, wie die Mutter, die Fahrpläne von Eisenbahn und Autobus studierte: Nachts horchte er auch auf die Tritte, die über die Straße kamen, als sei das kleine Kellerfenster die Öffnung einer Muschel, die, wenn man das Ohr an sie legte, die Geräusche der Berge wiedergab.

Da, eines Nachts, setzte er sich mit einem Ruck im Bett auf, es war keine Einbildung, er hörte, wie sich auf dem Pflaster das unverkennbare Klappern der Huftiere näherte und mit ihnen das Bimmeln der Glocken.

Sie rannten auf die Straße hinaus, er und die ganze Familie. Die Herde kehrte zurück, langsam und gravitätisch. Und mitten in der Herde, rittlings auf einer Kuh, die Hände fest am Halsriemen, und der Kopf schaukelte bei jedem Schritt, saß schlaftrunken Michelino.

Sie hoben ihn herab, umarmten und küssten ihn. Er war wie benommen.

„Wie geht's dir denn? War es schön?"

„Oh ... ja ..."

„Hattest du Heimweh?"

„Ja ..."

„Ist es schön da oben in den Bergen?"

Nun stand er vor ihnen, mit zusammengezogenen Augenbrauen und hartem Blick.

„Wie ein Esel hab ich mich abgerackert", sagte er und spuckte aus. Er hatte ein Männergesicht bekommen. Jeden Abend die Eimer für die Melker von einem Tier zum andern schleppen und dann die Milch in die Kannen schütten, schnell, immer schneller, bis spät in die Nacht. Und morgens in aller Früh die Kannen zu den Lastwagen rollen, die sie in die Stadt bringen ... Und zählen, immer zählen: die Tiere, die Kannen, und wehe, wenn man sich verzählte ...“

„Und bist du auch auf den Wiesen gewesen? Während die Kühe weideten?“

„Dazu hatte ich keine Zeit. Immer war etwas zu tun. Mit der Milch, mit der Streu, mit dem Mist. Und wofür das alles? Sie hatten ja die Ausrede, dass ich ohne Arbeitsvertrag mitgegangen bin, und was haben sie mir bezahlt? Einen Dreck. Aber wenn ihr glaubt, dass ich euch was abgebe davon, habt ihr euch geirrt. Los, gehn wir schlafen, ich bin hundemüde.“

Er zuckte die Achseln, zog die Luft in der Nase hoch und ging ins Haus.

Die Herde trottete auf der Straße weiter und nahm alle verlogenen und wehmütigen Gerüche nach Heu mit sich und das Bimmeln der Glocken.

1 *Reflektiert euren Leseprozess:*
a) Welche Assoziationen hat der Titel bei euch ausgelöst?
b) Welche Erwartungen an die Entwicklung der Geschichte sind bestätigt worden?

2 *Untersucht den Aufbau des Textes. Geht dabei vor allem auch auf den Anfang und das Ende ein.*

3 *Welche Motive könnte der Sohn haben, seine Familie auf Zeit zu verlassen? Nennt einige Motive und ordnet ihnen Zitate aus dem Text zu, die sein Verhalten erklären.*

4 *Vergleicht die Geschichte mit anderen, in denen ebenfalls ein Sohn die Familie verlässt.*
a) Informiert euch in einer Bibliothek oder im Internet über „Aus dem Leben eines Taugenichts“ von Joseph von Eichendorff.
b) Schlagt das Gleichnis vom „Verlorenen Sohn“ nach (Neues Testament, Lukas 15,11–32).
c) Vergleicht die Motive der Söhne und die Reaktionen der Väter. Notiert die Ergebnisse in einer tabellarischen Übersicht.

5 *Welche Erfahrungen macht Michelino bei seiner Arbeit in den Bergen und welche Vorstellungen haben seine Eltern von dieser Arbeit? Macht dies jeweils durch Textbelege deutlich.*

6 *Welche Charaktereigenschaften würdet ihr Vater und Sohn in Calvinos Geschichte zuordnen?*
a) Notiert passende Adjektive und ordnet ihnen jeweils Textbelege zu.
b) Verfasst eine ***Charakterisierung*** *des Sohnes und des Vaters.*

ARBEITSTECHNIK

Figuren charakterisieren

In einer Charakterisierung wird die Figur dargestellt, wie sie aus Signalen des Textes für den Leser erfahrbar wird. Dazu gehören:

- die äußere Erscheinung (Geschlecht, Größe, Gesichtszüge, Kleidung);
- Eigenschaften und Verhalten (Gefühle, Gedanken, Einstellungen; Gebärden, Gestik, Mimik; Reaktionen auf Verhalten anderer, Verhalten in Konfliktsituationen, die das Handeln bestimmen);
- die Sprache (Tonfall, Wortwahl, Satzbau, Ausdruck);
- das Verhältnis der Figur zu sich selbst, zu anderen, zur Umwelt.

Kurzgeschichten schriftlich interpretieren

Brigitte Kronauer

Porträt Nr. 5
Ehepaar Dortwang (1997)

Brigitte Kronauer wurde 1940 in Essen geboren, war zunächst Lehrerin und lebt seit 1974 als freie Schriftstellerin in Hamburg. Ihr 1983 erschienener Roman „Rita Münster“ hat den Ich-Zerfall in einer Welt verlorener Sicherheit und die Suche einer Frau nach eigener Identität im Alltag zum Thema. In ihren Erzählbänden („Vom Umgang mit der Natur“, 1977, „Schnurrer“, 1992) und in ihren Romanen („Frau Mühlenbeck im Gehäus“, 1980, „Berittener Bogenschütze“, 1986) wendet Kronauer Darstellungsformen an, die ein hohes Maß an Mitkonstruktion von den Leserinnen und Lesern erwarten.

Bei einem Schrebergartenfest mit Tanz, Bier und Grillwürstchen gab es zwischen Herrn Dortwang und seiner Frau die wohl leidenschaftlichste Verständigung ihres ganzen zwanzig Jahre alten Ehelebens. Das Fest fand Ende September statt. Herr Dortwang, ein hagerer, grauköpfiger Mann, gehörte keineswegs dem Verein an. Er verbrachte seine freie Zeit hauptsächlich im eigenen, hinter dem Häuschen des Paars gelegenen Garten. Auch seine Frau hatte, wie ihn, der Zufall zu den Kleingärtnern verschlagen oder eben die Fügung. Sie wurde in einem bestimmten Augenblick während des Festes, kurz nach ihrem Eintreffen, weiß und rot, abwechselnd in schneller gefährlicher Folge, wohl weil sie sich nicht entscheiden konnte, und erst als ihr das Wort „Schicksal“ einfiel, nahm ihr großes, rundes Gesicht wieder natürliche Farbe an, nämlich das Inkarnat[1] einer ironischerweise permanenten leichten Entflammung wegen ihres Bluthochdrucks.

Herr Dortwang war ein umständlicher Erzähler. Das störte vielleicht nur deshalb, weil seine Frau, wenn er nach Wörtern zu suchen begann, was allerdings häufig vorkam, ihm schleunigst beisprang. Ob aus Hilfsbereitschaft oder reiner Ungeduld, ließ sich meist, wohl auch für sie selbst, nicht klar entscheiden. „Wir sind damals an diesem, diesem ...“ „Fluß spazieren gegangen“, ergänzte Frau Dortwang, und genauso „Fluß spazieren gegangen“, wiederholte und vervollständigte dann Herr Dortwang. Auf jeden Fall mußte er es selbst noch einmal sagen, was den Vortrag nicht fesselnder machte. Fuhr er dann einmal anders fort „ ... Bach entlanggelaufen“, signalisierte das den Zuhörern schon ungewöhnliche Eigensinnigkeit. Allerdings passierte das hin und wieder.

Frau Dortwang war eine außerordentlich imponierende, energische Ehefrau, eine auch wegen ihrer Körperkräfte angesehene Altenpflegerin, die hinzuverdiente zum Gehalt ihres Mannes, der seine eigene kleine Firma aufgegeben hatte und als Elektriker in einem

1 **Inkarnat:** Fleischfarbe

größeren Betrieb arbeitete. Das kam vor allem dem achtzehnjährigen Sohn zugute.

Mit ihrem Gatten hatte Frau Dortwang keine Schwierigkeiten, mit diesem insgesamt, nicht nur im Sprechen, ein wenig schwerfälligen, nur langsam zum Wesentlichen kommenden Mann. Sie war es vor allem, die bestimmte, welche Beziehungen zur Umwelt unterhalten wurden, legte die Urteile über gemeinsame Bekannte fest und ordnete an, wann sie geändert werden durften und in welcher Weise. Sie verstand darüber hinaus, auch das annähernd mühelos, ihren Mann im noch privateren Zusammenleben zu dirigieren, sich seinen stets Zeit raubenden Betrachtungen zu entziehen durch ein „Ah, ich muß schnell noch ...“ und ihn aus seinem Hang zur gelegentlichen, fast ins Schneckenhafte spielenden Melancholie aufzuschrecken durch laute Radiomusik oder hervorragend zubereiteten Heringssalat. Und so in allem anderen auch!

Herr Dortwang schien mit seiner tatkräftig-strammen Frau zufrieden: Meist sah man ihn ja nicht schwermütig, sondern herzlich lachend hinter blitzenden Brillengläsern, ja möglicherweise sogar spöttisch funkelten dann seine Augen, als begriffe er alles und amüsierte sich gelassen dabei. Sehr selten nur – und hatte man es einmal gesehen, war man mißtrauisch für immer geworden – stand dieses Lachen plötzlich still, setzte aus und wurde grimassenhaft wieder aufgenommen, abrupt funkelnd, herzlich usw.

Für Frau Dortwang existierte außer diesem Lachen noch ein Lächeln, und das brachte sie, nur dieses eine, diese eine Verfehlung, in ihrem Innersten und verschwiegen, zur Weißglut. Eine junge Bekannte, längst von ihr abgeurteilt, erzeugte, nach ihrer Verbannung, sobald der Name fiel, auf Herrn Dortwangs Gesicht ein Träumen. Es überflutete seine Wangen, seine Augen, sogar seine Stirn glättete sich dann, und das Schlimmste: Er ahnte es selbst anscheinend gar nicht, es widerfuhr ihm in aller Unschuld. Frau Dortwang sagte den Namen ab und zu zur Kontrolle. Sie konnte ihn mit noch so viel Verdammnis belegen: Herr Dortwang lächelte verzückt in zärtlichem Erinnern, obschon doch nie etwas Anstößiges zwischen den beiden vorgefallen sein konnte und man die Person niemals wiedergesehen hatte. Aber auch das ging mit den Jahren vorüber. Freunde der Familie, Kollegen des Mannes, Verwandte, die, wenn sie der Hafer stach, lebhaft und lüstern von üblichen Ehebrüchen erzählten, wußte sie in gewohnter Manier abzuschmettern durch Berichte über das Alten- und Pflegeheim, wo sich das Leben zeigte, wie es war, jenseits solcher Mätzchen.

An einem Abend Ende August, nachdem er den Rasen geschnitten und sich geduscht hatte, ging ihr Mann, als hätte er es irgendwo gelesen, zum Briefkasten und kam nicht mehr zurück. Die üblichen Nachforschungen ergaben nichts. Bei der Polizei wies man sie auf das Klassische des Falls hin. „Bangen“, „Hoffen“, „Zorn“ waren die Wörter, die nun, ließen Mutter und Sohn verlautbaren, den Zustand der restlichen Familie kennzeichneten. Für Frau Dortwang stand bald fest, als man weder einen Verletzten, Toten oder Verirrten mit Gedächtnisverlust für sie aufgefunden hatte, daß ihr Mann auf und davon war, jeder Pflicht davongelaufen. O ja, wenn sie, arg bedrängt von Kreislaufbeschwerden, trotz aller Disziplin, ächzend auf ihrem Stuhl gesessen hatte, keuchend nachts im Bett (manchmal auch, um Entscheidungen zu beschleunigen): Wie konnte sie einstmals dann mit seiner Verzweiflung rechnen! In letzter Zeit hatte er nur still neben ihr ausgehalten, vielleicht aus vollem Herzen geistesabwesend hinter seinem ruhigen Gesicht. Und doch war dieser Streich zu unglaublich, alsdaß sie hätte kampflos resignieren können. Sie telefonierte, schrieb, wartete.

Ihr Sohn half dabei getreu. Fünf Wochen nach Herrn Dortwangs Verschwinden überredete er seine Mutter, ihn mit zu einem geselligen Abend im Schrebergartenverein seiner neuen Freundin zu begleiten, der Zerstreuung wegen und um endlich ein im Sommerschlußverkauf auf Grund der Kleidergröße günstig ergattertes Leinenkostüm auszuführen. Dort entdeckten sie beim zweiten Walzer auf der Tanzfläche Herrn Dortwang, heiter eine junge, ihnen unbekannte Frau umbalzend. Frau Dortwang rüstete sich, errötend und erblassend, zu Gefecht und Befehl. Da begegnete sie dem Blick ihres Mannes. [R]

Die folgenden Aufgaben beziehen sich auf die Geschichte von Brigitte Kronauer (▷ S. 187–188). Zugleich erhaltet ihr Hinweise zu einer systematischen Interpretation von Kurzgeschichten und anderen Prosatexten.

1. Schritt: Ein erstes Textverständnis festhalten

Schon nach dem ersten Lesen einer Geschichte kann man sagen, ob sie einem gefällt oder nicht. Oft hängt das davon ab, ob man sich von den dargestellten Erfahrungen und Konflikten angesprochen fühlt. Es entwickelt sich eine Vorstellung von den Figuren und deren Beziehung zueinander. Auch der Schreibstil beeinflusst das eigene Urteil über den Text.

1 *Was ist euer erster Eindruck von dieser Geschichte? Worum geht es?*
Formuliert eine Hypothese, die möglichst aus einem aussagekräftigen Satz bestehen sollte.

2 *Welche Probleme ergeben sich aus der dargestellten Beziehung zwischen Herrn und Frau Dortwang?*
Entwickelt eine geeignete grafische Darstellung.

2. Schritt: Die Geschichte analysieren und interpretieren

Erste Hypothesen zu einer Geschichte werden durch eine genaue Untersuchung des Textes untermauert. Gelangt man durch genaue Analyse zu einer Änderung oder Präzisierung des ersten Eindrucks, muss man eine Hypothese manchmal auch verwerfen. Bei einer **Analyse** (griech. *análysis:* Auflösung) werden wichtige Einzelheiten und Aussageebenen eines Textes untersucht (▷ 354–355). Darüber hinaus müssen die Einzelergebnisse zueinander in Beziehung gesetzt werden. Aus der Einordnung der einzelnen Analyseergebnisse in das Gesamtkonzept entsteht dann erst die **Interpretation.**

1 *a) Benennt mit eigenen Worten das **Thema** der Geschichte.*
*b) Welchen Einfluss hat das Thema auf die **Figurenkonstellation**, in welcher Weise prägt es den Handlungsverlauf?*

2 *Untersucht den **Handlungsaufbau:***
Welche Besonderheiten gibt es in der Gestaltung von Anfang und Schluss?
Wie verläuft die innere Handlung, und wie wird sie gestaltet, z. B. durch Spannungsmomente?

3 *Analysiert eine* ***literarische Figur****, besonders ihren Charakter (**▷ S. 182, 186**). Entwickelt ein Charakterprofil für die Figur der Frau Dortwang. Übertragt das Raster in euer Heft, ergänzt weitere gegensätzliche Eigenschaften. Setzt auf die Linien an passenden Stellen Kreuze.*

gefühlvoll	————————————X————	empfindungslos
selbstständig	————————————————	unselbstständig

4 *Die Kurzgeschichte ist in der* ***Erzählform*** *der 3. Person Singular geschrieben. Stellt kurz schriftlich dar, welche erzählerischen Möglichkeiten (z. B. Erzählperspektive, Erzählhaltung) sich dadurch ergeben und welche Wirkungen in einer Ich-Erzählung nicht möglich gewesen wären.*

5 *Analysiert die* ***Wortwahl*** *der Erzählung. Wie könnte man die Sprache beschreiben?*

3. Schritt: Eine Interpretation schriftlich ausarbeiten

Die Vorarbeiten in den Schritten 1 und 2 dienen dazu, die Geschichte möglichst umfassend zu verstehen. Auf dieser Basis kann man dann eine zusammenhängende Interpretation schreiben.

ARBEITSTECHNIK

Die schriftliche Ausarbeitung einer Interpretation

- In der **Einleitung** eines solchen Aufsatzes gibt man Autor/in und Titel des Textes sowie die Textgattung (z. B. Kurzgeschichte, Parabel) an. Man informiert über das Thema der Geschichte und trifft eine Aussage dazu, wohin man die eigene Deutung steuern will.
- Im **Hauptteil** des Aufsatzes wird eine Deutung der Geschichte vorgestellt, in die die Ergebnisse der Analyse einfließen (Figuren, Zeit, Ort, Aufbau der Geschichte, Erzählstil, Erzählperspektive; ▷ S. 354–355). Wichtige Analyseschritte sollte man anhand von Textstellen belegen (▷ Hinweise zum richtigen Zitieren auf S. 148).
- Am **Schluss** schreibt man eine eigene kurze Stellungnahme zum Text. Sie kann sich auf Inhalt und Problemstellung beziehen oder aber auch auf die Schreibweise der Autorin/des Autors, oder sie setzt sich mit der Meinung der Autorin/des Autors auseinander, die man in der Analyse herausgestellt hat. Auf jeden Fall sollte sie über ein einfaches Geschmacksurteil (z. B.: „Die Geschichte hat mir gefallen") hinausgehen. Manchmal wird der wertende Schlussteil durch eine **weiterführende Aufgabe** ersetzt, mit der man kreativ auf den Text reagieren soll.

Ein Interpretationsaufsatz sollte gründlich überarbeitet werden, bevor man ihn aus der Hand gibt (▷ S. 88).

6 *Schreibt eine Interpretation zu „Ehepaar Dortwang". Nutzt darin die Ergebnisse eurer Analysen (vgl. Aufgaben 1–5).*

9.2 Roald Dahl: „Lammkeule“ – Kommunikation untersuchen

„Ich will nichts“ – Gestörte Kommunikation

A: Hallo, Liebling.
B: Hallo.
A: Müde, Liebling?
B: Ja, ich bin müde.

1 *a) Entwerft für diesen Kurzdialog verschiedene Situationen, die unterschiedliche Stadien einer Beziehung wiedergeben sollen. Diese können durch Harmonie oder Disharmonie geprägt sein.*
b) Sucht dazu jeweils passende Überschriften.

2 *Wählt eine der Situationen aus und überlegt genau, wie der kurze Dialog vorgetragen werden sollte. Schreibt den Dialog ab und lasst in jeder Zeile genügend Platz für Notizen.*
a) Ordnet den beiden Figuren jeweils eine besondere Stimmung und eine dazu passende Redeweise zu (Lautstärke, Sprechtempo, emotionale Färbung etc.).
b) Notiert euch außerdem, welche Gestik und Mimik die Figuren A und B zeigen sollen. Haltet auch fest, was die beiden Figuren zusätzlich tun sollen (Art der Bewegungen im Raum etc.).

3 *Entwickelt aus den Dialogen ein szenisches Spiel. Spielt dieses vor.*

4 *Überlegt jeweils, ob die Kommunikation von A und B Harmonie oder Disharmonie überzeugend zum Ausdruck gebracht hat.*

Roald Dahl

Lammkeule (1953)

Roald Dahl (1916–1990) war als freier Schriftsteller in seinem Heimatland Südwales und den USA tätig. Seine Erzählungen und Schauergeschichten zeichnen sich durch schwarzen Humor, originelle und überraschende Einfälle aus.

Das Zimmer war aufgeräumt und warm, die Vorhänge waren zugezogen, die beiden Tischlampen brannten – ihre und die vor dem leeren Sessel gegenüber. Zwei hohe Gläser, Whisky und Sodawasser auf dem Büfett hinter ihr. Frische Eiswürfel im Thermoskübel.

Mary Maloney wartete auf ihren Mann, der bald von der Arbeit nach Hause kommen musste.

Hin und wieder warf sie einen Blick auf die Uhr, aber ohne Ungeduld, nur um sich an dem Gedanken zu erfreuen, dass mit jeder Minute der Zeitpunkt seiner Heimkehr näher rückte. Eine heitere Gelassenheit ging von ihr aus und teilte sich allem mit, was sie tat. Die Art, wie sie den Kopf über ihre Näharbeit beugte, hatte etwas Beruhigendes. Sie war im sechsten Monat ihrer Schwangerschaft, und ihre Haut wies eine wunderbare Transparenz auf, der Mund war weich, die Augen mit ihrem neuen, zufriedenen Blick wirkten größer und dunkler als zuvor.

Um zehn Minuten vor fünf begann sie zu lauschen, und wenig später, pünktlich wie immer, knirschten draußen die Reifen auf dem Kies. Die Wagentür wurde zugeschlagen, vor dem Fenster erklangen Schritte, und dann drehte sich der Schlüssel im Schloss. Sie legte die Handarbeit beiseite, stand auf und ging zur Tür, um ihn mit einem Kuss zu begrüßen.

„Hallo, Liebling", sagte sie.

„Hallo", antwortete er.

Sie nahm seinen Mantel und hängte ihn in den Schrank. Dann machte sie am Büfett die Drinks zurecht – einen ziemlich starken für ihn und einen schwachen für sich –, und bald saßen sie in ihren Sesseln einander gegenüber, sie mit der Näharbeit, während er die Hände um das hohe Glas gelegt hatte und es behutsam hin und her bewegte, sodass die Eiswürfel leise klirrten.

Für sie war dies immer die glücklichste Zeit des Tages. Sie wusste, dass er nicht gern sprach, bevor er das erste Glas geleert hatte, und sie selbst genoss es, ruhig dazusitzen und sich nach den langen Stunden der Einsamkeit in seiner Nähe zu wissen.

Sie liebte es, sich ganz auf die Gegenwart dieses Mannes zu konzentrieren und – so wie man bei einem Sonnenbad die Sonne fühlt – jene warme männliche Ausstrahlung zu fühlen, die von ihm ausging, wenn sie beide allein waren. Sie liebte die Art, wie er sich lässig im Sessel zurücklehnte, die Art, wie er zur Tür hereinkam oder langsam mit großen Schritten das Zimmer durchquerte. Sie liebte den angespannten, gedankenverlorenen Blick, mit dem seine Augen oft auf ihr ruhten, die charakteristische Form seines Mundes und vor allem die Art, wie er über seine Müdigkeit schwieg und still dasaß, bis der Whisky ihn etwas aufgemuntert hatte.

„Müde, Liebling?"

„Ja", sagte er, „ich bin müde." Und bei diesen Worten tat er etwas Ungewöhnliches. Er hob sein Glas und leerte es auf einen Zug, obgleich es noch halb voll, mindestens noch halb voll war. Sie sah es nicht, aber sie wusste, was er getan hatte, denn sie hörte die Eiswürfel auf den Boden des leeren Glases fallen, als er den Arm senkte. Er beugte sich im Sessel vor, zögerte einen Augenblick, stand dann auf und ging zum Büfett, um sich noch einen Whisky einzuschenken.

„Lass mich das machen!", rief sie und sprang hilfsbereit auf.

„Setz dich hin", sagte er.

Als er zurückkam, verriet ihr die dunkle Bernsteinfarbe des Drinks, dass er sehr viel Whisky und sehr wenig Wasser genommen hatte.

„Liebling, soll ich dir deine Hausschuhe holen?"

„Nein."

Sie beobachtete, wie er das tiefbraune Getränk schlürfte. Es war so stark, dass sich in der Flüssigkeit kleine ölige Wirbel bildeten.

„Eigentlich", meinte sie, „ist es doch eine Schande, dass ein Polizist, der so viele Dienstjahre hat wie du, noch immer den ganzen Tag auf den Beinen sein muss."

Er antwortete nicht. Sie nähte mit gesenktem Kopf weiter, aber jedes Mal, wenn er das Glas an die Lippen hob, hörte sie die Eiswürfel klirren.

„Liebling“, begann sie von neuem, „möchtest du etwas Käse essen? Ich habe heute nichts gekocht, weil Donnerstag ist.“

„Nein“, sagte er.

„Wenn du zu müde zum Ausgehen bist“, fuhr sie fort, „dann bleiben wir eben zu Hause. In der Kühltruhe ist eine Menge Fleisch und Gemüse, und wenn wir hier essen, brauchst du gar nicht aus deinem Sessel aufzustehen.“

Ihre Augen warteten auf eine Antwort, ein Lächeln, ein kleines Nicken, doch er reagierte nicht.

„Jedenfalls“, sagte sie, „hole ich dir erst einmal etwas Käse und ein paar Kekse.“

„Ich will nichts.“

Sie rückte unruhig hin und her, die großen Augen forschend auf ihn gerichtet.

„Aber du musst doch zu Abend essen. Ich kann uns schnell etwas braten. Wirklich, ich tu's gern. Wie wär's mit Koteletts? Vom Lamm oder vom Schwein, ganz nach Wunsch. Es ist alles da.“

„Ich habe keinen Hunger.“

„Aber Liebling, du musst essen! Ich mach einfach irgendwas zurecht, und dann kannst du es essen oder nicht, wie du willst.“

Sie stand auf und legte ihre Handarbeit auf den Tisch neben die Lampe.

„Setz dich hin“, sagte er. „Setz dich noch einen Moment hin.“

Erst jetzt wurde ihr unheimlich zu Mute.

„Na los, setz dich hin“, wiederholte er.

Sie ließ sich langsam in den Sessel sinken und blickte dabei ihren Mann mit großen, verwirrten Augen an. Er hatte seinen zweiten Whisky ausgetrunken und starrte nun finster in das Glas.

„Hör zu“, murmelte er. „Ich muss dir etwas sagen.“

„Was hast du denn, Liebling? Was ist los?“

Er saß jetzt mit gesenktem Kopf da und rührte sich nicht. Das Licht der Lampe neben ihm fiel nur auf den oberen Teil seines Gesichts; Kinn und Mund blieben im Schatten. Sie sah einen kleinen Muskel an seinem linken Augenwinkel zucken.

1 *Untersucht, wie sich die **Kommunikation** zu Beginn dieser Erzählung entwickelt. Stellt in einem Cluster zusammen, was euch auffällt.*

2 *Kommunikation ist immer an eine **Situation** gebunden. Beschreibt, in welcher Situation sich die Frau am Anfang befindet und welche Kommunikationserwartungen sich für sie daraus ergeben.*

3 *Untersucht, wie **Redeanteile** und **Gesprächssteuerung** der beiden Figuren in dem Textauszug verteilt sind.*
- *a) Klärt, wer mehr und wer weniger redet. Wie deutet ihr den Befund?*
- *b) Arbeitet heraus, wer in dem Gespräch der beiden die Initiative ergreift. Woran erkennt ihr das?*
- *c) Findet Ursachen für das Kommunikationsverhalten der Frau.*
- *d) Wieso verhält der Mann sich anders? Welche Gründe könnte es für sein Verhalten geben?*

4 *In vielen Kurzgeschichten „reden“ die Figuren, ohne etwas zu sagen.*
- *a) Findet in dem Text Stellen, in denen die Frau ohne Worte etwas ausdrückt, indem sie eine bestimmte **Körpersprache** verwendet oder bestimmte Handlungen vollzieht.*
- *b) Schreibt **Subtexte** zu ausgewählten Stellen, in denen deutlich wird, was die Frau bewegt.*
- *c) Entwerft solche Subtexte auch für Stellen, an denen der Mann dargestellt wird.*

5
- *a) Untersucht, an welchen Stellen die Kommunikation der Partner misslingt.*
- *b) Formuliert die Dialoge bzw. Reaktionen der Figuren so um, dass das Gespräch einen gelingenden Fortgang nimmt.*

Subtexte
Subtext nennt man den Text, der entsteht, wenn man sich als Leserin oder Leser in eine Figur eines Textes hineinversetzt und deren Gedanken in einer ganz bestimmten Situation, d. h., ausgehend von einer konkreten Stelle des Textes, so formuliert, wie die Figur denken könnte. Subtexte können z. B. in Form einer **erlebten Rede** (▷ S. 353) oder eines **inneren Monologs** (▷ S. 218) verfasst werden. Sie füllen **Leerstellen** (▷ S. 205) aus, Textstellen, die der Autor bewusst nicht ausgestaltet hat.

6 *In Kurzgeschichten werden wichtige Fakten oft nur angedeutet und nicht klar und unmissverständlich zum Ausdruck gebracht.*
a) Wo findet sich in dieser Geschichte eine solche eher andeutende Mitteilung?
b) Stellt dar, inwiefern diese Andeutung für das Verständnis der Geschichte ausschlaggebend sein könnte.

„Das wird ein ziemlicher Schlag für dich sein“ – Inhalts- und Beziehungsebene

Roald Dahl

Lammkeule (2)

„Dies wird ein ziemlicher Schlag für dich sein, fürchte ich“, begann er. „Aber ich habe lange darüber nachgedacht, und meiner Ansicht nach ist es das einzig Richtige, dir alles offen zu sagen. Ich hoffe nur, dass du es nicht zu schwernimmst.“

Und so sagte er ihr alles. Es dauerte nicht lange, höchstens vier oder fünf Minuten. Sie hörte ihm zu, stumm, wie betäubt, von ungläubigem Entsetzen erfüllt, während er sich mit jedem Wort weiter von ihr entfernte.

„Das ist es also“, schloss er. „Ich weiß, dass es nicht gerade die rechte Zeit ist, darüber zu sprechen, aber mir bleibt keine andere Wahl. Natürlich werde ich dir Geld geben und dafür sorgen, dass du einfach hast, was du brauchst. Aber ich möchte jedes Aufsehen vermeiden. Ist ja auch nicht nötig. Ich muss schließlich an meine Stellung denken, nicht wahr?“

Ihre erste Regung war, nichts davon zu glauben, es weit von sich zu weisen. Dann kam ihr der Gedanke, dass er möglicherweise gar nichts gesagt, dass sie sich das alles nur eingebildet hatte. Wenn sie jetzt an ihre Arbeit ging und so tat, als hätte sie nichts gehört, dann würde sie vielleicht später, beim Aufwachen sozusagen, entdecken, dass nie etwas Derartiges geschehen war.

„Ich werde das Essen machen“, flüsterte sie schließlich, und diesmal hielt er sie nicht zurück.

Als sie das Zimmer verließ, fühlte sie nicht, dass ihre Füße den Boden berührten. Sie fühl-

te überhaupt nichts – bis auf ein leichtes Schwindelgefühl und einen Brechreiz. Alles lief jetzt automatisch ab. Die Kellertreppe, der Lichtschalter, die Tiefkühltruhe, die Hand, die in der Truhe den ersten besten Gegenstand ergriff. Sie nahm ihn heraus und betrachtete ihn. Er war in Papier gewickelt, also riss sie das Papier ab und betrachtete ihn von neuem.
Eine Lammkeule.
Nun gut, dann würde es Lamm zum Abendessen geben. Sie umfasste das dünne Knochenende mit beiden Händen und trug die Keule nach oben. Als sie durch das Wohnzimmer ging, sah sie ihn mit dem Rücken zu ihr am Fenster stehen. Sie machte Halt.
„Um Gottes willen", sagte er, ohne sich umzudrehen. „koch bloß kein Essen für mich. Ich gehe aus."
In diesem Augenblick trat Mary Maloney einfach hinter ihn, schwang, ohne sich zu besinnen, die große gefrorene Lammkeule hoch in die Luft und ließ sie mit aller Kraft auf seinen Hinterkopf sausen.
Ebenso gut hätte sie mit einer eisernen Keule zuschlagen können.
Sie wich einen Schritt zurück und wartete. Seltsamerweise blieb er noch mindestens vier, fünf Sekunden leicht schwankend stehen. Dann stürzte er auf den Teppich. [...]

1 *Im zweiten Teil der Geschichte sind die Redeanteile der Figuren deutlich verändert. Erklärt diese Veränderung.*

!

Inhaltsebene – Beziehungsebene
Sprachliche Äußerungen haben immer eine **Inhaltsebene** und eine **Beziehungsebene.**
Auf der Inhaltsebene wird eine Sachinformation mitgeteilt. Zugleich wird auf der Beziehungsebene etwas darüber gesagt, wie der Sprecher der Nachricht zu dem Angesprochenen (Adressaten) steht. Zum Beispiel kann die Aussage „Es ist spät" auf der Beziehungsebene bedeuten „Ich bin müde, lass mich in Ruhe!"

2 *„Ich werde das Essen machen" (Z. 29), sagt die Frau. Was schwingt in dieser Äußerung auf der Beziehungsebene mit? Gestaltet das in einer Denkblase aus.*

3 *Der Mann macht eine Mitteilung und fordert seine Frau zugleich zu etwas auf (Z. 49–51). Was transportiert die Äußerung auf der Beziehungsebene? Formuliert die Beziehungsbotschaft in einem Subtext aus.*

4 *Wählt eine weitere Textstelle mit wörtlicher Rede aus, zu der ihr einen Subtext schreiben könnt. Bringt auch hier wieder zum Ausdruck, was über die mitgeteilte Information hinaus auf der Beziehungsebene mitschwingt.*

5 *„Dies wird ein ziemlicher Schlag für dich sein, fürchte ich", sagt der Ehemann (Z. 1–2). Weist nach, dass diese Redewendung im Fortgang der Geschichte eine besondere Bedeutung bekommt.*

6 *Klärt, wieso sich die Erzählfiguren bisher nicht haben verständigen können. Nennt Verhaltensaspekte des Mannes und der Frau, die sie daran hindern, in dieser Situation ein gelingendes Gespräch zu führen.*

„Die Frau blieb in ihrem Sessel sitzen" – Verbale und nonverbale Strategien

Roald Dahl

Lammkeule (3)

Im Fortgang der Geschichte geht die Frau in ein Geschäft, um sich ein Alibi zu verschaffen, und benachrichtigt nach ihrer Rückkehr die Polizei, dass ihr Mann während ihrer Abwesenheit erschlagen worden sei.

Später kam einer der Detektive und setzte sich neben sie. Vielleicht habe irgendein Gegenstand im Haus als Waffe gedient, meinte er. Würde sie wohl so freundlich sein und nachsehen, ob etwas fehlte, ein sehr großer Schraubenschlüssel zum Beispiel oder eine schwere Metallvase?
Metallvasen hätten sie nicht, antwortete sie.
„Aber einen großen Schraubenschlüssel?"
Nein, auch nicht. Höchstens in der Garage.
Die Suche ging weiter. Sie wusste, dass draußen im Garten noch mehr Polizisten waren, denn sie hörte ihre Schritte auf dem Kies, und manchmal sah sie durch einen Spalt zwischen den Vorhängen das Aufblitzen einer Taschenlampe. Es war schon ziemlich spät, fast neun, wie ihr ein Blick auf die Uhr zeigte. Die vier Männer, die die Zimmer durchsuchten, machten einen müden, leicht gereizten Eindruck.
„Jack", sagte sie, als Wachtmeister Noonan wieder einmal vorbeikann. „Würden Sie mir wohl etwas zu trinken geben?"
„Natürlich, Mrs Maloney. Von dem Whisky hier?"
„Ja, bitte. Aber nur ganz wenig. Vielleicht wird mir davon besser."
Er reichte ihr das Glas.
„Warum trinken Sie nicht auch einen Schluck?", fragte sie. „Bitte, bedienen Sie sich doch. Sie müssen schrecklich müde sein, und Sie haben sich so rührend um mich gekümmert."
„Hm ..." Er zögerte. „Eigentlich ist es ja nicht erlaubt, aber einen kleinen Tropfen zur Stärkung könnte ich ganz gut gebrauchen."
Nach und nach fanden sich auch die anderen ein, und jeder wurde überredet, einen Schluck Whisky zu trinken. Sie standen recht verlegen mit ihren Gläsern herum, fühlten sich etwas unbehaglich in Gegenwart der Witwe und suchten krampfhaft nach tröstenden Worten. Wachtmeister Noonan ging aus irgendeinem Grund in die Küche, kam sofort zurück und sagte: „Hören Sie, Mrs Maloney, Ihr Ofen ist noch an, und das Fleisch ist noch drin."
„Ach herrje", rief sie. „Das hatte ich ganz vergessen."
„Am besten drehe ich ihn wohl aus, was?"
„Ja, Jack, das wäre sehr nett von Ihnen. Herzlichen Dank."
Als der Sergeant zum zweiten Mal zurückkam, sah sie ihn mit ihren großen dunklen, tränenfeuchten Augen an. „Jack Noonan ...", begann sie zaghaft.
„Ja?"
„Würden Sie mir einen kleinen Gefallen tun – Sie und die anderen?"
„Wir wollen's versuchen, Mrs Maloney."
„Nun", fuhr sie fort, „Sie alle sind doch gute Freunde meines lieben Patrick gewesen, und jetzt bemühen Sie sich, den Mann zu fangen, der ihn umgebracht hat. Inzwischen werden Sie wohl schon schrecklichen Hunger haben, denn Ihre Essenszeit ist ja längst vorbei. Ich weiß, dass Patrick – Gott sei seiner Seele gnädig – mir nie verzeihen würde, wenn ich Sie in seinem Haus nicht anständig bewirtete. Wollen Sie nicht den Lammbraten essen, der im Ofen ist? Ich denke, er wird gar sein."

„Kommt überhaupt nicht in Frage", wehrte Jack Noonan bescheiden ab.
„Bitte", sagte sie flehentlich. „Bitte, essen Sie das Fleisch. Ich könnte keinen Bissen davon anrühren, weil es für Patrick bestimmt war, verstehen Sie? Aber für Sie ist das etwas anderes. Sie würden mir einen Gefallen tun, wenn Sie alles aufäßen. Hinterher können Sie ja weiterarbeiten."
Die vier Polizisten widersprachen zwar, doch sie waren tatsächlich sehr hungrig, und nach einigem Hin und Her willigten sie ein, in die Küche zu gehen und sich zu bedienen. Die Frau blieb in ihrem Sessel sitzen. Durch die offene Tür konnte sie hören, wie sich die Männer unterhielten. Ihre Stimmen klangen dumpf, wie verschleiert, da sie den Mund voller Fleisch hatten. [...]

1 *Die Frau verfolgt in diesem Textauszug eine **verbale** und eine **nonverbale Strategie.***
a) Stellt einige ihrer zielgerichteten Äußerungen, die eurer Meinung nach eine bestimmte, aber nicht ausgesprochene Absicht erkennen lassen, in einer Tabelle zusammen.
b) Notiert jeweils in der zweiten Spalte der Tabelle, welchen Zweck sie mit diesen Äußerungen verfolgt.
c) Klärt dabei auch, wie sie den Ermordeten nennt.
d) Die Frau bleibt die ganze Zeit über fast bewegungslos in ihrem Sessel sitzen. Welchen Eindruck will sie damit vermitteln? Macht auch zu dieser körpersprachlichen Strategie Eintragungen in eure Tabelle.

2 *Der Text unten links ist das erste Konzept eines Schülers, rechts daneben stehen seine Umarbeitungen im Zuge einer **Schreibkonferenz** (▷ S. 154).*
a) Vergleicht die beiden Anfänge.
b) Führt in einer Liste möglichst viele Begründungen für die Umarbeitung auf.

In dem vorgegebenen Textabschnitt der Geschichte „Lammkeule" von Roald Dahl, in dem eine Frau, die ihren Mann zuvor mit einer gefrorenen Lammkeule erschlagen hat und versucht, die Schuld von sich zu weisen und Polizisten dazu bringt, dass sie das einzige Beweismittel selber verzehren, geht es vor allem um Täuschung und Ablenkung.
Frau Maloney, die Täterin, täuscht die Polizisten, weil sie die trauernde Witwe spielt.

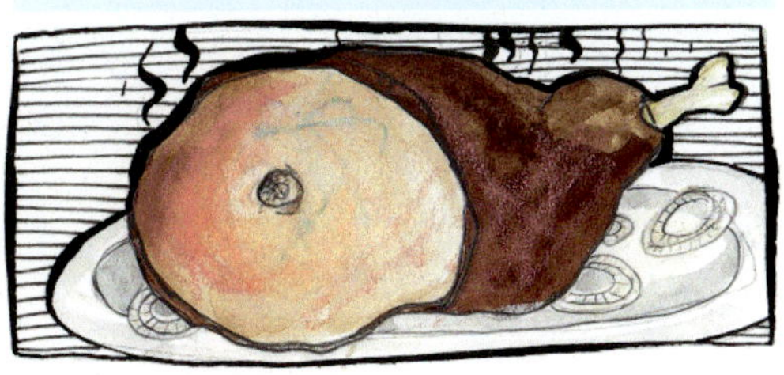

In dem vorgegebenen Textabschnitt aus der Kurzgeschichte „Lammkeule" von Roald Dahl wird deutlich, wie eine literarische Figur verdeckt ihre Interessen verfolgt und mit ihren Gesprächspartnern ein raffiniertes Spiel treibt. Eine Frau hat zuvor ihren Mann mit einer gefrorenen Lammkeule erschlagen. Sie versucht nun, von ihrer Tat abzulenken, indem sie die am Tatort eingetroffenen Polizisten dazu bringt, das einzige Beweismittel, die inzwischen im Ofen gebratene Lammkeule, zu verzehren und damit alle Spuren der Tat zu verwischen. Der Blick auf die Kommunikationssituation zeigt, dass es in dem Textauszug vor allem um Täuschung und Ablenkung geht. Die Polizisten werden von der Erzählfigur Frau Maloney getäuscht, indem diese die trauernde Witwe spielt.

c) Arbeitet entsprechend folgenden Auszug aus dem Interpretationsaufsatz um.

Die Frau drückt durch Stimme und Redeanteile sowie Mimik, Körperhaltung (permanentes Sitzen) und Gestik ihre Trauer aus.
Ihr Rollenverhalten entspricht exakt dem, welches von ihr erwartet wird.
Schaut man nun aber auf die gesamten Hintergründe, so täuschen die Rollenverhältnisse: Durch die Strategie der Frau Maloney, deren Ziel es ist, die Beweismittel, die Lammkeule, zu vernichten (Z. 59–87), ist sie in einer überlegenen Position. Sie gibt die Themasetzung an, überredet die Polizisten zu Dingen, die ihnen eigentlich strengstens untersagt sind (Z. 28–41) und bringt sie im Endeffekt dazu, dass sie selber das einzige Beweismittel vernichten (Z. 59–87).
Dadurch, dass die Polizisten blind reagieren, sind sie, trotz sozial überlegener Rolle, in der untergeordneten Position.
Durch die Wortwahl, die Frau Maloney verwendet, Z. 46 „Ach herrje!"; Z. 56 f. „Würden Sie mir einen kleinen Gefallen tun – Sie und die anderen?", verstellt sie ihre wahren Gefühle.

3 *Fasst die Ergebnisse eurer Analysen zu „Lammkeule" in einem* ***Kommunikationsmodell*** *in eurem Heft zusammen.*

a) Bezieht alle Begriffe ein, die euch bisher geholfen haben, die kommunikativen Besonderheiten des Textes zu erschließen:
Situation, Beziehung, Kommunikationserwartungen, Redeanteile, Initiative, Körpersprache, Subtexte, Inhaltsebene, Beziehungsebene, Beziehungsbotschaft, verbale und nonverbale Strategien.
Zusätzliche Begriffe findet ihr in dem folgenden Gerüst für ein Kommunikationsmodell.

b) Ordnet nun alle Begriffe einander grafisch zu. Klärt dafür zunächst, welche Zusammenhänge zwischen den Begriffen bestehen und was diese genau ausdrücken.

c) Findet Formen, die diese Zusammenhänge veranschaulichen, z.B. Pfeile, unterbrochene und nicht unterbrochene Linien usw.

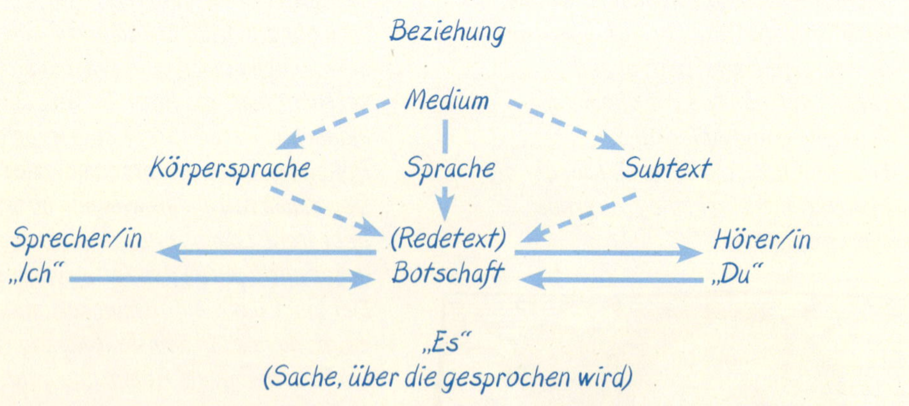

Erzähler einer Geschichte, der über die wörtliche Rede der Figuren hinaus zu all diesen Aspekten mehr oder weniger detaillierte Angaben machen kann.

9.3 Kurzgeschichten umschreiben

Man kann auf zwei verschiedene Weisen deutlich machen, dass man die Aussage einer Geschichte erfasst hat:

– Man präsentiert in einem Interpretationsaufsatz eine Deutung der Geschichte, in die wichtige Ergebnisse einer gründlichen Analyse einfließen (▷ S. 354–355).
– Man gestaltet auf kreative, eigenschöpferische Weise eine Fortsetzung, Ergänzung oder Umgestaltung der Geschichte.

Bei einer kreativen Ergänzung oder Umarbeitung werden wesentliche Entscheidungen, die die Autorin oder der Autor beim Schreiben getroffen hat, übernommen und es wird nur das ergänzt oder umgeschrieben, was in der Aufgabenstellung verlangt ist. Nach jeder produktiven Schreibaufgabe soll reflektiert werden, inwiefern die kreative Annäherung an den Text das Textverständnis bereichert.

1 *Stellt euch vor, wie das bisherige Leben des Vaters oder das der Mutter in Franz Hohlers Erzählung „Bedingungen für die Nahrungsaufnahme" (▷ S. 178–180) bis zu dem Zeitpunkt, an dem die Geschichte einsetzt, verlaufen sein könnte. Fantasiert das Leben des Vaters oder der Mutter bis zu diesem Zeitpunkt in kurzen* ***Figurenbiografien*** *aus.*

2 ***Erzählform*** *und* ***Stil*** *verändern:*
Ändert zwei Entscheidungen, die Franz Hohler beim Schreiben seiner Geschichte getroffen hat: Ersetzt den Er-Erzähler durch einen Ich-Erzähler (Erzähler ist das Kind) und gebt die stark ***hypotaktische Struktur*** *der Geschichte auf. Diese soll jetzt in möglichst kurzen* ***Parataxen*** *erzählt werden.*
a) Gestaltet den Erzählanfang entsprechend um.
b) Diskutiert, welche Wirkung sich dadurch ergibt.

!

Syntaktische Stilmittel

- Werden ganze Sätze oder Teile von Sätzen gleichgeordnet nebeneinandergereiht, spricht man von einer **Parataxe** oder parataktischem Stil, z. B: „Auf den Möbeln ihres Zimmers flockt der Staub. Unter dem Bett wallt er. Dazwischen liegen Haarklemmen, ein Taschenspiegel, Knautschlacklederreste, Schnellhefter, Apfelstiele ..." (▷ S. 181, Z. 35–39).
- Sind die Sätze hingegen als Haupt- und Nebensätze miteinander verknüpft („ineinander verschachtelt"), nennt man das **Hypotaxe** oder hypotaktischen Stil. Z. B.: „Bisher war die Mutter stets zugegen gewesen, wenn das Kind sein Essen erhielt, nun blieb sie einmal am Morgen, als sie schlecht geschlafen hatte, im Bett, da sich der Vater anerboten hatte, das Kind allein zu besorgen" (▷ S. 179, Z. 74–78).

3 *Ändert die* ***Charaktereigenschaften*** *des Ich-Erzählers in Reiner Kunzes Erzählung „Fünfzehn" (▷ S. 181–182).*

a) Diskutiert zunächst, welche Charaktereigenschaften des Erzählers der Geschichte eine interessante neue Wendung geben könnten.

b) Überlegt dann, wie sich mit den Charaktereigenschaften auch die ***Wortwahl*** *und die* ***Stilebene*** *der Erzählung ändern könnten. Legt einige Änderungen fest.*

c) Schreibt mehrere neue Versionen des Erzählanfangs oder der gesamten Erzählung.

d) Vergleicht die Wirkungen, die sich damit jeweils ergeben.

4 *Die Autorin Brigitte Kronauer spart in der Kurzgeschichte „Ehepaar Dortwang" (▷ S. 187–189) die* ***Innensicht der Figuren*** *weitgehend aus.*

a) Wählt einige Stellen aus und schreibt den Figuren an diesen Stellen ***Denkblasen*** *zu, die möglichst anschaulich zum Ausdruck bringen, was diesen in diesem Moment durch den Kopf geht.*

b) Schreibt für die Figur des Herrn Dortwang für verschiedene Stellen des Textes nie abgeschickte ***Briefe*** *an seine Frau.*

c) Der Sohn der Dortwangs führt ein Tagebuch. Schreibt mehrere ***Tagebucheinträge****, die er nach ausgewählten Vorkommnissen in seiner Familie verfasst haben könnte.*

5 *Veranstaltet einen* ***Figurenkreis.***

a) Jeweils drei Schülerinnen oder Schüler nehmen die Rollen der Figuren ein, die in der Geschichte im Zentrum stehen: Frau und Herr Dortwang und deren Sohn.

b) Mit Hilfe der Denkblasen, Briefe und Tagebucheinträge bereiten sich alle auf ein offenes Gespräch vor, in dem die Entwicklung in der Familie zur Sprache kommen soll.

c) Die Figuren begeben sich in einen Halbkreis und präsentieren zunächst ihre Texte. Anschließend können sie sich wechselseitig Fragen zu den verlesenen „Ich-Texten" stellen und dann eine offene Aussprache beginnen.

d) Wiederholt den Figurenkreis mit einer anderen Besetzung der Rollen.

10 Dem Verbrechen auf der Spur – Alte und neue Krimis

10.1 Theodor Fontane: „Unterm Birnbaum“ – Eine Kriminalerzählung aus dem 19. Jahrhundert analysieren

1 *a) Beschreibt, was ihr auf den Titelseiten der Bücher, dem CD-Cover und dem Filmplakat seht.*
b) Welche Assoziationen lösen die Bilder in euch aus, welche Erwartungen werden im Hinblick auf Fontanes Kriminalerzählung geweckt?

Ein Bild von Glück und Frieden? – Das Leseinteresse wecken

Theodor Fontane

Unterm Birnbaum (1) (1885)

Theodor Fontane (1819–1898) war wie sein Vater Apotheker, widmete sich aber früh dem Schreiben. Er verfasste Gedichte, unter denen besonders seine Balladen berühmt wurden, Erzählungen und Romane, arbeitete aber auch als Journalist und Theaterkritiker. Bis auf einige Jahre, die er als Auslandskorrespondent mit seiner Familie in England verbrachte, lebte er in Berlin. Dort spielen auch seine großen Gesellschaftsromane, auf die er sich von seinem 60. Lebensjahr an konzentrierte. In ihnen durchleuchtet er das haupstädttische Bürgertum und den preußischen Adel. Er schrieb auch Kriminalerzählungen, die beim Publikum sehr beliebt waren und eine breite Leserschaft fanden. „Unterm Birnbaum“ entstand als Fortsetzungsgeschichte für die damals beliebteste Familienillustrierte „Gartenlaube“. Sie erschien 1885.

Vor dem in dem großen und reichen Oderbruchdorfe[1] Tschechin um Michaeli[2] 1820 eröffneten Gasthaus und Materialwarengeschäft[3] von Abel Hradscheck (so stand auf einem über der Tür angebrachten Schild) wurden Säcke, vom Hausflur her, auf einen mit zwei magern Schimmeln bespannten Bauerwagen geladen. Einige von den Säcken waren nicht gut gebunden oder hatten kleine Löcher und Ritzen, und so sah man denn an dem, was herausfiel, dass es Rapssäcke waren. Auf der Straße neben dem Wagen aber stand Abel Hradscheck selbst und sagte zu dem eben vom Rad her auf die Deichsel steigenden Knecht:

„Und nun vorwärts, Jakob, und grüße mir Ölmüller Quaas. Und sag ihm, bis Ende der Woche müsst ich das Öl haben, Leist in Wrietzen warte schon. Und wenn Quaas nicht da ist, so bestelle der Frau meinen Gruß, und sei hübsch manierlich. Du weißt ja Bescheid. Und weißt auch, Kätzchen hält auf Komplimente.“

Nachdem der Knecht Jakob zur Ölmühle losgefahren ist, begibt sich Abel Hradscheck in den Garten hinterm Haus.

Hier war es schon herbstlich, nur noch Astern und Reseda blühten zwischen den Buchsbaumrabatten, und eine Hummel umsummte den Stamm eines alten Birnbaums, der mitten im Garten hart neben dem breiten Mittelsteige stand. Ein paar Möhrenbeete, die sich, samt einem schmalen, mit Kartoffeln besetzten Ackerstreifen, an eben dieser Stelle durch eine Spargelanlage hinzogen, waren schon wieder umgegraben, eine frische Luft ging, und eine schwarzgelbe, der nebenan wohnenden Witwe Jeschke zugehörige Katze schlich, mutmaßlich auf der Sperlingssuche, durch die schon hoch in Samen stehenden Spargelbeete.

Hradscheck aber hatte dessen nicht Acht. Er ging vielmehr rechnend und wägend zwi-

1 **Oderbruch:** breite Flussniederung am Mittellauf der Oder im östlichen Brandenburg; Fontane hatte kurze Zeit im Oderbruchdorf Letschin gelebt
2 **Michaeli:** Tag des heiligen Michael am 29. September
3 **Materialwarengeschäft:** Gemischtwarenladen für den Grundbedarf der Dorfbevölkerung

schen den Rabatten hin und kam erst zu Betrachtung und Bewusstsein, als er, am Ende des Gartens angekommen, sich umsah und nun die Rückseite seines Hauses vor sich hatte. Da lag es, sauber und freundlich, links die sich von der Straße her bis in den Garten hineinziehende Kegelbahn, rechts der Hof samt dem Küchenhaus, das er erst neuerdings an den Laden angebaut hatte. Der kaum vom Winde bewegte Rauch stieg sonnenbeschienen auf und gab ein Bild von Glück und Frieden. Und das alles war sein! Aber wie lange noch? Er sann ängstlich nach und fuhr aus seinem Sinnen erst auf, als er, ein paar Schritte von sich entfernt, eine große, durch ihre Schwere und Reife sich von selbst ablösende Malvasierbirne[4] mit eigentümlich dumpfem Ton aufklatschen hörte. Denn sie war nicht auf den harten Mittelsteig, sondern auf eins der umgegrabenen Möhrenbeete gefallen.

4 **Malvasierbirne:** bestimmte Birnensorte

1 *Untersucht, wie der Erzähler seine Leser in die Geschichte einführt.*
Listet dazu alle Informationen auf zu Zeit und Schauplatz des Geschehens sowie zu den Figuren.

2 *a) Gebt eure Eindrücke von der Welt wieder, die sich euch beim Lesen hier eröffnet.*
b) Prüft den Text daraufhin, ob eine reine Idylle beschrieben wird.

Der Plan – Leerstellen füllen

Theodor Fontane

Unterm Birnbaum (2)

Einige Tage später finden wir Abel Hradscheck wieder in seinem Garten. Er ist mit Umgrabungsarbeiten beschäftigt. Über den Gartenzaun führt er mit der alten Frau Jeschke, seiner Nachbarin, ein Gespräch. Im Dorf ist diese als Hexe verschrien, der man unheimliche Fähigkeiten nachsagt.

Während er noch so sann, nahm er den Spaten wieder zur Hand und begann, rüstig weiterzugraben. Er warf dabei ziemlich viel Erde heraus und war keine fünf Schritt mehr von dem alten Birnbaum, auf den der Ackerstreifen zulief, entfernt, als er auf etwas stieß, das unter dem Schnitt des Eisens zerbrach und augenscheinlich weder Wurzel noch Stein war. Er grub also vorsichtig weiter und sah alsbald, dass er auf Arm und Schulter eines hier verscharrten Toten gestoßen war. Auch Zeugreste kamen zu Tage, zerschlissen und gebräunt, aber immer noch farbig und wohlerhalten genug, um erkennen zu lassen, dass es ein Soldat gewesen sein müsse.

Wie kam der hierher?

Hradscheck stützte sich auf die Krücke seines Grabscheits[1] und überlegte. „Soll ich es zur Anzeige bringen? Nein. Es macht bloß Geklätsch. Und keiner mag einkehren, wo man einen Toten unterm Birnbaum gefunden hat. Also besser nicht. Er kann hier weiter liegen.“ Und damit warf er den Armknochen, den er ausgegraben, in die Grube zurück und schüttete diese wieder zu. Während dieses Zuschüttens aber hing er all jenen Gedanken und Vorstellungen nach, wie sie seit Wochen ihm immer häufiger kamen. Kamen und gingen. Heut aber gingen sie nicht, sondern wurden

1 **Grabscheit:** Spaten

Pläne, die Besitz von ihm nahmen und ihn, ihm selbst zum Trotz, an die Stelle bannten, auf der er stand. Was er hier zu tun hatte, war getan, es gab nichts mehr zu graben und zu schütten, aber immer noch hielt er das Grabscheit in der Hand und sah sich um, als ob er bei böser Tat ertappt worden wäre. Und fast war es so. Denn unheimlich verzerrte Gestalten (und eine davon er selbst) umdrängten ihn so fassbar und leibhaftig, dass er sich wohl fragen durfte, ob nicht andere da wären, die diese Gestalten auch sähen. Und er lugte wirklich nach der Zaunstelle hinüber. Gott sei Dank, die Jeschke war nicht da. Aber freilich, wenn sie sich unsichtbar machen und sogar Tote sehen konnte, Tote, die noch nicht tot waren, warum sollte sie nicht die Gestalten sehn, die jetzt vor seiner Seele standen? Ein Grauen überlief ihn, nicht vor der Tat, nein, aber bei dem Gedanken, dass das, was erst Tat werden sollte, vielleicht in diesem Augenblicke schon erkannt und verraten war. Er zitterte, bis er, sich plötzlich aufraffend, den Spaten wieder in den Boden stieß.

„Unsinn. Ein dummes altes Weib, das gerade klug genug ist, noch Dümmere hinters Licht zu führen. Aber ich will mich ihrer schon wehren, ihrer und ihrer ganzen Totenkuckerei. Was ist es denn? Nichts. Sie sieht einen Sarg an der Tür stehn, und dann stirbt einer. Ja, sie sagt es, aber sagt es immer erst, wenn einer tot ist oder keinen Atem mehr hat oder das Wasser ihm schon ans Herz stößt[2]. Ja, dann kann ich auch prophezei'n. Alte Hexe, du sollst mir nicht weiter Sorge machen. Aber Ursel! Wie bring ich's der bei? Da liegt der Stein. Und wissen muss sie's. Es müssen zwei sein ..."

Und er schwieg. Bald aber fuhr er entschlossen fort: „Ah, bah, es wird sich finden, weil sich's finden muss. Not kennt kein Gebot. Und was sagte sie neulich, als ich das Gespräch mit ihr hatte? ‚Nur nicht arm sein ... Armut ist das Schlimmste.' Daran halt ich sie; damit zwing ich sie. Sie muss wollen."

2 **das Wasser ans Herz stößt:** krankhafte Ansammlung von Flüssigkeit im Körper (Wassersucht), die zu Herzversagen führen kann

Es schließt sich ein Gespräch mit seiner Frau an, in dem Abel sich ihr offenbart. So erfährt sie von der hohen Verschuldung, die auf dem gemeinsamen Besitz lastet.

„Das darf nicht sein, sag ich. Alles andre. Nein, Hradscheck, das darfst du mir nicht antun, da nehm ich mir das Leben und geh in die Oder, gleich auf der Stelle. Was Jammer und Elend ist, das weiß ich, das hab ich erfahren. Aber gerade deshalb, gerade deshalb. Ich bin jetzt aus dem Jammer heraus. Gott sei Dank, und ich will nicht wieder hinein. Du sagst, sie lachen über uns, nein, sie lachen nicht; aber wenn uns was passierte, dann würden sie lachen. Und dass dann ‚Kätzchen' ihren Spaß haben und sich über uns lustig machen sollte oder gar die gute Mietzel, die noch immer in ihrem schwarzen Kopftuch steckt und nicht mal weiß, wie man einen Hut oder eine Haube manierlich aufsetzt, das trüg ich nicht, da möcht ich gleich tot umfallen. Nein, nein, Hradscheck, wie ich dir schon neulich sagte, nur nicht arm. Armut ist das Schlimmste, schlimmer als der Tod, schlimmer als ..."

Er nickte. „So denk ich auch, Ursel. Nur nicht arm. Aber komm in den Garten! Die Wände hier haben Ohren."

Und so gingen sie hinaus. Draußen aber nahm sie seinen Arm, hing sich, wie zärtlich, an ihn und plauderte, während sie den Mittelsteig des Gartens auf und ab schritten. Er seinerseits schwieg und überlegte, bis er mit einem Male stehen blieb und, das Wort nehmend, auf die wieder zugeschüttete Stelle neben dem Birnbaum wies. Und nun wurden Ursels Augen immer größer, als er rasch und lebhaft alles, was geschehen müsse, herzuzählen und auseinanderzusetzen begann.

„Es geht nicht. Schlag es dir aus dem Sinn. Es ist nichts so fein gesponnen[3] ..."

Er aber ließ nicht ab, und endlich sah man, dass er ihren Widerstand besiegt hatte. Sie nickte, schwieg, und beide gingen auf das Haus zu.

3 **Es ist nichts so fein gesponnen ...:** Teil des Sprichworts, mit dem die Erzählung endet

1 *Fasst den Erzählabschnitt mit eigenen Worten zusammen.*

2 *Charakterisiert Abel Hradscheck und seine Frau. Geht dabei auch auf das Verhältnis der beiden Eheleute zueinander und auf ihr Verhältnis zu der Dorfbevölkerung ein.*

3 *Untersucht genau, wie der Erzähler in dieser Textpassage vorgeht. Beantwortet dazu folgende Fragen und belegt eure Antworten am Text:*

- ☐ *Was erfahren die Leser in den beiden Textabschnitten über die Bedeutung, die der Tote für Abel hat, und warum wählt der Erzähler dazu eine Technik bloßer Andeutungen?*
- ☐ *Bis zu welchem Punkt macht der Erzähler Hradschecks Gedanken deutlich, und was lässt er als so genannte* ***Leerstellen*** *offen?*
- ☐ *In welcher Form werden Hradschecks Gedanken wiedergegeben?*
- ☐ *Warum ändert der Erzähler am Ende des Erzählabschnitts seinen Erzählstandort und geht von der Nähe, die er bisher zu den Figuren hatte, auf die Distanz eines weiter entfernten Beobachters?*
- ☐ *Prüft, ob man in dieser Textpassage von einem allwissenden Erzähler sprechen kann.*

4 *Füllt die zentrale Leerstelle des Textes (Z. 108–109), indem ihr Vermutungen über Abel Hradschecks Plan anstellt.*

!

Leerstellen

Die Darstellung der Außenwelt (Orte, Situationen, Gegenstände, Aussehen der Figuren) und der Innenwelt (Gedanken und Gefühle der Figuren) bleibt in fast allen Erzähltexten unvollständig. Erst beim Lesen werden diese **Leerstellen** gefüllt, indem sich im Sinne eines Verstehensprozesses Vorstellungen zu dem Gelesenen entwickeln. Da jeder anders und individuell liest, tragen die Leerstellen ganz wesentlich zur Mehrdeutigkeit der Texte bei.

Unfall oder Verbrechen? – Erzählperspektive und Sprechweisen untersuchen

Theodor Fontane

Unterm Birnbaum (3)

Bald nach dem Gespräch der Eheleute Hradscheck im Garten erhalten diese Besuch von dem Handlungsreisenden Szulski. Als Angestellter einer Krakauer Firma, die zu Hradschecks Lieferanten gehört, treibt er auf seiner Reise Schulden ein, auch bei Abel Hradscheck. Herr Szulski übernachtet in Abels Gasthaus und am Abend finden sich dessen Stammgäste zu einer feuchtfröhlichen Runde ein, deren Mittelpunkt der Neuankömmling bildet. Er unterhält die Bauern mit Geschichten von seinen Reisen. Im Beisein der Gäste begleicht Hradscheck seine Schulden. Der Leser aber weiß, dass das Geld dafür der Feuerversicherungskasse des Dorfes entwendet ist, die Abel verwaltet.
Als die fröhliche Runde um Mitternacht ihr Ende findet, verkündet Szulski, in aller Frühe aufbrechen zu wollen.

Um vier Uhr stieg der Knecht die Stiege hinauf, um Szulski zu wecken. Er fand aber die Stube verschlossen, weshalb er sich begnügte, zu klopfen und durch das Schlüsselloch hineinzurufen: „Is vier, Herr Szulski; steihn's upp." Er horchte noch eine Weile hinein, und als alles ruhig blieb, riss er an der klapprigen Türklinke hin und her und wiederholte: „Steihn's upp, Herr Szulski, is Tied; ick spann nu an." Und danach ging er wieder treppab und durch den Laden in die Küche, wo die Hradscheck'sche Magd, eine gutmütige Person mit krausem Haar und vielen Sommersprossen, noch halbverschlafen am Herde stand und Feuer machte.
„Na, Maleken, ook all rut? Wat seggst du dato? Klock vieren. Is doch Menschenschinnerei. Worümm nich um söss? Um söss wihr ook noch Tied. Na, nu koch uns man en beten wat mit."[1] Und damit wollt er von der Küche her in den Hof hinaus. Aber der Wind riss ihm die Tür aus der Hand und schlug sie mit Gekrach wieder zu.
„Jott, Jakob, ick hebb mi so verfiert. Dat künn joa 'nen Doden uppwecken."
„Sall ook, Male. He hett joa 'nen Dodensloap. Nu wahrd he woll uppstoahn."[2]
Eine halbe Stunde später hielt der Einspänner[3] vor der Haustür, und Jakob, dem die Hände vom Leinehalten schon ganz klamm waren, sah ungeduldig in den Flur hinein, ob der Reisende noch nicht komme.
Der aber war immer noch nicht zu sehen, und statt seiner erschien nur Hradscheck und sagte: „Geh hinauf, Jakob, und sieh nach, was es ist. Er ist am Ende wieder eingeschlafen. Und sag ihm auch, sein Kaffee würde kalt ... Aber nein, lass nur, bleib. Er wird schon kommen."
Und richtig, er kam auch und stieg, während Hradscheck so sprach, gerade die nicht allzu hohe Treppe hinunter. Diese lag noch im Dunkel, aber ein Lichtschimmer vom Laden her ließ die Gestalt des Fremden doch einigermaßen deutlich erkennen. Er hielt sich am Geländer fest und ging mit besonderer Langsamkeit und Vorsicht, als ob ihm der große Pelz unbequem und beschwerlich sei. Nun aber war er unten, und Jakob, der alles neugierig

1 Na, Malchen, auch schon auf? Was sagst du dazu? Vier Uhr. Ist doch Menschenschinderei. Warum nicht um sechs? Um sechs wär auch noch Zeit. Na, nun koch uns mal ein bisschen was mit.

2 Gott, Jakob, ich hab mich so erschreckt. Das kann ja 'nen Toten aufwecken. – Soll es auch, Male. Er hat ja 'nen Totenschlaf. Nun wird er wohl aufstehn.

3 **Einspänner:** leichter Kutschwagen, von nur einem Pferd gezogen

verfolgte, was vorging, sah, wie Hradscheck auf ihn zuschritt und ihn mit vieler Artigkeit vom Flur her in die Wohnstube hineinkomplimentierte, wo der Kaffee schon seit einer Viertelstunde wartete.

„Na, nu wahrd et joa woll wihr'n", tröstete sich der draußen immer ungeduldiger Werdende. „Kümmt Tied, kümmt Roat."[4] Und wirklich, ehe fünf Minuten um waren, erschien das Paar wieder auf dem Flur und trat von diesem her auf die Straße, wo der verbindliche Hradscheck nunmehr rasch auf den Wagen zuschritt und den Tritt herunterließ, während der Reisende, trotzdem ihm die Pelzmütze tief genug im Gesicht saß, auch noch den Kragen seiner Wolfsschur in die Höhe klappte.

„Das ist recht", sagte Hradscheck. „Besser bewahrt als beklagt. Und nun mach flink, Jakob, und hole den Koffer."

Dieser tat auch, wie befohlen, und als er mit dem Mantelsack[5] wieder unten war, saß der Reisende schon im Wagen und hatte den von ihm als Trinkgeld bestimmten Gulden vor sich auf das Spritzleder gelegt. Ohne was zu sagen, wies er darauf hin und nickte nur, als Jakob sich bedankte. Dann nahm er die Leine ziemlich ungeschickt in die Hand, woran wohl die großen Pelzhandschuhe schuld sein mochten, und fuhr auf das Orth'sche Gehöft und die schattenhaft am Dorfausgange stehende Mühle zu. Diese ging nicht; der Wind wehte zu heftig.

Hradscheck sah dem auf dem schlechten Wege langsam sich fortbewegenden Fuhrwerk eine Weile nach, sein Kopf war unbedeckt, und sein spärlich blondes Haar flog ihm um die Stirn. Es war aber, als ob die Kühlung ihn erquicke. Als er wieder in den Flur trat, fand er Jakob, der sich das Guldenstück ansah.

„Gefällt dir wohl? Einen Gulden gibt nicht jeder. Ein feiner Herr!"

„Dat sall woll sien. Awers worümm he man so still wihr? He seggte joa keen Wuhrt nich."[6]

„Nein, er hatte wohl noch nicht ausgeschlafen", lachte Hradscheck. „Is ja erst fünf."

„Versteiht sich. Klock feiv red ick ook nich veel."[7]

Der Wind hielt an, aber der Himmel klärte sich, und bei hellem Sonnenschein fuhr um Mittag ein Jagdwagen vor dem Tschechiner Gasthause vor. Es war der Friedrichsauer Amtsrat, Trakehner Rapphengste, der Kutscher in Livree[8]. Hradscheck erschien in der Ladentür und grüßte respektvoll, fast devot.[9]

„Tag, lieber Hradscheck; bringen Sie mir einen ‚Luft'[10] oder lieber gleich zwei; mein Kutscher wird auch nichts dagegen haben. Nicht wahr, Johann? Eine wahre Hundekälte. Und dabei diese Sonne."

Hradscheck verbeugte sich und rief in den Laden hinein: „Zwei Pfefferminz, Ede, rasch!", und wandte sich dann mit der Frage zurück, womit er sonst noch dienen könne.

„Mir mit nichts, lieber Hradscheck, aber andren Leuten. Oder wenigstens der Obrigkeit. Da liegt ein Fuhrwerk unten in der Oder, wahrscheinlich fehlgefahren und in der Dunkelheit vom Damm gestürzt."

4 Na, nun wird es ja wohl was werden. Kommt Zeit, kommt Rat.

5 **Mantelsack:** veraltet für Reisetasche

6 Das soll wohl sein. Aber warum er bloß so still war? Er sagte ja kein Wort.

7 Versteht sich. Um fünf Uhr red ich auch nicht viel.

8 **Livree:** Uniform eines Bediensteten

9 **devot:** unterwürfig

10 **Luft:** *hier:* Pfefferminzschnaps

1 *Von den nächtlichen Vorgängen im Hradscheck'schen Haus hat der Leser zuvor nur aus der Sicht der alten Jeschke erfahren. Sie sah ein Licht darin herumgeistern und beobachtete Abel, wie er in der Dunkelheit erneut unter dem Birnbaum grub.*
Bestimmt die Perspektive, aus der der Leser nun Szulskis Aufbruch erlebt, und erläutert, warum der Erzähler diese wechselnden Standorte einnimmt.

2 *Unfall oder Mord: Ist Szulski in der Dunkelheit fehlgefahren und vom Damm gestürzt oder hat Abel seinen „fein gesponnen[en]" Plan (▷ S. 205, Z. 108–109) in die Tat umgesetzt?*

a) Wenn ihr den Text detektivisch genau lest, was bei einer Kriminalerzählung die angemessene Lesehaltung ist, welche Hinweise auf Merkwürdigkeiten fallen euch dann auf?

b) Versucht, den Tathergang zu rekonstruieren.

3 *In der Kriminalerzählung sprechen Jakob und Male Dialekt (▷ S. 119), die Hradschecks nicht.*

a) Erläutert die Funktion der unterschiedlichen Sprachvarianten.

b) Warum greift Fontane in seinem Text überhaupt auf Dialekt zurück, ist doch davon auszugehen, dass ein Großteil der Leser ihn nicht versteht?

Die Aufklärung – Auf das Erzählverhalten achten

Theodor Fontane

Unterm Birnbaum (4)

Das in die Oder gestürzte Fuhrwerk erweist sich als Szulskis Gefährt, er selbst wird jedoch trotz intensiver Suche nicht gefunden. Im Dorf wächst der Verdacht, dass es bei dem Unfall nicht mit rechten Dingen zugegangen ist. Durch die Aussage der alten Jeschke über ihre Beobachtungen in der Nacht vor Szulskis Verschwinden scheint eine Überführung Hradschecks als Mörder zu gelingen. Bei einem Ortstermin unter dem Birnbaum stößt man beim Graben bald auf ein menschliches Skelett. Da dieses auf Grund seines Zustandes schon lange gelegen haben muss, scheint es ironischerweise gerade der Beweis für Abel Hradschecks Unschuld.
Abel Hradscheck muss aus der Untersuchungshaft entlassen werden, zumal er für das nächtliche Graben eine plausible Erklärung liefern kann: Er habe verdorbene Speckseiten entsorgt, was seine Kunden nicht erfahren sollten. Nach seiner Rehabilitierung genießt Hradscheck im Dorf größeres Ansehen als zuvor. Seine Frau indessen leidet an einer merkwürdigen Auszehrung und stirbt. Dem Leser wird deutlich, dass sie an ihren Schuldgefühlen zerbricht, und er erkennt, dass das auffällige Graben im Garten Teil eines raffiniert angelegten Plans war. Die fortgesetzten Andeutungen der alten Jeschke über einen Spuk in Abels Haus verunsichern diesen so stark, dass er in einem Selbstgespräch beschließt, die Leiche Szulskis aus seinem Keller wegzuschaffen. Als Abels Bedienstete ihn eines Morgens nirgends im Haus finden, rufen sie die Nachbarn herbei.

Ede, der noch eine Zeit lang in allen Ecken und Winkeln umhergesucht hatte, stand jetzt, als die Gruppe sich näherte, mitten auf dem Flur und wies auf ein großes Ölfass, das um ein Geringes vorgerollt war, nur zwei Fingerbreit, nur bis an den großen Eisenring, aber doch gerade weit genug, um die Falltür zu schließen.
„Doa sitt he in"[1], schrie der Junge.
„Schrei nicht so!", fuhr ihn Schulze[2] Woytasch an. Und Kunicke[3] setzte mit mehr Derbheit, aber auch mit größerer Gemütlichkeit hinzu: „Halt's Maul, Junge."
Dieser jedoch war nicht zur Ruh zu bringen, und sein bisschen Schläfenhaar immer mehr in die Höh schiebend, fuhr er in demselben Weimertone[4] fort: „Ick weet allens. Dat's de

1 Da sitzt er drin
2 **Schulze:** alter Ausdruck für Bürgermeister
3 **Kunicke:** ein Bauer und Nachbar Hradschecks
4 **Weimertone:** Jammer-, Klageton

Spök. De Spök hett noah em grappscht. Un denn wull he rut un kunn nich.“[5]

Um diese Zeit war auch Eccelius aus der Pfarre herübergekommen, leichenblass und so von Ahnungen geängstigt, dass er, als man das Fass jetzt zurückgeschoben und die Falltür geöffnet hatte, nicht mit hinuntersteigen mochte, sondern erst in den Laden und gleich danach auf die Dorfgasse hinaustrat.

Geelhaar[5] und Schulze Woytasch, schon von Amts wegen auf bessre Nerven gestellt, hatten inzwischen ihren Abstieg bewerkstelligt, während Kunicke, mit einem Licht in der Hand, von oben her in den Keller hineinleuchtete. Da nicht viele Stufen waren, so konnt er das Nächste bequem sehn: Unten lag Hradscheck, allem Anscheine nach tot, ein Grabscheit in der Hand, die zerbrochene Laterne daneben. Unser alter Anno-Dreizehner[7] sah sich bei diesem Anblick seiner gewöhnlichen Gleichgültigkeit entrissen, erholte sich aber und kroch, unten angekommen, in Gemeinschaft mit Geelhaar und Woytasch auf die Stelle zu, wo hinter einem Lattenverschlage der Weinkeller war. Die Tür stand auf, etwas Erde war aufgegraben, und man sah Arm und Hand eines hier Verscharrten. Alles andre war noch verdeckt. Aber freilich, was sichtbar war, war gerade genug, um alles Geschehene klarzulegen.

Keiner sprach ein Wort, und mit einem scheuen Seitenblick auf den entseelt am Boden Liegenden stiegen alle drei die Treppe wieder hinauf.

Auch oben, wo sich Eccelius ihnen wieder gesellte, blieb es bei wenig Worten, was schließlich nicht wundernehmen konnte. Waren doch alle, mit alleiniger Ausnahme von Geelhaar, viel zu befreundet mit Hradscheck gewesen, als dass ein Gespräch über ihn anders als peinlich hätte verlaufen können. Peinlich und mit Vorwürfen gegen sich selbst gemischt.

5 Ich weiß alles. Das ist der Spuk. Der Spuk hat nach ihm gegrapscht. Und dann wollte er raus und konnte nicht.

6 **Geelhaar:** der Dorfpolizist

7 **Anno-Dreizehner:** Kunicke hatte 1813 am Krieg Preußens gegen das napoleonische Frankreich teilgenommen

Warum hatte man bei der gerichtlichen Untersuchung nicht besser aufgepasst, nicht schärfer gesehn? Warum hatte man sich hinters Licht führen lassen?

Nur das Nötigste wurde festgestellt. Dann verließ man das durch so viele Jahre hin mit Vorliebe besuchte Haus, das nun für jeden ein Haus des Schreckens geworden war. Kunicke schritt quer über den Damm auf seine Wohnung, Eccelius auf seine Pfarre zu. Woytasch war mit ihm.

Was noch geschehen musste, geschah still und rasch, und schon um die neunte Stunde des folgenden Tages trug Eccelius nachstehende Notiz in das Tschechiner Kirchenbuch ein: „Heute, den 3. Oktober, früh vor Tagesanbruch, wurde der Kaufmann und Gasthofsbesitzer Abel Hradscheck ohne Sang und Klang in den hiesigen Kirchhofsacker gelegt. Nur Schulze Woytasch, Gendarm Geelhaar und Bauer Kunicke wohnten dem stillen Begräbnisakte bei. Der Tote, so nicht alle Zeichen trügen, wurde von der Hand Gottes getroffen, nachdem es ihm gelungen war, den schon früher gegen ihn wachgewordenen Verdacht durch eine besondere Klugheit wieder zu beschwichtigen. Er verfing sich aber schließlich in seiner List und grub sich, mit dem Grabscheit in der Hand, in demselben Augenblicke sein Grab, in dem er hoffen durfte, sein Verbrechen für immer aus der Welt geschafft zu sehn. Und bezeugte dadurch aufs Neue die Spruchweisheit: ‚Es ist nichts so fein gesponnen, 's kommt doch alles an die Sonnen.‘“

1 *Nehmt Stellung zu folgenden Interpretationsaussagen:*
- ☐ *Am Ende empfinden die Bürger Tschechins Genugtuung über die gerechte Strafe, die Abel Hradscheck ereilt hat.*
- ☐ *Am Ende zeigen sich die Bürger Tschechins sehr betroffen vom Schicksal Abel Hradschecks, an dem sie sich selbst die Schuld geben.*

2 *Fontane hat in einem Brief zu seiner Kriminalerzählung angemerkt: „Dass keine schöne, herzerquickliche Gestalt darin ist, (…) ist richtig und keine üble Bemerkung, das Schöne Trostreiche, Erhebende schreitet gestaltlos durch die Geschichte hin und ist einfach das gepredigte Evangelium von der Gerechtigkeit Gottes, von der Ordnung in seiner Welt."*
a) Gebt diese Anmerkung in eigenen Worten wieder und prüft, inwiefern sie euch zutreffend erscheint.
b) Wodurch unterscheidet sich „Unterm Birnbaum" im Figurenbestand und im Schluss von Krimis, die ihr schon gelesen habt oder vom Fernsehen her kennt?

!

Neutrales Erzählverhalten

Der Erzähler der Geschichte hält sich auffallend zurück und tritt als Person mit eigenen Reflexionen und Stellungnahmen kaum hervor. Sehr selten kommentiert und beurteilt er das Geschehen oder die Figuren, wie es für das auktoriale Erzählverhalten kennzeichnend ist („was schließlich nicht wundernehmen konnte. Waren doch alle, mit alleiniger Ausnahme von Geelhaar, viel zu befreundet mit Hradscheck gewesen, als dass ein Gespräch über ihn anders als peinlich hätte verlaufen können."; S. 209, Z. 52–57). Stattdessen kommen die Figuren durch Wiedergabe ihrer Gedanken, Selbstgespräche oder Dialoge selbst zu Wort. Der Erzähler vermittelt das Geschehen aus deren Perspektive und vermeidet es, von einem überlegenen Standpunkt aus die genauen Zusammenhänge aufzudecken und zu deuten. Dieses Erzählverhalten, bei dem die Leser sich häufig aus Andeutungen und versteckten Hinweisen ein Bild von den wahren Vorgängen machen müssen, wird als neutral bezeichnet.

3 *Stellt in einer Liste die Kennzeichen des neutralen Erzählverhaltens zusammen und notiert hinter jedem Kennzeichen Beispiele aus den Textauszügen S. 202–209.*

4 *Theodor Fontane gehört zu den Vertretern des so genannten* ***poetischen Realismus,*** *einer literarischen Richtung um die Mitte des 19. Jahrhunderts. In seinem literarischen Programm ging Fontane von der „Widerspiegelung alles wirklichen Lebens" aus, jedoch müsse der Stoff der Wirklichkeit einer künstlerischen Bearbeitung, einer „Läuterung", unterzogen werden.*
Er meinte damit, dass es nicht um eine nackte Wiedergabe aller brutalen und hässlichen Seiten der Wirklichkeit gehe und dass der als Stoff gewählte Wirklichkeitsausschnitt nicht einfach abzuschildern sei, sondern dass der Künstler ihn in größere Zusammenhänge zu rücken und ihm Bedeutung und Sinn zu geben habe.
Arbeitet heraus, inwiefern sich in den Textauszügen aus „Unterm Birnbaum" die beiden Elemente des poetischen Realismus finden lassen:
a) Was wird aus der Realität entnommen bzw. lebensecht nachgezeichnet?
b) Wo „läutert" der Erzähler seinen Stoff durch Aussparungen einerseits und Verklärungen andererseits?

10.2 Moderne Kriminalgeschichten – Produktiv erschließen

Ein trauriger Fund – Den Erzählanfang variieren

Friedrich Dürrenmatt

Der Richter und sein Henker (1) (1952)

Der Schweizer Friedrich Dürrenmatt (1921–1990) war einer der bedeutendsten Dramatiker und Erzähler nach dem Zweiten Weltkrieg. Seine grotesken Komödien, die nach seiner Dramenkonzeption immer die „schlimmstmögliche Wendung“ nehmen, machten ihn weltberühmt, so z. B. „Der Besuch der alten Dame“ oder „Die Physiker“. Durch seine Kriminalromane mit dem Kommissär Bärlach war er zuvor bereits einem breiten Publikum bekannt geworden. Den Anfang machte „Der Richter und sein Henker“.

Alphons Clenin, der Polizist von Twann, fand am Morgen des dritten November neunzehnhundertachtundvierzig dort, wo die Straße von Lamboing (eines der Tessenbergdörfer) aus dem Walde der Twannbachschlucht hervortritt, einen blauen Mercedes, der am Straßenrande stand. Es herrschte Nebel, wie oft in diesem Spätherbst, und eigentlich war Clenin am Wagen schon vorbeigegangen, als er doch wieder zurückkehrte. Es war ihm nämlich beim Vorbeischreiten gewesen, nachdem er flüchtig durch die trüben Scheiben des Wagens geblickt hatte, als sei der Fahrer auf das Steuer niedergesunken. Er glaubte, daß der Mann betrunken sei, denn als ordentlicher Mensch kam er auf das Nächstliegende. Er wollte daher dem Fremden nicht amtlich, sondern menschlich begegnen. Er trat mit der Absicht ans Automobil, den Schlafenden zu wecken, ihn nach Twann zu fahren und im Hotel Bären bei schwarzem Kaffee und einer Mehlsuppe nüchtern werden zu lassen; denn es war zwar verboten, betrunken zu fahren, aber nicht verboten, betrunken in einem Wagen, der am Straßenrande stand, zu schlafen. Clenin öffnete die Wagentür und legte dem Fremden die Hand väterlich auf die Schultern. Er bemerkte jedoch im gleichen Augenblick, daß der Mann tot war. Die Schläfen waren durchschossen. Auch sah Clenin jetzt, daß die rechte Wagentüre offen stand. Im Wagen war nicht viel Blut, und der dunkelgraue Mantel, den die Leiche trug, schien nicht einmal beschmutzt. Aus der Manteltasche glänzte der Rand einer gelben Brieftasche. Clenin, der sie hervorzog, konnte ohne Mühe feststellen, daß es sich beim Toten um Ulrich Schmied handelte, Polizeileutnant der Stadt Bern.

Clenin wußte nicht recht, was er tun sollte. Als Dorfpolizist war ihm ein so blutiger Fall noch nie vorgekommen. Er lief am Straßenrande hin und her. Als die aufgehende Sonne durch den Nebel brach und den Toten beschien, war ihm das unangenehm. Er kehrte

zum Wagen zurück, hob den grauen Filzhut auf, der zu Füßen der Leiche lag, und drückte ihr den Hut über den Kopf, so tief, daß er die Wunde an den Schläfen nicht mehr sehen konnte, dann war ihm wohler.
Der Polizist ging wieder zum andern Straßenrand, der gegen Twann lag, und wischte sich den Schweiß von der Stirne. Dann faßte er einen Entschluß. Er schob den Toten auf den zweiten Vordersitz, setzte ihn sorgfältig aufrecht, befestigte den leblosen Körper mit einem Lederriemen, den er im Wageninnern gefunden hatte, und rückte selbst ans Steuer.
Der Motor lief nicht mehr, doch brachte Clenin den Wagen ohne Mühe die steile Straße nach Twann hinunter vor den Bären. Dort ließ er tanken, ohne daß jemand in der vornehmen und unbeweglichen Gestalt einen Toten erkannt hätte. Das war Clenin, der Skandale haßte, nur recht, und so schwieg er.
Wie er jedoch den See entlang gegen Biel fuhr, verdichtet sich der Nebel wieder, und von der Sonne war nichts mehr zu sehen. Der Morgen wurde finster wie der letzte Tag. Clenin geriet mitten in eine lange Automobilkette, ein Wagen hinter dem andern, die aus einem unerklärlichen Grund noch langsamer fuhr, als es in diesem Nebel nötig gewesen wäre, fast ein Leichenzug, wie Clenin unwillkürlich dachte. Der Tote saß bewegungslos neben ihm, und nur manchmal, bei einer Unebenheit der Straße etwa, nickte er mit dem Kopf wie ein alter, weiser Chinese, so daß Clenin es immer weniger zu versuchen wagte, die andern Wagen zu überholen. Sie erreichten Biel mit großer Verspätung.
Während man die Untersuchung der Hauptsache noch von Biel aus einleitete, wurde in Bern der traurige Fund Kommissär Bärlach übergeben, der auch Vorgesetzter des Toten gewesen war.
Bärlach hatte lange im Auslande gelebt und sich in Konstantinopel und dann in Deutschland als bekannter Kriminalist hervorgetan. Zuletzt war er der Kriminalpolizei Frankfurt am Main vorgestanden, doch kehrte er schon dreiunddreißig in seine Vaterstadt zurück.

1 *a) Erklärt, worauf euer Leseinteresse bei der Lektüre des Romananfangs gelenkt wird.*
b) Welche Fragen ergeben sich für euch als Leser? Inwiefern wird dadurch Spannung aufgebaut?

2 *a) Beschreibt und bewertet das Verhalten des Dorfpolizisten Clenin am Tatort.*
b) Entwerft jeweils zu zweit ein Gespräch zwischen Clenin und seinem Vorgesetzten, dem er seinen Fund meldet. Achtet dabei darauf, dass die Charaktere der beiden Personen in diesem Gespräch deutlich werden.
c) Tragt eure Dialoge mit verteilten Rollen vor. Denkt dabei an eine der Situation und den Charakteren angemessene Stimmführung, Gestik und Mimik.

3 *Prüft, inwiefern der Anfang des Romans „Der Richter und sein Henker" Elemente des Grotesken und Makabren aufweist. Orientiert euch an der Information auf S. 213.*

4 *Variiert den Anfang des Romans.*
a) Setzt mit der Ermordung des Polizeileutnants Schmied ein. Erzählt schriftlich, wie dieser zu Tode kommt.
b) Lest eure Texte in der Klasse vor und wählt diejenigen aus, die euch besonders gelungen erscheinen.
c) Von welchen Kriterien habt ihr euch bei euren Beurteilungen leiten lassen, und was hat sich im Hinblick auf die Aspekte geändert, die die Lesespannung aufbauen?

!

Dürrenmatts Erzählstil wird immer wieder als **grotesk** und **makaber** bezeichnet. Unter **grotesk** versteht man in der bildenden Kunst und in der Literatur eine die Gegenstände, Situationen und Figuren übersteigernde, verzerrende Darstellungsweise, die komisch wirkt, aber auch unheimlich und verstörend. Typisch für das Groteske ist das Umschlagen des Normalen ins Befremdende und Absurde, des Geordneten ins Chaotische, des Alltäglichen ins Schockierende, des Ernsthaften ins Lächerliche. Wenn dabei das Thema „Tod“ mit Elementen des Komischen in Verbindung gebracht wird, nennt man eine solche Darstellung auch **makaber** (vgl. auch die Geschichte „Lammkeule“ von Roald Dahl auf den Seiten 191–198).

Das Verbrechen beweisen – Die Schlüsselszene kreativ ausgestalten

Friedrich Dürrenmatt

Der Richter und sein Henker (2)

Kommissär Bärlach und sein Assistent Tschanz nehmen die Ermittlungen auf. Tschanz findet heraus, dass ein geheimnisvoller, offenbar einflussreicher Bürger namens Gastmann eine Rolle im Fall „Schmied“ spielt. Der ermordete Polizeileutnant hatte sich Zugang zu der Gesellschaft in Gastmanns Haus verschafft, zu der bedeutende Schweizer Persönlichkeiten gehörten, und schien dort verdeckt ermittelt zu haben.

Als Bärlach von der Beerdigung Schmieds nach Hause zurückkehrt, findet er einen unerwarteten Besucher hinter seinem Schreibtisch.

Bärlach zog sich andere Schuhe an und betrat dann erst die Halle, blieb jedoch auf der Schwelle stehen. Hinter dem Schreibtisch saß ein Mann und blätterte in Schmieds Mappe. Seine rechte Hand spielte mit Bärlachs türkischem Messer.

„Also du“, sagte der Alte.

„Ja, ich“, antwortete der andere.

Bärlach schloß die Türe und setzte sich in seinen Lehnstuhl dem Schreibtisch gegenüber.

Schweigend sah er nach dem andern hin, der ruhig in Schmieds Mappe weiterblätterte, eine fast bäurische Gestalt, ruhig und verschlossen, tiefliegende Augen im knochigen, aber runden Gesicht mit kurzem Haar.

„Du nennst dich jetzt Gastmann", sagte der Alte endlich. Der andere zog eine Pfeife hervor, stopfte sie, ohne Bärlach aus den Augen zu lassen, setzte sie in Brand und antwortete, mit dem Zeigefinger auf Schmieds Mappe klopfend: „Das weißt du schon seit einiger Zeit ganz genau. Du hast mir den Jungen auf den Hals geschickt, diese Angaben stammen von dir."

Dann schloß der die Mappe wieder. Bärlach schaute auf den Schreibtisch, wo noch sein Revolver lag, mit dem Schaft gegen ihn gekehrt, er brauchte nur die Hand auszustrecken; dann sagte er:

„Ich höre nie auf, dich zu verfolgen. Einmal wird es mir gelingen, deine Verbrechen zu beweisen."

„Du mußt dich beeilen, Bärlach", antwortete der andere. „Du hast nicht mehr viel Zeit. Die Ärzte geben dir noch ein Jahr, wenn du dich jetzt operieren läßt."

„Du hast recht", sagte der Alte. „Noch ein Jahr. Und ich kann mich jetzt nicht mehr operieren lassen, ich muß mich stellen. Meine letzte Gelegenheit."

„Die letzte", bestätigte der andere, und dann schwiegen sie wieder, endlos, saßen da und schwiegen.

„Über vierzig Jahre ist es her", begann der andere von neuem zu reden, „dass wir uns in irgendeiner verfallenden Judenschenke am Bosporus zum erstenmal getroffen haben. Ein unförmiges gelbes Stück Schweizer Käse von einem Mond hing bei dieser Begegnung damals zwischen den Wolken und schien durch die verfaulten Balken auf unsere Köpfe, das ist mir in noch guter Erinnerung. Du, Bärlach, warst damals ein junger Polizeifachmann aus der Schweiz in türkischen Diensten, herbestellt, um etwas zu reformieren, und ich – nun, ich war ein herumgetriebener Abenteurer wie jetzt noch, gierig, dieses mein einmaliges Leben und diesen ebenso einmaligen rätselhaften Planeten kennenzulernen. Wir liebten uns auf den ersten Blick, wie wir einander zwischen Juden im Kaftan und schmutzigen Griechen gegenübersaßen. Doch wie nun die verteufelten Schnäpse, die wir damals tranken, diese vergorenen Säfte aus weiß was für Datteln und diese feurigen Meere auf fremden Kornfeldern um Odessa herum, die wir in unsere Kehlen stürzten, in uns mächtig wurden, dass unsere Augen wie glühende Kohlen durch die türkische Nacht funkelten, wurde unser Gespräch hitzig. O ich liebe es, an diese Stunde zu denken, die dein Leben und das meine bestimmte!"

Er lachte.

Der Alte saß da und schaute schweigend zu ihm hinüber.

„Ein Jahr hast du noch zu leben", fuhr der andere fort, „und vierzig Jahre hast du mir wacker nachgespürt. Das ist die Rechnung. Was diskutierten wir denn damals, Bärlach, im Moder jener Schenke in der Vorstadt Tophane, eingehüllt in den Qualm türkischer Zigaretten? Deine These war, daß die menschliche Unvollkommenheit, die Tatsache, daß wir die Handlungsweise anderer nie mit Sicherheit vorauszusagen und dass wir ferner den Zufall, der in alles hineinspielt, nicht in unsere Überlegungen einzubauen vermögen, der Grund sei, der die meisten Verbrechen zwangsläufig zutage fördern müsse. Ein Verbrechen zu begehen nanntest du eine Dummheit, weil es unmöglich sei, mit Menschen wie mit Schachfiguren zu operieren. Ich dagegen stellte die These auf, mehr, um zu widersprechen, als überzeugt, daß gerade die Verworrenheit der menschlichen Beziehungen es möglich mache, Verbrechen zu begehen, die nicht erkannt werden könnten, daß aus diesem Grunde die überaus größte Anzahl der Verbrechen nicht nur ungeahndet, sondern auch ungeahnt seien, als nur im Verborgenen geschehen. Und wie wir nun weiterstritten, von den höllischen Bränden der Schnäpse, die uns der Judenwirt einschenkte, und mehr noch von unserer Jugend verführt, da haben wir im Übermut eine Wette geschlossen, eben da der Mond hinter dem nahen Kleinasien versank, eine Wette, die wir trotzig in den Himmel hinein hängten, wie wir etwa einen fürchterlichen Witz nicht zu unterdrücken vermögen, auch wenn er eine Gotteslästerung ist, nur weil uns die Pointe reizt als eine teuflische Versuchung des Geistes durch den Geist."

„Du hast recht", sagte der Alte ruhig, „wir haben diese Wette damals miteinander geschlossen."

„Du dachtest nicht, daß ich sie einhalten würde", lachte der andere, „wie wir am andern Morgen mit schwerem Kopf in der öden Schenke erwachten, du auf einer morschen Bank und ich unter einem noch von Schnaps feuchten Tisch."

„Ich dachte nicht", antwortete Bärlach, „daß diese Wette einzuhalten einem Menschen möglich wäre."

Sie schwiegen.

„Führe uns nicht in Versuchung", begann der andere von neuem. „Deine Biederkeit kam nie in Gefahr, versucht zu werden, doch deine Biederkeit versuchte mich. Ich hielt die kühne Wette, in deiner Gegenwart ein Verbrechen zu begehen, ohne daß du imstande sein würdest, mir dieses Verbrechen beweisen zu können."

„Nach drei Tagen", sagte der Alte leise und versunken in seiner Erinnerung, „wie wir mit einem deutschen Kaufmann über die Mahmut-Brücke gingen, hast du ihn vor meinen Augen ins Wasser gestoßen."

„Der arme Kerl konnte nicht schwimmen, und auch du warst in dieser Kunst so ungenügend bewandert, daß man dich nach deinem verunglückten Rettungsversuch halb ertrunken aus den schmutzigen Wellen des Goldenen Hornes ans Land zog", antwortete der andere unerschütterlich. „Der Mord trug sich an einem strahlenden türkischen Sommertag bei einer angenehmen Brise vom Meer her auf einer belebten Brücke in aller Öffentlichkeit zwischen Liebespaaren der europäischen Kolonie, Muselmännern und ortsansässigen Bettlern zu, und trotzdem konntest du mir nichts beweisen. Du ließest mich verhaften, umsonst. Stundenlange Verhöre, nutzlos. Das

Gericht glaubte meiner Version, die auf Selbstmord des Kaufmanns lautete."

„Du konntest nachweisen, daß der Kaufmann vor dem Konkurs stand und sich durch einen Betrug vergeblich hatte retten wollen", gab der Alte bitter zu, bleicher als sonst.

„Ich wählte mir mein Opfer sorgfältig aus, mein Freund", lachte der andere.

„So bist du ein Verbrecher geworden", antwortete der Kommissär.

Der andere spielte gedankenverloren mit dem türkischen Messer. „Daß ich so etwas Ähnliches wie ein Verbrecher bin, kann ich nun nicht gerade ableugnen", sagte er endlich nachlässig. „Ich wurde ein immer besserer Verbrecher und du ein immer besserer Kriminalist: den Schritt jedoch, den ich dir voraushatte, konntest du nie einholen. Immer wieder tauchte ich in deiner Laufbahn auf wie ein graues Gespenst, immer wieder trieb mich die Lust, unter deiner Nase sozusagen immer kühnere, wildere, blasphemischere Verbrechen zu begehen, und immer wieder bist du nicht imstande gewesen, meine Taten zu beweisen. Die Dummköpfe konntest du besiegen, aber ich besiegte dich."

Dann fuhr er fort, den Alten aufmerksam und wie belustigt beobachtend: „So lebten wir denn. Du ein Leben unter deinen Vorgesetzten, in deinen Polizeirevieren und muffigen Amtsstuben, immer brav eine Sprosse um die andere auf der Leiter deiner bescheidenen Erfolge erklimmend, dich mit Dieben und Fälschern herumschlagend, mit armen Schluckern, die nie recht ins Leben kamen, und mit armseligen Mörderchen, wenn es hochkam, ich dagegen bald im Dunkeln, im Dickicht verlorener Großstädte, bald im Lichte glänzender Positionen, ordenübersät, aus Übermut das Gute übend, wenn ich Lust dazu hatte, und wieder aus einer anderen Laune heraus das Schlechte liebend. Welch ein abenteuerlicher Spaß! Deine Sehnsucht war, mein Leben zu zerstören, und meine war es, mein Leben dir zum Trotz zu behaupten. Wahrlich, *eine* Nacht kettete uns für ewig zusammen!"

Der Mann hinter Bärlachs Schreibtisch klatschte in die Hände, es war ein einziger, grausamer Schlag: „Nun sind wir am Ende unserer Laufbahn", rief er aus. „Du bist in dein Bern zurückgekehrt, halb gescheitert, in diese verschlafene, biedere Stadt, von der man nie recht weiß, wieviel Totes und wieviel Lebendiges eigentlich noch an ihr ist, und ich bin nach Lamboing zurückgekommen, auch dies nur aus einer Laune heraus. Man rundet gern ab, denn in diesem gottverlassenen Dorf hat mich irgendein längst verscharrtes Weib einmal geboren, ohne viel zu denken und reichlich sinnlos, und so habe ich mich denn auch, dreizehnjährig, in einer Regennacht fortgestohlen. Da sind wir nun also wieder. Gib es auf, Freund, es hat keinen Sinn. Der Tod wartet nicht."

Und jetzt warf er, mit einer fast unmerklichen Bewegung der Hand, das Messer, genau und scharf Bärlachs Wange streifend, tief in den Lehnstuhl. Der Alte rührte sich nicht.

Der andere lachte:

„Du glaubst nun also, ich hätte diesen Schmied getötet?"

„Ich habe diesen Fall zu untersuchen", antwortete der Kommissär.

Der andere stand auf und nahm die Mappe zu sich.

„Die nehme ich mit."

„Einmal wird es mir gelingen, deine Verbrechen zu beweisen.", sagte nun Bärlach zum zweiten Male: „Und jetzt ist die letzte Gelegenheit."

„In der Mappe sind die einzigen, wenn auch dürftigen Beweise, die Schmied in Lamboing für dich gesammelt hat. Ohne diese Mappe bist du verloren. Abschriften oder Fotokopien besitzest du nicht, ich kenne dich."

„Nein", gab der Alte zu, „ich habe nichts dergleichen."

„Willst du nicht den Revolver brauchen, mich zu hindern?" fragte der andere spöttisch.

„Du hast die Munition herausgenommen", antwortete Bärlach unbeweglich.

„Eben", sagte der andere und klopfte ihm auf die Schultern. Dann ging er am Alten vorbei, die Türe öffnete sich, schloß sich wieder, draußen ging eine zweite Türe, Bärlach saß immer noch in seinem Lehnstuhl, die Wange an das kalte Eisen des Messers gelehnt. R

1 *Wählt eine der folgenden Schreibaufgaben (A) bis (D) aus und bearbeitet sie.*

2 *Begründet und erläutert anschließend schriftlich den Aufbau und den Inhalt eures Textes.*

3 *a) Lest eure Texte mit den Erläuterungen der Klasse vor.*
b) Vergleicht die unterschiedliche Aussage und Wirkung, die sich aus den verschiedenen Schreibformen ergeben. Auf diese Weise erarbeitet ihr euch ein vertieftes Verständnis der Schlüsselszene des Romans.

(A) Tagebucheintrag

Stellt euch vor, der junge Polizeidetektiv Bärlach hätte in seiner Zeit in Istanbul Tagebuch geführt. Wie könnte der Eintrag nach der Begegnung mit Gastmann, der Ermordung des deutschen Kaufmanns und dem Freispruch Gastmanns aussehen? Verfasst eine Tagebucheintragung, die auf diese Ereignisse zurückblickt. Deutlich werden sollten dabei:

- die gegensätzlichen Auffassungen, die zu der Wette führten, und der Inhalt der Wette;
- die Gedanken und Gefühle Bärlachs nach Gastmanns ungesühntem Verbrechen.

ARBEITSTECHNIK

Einen Tagebucheintrag einer literarischen Figur schreiben

- Da ein Tagebuch innerste Gedanken und Gefühle festhält, müsst ihr euch ein möglichst genaues Bild von der Figur machen.
- Ein Tagebuchschreiber schreibt nur für sich selbst, er überlässt sich beim Schreiben ganz seinem Gedankenstrom. Er achtet daher nicht auf einen geordneten Satzbau, begnügt sich zum Teil mit unvollständigen Sätzen, schiebt Fragen und Ausrufe ein, wechselt zwischen verschachtelten Sätzen und kurzen Anmerkungen.
- Prüft, ob euer Tagebucheintrag mit der Handlung der Romanvorlage und dem dort erkennbaren Charakter der Figur übereinstimmt. Bedenkt, dass die Leser durch den Erzähler mitunter mehr wissen als die Figur selbst.

(B) Zeitungsbericht

Stellt euch vor, nach Gastmanns Tod ist die ganze Wahrheit über ihn ans Licht gekommen. Schreibt einen Zeitungsbericht über Gastmanns Leben, in dem seine Herkunft, sein Lebensweg, aber auch seine Lebenseinstellung und die Motive seines Handelns deutlich werden.

ARBEITSTECHNIK

Einen Zeitungsbericht gestalten

- Schreibt den Zeitungsbericht im Lead-Stil: Die wichtigsten Informationen kommen zuerst. Danach werden die W-Fragen (was? wer? wo? wann? warum?) geklärt. Erst am Ende folgen Details und Hintergrundinformationen.
- Beachtet den Aufbau eures Berichts: Schlagzeile, Unterzeile, Vorspann, Haupttext.
- Gliedert den Haupttext in Abschnitte, die auf verschiedene Aspekte des Darzustellenden eingehen. Fertigt dafür vorher eine Stoffsammlung an.
- Der Zeitungsbericht wird sachlich geschrieben. Das Tempus ist in der Regel das Präteritum.

(C) Innerer Monolog

Am Ende der Szene sitzt Bärlach „in seinem Lehnstuhl, die Wange an das kalte Eisen des Messers gelehnt" (Z. 247–248). Was geht ihm durch den Kopf? Schreibt dazu einen inneren Monolog.

ARBEITSTECHNIK

Einen inneren Monolog verfassen

- Ein innerer Monolog gibt den Bewusstseinsstrom einer Figur in der Ich-Form wieder ohne Einblendungen des Erzählers: „Ich muss diesen Gastmann endlich zur Strecke bringen, ich habe nicht mehr viel Zeit ...“ (z. B. „dachte Bärlach“ entfällt).
- Erinnerungen, Stimmungen und Gefühle sowie Überlegungen zu Handlungszielen und -möglichkeiten wechseln ab.
- Noch stärker als beim Tagebuch wird dabei auf einen regulären Satzbau verzichtet, häufig reihen sich nur Satzfetzen aneinander. Statt eines geordneten inhaltlichen Aufbaus gibt es immer wieder Gedankensprünge.
- Zu prüfen ist am Ende, ob die Lage der Figur erkennbar wird und ob der innere Monolog mit der Romanhandlung, dem Charakter und der Ausdrucksweise der Figur einhergeht.

(D) Exposé zur Fortsetzung des Romans
Entwerft in einem Exposé eine mögliche Fortsetzung und einen Schluss der Geschichte.

ARBEITSTECHNIK

Ein Exposé gestalten

- Ein Exposé ist ein Entwurf, der den Handlungsgang eines geplanten Romans oder Filmdrehbuchs in groben Zügen zusammenfasst. Man könnte das Exposé als eine vorweggenommene Inhaltsangabe bezeichnen, der es im Aufbau und im Stil (Konzentration auf das Wesentliche, Präsens als Tempus) gleicht.
- Die Wahrscheinlichkeit muss im Hinblick auf die Vorgaben gewahrt bleiben, die Fortsetzung also zur bisherigen Handlung und zum Verhalten der Figuren passen.

4 *Lasst euch durch ein Referat (▷ S. 54–63) den Gesamtroman vorstellen. Nehmt Stellung zu Dürrenmatts Lösung des Falls unter besonderer Berücksichtigung von Bärlachs Verhalten.*

5 *a) Sammelt Informationen und Rezensionen zur Verfilmung des Romans.*
b) Seht euch den Film an. Benennt Vorzüge und Nachteile der filmischen Gestaltung gegenüber dem Romantext.

Das Foto von Hansueli Trachsel zeigt Maximilian Schell im Jahr 2006; er betrachtet ein Foto, das ihn selbst bei der Verfilmung von „Der Richter und sein Henker“ im Jahr 1975 zeigt.

Der Erzählanfang – Eine Kurzbiografie entwerfen

Ingrid Noll

Der Hahn ist tot (1)

Ingrid Noll, 1935 als Tochter eines Arztes in Shanghai geboren, wuchs zunächst in Nanjing auf; 1949 kam sie mit ihren Eltern und Geschwistern nach Deutschland. Sie besuchte ein Mädchengymnasium in Bad Godesberg und studierte anschließend an der Universität Bonn Germanistik und Kunstgeschichte. 1959 heiratete sie einen Arzt, arbeitete in dessen Praxis mit und zog drei Kinder groß. Erst im Alter von 55 Jahren begann sie zu schreiben. Nach einigen Kindergeschichten veröffentlichte sie 1993 ihren ersten Kriminalroman „Der Hahn ist tot", der Publikum und Kritik gleichermaßen begeisterte.

In der Schule hatte ich zwei altjüngferliche Lehrerinnen, die behaupteten, ihre Verlobten seien im Krieg gefallen. Wenn man wie ich nicht verheiratet, verwitwet, geschieden ist, keinen Lebensgefährten oder Freund hat – von Kindern ganz zu schweigen – und nicht mal mit kurzfristigen Männerbekanntschaften aufwarten kann, dann kriegt man heute wie damals einen abwertenden Spitznamen angehängt. Aber eine alte Jungfer wie meine Lehrerinnen bin ich nicht. Und es gibt auch Leute, die meinen Status positiv sehen: Verheiratete Kolleginnen betrachten meine Unabhängigkeit, meine Reisen, meine berufliche Karriere oft mit Neid und dichten mir so manches romantische Urlaubserlebnis an, wozu ich vielsagend lächle.
Ich verdiene gut, ich halte mich gut. Mit meinen zweiundfünfzig Jahren sehe ich besser aus als in meiner Jugend. Mein Gott, wenn ich die Fotos von damals sehe! Gute zwanzig Pfund zu viel, eine unvorteilhafte Brille, diese plumpen Schnürschuhe und der Bordürenrock. Ich war die Frau, mit der man angeblich Pferde stehlen kann und die schließlich selbst einem Pferd immer ähnlicher wurde. Warum hat mir damals keiner gesagt, dass es auch anders geht! Make-up habe ich verachtet, ohne dabei „natürlich" auszusehen. Ich war voller Komplexe. Heute bin ich schlank und gepflegt, meine Kleider, mein Parfum und erst recht meine Schuhe sind teuer. Hat es was gebracht?
Damals im Bordürenrock studierte ich Jura. Warum gerade das? Vielleicht weil ich keine ausgesprochene Begabung für Sprachen hatte und, ehrlich gesagt, auch sonst keine. Ich dachte etwas naiv, in diesem neutralen Fach wäre ich gut untergebracht. Viele Jahre war ich befreundet mit Hartmut. Wir lernten uns gleich im ersten Semester kennen. Eine zündende Leidenschaft war es nicht; wir paukten zusammen bis in die Nacht, und schließlich war es zu spät zum Heimgehen. So entwickelte sich ein festes Verhältnis, und eigentlich war mir klar, dass es auf eine Ehe mit zwei Kindern und einer gemeinsamen Anwaltspraxis hinauslief. Kurz vorm Examen, ich hatte damals nur Paragrafen im Kopf, teilte mir Hartmut schriftlich mit, dass er demnächst heiraten würde. Ich fiel aus allen Wolken und durch die Prüfung. Hartmut bestand und wurde bald darauf Va-

ter. Ich sah ihn zuweilen mit Frau und Kinderwagen durch unseren Park spazieren.
Mir ging's schlecht damals, ich nahm dramatisch zu und wieder ab und wollte um keinen Preis ein zweites Mal zum Examen antreten. Meine Mutter starb in jener Zeit, mein Vater war schon lange tot. Geschwister habe ich nicht; ich war sehr einsam.

1 *a) Worauf wird hier das Leseinteresse gelenkt?*
b) Arbeitet die Unterschiede zum Erzählanfang in „Der Richter und sein Henker" heraus.

2 *Wie stellt ihr euch das Leben der Ich-Erzählerin und Hauptfigur des Romans, Rosemarie Hirte, in der Zeit zwischen Studiumende und ihrem 52. Jahr vor?*
a) Entwerft eine Kurzbiografie.
b) Erläutert und begründet in einem kurzen Text Aufbau und Inhalt eurer Biografieentwürfe.

Die Henkersmahlzeit – Von der Schlüsselszene zum Romanende

Ingrid Noll

Der Hahn ist tot (2)

Im Alter von 52 Jahren verliebt sich Rosemarie Hirte während eines Volkshochschulvortrags über romantische Lyrik Hals über Kopf in den Dozenten Rainer Engstern. Sie macht sich an den Mann ihrer Träume heran, hilft ihm in einer schwierigen Situation, doch reagiert dieser auf ihr Liebeswerben zunächst zurückhaltend. Als Rosemaries lebenslustige Freundin Beate mehr Glück bei Rainer zu haben scheint, entschließt sich Rosemarie zum Kampf mit allen Mitteln, um ihre letzte Chance zu wahren. Sie holt Beate zu einem Überraschungspicknick ab.

Beate deutete auf einen hohen Aussichtsturm.
„Da müssen wir rauf. Ich war vor kurzem mal mit Jürgen dort, man hat einen zauberhaften Blick auf die Rheinebene."
Ob das gut war? Ich hatte den Revolver in meiner größten Handtasche, verborgen in einem Reißverschlussfach. Fast hoffte ich, es würde alles nicht klappen, es waren Spaziergänger zu sehen oder ein Försterjeep zu hören.
Der Ausblick vom Turm war herrlich. Im blauen Dunst sah ich in der Ferne Mannheim funkeln, im Südwesten musste Ladenburg liegen. Ich suchte die unmittelbare Umgebung nach Menschen ab, sah aber nichts. Auf dem Waldparkplatz hatten zwei Autos gestanden.
„Her mit dem Sekt!", forderte Beate.
Ich breitete auf dem sonnenwarmen Boden des Turms ein rotkariertes Küchentuch aus. „Henkermahlzeit", dachte ich.
Beate musterte alles neugierig.
„Gegrillte Hähnchenteile und Baguette, Schinken und Melone, Weintrauben und Käse! Rosi, du bist ein Genie!"
Sie machte geübt den lauwarmen und mächtig sprudelnden Sekt auf. Beate fand diesen Schönheitsfehler lustig. Sie trank zwei Gläser schnell herunter, griff dann nach den Melonenscheiben und einem Hühnerbein. Ich tat auch so, als würde ich essen, aber die trockene Hühnerbrust blieb mir fast im Halse stecken. Ich musste jetzt eigentlich den Revolver hin-

ter Beates Rücken auspacken und meine lebenslustige Freundin – meine einzige – kaltblütig erschießen. Das konnte ich einfach nicht.

„Du glotzt ja so ernst in die Gegend, Rosi. Komm, trink!", forderte mich Beate auf und schenkte mir ein. Ich hatte keine Pappbecher, sondern Kristallgläser und auch Porzellanteller mitgebracht.

Beate trank ihr drittes Glas. Sie setzte sich auf die breite Brüstung.

„Komm hierher, Rosi", sagte sie, „es ist ja ein Jammer, wenn man auf dem Boden sitzt und gar nichts von der tollen Aussicht sieht. Wenn ich hier oben bin, möchte ich mich in eine Schwalbe verwandeln und mich leicht und elegant in die Ebene hinunterschwingen." Sie ließ die Beine nach außen hängen.

„Komm!"

Ihr etwas breiter Rücken war mir zugewendet, die noch feuchten Haare glänzten. Unter dem eingelaufenen T-Shirt zeichnete sich scharf der Büstenhalter ab.

„Ach, Beate, ich stehe lieber, ich bin nicht schwindelfrei."

„Schwindel – ich weiß gar nicht, was das ist! Schon als Kind gab es für mich nichts Schöneres als schaukeln und klettern, auf Dächer und Mauern steigen. Sieh mal!"

Wie das Kind, das sie früher gewesen war, stellte sie sich vor mich auf die Mauer und lachte mich so frech an, so wie sie früher wohl ihre Mutter zur Verzweiflung gebracht hatte.

Ein energischer Stoß mit beiden Händen gegen ihre braunen Beine, und Beate fiel mit einem ganz hohen Schrei und mit dem Sektglas in der einen, dem Hühnerbein in der anderen Hand den Turm hinunter.

Ich sah nach allen Richtungen, Menschen konnte ich nicht entdecken, hörte aber eine Motorsäge in nicht allzu weiter Entfernung. Auch ein jagender Hund schien sich in der Nähe herumzutreiben, keiner rief ihn zur Ordnung, er mochte wildern. In der Ferne die Autobahn, winzig die Wagen, von dort konnte man meinen Turm wohl kaum erkennen, geschweige denn mich. Ich begab mich nun auf den Abstieg, mir zitterten dabei die Knie, sodass es nur langsam die vielen engen Steinstufen hinabging.

1 *Beschreibt die Wirkung, die diese Mordszene auf euch ausübt.*

2 *Untersucht den Erzählstil daraufhin, ob sich auch hier Beispiele für das Groteske bzw. Makabre (▷ S. 213) finden lassen.*

3 *Schreibt die Mordszene um.*
- *a) Wählt die Er-/Sie-Erzählform und wechselt in die Perspektive eines auktorialen Erzählers, der die Gedanken und Gefühle beider Frauen kennt und das Geschehen kommentiert.*
- *b) Lest eure Versionen der Mordszene vor und untersucht, ob und wie sich die Einstellung der Leser zu Rosemarie Hirte im Vergleich zum Original ändert.*

4 *Entwerft eine Schlussszene für den Roman.*
- *a) Sammelt Ideen für ein denkbares Ende des Romans.*
- *b) Teilt euch in Kleingruppen auf und schreibt einen Drehplan für eure Szene.*
- *c) Filmt eure Schlussszene auf der Grundlage eures Drehplans.*
- *d) Präsentiert eure Schlussszenen vor der Klasse und beurteilt sie.*

5 *Lasst euch den ganzen Roman vorstellen und vergleicht eure Szenen mit dem Originalschluss.*

6 *Besorgt euch die Verfilmung des Romans. Vergleicht eure Filmszenen mit dem Filmende.*

Die Krimibausteine – Kriminalerzählungen vorstellen

Der Autor eines Kriminalromans oder einer Kriminalerzählung konstruiert seine Geschichte aus drei Grundbausteinen:

VG = Vorgeschichte	F = Fall (das Verbrechen)	D = Detektion (Aufklärung)

Diese drei Bestandteile können unterschiedlich angeordnet werden und eine unterschiedliche Gewichtung erhalten. Eine wesentliche Frage dabei ist: Welchen Erzählanfang wählt der Erzähler? Er kann zum Beispiel mit dem Ergebnis einer verbrecherischen Tat, etwa dem Auffinden eines Ermordeten, also mit dem Fall, einsetzen und dann die Detektion in den Mittelpunkt seines Erzählens rücken. Die Vorgeschichte des Verbrechens könnte dabei in die Darstellung der fortschreitenden Fallaufklärung eingebettet werden. Man spricht bei einem Erzählaufbau nach diesem Grundmuster von einem **Detektivroman.** Eine andere Möglichkeit wäre, mit der Vorgeschichte einzusetzen, um sich dabei auf die Voraussetzungen für das Verbrechen, wie zum Beispiel die Psyche des Täters, zu konzentrieren. Einen zweiten Schwerpunkt könnten der Tathergang und seine Begleitumstände bilden, während die Detektion keinen großen Raum einnähme. Bei diesem Erzählaufbau handelt es sich um einen **Verbrechensroman** oder **Kriminalroman im engeren Sinne.**

1 *Untersucht den Aufbau und die Anordnung der Krimibausteine in den drei Erzählungen der Kapitel 10.1 und 10.2. Bestimmt, um welche Art von Roman es sich jeweils handelt.*

2 *Stellt weitere alte und neue Detektivromane und Kriminalromane in der Klasse vor. Geht dabei auf folgende Aspekte ein:*
- *inhaltlicher Aufbau, Anordnung der Krimibausteine, Grundmuster,*
- *Charakterisierung der Hauptfiguren,*
- *Erzählform und Erzählperspektive,*
- *auffallende Stilmerkmale.*
- *Wählt einen geeigneten Textausschnitt aus, den ihr vorlest.*

Achtet bei euren Buchvorstellungen darauf, dass ihr die Lösung des Falls nicht verratet, um künftigen Leserinnen und Lesern nicht die Spannung zu nehmen.

Vorschlagsliste für Kriminalerzählungen:
Friedrich Schiller: Der Verbrecher aus verlorener Ehre (1792)
Edgar Allan Poe: Der Doppelmord in der Rue Morgue (1841)
Arthur Conan Doyle: Der Hund von Baskerville (1902)
Agatha Christie: Alibi (1925)
Dashiell Hammett: Der Malteser Falke (1930)
Truman Capote: Kaltblütig (1965)
Henning Mankell: Die weiße Löwin (1998)
Christoph Wortberg: Die Farbe der Angst (2006)

10.3 „Tatort" – Das Strickmuster einer Krimireihe

Den Handlungsaufbau im Blick

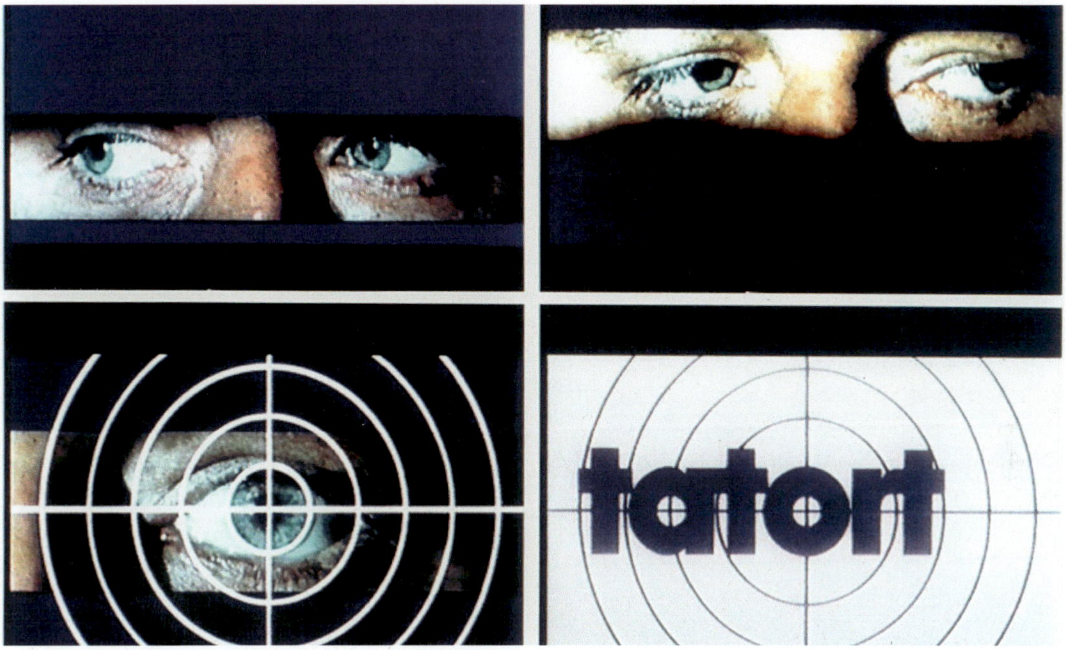

„Tatort" ist die älteste und beliebteste Krimireihe im deutschsprachigen Raum. Ihre inzwischen mehr als 600 Folgen wurden von ARD (Deutschland), ORF (Österreich) und SFDRS (Schweiz) produziert. Im deutschen Fernsehen erfolgt die Erstausstrahlung der einzelnen Folgen sonntags um 20.15 Uhr im Ersten, die Wiederholungen in den Regionalprogrammen sind sehr häufig, sodass keine Woche ohne Tatort vergeht. Zum Erfolgsrezept der Reihe gehören folgende Kennzeichen:

- in sich abgeschlossene Folgen in Spielfilmlänge,
- Wechsel zwischen derzeit 15 Ermittlern bzw. Ermittlerteams,
- 15 verschiedene Schauplätze, deren Lokalkolorit durch Drehen am Originalschauplatz für den Zuschauer deutlich wird.

1 *Nehmt mehrere „Tatort"-Folgen auf und schaut sie euch an.*
Stellt im Plenum eure Folge vor:
a) Gebt eine kurze Inhaltsangabe.
b) Benennt den Handlungsort und beschreibt die Schauplätze.
c) Erklärt den Handlungsaufbau. Greift dabei auf die Grundbausteine einer Kriminalerzählung zurück (▷ S. 222).
d) Geht auf die filmischen Mittel ein, die euch aufgefallen sind (▷ S. 242–243).

2 *Vergleicht die verschiedenen Folgen daraufhin, ob sich bestimmte Übereinstimmungen (Gestaltung von Eingangs- und Schlusssequenz, Handlungsverlauf, Figuren und ihr Verhalten, Schauplätze und Milieus) erkennen lassen.*

Typologie der Ermittler

Batic und Leitmayr

Lürsen und Stedefreund

Ritter und Stark

Ballauf und Schenk

Kopper und Odenthal

Dellwo und Sänger

Perlmann und Blum

Prof. Boerne und Thiel

1 *a) Welche „Tatort"-Ermittlerinnen und -ermittler kennt ihr?*
b) Erstellt eine Beliebtheitsskala. Begründet eure Einordnungen.

2 *Recherchiert, welche Kommissare zu welchen Schauplätzen gehören.*

Hauptkommissarin Inga Lürsen

Sie ist bekennende Rabenmutter, geschieden und überzeugte Polizistin – Stöckelschuhe trägt sie weder privat noch im Dienst. Job und Privatleben, das konnte Inga noch nie trennen, und sie ist darüber hinweg, dass sie es niemals lernen wird. Ingas 17-jährige Tochter Helen findet genau das klasse und ist stolz auf ihre Mutter.

Sie ermittelt auf eigene Faust und begibt sich selbst in höchste Gefahr. Mit ihren Alleingängen macht sie es ihren Kollegen wirklich nicht einfach. Schließlich verlässt sie sich lieber auf ihren Bauch als auf Aktennotizen. Mit ihrer Hartnäckigkeit nervt sie Tatverdächtige und Vorgesetzte gleichermaßen.

Inga wollte schon immer Menschen helfen, und mit ihrem ausgeprägten Gerechtigkeitssinn ging sie nicht nur ihrer besten Freundin auf die Nerven. Aber Inga kann sich in diesem Punkt einfach nicht zügeln, und inzwischen steht sie zu ihrem Handicap, es ist Stärke und Schwäche zugleich. Die Ehe mit dem Vater ihrer Tochter hat zum Erstaunen vieler Freunde doch fast zehn Jahre gehalten. Ingas Freundin, Conny Barop, beschreibt Ingas Exmann in der Folge „Voll ins Herz" als „der Mann, der alles besser weiß und besser kann". Lange Zeit pendelte Helen zwischen ihrem Vater und Inga, doch seit der Oberstufe lebt sie ganz bei Inga.

Seit der Scheidung hat Inga zwar verschiedene Affären und kurze Beziehungen, doch keinen Mann lässt sie wirklich in ihr Leben. Ihre Tochter ist ja inzwischen erwachsen genug, und so genießt es Inga, dass sie sich ganz auf ihren Job konzentrieren kann, ohne sich für ihr Engagement rechtfertigen zu müssen. Eine Freiheit, die sie so schnell nicht wieder aufgeben will.

3 *Untersucht diese Vorstellung der Kommissarin Inga Lürsen auf der „Tatort"-Internetseite der ARD:*
a) Welche inhaltlichen Bestandteile enthält die Vorstellung, und wie ist sie aufgebaut?
b) Wie beurteilt ihr die Vorstellung:
Was vermisst ihr? Was erscheint euch überflüssig?
Ist die Anordnung der einzelnen Teile überzeugend?
c) Wurden in den ersten „Tatort"-Folgen die Ermittler nur bei ihrer Arbeit gezeigt, so wird heute auch auf ihr Privatleben recht ausführlich eingegangen.
Was haltet ihr von dieser Entwicklung?
Nehmt begründet Stellung.

4 a) *Schreibt zu einer der Ermittlerpersonen (z. B. aus der Folge, die ihr der Klasse vorgestellt habt) eine Vorstellung.*
Beachtet dabei eure Arbeitsergebnisse aus Aufgabe 3.
b) *Lest euch eure Vorstellungen vor und vergleicht die einzelnen Ermittlerinnen und Ermittler auf Gemeinsamkeiten und Unterschiede hin.*
c) *Prüft, ob sich bestimmte Ermittlertypen erkennen lassen und ob eine der Ermittlerfiguren Kommissär Bärlach aus Friedrich Dürrenmatts Roman „Der Richter und sein Henker" gleicht.*

Eine „Tatort"-Szene darstellen

1 *Teilt euch in Gruppen ein und stellt eine typische „Tatort"-Szene in einem kleinen Film oder als Bilderserie in einem Fotoroman dar.*
Geht nach diesen Arbeitsschritten vor:
a) *Verständigt euch zunächst auf eine der beiden Varianten des gängigen „Tatort"-Handlungsaufbaus:*
***Variante 1:** Ablauf der Tat (Täter ist also bekannt) – Eintreffen der Ermittler am Tatort – Aufspüren des Täters; Spannung: Wie wird der Täter gestellt und überführt?*
***Variante 2:** Eintreffen der Ermittler am Tatort nach vollendeter Tat – Aufspüren des unbekannten Täters; Spannung: Wer war der Täter?*
b) *Wählt eine bestimmte Szene aus und verfasst dazu einen Drehplan, in dem ihr den Handlungsverlauf der Szene, den Schauplatz, die beteiligten Figuren und ihr Verhalten sowie Kamerapositionen und Einstellungsgrößen festhaltet (▷ S. 243). Ihr könnt eure Szene auch als Parodie anlegen (s. u.).*
c) *Verteilt die Aufgaben in eurer Gruppe (Bedienung der Kamera, Besetzung der Rollen) und verständigt euch auf einen Zeitplan für Proben und Aufnahme.*
d) *Probt eure Szene unter Beachtung eures Drehplans einige Male und nehmt sie entweder als Film oder als Einzelfotos auf.*

ARBEITSTECHNIK

Parodie

Parodie meint ursprünglich eine übertreibende, verzerrende Nachahmung eines dem Publikum bekannten Werks oder von Teilen daraus. Die äußere Form, Stil und Struktur werden beibehalten, jedoch mit einem anderen, nicht dazu passenden Inhalt gefüllt. Aus der Diskrepanz zwischen Inhalt und Form entsteht so eine komische Wirkung.
Ihr könntet also eure „Tatort"-Szene mit einer Märchenhandlung verknüpfen: Rotkäppchens Mutter meldet ihre Tochter als vermisst, Kommissar oder Kommissarin Jäger übernimmt den Fall.
Übertreibung erreicht ihr dadurch, dass ihr typische „Tatort"-Versatzstücke in übersteigerter Form darbietet, die Figuren in ihrer Überzeichnung zu Karikaturen werden lasst.

11 „Blueprint Blaupause" – Roman und Film im Vergleich

11.1 Charlotte Kerner: „Blueprint Blaupause" – Handlung, Erzählperspektive und Motive im Roman untersuchen

1 *Beschreibt, was auf den Fotos dargestellt ist.*

2 *Erklärt, was es bedeutet, dass man sich als Mensch selbst im Spiegel erkennen kann.*

3 *Recherchiert über Tierversuche mit Spiegeln. Berichtet über die Versuchsergebnisse.*

Ein Klon entsteht – Handlung und Erzählperspektive im Roman

Charlotte Kerner

Blueprint: Prolog (1999)

Iris war rücksichtslos, also erwartet auch keine Rücksicht von mir. Ich trete nur in ihre Fußstapfen. Es ist doch auch eine Art Klonen, wenn ich meine Erinnerungen und Gedanken hervorhole und mich neu zusammensetze. Nach zweiundzwanzig Jahren erschaffe ich mich noch einmal. Denn ich bin eine Überlebende, die versucht zu verstehen: unser Ende und unseren Anfang, ihr Ende und meinen klonigen Anfang. Vor zwei Wochen ist mein Mutterzwilling gestorben, und ich sitze wie früher an unserem schwarzen Konzertflügel, der mir als Kind so furchtbar mächtig erschienen ist. Mister Black haben wir ihn getauft, als ich sieben Jahre alt geworden war und Iris mir endlich erlaubt hatte, darauf zu spielen. Voller Stolz hatte ich damals das schwarz glänzende Holz und die weißen und schwarzen Tasten gestreichelt. Ich werde diese Tasten nie mehr anschlagen. Der Deckel bleibt für immer zu, wie bei dem Sarg, in dem Iris jetzt liegt. Auf Mister Blacks hölzernem Rücken liegen leere Blätter. Doch ich setze nicht wie sie Noten auf die schwarzen Linien, komponiere keine Musikstücke. Ich reihe nur Buchstabe an Buchstabe, Wort an Wort. Ich will herausfinden, wer das ist, der hier am Konzertflügel sitzt.
Das Wort Klon mag ich übrigens nicht, weil es inzwischen zu abgenutzt und abgelacht ist. Ich nenne mich lieber *Blueprint.* Die Blaupause ist eine Kopie, die ohne Umwege über ein Negativ gewonnen wird und auf einem weißen Grund blaue Linien zeichnet. Blau ist schon immer meine Lieblingsfarbe gewesen und natürlich auch die von Iris, dieser vermessenen Frau, die sich für eine Göttin hielt. Im Jahr null, als ich gemacht und geboren wurde, begann meine Geschichte, die ich – genau wie mich selbst – *Blueprint* nennen will.

1 *Ein **Prolog** hat die Funktion, einführende Informationen zu Figuren und Handlung zu vermitteln, und ist dem dramatischen Text oder Film vorgeschaltet.*
a) Prüft, ob der Text die Informationen liefert, die man als Leser in einem Prolog erwartet.
b) Formuliert Fragen an den Text, die sich nach dem Lesen stellen.

2 *Fasst zusammen, was man man über die Erzählerin und ihre Beziehung zu Iris erfährt.*

3 *Definiert die Begriffe „Klon", „Kopie", „Blaupause".*

4 *a) Erklärt die Aussage der Erzählerin: „Es ist doch auch eine Art Klonen, wenn ich meine Erinnerungen und Gedanken hervorhole und mich neu zusammensetze." (Z. 3–5)*
b) Kann eurer Meinung nach ein Schreibvorgang mit dem Vorgang des Klonens verglichen werden? Begründet.

Charlotte Kerner

Blueprint (1)

Als Iris mich zum ersten Mal gedacht hat, war sie sicher genauso allein und verzweifelt, wie ich es bin, seit sie mich verlassen hat. Und deshalb bin ich ihr nun wieder so nah, dass es wehtut. Es ist schrecklich, allein zu sein, wenn man krank ist. Das wissen wir beide. Sie hatte damals MS, und ich bin heute seelenkrank.
Dass ich einer der ersten Menschenklone bin und noch dazu eine der Ersten unserer Art, die erwachsen geworden sind und überlebt haben, sieht man mir natürlich nicht an. Äußerlich wirke ich ganz normal, sehe aus und rede wie jeder Einling. Der Horror spielt sich innen ab, und der beste Horror war schon immer der von der unsichtbaren Sorte. Wer sich im Dunkeln fürchtet, singt manchmal laut.
Was ich aufschreiben will, ist ganz radikal nur meine Geschichte unseres Lebens: Siris Geschichte. Trotzdem bemühe ich mich, die Wahrheit zu schreiben. Doch was ist das schon, die Wahrheit? Wahr ist, was Iris mir erzählt oder mein medizinischer „Vater" mir geantwortet hat, als ich ihn später traf und mit ihm gesprochen habe. Wahr meint aber zuallererst und vor allem das, an was ich mich erinnere. Also erwartet keine normale Biografie. Denn wahr ist auch das, was ich als Zwillingsschwester, als Iris-Klon, hinter den Fakten erfühle. Und weil wir doch immer schon ein Herz und eine Seele waren – und vielleicht auch noch sind –, kann ich ganz leicht in Iris' Haut und Hirn schlüpfen. Als Klon kann ich schließlich Iris oder Siri sein, oder ich bin uns beide gleichzeitig. Manchmal steige ich auch einfach aus und werde jemand Drittes, der die Geschichte von Iris und Siri erzählt. Dann kann ich mich/sie/uns betrachten, wie eine Forscherin ihre Versuchsanordnung im kalten, blauen Laborlicht beobachtet.
Iris war gerade dreißig Jahre alt geworden, als sich ihr Sehnerv zum zweiten Mal entzündet hatte und sie die letzten Hoffnungen begraben musste. Nun gab es keinen Zweifel mehr:

Sie hatte die multiple Sklerose im Leib, und das bestätigten auch die verschiedensten medizinischen Tests. Iris hatte sich genau informiert, was MS bedeutete. Die Sellins wollen immer die Wahrheit wissen, sonst fühlen sie sich ohnmächtig! Die harte Statistik sagte: Innerhalb von zehn Jahren würde die Krankheit wahrscheinlich ausbrechen. Immer mehr Entzündungen, kleinen Kabelbränden gleich, würden im Laufe der Zeit die Nervenhüllen und Nervenfasern in ihrem Körper schädigen und sie am Ende vielleicht lahm, blind oder auch verwirrt zurücklassen. Wie der Verlauf auch sein würde – leicht, schwer oder sehr bösartig –, in jedem Fall drohte ihr, der berühmten Pianistin Iris Sellin, ein unaufhaltsamer Abstieg. [...] Ihre Karriere, ihre Kunst, das Komponieren waren immer alles für sie gewesen. Doch plötzlich zählte das nicht mehr. Plötzlich trauerte sie, dass sie keine Kinder hatte. Niemand, dem sie ihr Talent, ihr Wissen weitergeben konnte. Niemand, der ihr Erbe antreten würde. Niemand, in dem sie weiterleben würde. Niemand, den sie wirklich liebte und der sie wiederliebte. Iris hatte nie geahnt, wie allein sie war. In tiefster Ausweglosigkeit überfielen sie Gefühle, die sie zuvor als primitive Fortpflanzungsinstinkte belächelt hatte.
In dieser Zeit der Verzweiflung stieß sie zufällig auf einen Zeitungsartikel über Professor Mortimer G. Fisher aus dem *Center for Reproductive Medicine and Bioengineering* in Montreal, Kanada. Zu einer anderen Zeit hätte sie den Bericht wohl überlesen oder bestenfalls

überflogen und genauso schnell wieder vergessen. Aber was hier stand, elektrisierte sie. Der englische Forscher hatte das Klonen von Säugetieren sicherer gemacht, denn endlich hatte er den so lange gesuchten zentralen Entwicklungsschalter in den Genen entdeckt und konnte ihn nun ganz gezielt „anschalten“. Nachdem Iris den Bericht mehrmals durchgelesen hatte, wusste sie, was sie zu tun hatte, um ihr Schicksal zu ändern.
Als es dir schlecht ging, Iris, erst dann sehntest du dich nach einem Kind. Du wolltest neues Leben dem alten, kranken entgegenstellen. Aus Wut! Weil du nicht glauben konntest, dass man vergeht. Weiterleben wolltest du in der anderen, oder noch besser, ewig leben! Ein verzweifelter Wunsch, der nur Verzweifeltes hervorbringen konnte. Als du den Bericht über Fisher gelesen hattest, dachtest du zum ersten Mal an mich, deine Klon-Tochter, und dieser Gedanke ließ dich nicht mehr los. Er gab deinem Leben einen neuen Sinn und ein neues Ziel: mich. Oder genauer, dich noch einmal. Iris Sellin zum Ersten und zum Zweiten. Bieten Sie mit?

1 *Benennt die Motive von Iris Sellin, sich klonen zu lassen.*

2 *Welche Haltung nimmt Siri zum Geschehen ein?*

3 *Fasst zusammen, was Siri zum Erzählvorgang sagt. Geht auf folgende Punkte ein:*
- *Warum schreibt sie ihre Geschichte?*
- *Welchen Anspruch hat sie? Wie will sie schreiben?*
- *Was sagt ihre Erzählhaltung darüber aus?*

4 *a) Bestimmt die Erzählperspektive im Romanausschnitt.*
b) Nehmt Stellung zu Siris Behauptung, sie könne „ganz leicht in Iris' Haut und Hirn schlüpfen“ (Z. 31–32) und somit auch aus ihrer Sicht erzählen.

5 *Erklärt, was Siri unter „Wahrheit“ versteht.*

Charlotte Kerner

Blueprint (2)

Nein, du hast deine Liebe nie verschwendet, an kein Kind und keinen Mann. Du kanntest niemanden, von dem du dir ein Kind gewünscht hättest. Du warst nicht geschaffen für eine echte Partnerschaft, höchstens für eine Klonschaft. Tief in deinem Inneren hast du gefühlt, dass allein das dir entsprach. Du konntest niemanden so lieben wie dich. Und nur um dich noch mehr lieben zu können, wolltest du mich, den Klon.
Wenn ich dir später deine Selbstsucht, diese übersteigerte Selbstliebe, vorgeworfen habe, hast du dich nicht einmal gewehrt. „Das stimmt sogar. Aber darin bin ich doch keine Ausnahme“, hast du mir sanft lächelnd entgegnet. „Alle suchen sich in ihren Kindern. Nur ich gebe es offen zu. Ich wollte radikal nur mich, von Anfang an nur mich.“ Gegenrede zwecklos.
Du wolltest dich noch einmal erschaffen lassen. Hieltest dich für wert, noch einmal geboren zu werden. Unsterblich wolltest du sein – nur jemand mit solch einer Vermessenheit würde sein Ebenbild am Ende auch ertragen

können. Das hast du dir eingebildet, und genau das sollte dein größter Irrtum werden. Wir sind nämlich nicht so leicht auszuhalten!

Weil du damals noch so unwissend warst, stelltest du dich ganz nahe vor Fisher, ohne ihn jedoch zu berühren, und sagtest: „Werden Sie der Vater meiner Tochter! Bitte klonen Sie mich!“ Jede Komponistin weiß, wie lockende, schmeichelnde Töne klingen müssen, wie sie Gänsehaut und erotische Spannung erzeugen kann. Und du sagtest tatsächlich: Vater. Welch ein Hohn! Fisher widerstand deiner menschlichen Verführung und der wissenschaftlichen Versuchung nicht; wissenschaftliche Gier paarte sich mit menschlicher Neugier. Er nickte, und in einer kurzen Umarmung habt ihr zwei den Pakt besiegelt: Götter, ihr beide. In den alten Mythen war der Zwillingsvater entweder ein Gott oder ein Dämon, die Zwillingsmutter dagegen galt häufig als untreues oder besessenes Weib oder als Wahrsagerin. Denn die Geburt von Zwillingen deuteten die Menschen schon immer als etwas Besonderes: als ein übernatürliches Zeichen, das Glück, aber auch Unglück ankündigte.

Doch bevor ich als Iris-Zwilling geboren werden konnte – ob als Glücks- oder Unglückszeichen, würde sich erst noch herausstellen –, musste ich gezeugt werden.

Fisher hat mir später genau erzählt, wie und wo mein kloniges Leben seinen Anfang genommen hat.

Am Vormittag des 7. Januar im Jahr null dirigierte Mortimer G. Fisher eigenhändig das Telemikroskop mit den beiden Joysticks in die Ruheposition. Die Laboruhr zeigte 10 Uhr 45. Er selbst hatte die entkernte Eizelle mit dem reinen Iris-Programm bestückt. Diesen Kern aller Dinge hatte er einer Hautzelle von Iris Sellin entnommen. Über eine haarfeine Glaskanüle hatte er dann das Eiweiß eingeschleust, um die Lebensuhr mit dem Fisher'schen Verfahren anzuschalten. Doch noch gaben die Schaltergene keine Kommandos, noch blieb der Zellcomputer stumm. Der kleine Punkt in der Zelle glich jetzt einem schwarzen Auge.

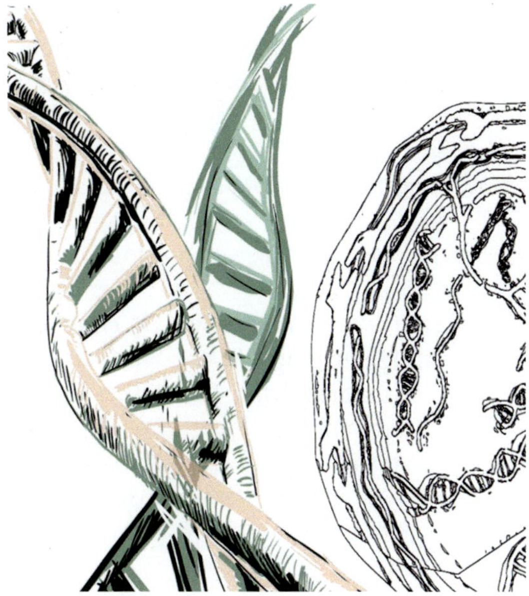

Zusammengeknüllt in diesem schwarzen Pünktchen war der eineinhalb Meter lange DNS-Faden der Auftraggeberin. Das kleine dunkle Ding maß im Durchmesser gerade ein hundertstel Millimeter, und doch enthielt es ein ganzes Lebensprogramm: eine Menschengeschichte, niedergeschrieben in hunderttausend Bänden, auch Gene genannt. Und jede dieser gewaltigen Gen-Bibliotheken des Lebens birgt so vieles, Banales wie Geheimnisvolles: das Aussehen eines Menschen und sein Temperament, seine Möglichkeiten und die Art, wie jemand die Welt wahrnehmen wird. Das Gewisse und das Ungewisse. Eines Menschen Anfang und sein Ende. Diese verdammte Ruhe, in die Fisher noch immer blickte, machte ihn nervös. Dann stand die Zeit in dem Inkubator endlich nicht mehr still, die Zelle begann, sich zu teilen. Die Laboruhr zeigte 11 Uhr, und Fisher war über das Telemikroskop Zeuge, wie eine weitere Lebensuhr zu ticken begann. Die DNS-Stränge teilten und verdoppelten sich, die Schicksalsfäden entwirrten sich, strebten auseinander und formten zwei Zellkerne. Nicht mehr ein Auge, sondern ein Augenpaar – auf dem Bildschirm zehntausendfach vergrößert – erwiderte nun triumphierend seinen Blick. „*Welcome, Iris two*“, begrüßte er das neue Leben, das einmal

Iris Sellins Tochter sein würde. Er schloss den Spross in einen Brutschrank ein, wo er in achtundvierzig Stunden zu einem kräftigen Achtzeller heranreifte. Zwei Tage später machte der Iris-Klon unter dem Mikroskop einen gesunden Eindruck, alle Zellen waren regelmäßig und ebenmäßig. Der Klon war für die Übertragung bereit.

1 *Was wirft die Erzählerin ihrer Mutter vor? Nehmt zu dem Vorwurf Stellung.*

2 *Beurteilt Iris' Wunsch, sich klonen zu lassen.*

3 *Die Erzählerin wollte das, was Dr. Fisher ihr mitgeteilt hat, wie eine „Forscherin“ wiedergeben.*
a) Prüft, ob sie dies einhält.
b) Welche Haltung nimmt sie bei der Beschreibung des Klon-Vorgangs ein?

4 *Die unten stehenden Überschriften der Romankapitel, die die Geschichte von Iris und Siri erzählen, verweisen auf die Entwicklung der Beziehung zwischen den beiden.*
a) Recherchiert zunächst Informationen zur Sagengestalt Pollux.
b) Bringt die Überschriften in eine chronologische Reihenfolge.
c) Erklärt, inwiefern diese Überschriften auch als Lebensstadien von Siri verstanden werden können.
d) Erschließt aus den Kapitelüberschriften, wie sich das Verhältnis zwischen Mutter und Tochter entwickelt.

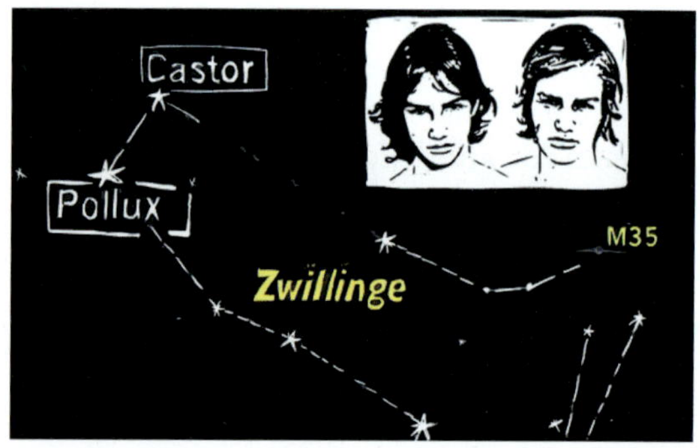

Duett (Kindheit II) | Einklang (Kindheit I) | Pollux seul (Zehn Jahre später) | Zwietracht (Jugend I)

Doppelleben (Das zweite Jahr null) | Zweikampf (Jugend II) | Doppelgöttin (Das Jahr null)

Das Verhältnis zwischen Mutter und Tochter – Leitmotive untersuchen

Charlotte Kerner

Blueprint (3)

Für Iris Sellin erfüllen sich zunächst mit der Geburt ihrer Tochter alle Wünsche und Hoffnungen. Siri scheint sich als der perfekte Klon ganz in Richtung der Mutter zu entwickeln. Doch mit der Pubertät zeigen sich Konflikte im Verhältnis Mutter und Tochter bzw. Original und Klon. Die Kindheit erlebt die Protagonistin als unbekümmert, spätestens in der Pubertät tun sich dann aber Fragen auf.

Doch wusste ich überhaupt – das frage ich mich heute –, dass es mich gab? Ich meine, mich als einzelne Person? Oder können Klone

sich noch nicht einmal mit den Schimpansen messen, die den berühmten „Ich bin Ich"-Spiegeltest bestehen? Im Gegensatz zu allen anderen Lebewesen auf dieser Erde erkennen sich etwa ab eineinhalb Jahren nur Menschen und ihre Vorfahren, die Menschenaffen, in einem Spiegel. Setzt man ihnen unbemerkt einen Farbklecks ins Gesicht und legt ihnen einen Spiegel vor, versuchen sowohl Affe als auch Menschenkind, den bunten Fleck wegzuwischen. Das sei der Beweis für Selbst-Bewusstsein, sagt die Psychologie, der Beginn des Ich-Gefühls, der Anfang einer Person. Ich hatte von Anfang an sicher nur ein Uns-Bewusstsein, ein Wir-Gefühl. Ich dachte und lebte nie ohne Iris. Wie beim Ichdu-Spiel, unserem ersten großen Zwillingsgeheimnis. Dieses Spiel ist wie meine Kindheit gewesen: undurchschaubar und etwas merkwürdig. Innig und beengend. Friedlich und vergewaltigend. Gefühlvoll und dabei doch so verdammt kalkuliert. Ein Doppelspiel eben!
Vor dem großen Spiegel in der Diele standen Iris und Siri ganz dicht nebeneinander und hielten sich an den Händen. Zuerst betrachtete sich jede selbst im Spiegel. Iris' Augen tasteten ihre hohe Stirn ab, die unauffällige Nase, die linke, leicht unregelmäßige Braue, das forsche Kinn, die graublauen Augen. Gleichzeitig lächelte Siri in ihr Kindergesicht. Darin kreuzten sie die Blicke und suchten in dem Spiegelbild der anderen die graublauen Augen. „Siehst du zwei oder vier Augen?", fragte Iris. „Nur zwei", antwortete Siri. „Jetzt bist du ich, und ich bin du." „Ichdu", lachte das Kind, „duich." „So wie ich wirst du auch einmal aussehen, wenn du groß bist. Und dann bist *du* die berühmte Pianistin", sagte die Mutter. „Ich werde noch größer und viel berühmter!", rief Siri stolz und fragte plötzlich ängstlich: „Bist du dann schon tot?" „Nein, nein", warf Iris ein. „Die meisten Menschen werden siebzig oder sogar achtzig Jahre alt. Bis dahin ist noch viel Zeit." „Warum werden Menschen nicht dreihundert Jahre alt wie die Schildkröten?" „Das ist eben so. Bei allen Lebewesen ist die Lebenszeit festgelegt", erklärte Iris. „Die Gene steuern auch unsere Lebensuhr." „Ich will nicht, dass du stirbst. Du sollst nie sterben!", flehte Siri. Iris nahm sie in den Arm und sagte: „Weil es dich gibt, sterbe ich nie. Denn ich bin du, und du bist ich."

Obwohl es Ichdu noch gibt, ist Duich gestorben. Genau vor zwei Wochen und einem Tag ist sie weggegangen. Aber was kann eine Ichdu allein schon ausrichten? Ich stehe oft vor dem Spiegel im Flur, seit Iris tot ist, finde aber niemanden. Ich bin ohne Selbst-Bewusstsein und war es immer. Und genau das war die beste Voraussetzung für eine Pianistinnen-Dressur. Das sei bei mir wie von selbst gekommen, diese Liebe zur Musik. „Kunst kommt nicht von Können, sondern von Müssen", hat Iris immer wieder gesagt. Es stimmt, ich musste spielen. Diese schwarzen und weißen Tasten zogen mich magisch an. Oder vielleicht war es auch ganz anders gewesen, und Iris und Dada hatten mich ans Klavier gezerrt. Natürlich nicht mit brutaler Gewalt, sondern mit vorgetäuschter Liebe. Ihr habt mich von Anfang an abgerichtet, sage ich heute. „Ich will Pianistin werden, ich will Pianistin werden!" Seit ich sprechen konnte, plapperte ich diesen Satz nach wie ein dressierter Papagei. Und am Klavier saß ich wie ein abgerichteter Affe. Dem würde Iris leidenschaftlich widersprechen, wenn sie nicht für immer stumm wäre. Die Stimme des Blutes, die musikalischen Gene, hätten diese Töne angeschlagen, höre ich sie sagen, ihre Begabung hätte ich geerbt. Und dann gibt sie auch noch offen zu: „Das war

doch ich, die aus dir sprach. Wir sind doch eins.“ Endlich hat sie begriffen! Es war von Anfang an immer nur sie, die aus mir sprach. Am Anfang war IHR Wort. [...]

Als ich meine erste Periode bekommen hatte, war ich zwölf gewesen. Ich hatte mit Iris ein Glas Sekt getrunken und darauf angestoßen, dass ich jetzt eine Frau war. „Du bist doch mein Leben“, hatte Iris gesagt. Und zum ersten Mal hatte ich ihr nicht geantwortet, sondern mich still gefragt: Aber mein Leben, wo ist mein Leben?

Ich hatte auch keine Vaterfantasien, sondern fragte mich, warum sich Kristian eigentlich nicht in mich, die jüngere Iris-Ausgabe, verliebte.

Mit dreizehn sah ich eines Morgens, als ich mich im Badezimmerspiegel betrachten wollte, nur noch meine Mutter. Warum hatte ich solche Angst? Ich wusste doch, dass ich ihr Zwilling war – fast schon gleich groß, gleich begabt, gleich im Aussehen. Warum erschrak ich so heftig?

Ich blinzelte der anderen zu, die sich jedoch nicht in das Mädchen zurückverwandeln wollte, das ich gestern noch gewesen war. Erst als ich ihr „Guten Morgen, Siri! Zähne putzen!“ zurief war ich wieder bei mir. Und ich schwor mir, nie wieder eins von Iris' Nachthemden anzuziehen. Aber nicht das Nachthemd war schuld. Meine Seele krankte an Iris und suchte Siri.

Der Einlingswelt boten die beiden noch immer ein Bild der Harmonie. Alle Träume schienen sich erfüllt zu haben. Siri gab immer öfter kleine Konzerte und spielte die Kompositionen ihrer Mutter. Iris' Gesundheitszustand schwankte zwar, aber es gab noch keine dramatische Verschlechterung.

Im Frühling des vierzehnten Jahres störte ein lauter Missklang die Zwillingsharmonie. Siri saß auf dem Klavierhocker mit dem blauen Polster und spielte „Echoes“. Plötzlich kippte sie wie eine Puppe nach vorn. Dem dumpfen Aufprall auf den Tasten folgte ein schrecklicher Akkord. Iris schrie auf und zog die Tochter hoch, umfing ihren Oberkörper mit beiden Armen und drückte sie an sich. Wie ein kleines Kind wiegte sie Siri hin und her, streichelte ihr Gesicht und flehte: „Meine Kleine, wach doch auf!“ Siri wünschte sich, dieses Wiegen möge nie mehr enden.

„Eine kleine Ohnmacht, nur eine Kreislaufschwäche“, sagte der Arzt, den Iris sofort gerufen hatte. „Das kann schon mal vorkommen in diesem Alter, die ganze Hormonumstellung.“ Er hat recht, dachte Iris, schuld ist sicher die Pubertät und dass Siri zu viel geübt hat in letzter Zeit. Aber dieser misstönende Akkord hatte sie verstört. [...]

In den beiden letzten Jahren ihres Doppellebens stand Siri oft vor dem Spiegel und schminkte sich lange und sorgfältig. Aber was sie sagte, wenn sich ihre Lippen dabei bewegten, fand Janeck[1] nie heraus. Siri hatte es aufgegeben, sich die Haare zu färben, sie zog keine knallbunten Kleider mehr an, sondern trug fast nur Schwarz und Grau wie Iris.

Als Janeck sie fragte, warum sie nur noch diese langweiligen Klamotten trage, hatte Siri ganz steif und mit zuckender Augenbraue dagestanden. „Wie kann jemand aus seiner Haut heraus“, sagte sie, „wenn es doch gar nicht ihre eigene Haut ist?“

Sie verglich ihr Spiegelbild immer wieder mit den Fotos von Iris, als diese wie sie neunzehn,

1 **Janeck:** Siris Freund

zwanzig Jahre alt gewesen war. Manchmal spielte sie Iris, so wie sie damals im Krankenhaus die alte Oma Katharina hinters Licht geführt hatte. Kurz nach dem Rummel um den fünfzigsten Geburtstag der Komponistin Sellin war Siri in ein Musikgeschäft gegangen und hatte als Iris Sellin Autogramme gegeben. Niemand enttarnte die Doppelgängerin, aber sie konnte sich nicht mehr darüber freuen. Die Zeit der Scherze war vorbei.

Siri war eine Grenzgängerin: Mühsam balancierte sie auf der Grenze, die zwischen den zwei Leben verlief. Schmal war dieser Grat, und manchmal verlor sie das Gleichgewicht und stürzte ab, entweder in das Leben ihrer Mutter oder in ein dunkles Nichts.

1 *Lest die Romanauszüge.*
a) Beschreibt in Stichwörtern die Entwicklung des Verhältnisses zwischen Mutter und Tochter.
b) Stellt die Stationen dieser Entwicklung grafisch dar. Wählt dafür eine passende Form der Visualisierung.
c) Prüft, inwiefern eure Ergebnisse zu den Kapitelüberschriften passen (▷ S. 232, Aufg. 4).

2 *Iris sagt zu ihrer kleinen Tochter: „Jetzt bist du ich, und ich bin du.“ (▷ S. 233, Z. 37–38)*
a) Beschreibt die Reaktion der Tochter.
b) Das „Ichdu-Spiel“ der Kindheit steht in der Pubertät Siris Entwicklung mehr und mehr im Wege. Erläutert die Gründe.
c) Erklärt, warum die Äußerung der Mutter: „Weil es dich gibt, sterbe ich nie. Denn ich bin du, und du bist ich“ (▷ S. 233, Z. 53–55) für Siri eine Belastung darstellt.

3 *a) Identität, Liebe, Leben und Tod sind zentrale Themen des Romans. Weist sie in den Textauszügen nach.*
b) Diskutiert, inwiefern es für Jugendliche wichtig ist, sich unabhängig von den Wünschen und Vorstellungen der Eltern zu entwickeln.

4 *Der Roman arbeitet mit Leitmotiven, wie z. B. dem Spiegel.*
a) Sucht weitere Leitmotive heraus und tragt sie nach dem Muster unten in eine Tabelle ein.
b) Gebt die Textstellen an, an denen die Leitmotive vorkommen.
c) Notiert in einer weiteren Spalte, welche Bedeutung die Leitmotive haben.

Motiv	Textstelle	Bedeutung
Spiegel	...	...
...		

5 *Lest den ganzen Roman.*
a) Legt Untersuchungsaspekte fest, z. B.:
- *Beziehung der Figuren zueinander (Figurenentwicklung, Funktion von Nebenfiguren, Figurenkonstellation ...)*
- *Leitmotive (Funktion des Spiegels ...)*
- *Erzählperspektive (gibt es einen Perspektivenwechsel; wenn ja, welche Funktion hat dieser?)*
- *Siris Entwicklung (wie bildet sie ihre eigene Identität aus?)*

b) Verteilt die Untersuchungsaspekte auf Gruppen.

Sachtexte zum Thema „Klonen" – Hintergründe des Romans recherchieren

1 *Informiert euch in Lexika, Sachbüchern oder im Internet genauer über das Klonen, z.B über*
- *reproduktives Klonen (geklonte Tiere und Versuche, Menschen zu klonen) und über*
- *therapeutisches Klonen.*

Dan W. Brock

Auch ein Klon ist frei geboren (2004)

Der Autor leitet die Abteilung für medizinische Ethik an der Harvard Medical School; zuvor arbeitete er als klinischer Bioethiker für die National Institutes of Health.

Missachtet das reproduktive Klonen die Menschenwürde? Nimmt es den geklonten Individuen das Recht auf autonome Lebensgestaltung? Nein. Das Klonen muss daher auch nicht für alle Zeit verboten bleiben.

Seit der Geburt des Klonschafs Dolly vor sieben Jahren stößt die Möglichkeit, auch menschliche Embryonen zu klonen, in der ganzen Welt auf starke und emotionale Gegnerschaft. Das wachsende Interesse an dem Potenzial embryonaler Stammzellen hat die Aufmerksamkeit auf das so genannte „therapeutische Klonen" gelenkt, das Forschungszwecken dient. Doch auch die Befürworter des therapeutischen Klonens stimmen meist darin überein, dass das Klonen zu Zwecken der Fortpflanzung, das reproduktive Klonen also, ausdrücklich und für alle Zeit verboten werden müsse.

Die Gegner des reproduktiven Klonens werfen zwei gut unterscheidbare Klassen ethischer Fragen auf. Erstens: Würde diese Technik fundamentale ethische Prinzipien oder Menschenrechte verletzen? Zweitens: Könnte sie Individuen oder der Gesellschaft schwere Schäden zufügen?

An dieser Stelle möchte ich sogleich anfügen: Was immer jemand über diese Fragen denken mag, es bleibt klar, dass gegenwärtig das reproduktive Klonen dem Klon medizinische Risiken zumuten würde, die ethisch inakzeptabel sind, weshalb es verboten sein muss. Freilich könnte diese Sicherheitsfrage eines Tages vielleicht gelöst werden. Das Risiko allein rechtfertigt daher kein dauerhaftes Verbot des reproduktiven Klonens. Die folgende Argumentation wird allerdings erst dann praktisch relevant, wenn das Sicherheitsproblem irgendwann einmal bewältigt sein sollte.

Die drei fundamentalen Rechtspositionen, die das reproduktive Klonen möglicherweise verletzt, sind das Recht auf die Achtung der Würde, das Recht auf Identität und das auf eine offene Zukunft. Die Behauptung, reproduktives Klonen missachte die Menschenwürde, ist verbreitet, zumal in der internationalen und in der europäischen Debatte. In diesem Kontext hat der Begriff der Menschenwürde einen stark emotionalen und wertenden Inhalt – wir wissen, dass wir gegen alles sind, was die Würde verletzt –, aber der deskriptive Gehalt ist eher schwach. Gegner des reproduktiven Klonens konnten jedenfalls bisher nicht darlegen, inwiefern und in welchen Aspekten es die Würde missachte.

Diesem Mangel könnte allerdings die Anrufung der anderen beiden genannten Rechte abhelfen. Fragen wir also: Würde reproduktives Klonen das Recht auf eine einmalige Identität verletzen? Da ein geklontes menschliches Wesen ein Individuum mit (im Wesentlichen) gleichem Genom wie dasjenige eines anderen Individuums wäre, müsste in diesem Fall Identität bedeuten: genetische Identität. Das Menschenrecht wäre folglich eines auf ein einmaliges, unwiederholtes Genom. Eineiige Zwillinge kämen nicht in den Genuss dieses Rechts, aber ihre Existenz ist ja auch nicht das Ergebnis einer absichtsvollen Verletzung des Rechts auf Identität.

Nur – was soll das sein, Identität? Was macht die Einmaligkeit eines Menschen aus, die wir hoch schätzen und schützen sollten? Es sind die vielfältigen Eigenschaften und Charakteristika, die ein Individuum einmalig und anders als die anderen machen. Das gleiche Genom wie ein anderes Wesen zu besitzen, das könnte nur dann die Identität gefährden, wenn wir den rohesten genetischen Determinismus voraussetzten, dem zufolge die Gene eines Individuums vollständig und wesentlich dessen Eigenschaften bestimmen würden, seine Biografie eingeschlossen. Indes gibt es nicht den geringsten Grund für die Annahme, dass dieser Determinismus wahr ist; vielmehr sind es das Genom und die Umwelt, deren Zusammenspiel erst die qualitative Einmaligkeit eines Individuums ergeben. Reproduktives Klonen kann das Recht auf Identität daher nicht verletzen.

Der deutsche Philosoph Hans Jonas hat argumentiert, reproduktives Klonen würde ein Recht auf Unwissenheit verletzen: Ein später entstandener, genetisch identischer Zwilling würde zu viel über sich selbst wissen – oder zu wissen glauben. Der frühere Zwilling hätte dann stets schon die Lebensentscheidungen getroffen, die dem anderen noch bevorstünden. Der spätere würde den Sinn für die menschlichen Möglichkeiten verlieren und mit ihm die Autonomie, seine Zukunft zu gestalten. In ähnlicher Weise verteidigte der kürzlich verstorbene Rechtsphilosoph Joel

Feinberg ein Recht auf eine offene Zukunft (wenngleich Feinberg diesen Gedanken auf das Klonen nicht angewendet hat). Sowohl das Recht auf Nichtwissen als auch das auf eine offene Zukunft sollen die Freiheit des Individuums gewährleisten. Die Frage ist freilich, ob jemand, der einen früher geborenen genetisch identischen Zwilling hat, wirklich an der freien Wahl seines Lebensweges gehindert wird. Und wieder ist die Antwort negativ. Der spätere Zwilling würde sein Leben in einer anderen familiären, sozialen und historischen Umwelt gestalten und wäre vor andere Entscheidungen gestellt als der frühere. Seine Autonomie bliebe intakt.

Es ist daher bei weitem nicht geklärt, ob reproduktives Klonen gegen fundamentale ethische Prinzipien oder Rechte verstieße. Die Klongegner müssen schon genauer darlegen, was genau diese Rechte schützen und in welcher Weise das Klonen sie verletzen würde; ich glaube, diese Arbeit haben sie bis heute nicht geleistet.

Doch selbst wenn reproduktives Klonen keine fundamentalen ethischen Prinzipien oder Rechte verletzen sollte, könnte es gleichwohl individuellen oder gesellschaftlichen Schaden anrichten, der ein Verbot rechtfertigen könnte. Worin könnte der Schaden bestehen?

Es ließen sich seelische Schäden des geklonten Individuums durchaus vorstellen. Es könnte beispielsweise glauben, wenngleich irrigerweise, dass sein Schicksal bereits in der Gestalt eines anderen Menschen (des Genomspenders) vor ihm liege, weshalb es ihm schwerfallen könnte, frei und spontan Verantwortung für sich selbst zu übernehmen. Es könnte auch, ebenfalls irrend, an seiner Einmaligkeit und Individualität zweifeln. Es könnte einen gesellschaftlichen Druck verspüren, den Fähigkeiten oder Errungenschaften des Älteren nachzueifern. Allerdings sind dies alles nur Spekulationen – sie können derzeit ja auch nichts anderes sein –, und es ist sehr die Frage, ob sie plausibel und schwerwiegend genug sind, ein Verbot des reproduktiven Klonens zu rechtfertigen.

Neben individuellen lassen sich gesellschaftliche Schäden ausmalen, über die nachzudenken ist. So könnte das reproduktive Klonen den Wert vermindern, den eine Gesellschaft der Person zumisst, weil Individuen als austauschbar angesehen werden könnten. Doch das wäre irrig, denn das Klonen berührt die Einmaligkeit der Person nicht. Menschen sind niemals austauschbar.

Es ließe sich auch denken, dass man Menschen als etwas Hergestelltes ansähe und deswegen den Wert des Einzelnen geringer schätzte als heute. In einigen Religionen hängt der Wert des Menschen tatsächlich vom Entstehungsprozess ab, insbesondere von seiner Erschaffung durch Gott. Doch außerhalb religiöser Kontexte ist die Würde des Menschen nicht durch die Art und Weise seiner Entstehung bedingt.

Andere Bedenken gegen das Klonen gehen dahin, dass es ungute soziale Haltungen mit sich bringen könnte. Ein menschlicher Klon könnte eventuell nur auf Grund seines Genoms bewertet werden oder auf Grund des Phänotyps, in dem sich das Genom zeigt. So könnten Kinder als Konsumprodukte angesehen werden, deren genetische Ausstattung im Falle von Mängeln reklamiert werden darf.

Die Forschung zeigt sehr klar, welche Bedeutung unbedingte und uneingeschränkte Liebe der Eltern für das Heranwachsen seelisch starker und gesunder Kinder hat. Die Frage lautet daher, ob reproduktives Klonen diese Einstellung zu Kindern gefährden könnte.

Es gibt Gründe, das zu bezweifeln. So ziemlich alle Eltern verbinden Hoffnungen, Träume und Erwartungen mit ihren Kindern, was aber uneingeschränkter Liebe und unbedingter Akzeptanz mitnichten widerspricht. Diese Kindesliebe und Akzeptanz treten unter den unterschiedlichsten Umständen auf, was vermuten lässt, dass sie eine gewisse genetische Basis haben oder dass sie aus tief liegenden, allgemein gültigen Bedingungen der Kindererziehung herrühren. Warum sollte das dann bei Klonkindern anders sein?

1 *Klärt die **Fachbegriffe** im Text: Stammzellen, Genom, …*

2 *a) Stellt in einer Tabelle die im Text genannten Argumente für oder gegen reproduktives Klonen zusammen.*
b) Welche Haltung nimmt der Autor Dan W. Brock zum reproduktiven Klonen ein? Fasst seine Meinung kurz zusammen.
c) Formuliert eine eigene begründete Meinung zum reproduktiven Klonen. Nutzt Argumente aus dem Artikel von Brock. Gibt es Aspekte, die darin übersehen werden?

3 *a) Vergleicht die Haltung des Sachtextautors Brock gegenüber dem Klonen mit der Position, welche im Roman „Blueprint“ zum Ausdruck kommt.*
b) Welche Funktion haben in diesem Zusammenhang der Epilog des Romans und das Nachwort der Autorin?

4 *Informiert in einem kurzen Sachtext für die Schülerzeitung über die Unterschiede zwischen therapeutischem und reproduktivem Klonen und über die Risiken dieser Verfahren.*

11.2 Die Kamera als Erzählerin – Die Sprache des Films

Der Roman „Blueprint Blaupause“ von Charlotte Kerner wurde 2003 nach dem Drehbuch von Claus Cornelius Fischer verfilmt. Regisseur ist Rolf Schübel, Franka Potente spielt Iris und die erwachsene Siri in einer Doppelrolle. Die Filmbilder oben stammen aus der Eingangsszene des Films.

1 *Betrachtet die Einstellungen und beschreibt den Bildinhalt, die Farbgebung und die Einstellungsgrößen.*

2 *Welche Stimmung vermittelt die Filmszene?*

3 *a) Beschreibt die Situation, die auf den Filmbildern zu sehen ist.*
b) Äußert Vermutungen zur Figur und über die weitere Handlung.
c) Erklärt, warum der Film im Gegensatz zum Roman mit einer Naturdarstellung beginnt.

Die Funktion der Exposition

1 a) *Seht euch die erste Sequenz (inhaltlich zusammenhängende Szenen) des Films aufmerksam an (00:00 bis 6:47).*
b) *Fasst den Inhalt der Sequenz zusammen.*
c) *Beschreibt die Wirkung, die die* ***Exposition*** *auf euch hat.*

2 a) *Vergleicht die Exposition mit dem Prolog des Romans.*
b) *Welche Funktion könnte der gegenüber dem Roman veränderte Anfang haben?*

> **!** Der Anfang eines Films wird wie bei einem Drama **Exposition** genannt. Die Exposition soll Interesse bei den Zuschauern wecken und erste Informationen zu Figuren und Handlung bieten.

3 *Diskutiert über mögliche Wirkungen der Veränderungen: Welche Bedeutung hat es, wenn*
- ☐ *Siri räumlich Distanz zur Mutter sucht?*
- ☐ *Siri einsam in der Wildnis lebt?*
- ☐ *Greg als neue Figur eingeführt wird?*

4 a) *Untersucht an der Eingangssequenz die Verwendung der Bildsprache der Kamera (Einstellungsgrößen, Perspektiven, Bewegung). Seht euch die Sequenz noch einmal genau an.*
b) *Haltet eure Beobachtungen in einem* ***Sequenzplan*** *fest.*
c) *Seht die Sequenz ein drittes Mal an und achtet vor allem auf Ton (Musik Geräusche, Sprache) und Bild (Farbgebung, Beleuchtung). Ergänzt den Sequenzplan entsprechend.*

1. Sequenz	Dauer	Figuren	Handlungsort, Inhalt	Bild, Ton	Kommentar
Szene 1:	*00:00 – 6:47*	*Siri*	*Kanada, Siri fotografiert Wapitis, wird gestört von einem Auto*	*Stille, wenige Naturgeräusche*	*Film beginnt ganz ruhig, blaugrüne Farben überwiegen, Nahaufnahmen von Siri,*
...	...	...	...		...

Den gesamten Film untersuchen

1 *Seht euch nun gemeinsam den gesamten Film an. Verteilt vorher arbeitsteilig Beobachtungsaspekte auf Gruppen. Achtet besonders auf die Chronologie im Handlungsverlauf, unterschiedliche zeitliche Ebenen im Film, die Figuren, Leitmotive, die Kamera, die Bildgestaltung, den Ton.*

2 *Wählt eine Präsentationsform, die eure Ergebnisse für die ganze Klasse zugänglich macht (Beobachtungsbogen, Wandtafel, Folien …).*

3 *Stellt Unterschiede zwischen Roman und Film zusammen.*
a) Diskutiert mögliche Absichten und Wirkungen dieser Unterschiede vor dem Hintergrund der Darstellungsmöglichkeiten beider Medien.
b) Erläutert die jeweiligen Vorzüge, die die literarische bzw. filmische Umsetzung hat.

4 *a) Wie werden im Film die unterschiedlichen Zeitebenen (Siri als Kind und Siri als Erwachsene in Kanada) vermittelt?*
b) Wie gestaltet der Roman verschiedene Zeitebenen?

5 *Seht euch die beiden Einstellungen an.*
a) Erklärt die filmischen Mittel, mit welchen das Klon-Motiv umgesetzt wird.
b) Beschreibt den Gesichtsausdruck von Siri.
Wie hat sich ihre Stimmung im Lauf ihrer Entwicklung verändert?

6 *a) Untersucht die **Mise-en-scène** (Bildgestaltung) der beiden Einstellungen.*
- *Gebt die Kameraeinstellung und Perspektive an.*
- *Beschreibt den ausgewählten Schauplatz (Location).*
- *Unterscheidet, wie Figuren und Gegenstände im Bild angeordnet sind.*
- *Beschreibt die Farbgebung und die Beleuchtung.*

b) Welche Wirkung soll durch die Bildinszenierung erreicht werden?

!

Mit dem Begriff **Mise-en-scène** bezeichnet man die Bildkomposition. Figuren und Gegenstände werden in einem Filmbild wie auf einem Gemälde oder Foto inszeniert. Folgende Aspekte sind wichtig für die Untersuchung der Bildgestaltung:

- **Kamera:** Welche Einstellung wurde gewählt? Aus welcher Perspektive wurde gefilmt? Welche Wirkung entsteht?
- **Location:** Welcher Schauplatz wurde ausgewählt? Welche Stimmung vermittelt er?
- **Bildaufbau/Komposition:** Was fällt zuerst ins Auge? Wie sind Figuren und Gegenstände angeordnet? Warum ist das so?
- **Beleuchtung:** Wie ist das Verhältnis von Licht und Schatten?
- **Farbe:** Welche Farben überwiegen? Gibt es Farben mit symbolischer Bedeutung?

Eine Schlüsselszene erschließen

1 *Seht euch die Szene 01:15:50–01:16:53 an.*
a) Fasst den Inhalt zusammen.
b) Welche filmischen Gestaltungsmittel fallen euch auf, welche Wirkung haben diese? Nutzt die Checkliste unten zur Filmanalyse.

2 *Beschreibt, wie den Betrachtern die innere Handlung vermittelt wird.*

3 *An einigen Stellen der Szene erklingt Musik. Was wird den Zuschauern dadurch vermittelt?*

4 *Ordnet die Szene in die Handlungssequenz ein. Welche Funktion hat die Szene innerhalb des Films?*

5 *Vergleicht die Filmszene mit der entsprechenden Handlung im Roman.*

ARBEITSTECHNIK

Checkliste zur Filmanalyse

Achtet auf die einzelnen Aspekte und bestimmt ihre Funktion im Zusammenhang:
- Einstellungen/Einstellungsgrößen: Weit, Totale, Halbtotale, Halbnah, Nah, Groß, Detail
- Perspektiven: Vogelperspektive, Froschperspektive, Normalsicht
- Kamerabewegungen: Kamerafahrt, Kameraschwenk
- Montage: Zusammenfügen von Bild- und Tonelementen und einzelnen Einstellungen zu Szenen
- Schnitt: harter Schnitt, weicher Schnitt, Schnittfrequenz, Schnitthäufigkeit
- Mise-en-scène: Bildgestaltung
- Ton: Dialoge, Geräusche, Musik (Leitmotive, ...)
- Licht, Farbgebung

11.3 Roman und Film in der Rezeption – Rezensionen untersuchen

Iris Mainka

Ein Volltreffer. Die Geschichte eines geklonten Mädchens

Sie sind eine Tochter? Stellen Sie sich vor, Sie wären Ihrer Mutter wie aus dem Gesicht geschnitten. Die hohe Stirn und das forsche, angriffslustige Kinn. Graublaue, streng blickende Augen, die Distanz schaffen. Lockige dunkle Haare, dazu schön geschwungene, eher schmale Lippen.

Doch die Ähnlichkeiten sind nicht nur äußerlich. Kritisch registrieren Sie auch die gleichen Charakterzüge: Ehrgeiz, gepaart mit Unsicherheit. Einen Hang zum Perfektionismus. Vielleicht Geiz oder eine pessimistische Grundhaltung, die Ihnen das Leben schwer macht. Sie sind wie sie. Gefällt Ihnen das?

Autorin Charlotte Kerner hat die Geschichte zu Ende gedacht. Denn im Jahr X nach der Jahrtausendwende ist das Duplizieren von Mäusen und Kühen mit einem neuen Verfahren kinderleicht geworden. Einen erwachsenen Menschen nochmals auferstehen lassen! Einer der Ersten zu sein, die es wagen! Schon oft hat der kanadische Genforscher Mortimer Fisher davon geträumt. Und nun sitzt eine weltberühmte deutsche Komponistin vor ihm und fordert: „Klonen Sie mich!“

Die Pianistin Iris Sellin, 30 Jahre alt, hat, natürlich, gute Gründe für ihren Wunsch. Sie leidet an multipler Sklerose. Sich damit abzufinden, liegt ihr nicht. Sie will die unheilbare Krankheit besiegen und ihr Talent der Nachwelt überliefern – in ihrer Klontochter, dem Kind nach Maß: schön, intelligent, musikalisch hoch begabt wie sie selbst. Ein Volltreffer, keine Niete.

Siri heißt dieser Klon. Sie ist der „Blueprint“, das getreue Abbild ihrer Mutter Iris. Im Rückblick schildert die inzwischen 22-Jährige die

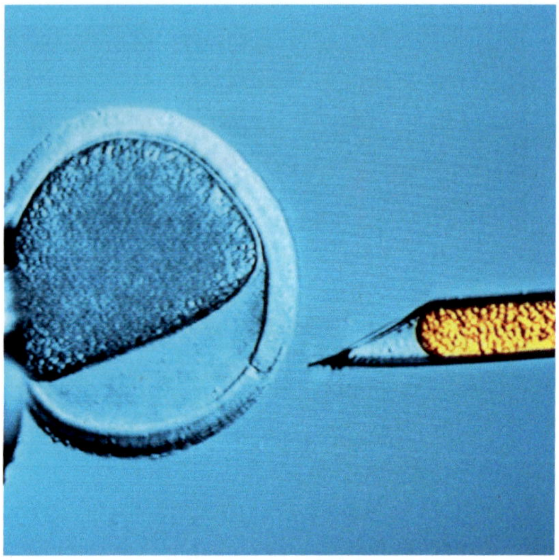

Geschichte ihrer Menschwerdung, und es ist eine ungewöhnliche, aber nicht unwahrscheinliche Geschichte, die uns Charlotte Kerner mit psychologischer Präzision bedrückend nahebringt – ein Dasein auf der Zwillingsinsel. „Ein Pressefoto zeigt, wie meine Mutter aussah, als sie mit dem Gedanken an mich schwanger ging. [...] Leben im Rückwärtsgang: das Foto in Stücke reißen, die Fetzen kauen und schlucken. Hinein mit der Mutter in den Bauch der Tochter! Damals war es umgekehrt.“

Mit der Doppelrolle als Mutter-Zwilling tut sich freilich auch Iris nicht leicht. Weder neugierig noch gelassen kann sie auf die Tochter zugehen, denn: „Die Aufzucht musste planvoll erfolgen, behutsam, aber konsequent und natürlich mit der besten Absicht, keinen Fehler in der Erziehung zu wiederholen.“ Als ihr junges Abziehbild sie in den unausweichlichen Zweikampf um Attraktivität und Unverwechselbarkeit zwingt, wird Iris der Triumph, sich noch einmal erschaffen zu haben, zunehmend bitter.

Und Siri geht gnadenlos mit der Mutter ins Gericht. „Klonen ist Missbrut", urteilt sie drastisch und erklärt: „Dieses Wort ähnelt dem Begriff Missbrauch, und genau das ist beabsichtigt. Denn moralisch obszön sind beide, und auch die Opfer leiden ähnlich [...] Sie lieben die Täter, die ihr Vertrauen ausnutzen."

Ist das ein Buch für Jugendliche? Können sie mit den hasserfüllten Gedanken einer jungen Frau etwas anfangen, die den normal-schmerzhaften Ablösungsprozess zwischen Mutter und Tochter gezwungenermaßen auf die Spitze treiben?

Ja. Denn kommende Generationen werden vor Entscheidungen stehen, die uns jetzt noch albträumen lassen. Also stellen Sie es sich vor. In allen Einzelheiten.

1 *Untersucht die Romanrezension von Iris Mainka.*
a) Mit welchen Mitteln bindet Iris Mainka in der Einleitung die Leserin und den Leser ein?
b) Beschreibt den Aufbau der Rezension.
c) Mit welchen Argumenten begründet Mainka ihre Empfehlung für den Roman?

Folgende Zitate stammen aus einer Rezension von Klaus Gasperi:

„Der Roman ist ungenau erzählt und sprachlich bescheiden."

„Die Geschichte erscheint konstruiert und langweilig und verfehlt damit ihre Wirkung."

„Somit pendelt die Geschichte zwischen individueller Selbstsuche und allgemeinen Überlegungen zur Problematik des Klonens – und scheitert letztlich daran."

„Um Siris genetisch festgelegte Ausweglosigkeit zu betonen, schließt Kerner alle äußeren Ereignisse und Entwicklungen aus: Es gibt kein Leben neben dieser Mutter-Tochter-Beziehung."

„‚Blueprint' ist kein Roman, sondern ein Fallbeispiel, dem die Auswirkungen der Gentechnik aufgepfropft werden."

2 *a) Nehmt begründet Stellung zu den Beurteilungen von Mainka und Gasperi.*
b) Verfasst eine eigene Romanrezension, aus der eure eigene Wertung deutlich hervorgeht.

3 *Verfasst eine Rezension zu dem Film „Blueprint".*
a) Plant, was ihr in die Rezension aufnehmen wollt:
- □ *Sammelt zunächst Argumente, mit denen ihr den Film empfehlen oder ablehnen wollt.*
- □ *Notiert wichtige Informationen über den Film, die in der Rezension genannt werden müssen (Regisseur, Drehbuchautor, Hauptdarsteller, Länge ...).*
- □ *Verfasst eine kurze Inhaltsangabe.*

b) Entwerft eine Gliederung. Wollt ihr dem üblichen Schema einer Rezension folgen (zuerst Grundinformationen zum Film, dann Inhaltsangabe, zuletzt Beurteilung), oder wollt ihr die Teile anders anordnen?
c) Überlegt euch einen interessanten Einstieg für die Leserinnen und Leser.
d) Schreibt den gesamten Text.

Der Kinofilm „Blueprint. Blaupause" wurde im Jahr 2002 in Deutschland und Kanada gedreht. Kinostart war der 1. Januar 2004. Regisseur ist Rolf Schübel, das Drehbuch schrieb Claus C. Fischer. Franka Potente ist die Hauptdarstellerin, sie spielt in einer Doppelrolle sowohl Siri als auch die Mutter Iris.	Wiederholungen; wirkt eintönig hier wäre eine knappe Inhaltsangabe sinnvoll Hinweis auf Romanvorlage und Autorin fehlt
Der Film erzählt Siris Geschichte in Rückblenden. Der Film beginnt völlig anders als der Roman. Siri hat sich nach Kanada zurückgezogen, um in der Einsamkeit der Natur zu sich selbst zu finden. Sie lernt den jungen Architekten Greg kennen, der sich in sie verliebt. Durch einen Anruf aus Deutschland wird Siri wieder mit ihrer Vergangenheit konfrontiert: Ihre Mutter ist todkrank.	eigentliches Thema des Films bleibt unerwähnt rein inhaltliche Anmerkung; auf filmische Mittel wird nicht eingegangen

4 *Überarbeitet eure Rezensionen in einer **Schreibkonferenz.** Achtet auf folgende Punkte:*
- *Ist der Text sinnvoll gegliedert?*
- *Sind die wichtigsten Aspekte genannt?*
- *Kommt eure Meinung überzeugend zum Ausdruck?*
- *Gibt es Wiederholungen? Müssen Ausdrücke ersetzt oder verbessert werden?*
- *Achtet auf richtige Zeichensetzung und Rechtschreibung!*

!

Filmrezension

Eine **Filmrezension** informiert über einen Film, beurteilt und kommentiert ihn aber auch. Dabei können durchaus auch subjektive Einstellungen zum Ausdruck kommen.

- Die Rezension **informiert** über
  - Regisseur/Regisseurin, Drehbuchautor/Drehbuchautorin, Hauptdarsteller, Länge des Films, Erscheinungsjahr des Films;
  - den Inhalt, Thema und Motive.
- Die Rezension **beschreibt und bewertet**
  - die Spielweise der Schauspieler;
  - die Umsetzung und Gestaltung eines Themas bzw. eines Problems;
  - besondere filmische Mittel (Einstellungen, Perspektiven, Schnitte, Montage), ihre Funktion und Wirkung;
  - Auffälligkeiten im Zusammenwirken von Bild und Ton.

12 Sehnsucht und Liebe – Motive in der Lyrik analysieren

12.1 „Und greife endlich nach den Sternen“ – Motive im Spiegel der literarischen Epochen

Pál Szinyei Merse: Fesselballon, 1878, Öl auf Leinwand.

Theodor Alphons: Vor der Lotteriecollectur, 1839, Radierung nach einem Gemälde von Peter Fendi.

1 *Beschreibt die beiden Gemälde aus dem 19. Jahrhundert.*

2 *Erzählt, ausgehend von einer der dargestellten Situationen, in der Ich-Perspektive zu den Bildern Geschichten.*
a) Wer könnten die dargestellten Personen sein?
b) Was könnten sie erlebt haben?
c) Welcher Sehnsucht könnten sie nachhängen?

3 *Sind diese Sehnsüchte auch heute noch aktuell? Diskutiert.*

Herbert Grönemeyer

Lache, wenn es nicht zum Weinen reicht (2002)

tausend haare in der suppe
und dein löffel hat ein loch
es fällt keine sternschnuppe
deine kerze hat keinen docht

dich quält ein unendlicher schluckauf
dein spielfeld ist ständig verschneit
und deine schaltung klemmt im leerlauf
selbst deine kriechspur ist vereist [...]

und gleicht ein tag noch so sehr dem andern
und ist das leben unerträglich seicht
und bist du innerlich längst ausgewandert
lache, wenn's nicht zum weinen reicht

dein schiff schon ohne ratten
der kapitän bereits über bord
von aller welt verlassen
leckgeschlagen auf hoher see

es steckt kein geist mehr in der flasche
fürs paradies fehlt die phantasie
die falschen wünsche in erfüllung
keine liebe, keine poesie [...]

und gleicht ein tag noch so sehr dem andern
und ist das leben unerträglich seicht
und bist du innerlich längst ausgewandert
lache, wenn's nicht zum weinen reicht

und greife endlich nach den sternen
kein planet ist für dich zu weit
sehnsucht kann man zum glück nicht verlernen
zum weinen bleibt noch so viel zeit

sehnsucht kann man zum glück nicht verlernen, oder:
zum weinen bleibt noch so viel zeit R

1 *Ergänzt den Song von Herbert Grönemeyer nach der zweiten Strophe um weitere Strophen.*
*a) Beachtet dabei Formmerkmale wie **Reimform**, **Anaphorik** (gleicher Versanfang) oder **Refrain**.*
b) Tragt eure Texte vor und vergleicht sie.
c) Prüft, ob ihr in ähnlicher Weise wie in Grönemeyers Song sprachliche Bilder und sprichwörtliche Redensarten (z. B. „Die Ratten verlassen das sinkende Schiff") verwendet habt.

2 *Beschreibt den Aufbau des Songs. Erläutert die Bedeutung, die das Motiv der Sehnsucht darin spielt.*

Sehnsucht nach der Ferne

Joseph von Eichendorff

Frische Fahrt (1810)

Joseph von Eichendorff (1788–1857) gehört zu den bekanntesten Dichtern der deutschen Romantik. In seinen volksliedhaften Gedichten tauchen immer wieder typisch romantische Motive auf. In immer neuen Variationen werden die Poesie der Natur mit Nachtigallenschlagen, Wipfelrauschen, märchenhaften Schlössern, Hörnerklang und Mondlicht, das Wandern durch ferne Gebirge und tiefe Täler und die Sehnsucht nach der Ferne besungen. Eichendorffs Volkstümlichkeit und Beliebtheit wurden noch dadurch gesteigert, dass viele seiner Gedichte von berühmten Komponisten seiner Zeit (z. B. Robert Schumann) vertont wurden.

Laue Luft kommt blau geflossen,
Frühling, Frühling soll es sein!
Waldwärts Hörnerklang geschossen,
Mutger Augen lichter Schein;
Und das Wirren bunt und bunter
Wird ein magisch[1] wilder Fluss,
In die schöne Welt hinunter
Lockt dich dieses Stromes Gruß.

Und ich mag mich nicht bewahren!
Weit von euch treibt mich der Wind,
Auf dem Strome will ich fahren,
Von dem Glanze selig blind!
Tausend Stimmen lockend schlagen,
Hoch Aurora[2] flammend weht,
Fahre zu! Ich mag nicht fragen,
Wo die Fahrt zu Ende geht!

1 **magisch:** *hier:* geheimnisvoll wie ein Zauber

2 **Aurora:** Morgenröte

Mascha Kaléko

Sehnsucht nach dem Anderswo (um 1940)

Drinnen duften die Äpfel im Spind,
Prasselt der Kessel im Feuer.
Doch draußen pfeift Vagabundenwind
Und singt das Abenteuer!

Der Sehnsucht nach dem Anderswo
Kannst du wohl nie entrinnen:
Nach drinnen, wenn du draußen bist,
Nach draußen, bist du drinnen.

1 *In den beiden Gedichten spielt Sehnsucht eine Rolle.*
a) Könnte Kaléko das Gedicht von Eichendorff gekannt haben? Nennt mögliche Bezugspunkte.
b) Prüft, ob beide Gedichte wirklich dasselbe Thema haben. Zitiert Textbelege.

2 *Die besondere Wirkung lyrischer Texte ergibt sich auch durch eine gegenüber Prosatexten auffällige* ***sprachliche Verdichtung*** *(rhetorische Figuren):*
a) Weist in den Gedichten von Eichendorff und Kaléko diese sprachlichen Mittel nach.
b) Welche dieser rhetorischen Figuren ist eurer Meinung nach für das Thema der Texte besonders bedeutungstragend?

Syntaktische Stilmittel (Besonderheiten im Satzbau)

Rhetorische Figur	Beispiel	Definition
Alliteration, die	Wie einst in den Winden	Wiederholung des Anfangslauts von Wörtern
Anapher, die	Nach drinnen, […], Nach draußen, […].	Wiederholung eines oder mehrerer Wörter an Satz-/Versanfängen
Antithese	Itzt was und morgen nichts	Entgegenstellung von Gedanken und Begriffen
Chiasmus	Die Kunst ist lang und kurz ist unser Leben	Überkreuzstellung gleichrangiger Texteinheiten, sodass sie sich spiegeln
Ellipse	In meinen Adern welches Feuer!	unvollständiger Satz; Auslassung eines Satzteils/Wortes, der/das leicht ergänzbar ist

Semantische Stilmittel (Bedeutung von Wörtern oder Sätzen)

Personifikation	Schon stand im Nebelkleid die Eiche	Vermenschlichung eines Gegenstands oder Begriffs
Metapher	Der Äuglein Feuer	Übertragung einer bestimmten Vorstellung in einen anderen Bedeutungsbereich ohne Vergleichswort
Vergleich	Die Seele wird bestürmt gleichwie die See im Märzen	Verknüpfung zweier verschiedener Vorstellungen durch ein Vergleichswort, z. B. „wie"

3 *Übt den Vortrag der Texte so, dass die rhetorischen Figuren zur Wirkung kommen.*

4 *Belegt, dass Eichendorffs Gedicht inhaltlich und sprachlich der* ***Romantik*** *zuzuordnen ist. Lest dazu noch einmal die Angaben zum Autor (▷ S. 249).*

Caspar David Friedrich: Mondaufgang am Meer, 1822, Öl auf Leinwand.

5 *Seht euch das Gemälde an. Nutzt das* ***automatische Schreiben,*** *um den Bildraum zu betreten.*

ARBEITSTECHNIK

Automatisches Schreiben

- Stellt in der Klasse eine ruhige Atmosphäre her. Legt Papier und Schreibzeug zurecht.
- Stellt euch vor, ihr könntet das Bild betreten. Versucht, euch in eine der Figuren auf dem Bild zu versetzen, nehmt also ihre **Perspektive** ein.
- Versucht, ohne den Stift abzusetzen und ohne über das Geschriebene, über Satzbau und Zeichensetzung nachzudenken, fünf Minuten „automatisch“ zu schreiben.
- Lasst viel Platz am Rand und zwischen den Zeilen zur späteren Bearbeitung des Textes.
- Zeichnet Kringel, wenn euch nichts einfällt, diese werden dann zu Wörtern!
- Tauscht euch über eure Erfahrungen beim Schreiben aus.

Joseph von Eichendorff

Im Abendrot (1841)

Wir sind durch Not und Freude
Gegangen Hand in Hand,
Vom Wandern ruhn wir beide
Nun überm stillen Land.

Rings sich die Täler neigen,
Es dunkelt schon die Luft,
Zwei Lerchen nur noch steigen
Nachträumend in den Duft.

Tritt her und lass sie schwirren,
Bald ist es Schlafenszeit,
Dass wir uns nicht verirren
In dieser Einsamkeit.

O weiter, stiller Friede!
So tief im Abendrot
Wie sind wir wandermüde –
Ist das etwa der Tod?

6 *Vergleicht Bild und Gedicht in ihrer Aussage.*
a) Welche Bedeutung kommt dem Todesmotiv jeweils zu?
b) Benennt Todesbilder aus dem Religions- oder Ethikunterricht.

Sehnsucht nach Liebe

Der von Kürenberg

Ich zôch mir einen valken (2. Hälfte des 12. Jahrhunderts)

Über den ältesten namentlich bekannten deutschen Lyriker weiß man nur wenig. Wahrscheinlich gehörte er dem Ritterstand an und stammte aus Bayern oder Niederösterreich. In der berühmten Manessischen Liederhandschrift aus dem 14. Jahrhundert sind 15 Lieder überliefert, die vermutlich nach 1150 entstanden sind.

Große Heidelberger Liederhandschrift (14. Jh.)

Ich zôch mir einen valken   mêre danne ein jâr.
dô ich in gezamete   als ich in wollte hân
und ich im sîn gevidere   mit golde wol bewant,
er huop sich ûf vil hôhe   und fluog in anderiu lant.

Sît sach ich den valken   schône fliegen:
er fuorte an sînem fuoze   sîdîne riemen,
und was im sîn gefidere   alrôt guldîn.
got sende si zesamene   die gerne geliep wellen sîn!

Ich zog mir einen Falken länger als ein Jahr.
Als ich ihn gezähmt, wie ich ihn haben wollte,
und sein Gefieder mit Gold geschmückt hatte,
hob er sich hoch auf und flog davon.

Seither sah ich den Falken schön fliegen:
Er führte an seinem Fuß seidene Fesseln,
und sein Gefieder war ganz rotgolden.
Gott sende sie zusammen, die einander gerne lieb haben
wollen.

(Margherita Kuhn, 1995)

Große Heidelberger Liederhandschrift (14. Jh.)

1 *Übt das laute Lesen des mittelhochdeutschen Gedichts.*

TIPP

Aussprachehilfen

Sprecht alle mit einem Längenzeichen versehenen Vokale (z. B. â) lang, alle anderen aber kurz. Bei dem im Neuhochdeutschen nicht mehr gebräuchlichen Diphthong (Doppellaut) „uo“ werden beide Vokale nacheinander gesprochen, ebenso bei „ie“. Dagegen entspricht „iu“ unserem Umlaut „ü“.

2 *Setzt die Bilder und den Text zueinander in Beziehung.*
a) Welche Situation wird dargestellt?
b) Welche Bedeutung hat der Falke in Bild und Text?
c) Entsprechen sich Bild und Text in ihrer Hauptaussage?

3 *Untersucht, wer die Rolle des Sprechers/der Sprecherin im „Falkenlied" einnimmt.*

4 *Informiert euch in einer Literaturgeschichte oder in einem Internetlexikon unter dem Stichwort* ***Minnesang*** *über die mittelalterliche Liebeslyrik und bereitet ein Kurzreferat vor (**▷ Referat S. 54–62**).*

Martin Opitz

Ach Liebste, lass uns eilen (1624)

Martin Opitz wurde 1597 in Bunzlau geboren. Die Erfahrungen des 30-jährigen Krieges (1618–1648) prägten ihn wie auch andere bedeutende Dichter des Barock. Berühmt wurde er durch das „Buch der Deutschen Poeterey", in dem er Betrachtungen über Sprache, Stil und Verskunst der deutschen Sprache anstellte. 1639 starb Opitz im Alter von nur 42 Jahren in Danzig als Sekretär des Königs Wladyslaw von Polen an der Pest.

Ach Liebste, lass uns eilen, Wir haben Zeit:
Es schadet das Verweilen Uns beiderseit.
Der schönen Schönheit Gaben Fliehn Fuß für Fuß,
Dass alles, was wir haben, Verschwinden muss.
Der Wangen Zier verbleichet, Das Haar wird greis,
Der Äuglein Feuer weichet, Die Flamm' wird Eis.
Das Mündlein von Korallen Wird ungestalt.
Die Händ als Schnee verfallen, Und du wirst alt.
Drumb lass uns jetzt genießen Der Jugend Frucht,
Eh dann wir folgen müssen Der Jahre Flucht.
Wo du dich selber liebest, So liebe mich,
Gib mir, dass, wann du gibest, Verlier auch ich.

1 *Lest das Gedicht laut vor.*
a) Probiert dabei unterschiedliche ***Vortragsweisen*** *aus: langsam und getragen, klagend, hoffnungsvoll und stürmisch.*
b) Welche Vortragsweise kommt der Stimmung des Gedichts am nächsten?
c) Welche Verszeile im Gedicht müsst ihr besonders betonen?

2 *a) Gebt den Inhalt des Gedichts in eigenen Worten und in wenigen Sätzen wieder.*
b) Erklärt mit Hilfe der Informationstexte (▷ S. 253 und unten), warum das Thema „Liebe" im Barock in dieser für uns ungewöhnlichen Weise gestaltet ist.

3 *Schreibt alle **Metaphern** in euer Heft, mit denen Opitz die Schönheit der Geliebten, aber auch den drohenden Verfall dieser Schönheit charakterisiert. Erklärt deren Bedeutung.*

4 *Nennt andere sprachliche Mittel und Formmerkmale, welche die inhaltliche Aussage des Gedichts unterstützen (▷ S. 336; 356–357).*

! **Barock** (von portugiesisch *barocco* = unregelmäßig geformte Perle) nannte man ursprünglich das Regelwidrige, Formlose, das dem guten Geschmack widerspricht. Die Zeit des Barock war von großen Gegensätzen geprägt. Leidvolle Erfahrungen im 30-jährigen Krieg (1618–1648) wie Verwüstungen, Missernten, Seuchen, Hunger und Tod prägten das Lebensgefühl der Menschen. Das Bewusstsein der Abhängigkeit von einem allmächtigen Schicksal steigerte sich zur **Todesfurcht.** Gleichzeitig entfaltete sich eine **Lebensgier.** So standen verschwenderischer Luxus neben bitterer Not, Todesangst neben dem Wunsch, das Leben zu genießen.

Johann Wolfgang Goethe

Nähe des Geliebten (1795)

Ich denke dein, wenn mir der Sonne Schimmer
Vom Meere strahlt;
Ich denke dein, wenn sich des Mondes Flimmer
In Quellen malt.

Ich sehe dich, wenn auf dem fernen Wege
Der Staub sich hebt;
In tiefer Nacht, wenn auf dem schmalen Stege
Der Wandrer bebt.

Ich höre dich, wenn dort mit dumpfem Rauschen
Die Welle steigt;
Im stillen Haine geh ich oft zu lauschen,
Wenn alles schweigt.

Ich bin bei dir, du seist auch noch so ferne,
Du bist mir nah!
Die Sonne sinkt, bald leuchten mir die Sterne.
O wärst du da!

Heinrich Heine

Lyrisches Intermezzo (1822/1823)

Im wunderschönen Monat Mai,
Als alle Knospen sprangen,
Da ist in meinem Herzen
Die Liebe aufgegangen.

Im wunderschönen Monat Mai,
Als alle Vögel sangen,
Da hab ich ihr gestanden
Mein Sehnen und Verlangen.

1 *Wodurch wird in den beiden Gedichten die Sehnsucht des **lyrischen Ichs** (des Sprechers/der Sprecherin des Gedichts) nach dem geliebten Menschen ausgelöst?*

2 *„Du bist mir nah! […] O wärst du da!" Deutet Goethes Gedicht im Spannungsfeld dieser Verse.*

3 *Untersucht genau den **Aufbau** des Goethe-Gedichts. Ergänzt dann die ersten drei Strophen jeweils um zwei Verse.*

4 *Robert Schumann (1810–1856) hat in seinem Liederzyklus „Dichterliebe" (1840) Heines Gedicht vertont.*
a) Lernt das Gedicht auswendig und tragt es rhythmisch ausdrucksvoll vor.
b) Hört euch die Vertonung an.

Conrad Ferdinand Meyer

Zwei Segel (1882)

Zwei Segel erhellend
Die tiefblaue Bucht!
Zwei Segel sich schwellend
Zu ruhiger Flucht!

Wie eins in den Winden
Sich wölbt und bewegt,
Wird auch das Empfinden
Des andern erregt.

Begehrt eins zu hasten,
Das andre geht schnell,
Verlangt eins zu rasten,
Ruht auch sein Gesell.

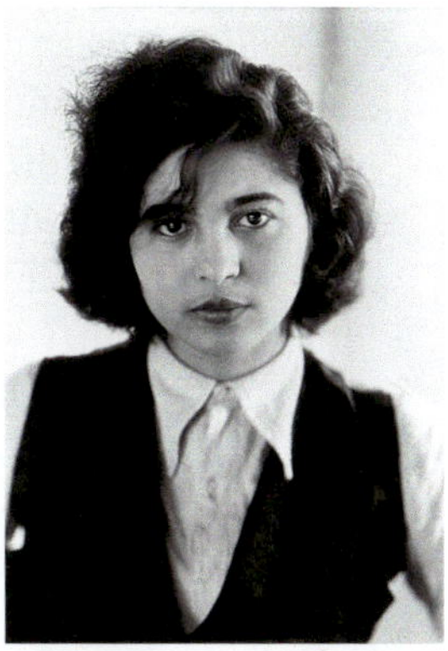

Mascha Kaléko

Pihi (um 1940)

Vom Vogel Pihi hab ich einst gelesen.
Dem Wundertier im Lande der Chinesen.
Er hat nur einen Fittich: Stets in Paaren
Sieht man am Horizont der Pihi Scharen.
Zu zweien nur kann sich das Tier erheben;
Im Singular bleibt es am Boden kleben.
– Dem Pihi gleich, gekettet an das Nest,
Ist meine Seele, wenn du mich verlässt.

1 *Erläutert, inwiefern beide Texte Liebesgedichte sind.*

2 *Analysiert die äußere Form beider Gedichte.*
*a) Untersucht das **Metrum** und den **Rhythmus** (▷ S. 356–357). Erklärt, inwiefern Metrum und Rhythmus die inhaltliche Aussage des Gedichts unterstützen.*
b) Nennt weitere Formmerkmale, welche die Beziehung der Liebenden zum Ausdruck bringen.
c) Lernt das Gedicht von C. F. Meyer auswendig. Achtet beim Vortrag besonders auf den Rhythmus des Gedichts.

Bertolt Brecht

Die Liebenden (1928/29)

Sieh jene Kraniche in großem Bogen!
Die Wolken, welche ihnen beigegeben
Zogen mit ihnen schon, als sie entflogen
Aus einem Leben in ein andres Leben
In gleicher Höhe und mit gleicher Eile
Scheinen sie alle beide nur daneben.
Daß so der Kranich mit der Wolke teile
Den schönen Himmel, den sie kurz befliegen
Daß also keines länger hier verweile
Und keines andres sehe als das Wiegen
Des andern in dem Wind, den beide spüren
Die jetzt im Fluge beieinander liegen
So mag der Wind sie in das Nichts entführen
Wenn sie nur nicht vergehen und sich bleiben
Solange kann sie beide nichts berühren
Solange kann man sie von jedem Ort vertreiben
Wo Regen drohen oder Schüsse schallen.
So unter Sonn und Monds wenig verschiedenen Scheiben
Fliegen sie hin, einander ganz verfallen.
Wohin ihr? – Nirgend hin. – Von wem davon? – Von allen.
Ihr fragt, wie lange sind sie schon beisammen?
Seit kurzem. – Und wann werden sie sich trennen? – Bald.
So scheint die Liebe Liebenden ein Halt. [R]

1 *Untersucht den Inhalt des Gedichts „Die Liebenden".*
a) Gebt die dargestellte Situation bis Vers 13 ausführlich mit eigenen Worten wieder. Geht dabei genau auf das Zusammenspiel von Kranichen, Wolken und Wind ein.
b) Fasst die Verse 14–19 zu einer allgemeinen Aussage über die Liebe zusammen.
c) Erklärt, wer die Sprecher in den Versen 20–23 sind.

2 *Ersetzt das Verb scheint im letzten Vers durch andere Verben, z. B. bleibt, ist, ... Wie verändert sich dadurch die Gesamtaussage des Gedichts?*

3 *a) Beschreibt die Satzstruktur und die Anordnung der Verse in den Zeilen 7–12.*
b) Welche Wirkung wird dadurch erzielt?

!

Enjambement (franz. = Überschreitung): Satzschluss und Versende stimmen nicht miteinander überein, sodass auch Sinneinheiten auf die Folgezeile übergreifen, z. B.: Z. 3–4.
Inversion (lat. inversio = Umkehrung): Die gewöhnliche Abfolge der Satzglieder wird zur Hervorhebung eines Worts verändert, z. B.: „Stets in Paaren/Sieht man ..."

12.2 Johann Wolfgang Goethe: „Willkommen und Abschied“ – Eine Textanalyse schreiben

Manche Gedichte versteht ihr auf den ersten Blick. Andere verschließen sich euch, und ihr könnt sie erst nach langer Betrachtung entschlüsseln. Viele Fragen lassen sich aus dem Text heraus beantworten. Eure eigenen Lebens- und Leseerfahrungen geben eurem Textverständnis eine subjektive Prägung. Im Unterrichtsgespräch oder schriftlich teilt ihr eure Beobachtungen zu inhaltlichen Aussagen und formalen Besonderheiten mit und tauscht euch über deren inneren Zusammenhang aus. Das eigene Textverständnis und das eurer Mitschülerinnen und Mitschüler wird so überprüft, vertieft und differenziert.
Im Folgenden findet ihr Hinweise und Hilfen dafür, wie ihr eine Textanalyse anfertigen könnt. Das Gedicht „Willkommen und Abschied“ von Johann Wolfgang Goethe dient dabei als Leittext.

Johann Wolfgang Goethe

Willkommen und Abschied (1771, 1810)

*Johann Wolfgang Goethe (*1749 in Frankfurt a. M., †1832 in Weimar) studierte Jura in Leipzig, zog 1770 nach Straßburg, um dort seine Studien zu beenden. Die Liebe zu der Elsässer Pfarrerstochter Friederike Brion (1752–1813) fand ihren Niederschlag in den „Sesenheimer Liedern“, die ein bis dahin in der Lyrik nicht gekanntes persönliches Erleben ausdrücken (Erlebnislyrik des Sturm und Drang). Das bekannteste dieser Gedichte geht in seinen Ursprüngen auf das Jahr 1771 zurück, wurde aber von Goethe mehrfach überarbeitet, bis es 1810 mit dem Titel „Willkommen und Abschied“ in der endgültigen Fassung vorlag.*

Es schlug mein Herz, geschwind zu Pferde!
Es war getan fast eh' gedacht;
Der Abend wiegte schon die Erde
Und an den Bergen hing die Nacht:
Schon stand im Nebelkleid die Eiche,
Ein aufgetürmter Riese, da,
Wo Finsternis aus dem Gesträuche
Mit hundert schwarzen Augen sah.

Der Mond von einem Wolkenhügel
Sah kläglich aus dem Duft hervor,
Die Winde schwangen leise Flügel,
Umsausten schauerlich mein Ohr;
Die Nacht schuf tausend Ungeheuer;
Doch frisch und fröhlich war mein Mut:
In meinen Adern, welches Feuer!
In meinem Herzen, welche Glut!

Dich sah ich, und die milde Freude
Floss von dem süßen Blick auf mich;
Ganz war mein Herz an deiner Seite
Und jeder Atemzug für dich.
Ein rosenfarbnes Frühlingswetter
Umgab das liebliche Gesicht,
Und Zärtlichkeit für mich – ihr Götter!
Ich hofft' es, ich verdient' es nicht!

Doch ach! schon mit der Morgensonne
Verengt der Abschied mir das Herz:
In deinen Küssen, welche Wonne!
In deinem Auge, welcher Schmerz!
Ich ging, du standst und sahst zur Erden
Und sahst mir nach mit nassem Blick:
Und doch, welch Glück, geliebt zu werden!
Und lieben, Götter, welch ein Glück!

1 *Lest das Gedicht mehrmals sorgfältig durch.*

2 *Tauscht euch über eure ersten Eindrücke aus.*

1. Schritt: Erste Eindrücke notieren

1 *Haltet eure ersten Verstehensansätze schriftlich fest. Eure Notizen können dann Ausgangspunkt für die genaue Textanalyse werden:*

- *Ich verstehe das Gedicht als …*
- *Für mich enthält das Gedicht folgende Aussage(n) …*
- *Beim Lesen des Gedichts entsteht bei mir der Eindruck …*
- *Mir ist besonders bei dem Gedicht aufgefallen …*

Schülerinnen und Schüler der Klasse 9 haben ihre Ersteindrücke zu Goethes „Willkommen und Abschied“ so formuliert:

Ich verstehe den Text als eine Art Liebesbrief, den ein junger Mann an sein geliebtes Mädchen verfasst. Er benutzt dabei eine sehr bilderreiche Sprache. Traurig ist, dass beide doch nicht zusammenfinden. Vielleicht schildert Goethe hier eine Begegnung, die er selbst erlebt hat. *(Laurenz M.)*

Für mich enthält das Gedicht folgende Aussage: Das lyrische Ich trifft in einer unheimlichen Nacht (viele Metaphern!) seine Angebetete, muss sie aber schon kurz nach seiner Begrüßung wieder verlassen. Für mich will Goethe in seinem Gedicht zeigen, dass die Liebe keinen Bestand hat, dass bei der Liebe die Freude häufig dem Schmerz weicht. Mir ist unklar geblieben, warum er im letzten Vers die Götter anspricht. Wen meint er damit? *(Caroline N.)*

Beim Lesen des Gedichts entsteht bei mir der Eindruck, dass es in dem Gedicht um die Schilderung einer Liebe geht, die nur von kurzer Dauer ist. Die Gefühle der Liebenden werden genau geschildert, ihre Freude und der Schmerz, dass sie dann Abschied nehmen müssen. Mir gefällt das Gedicht deshalb so besonders gut, weil Gefühle beschrieben werden, die jeder Liebende spürt, wenn er geliebt wird oder selbst liebt. *(Christina J.)*

Mir ist besonders bei dem Gedicht aufgefallen, dass Goethe trotz des großen Trennungsschmerzes vorrangig das Glücksgefühl der Liebe darstellt. Das Gedicht handelt von dem Zusammentreffen zweier Liebender, die in einem schmerzlichen Abschied wieder auseinandergehen. Wichtig ist die Naturbeschreibung, weil sie die Gefühle des Liebenden wiedergibt. *(Lena G.)*

2 *Vergleicht und prüft die hier formulierten ersten Verstehensansätze. Benennt Gemeinsamkeiten und Unterschiede.*

3 *Schreibt nun selbst eure ersten Eindrücke von dem Gedicht in einem zusammenhängenden Text auf.*

2. Schritt: Das Gedicht in Inhalt und Form untersuchen

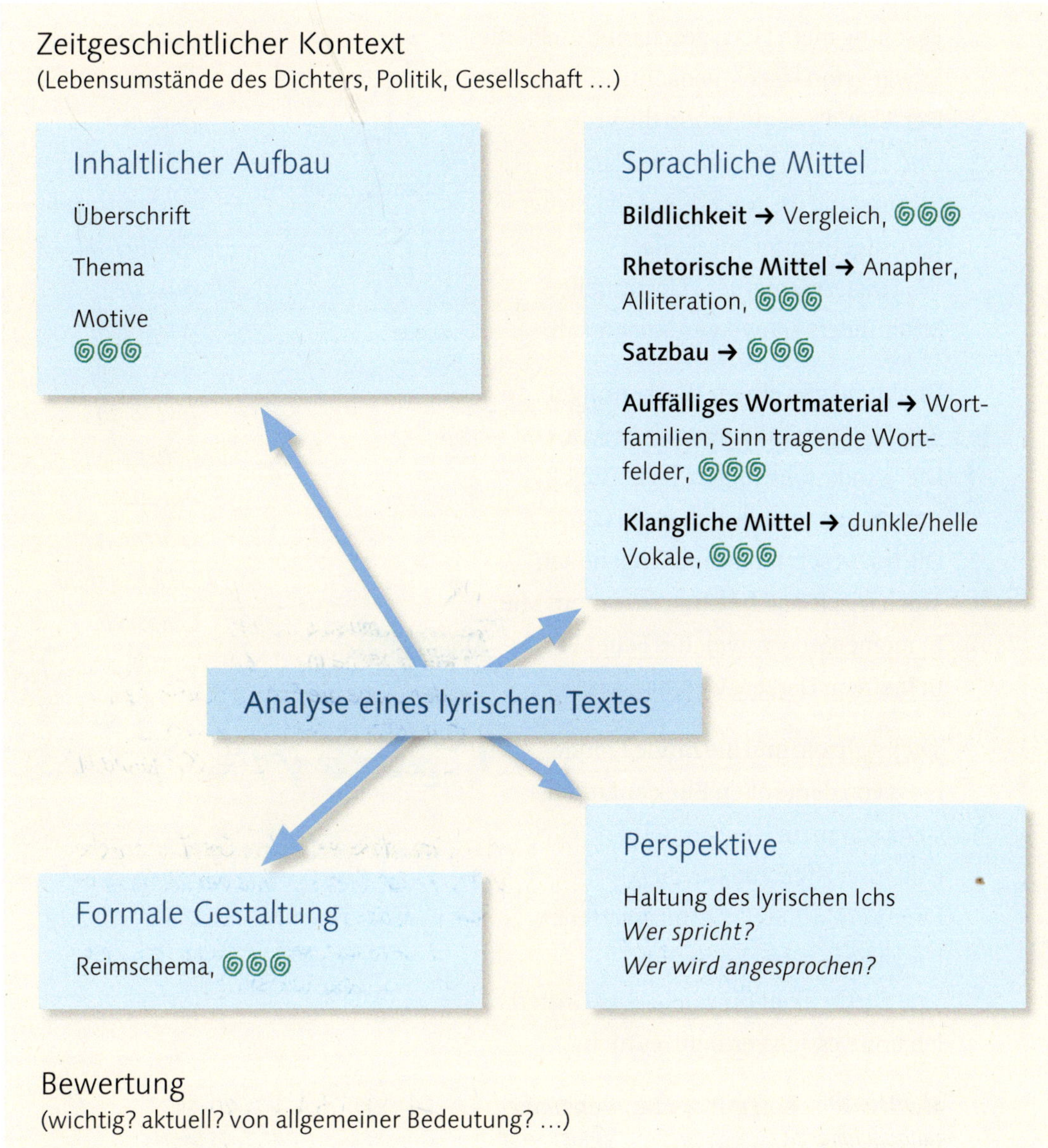

1 *Untersucht das Gedicht „Willkommen und Abschied“ im Hinblick auf Inhalt und Form.*
a) Übertragt das Schema in euer Heft.
b) Ergänzt Leerstellen. Nutzt dazu auch das Orientierungswissen auf den Seiten 336–337; 356–357.
c) Wendet nun das Schema auf Goethes Gedicht an, indem ihr auf einer Kopie des Textes alle Auffälligkeiten markiert und beschriftet. Dabei könnt ihr mit verschiedenfarbigen Textmarkern und Stiften arbeiten.

Johann Wolfgang Goethe

Willkommen und Abschied (1771, 1810)

Es schlug mein Herz, geschwind zu Pferde! a
Es war getan fast eh' gedacht; b
Der Abend wiegte schon die Erde a
Und an den Bergen hing die Nacht: b
Schon stand im Nebelkleid die Eiche, c
Ein aufgetürmter Riese, da, d
Wo Finsternis aus dem Gesträuche c
Mit hundert schwarzen Augen sah. d

Kreuzreim

Der Mond von einem Wolkenhügel
Sah kläglich aus dem Duft hervor,
Die Winde schwangen leise Flügel,
Umsausten schauerlich mein Ohr;
Die Nacht schuf tausend Ungeheuer;
Doch frisch und fröhlich war mein Mut:
In meinen Adern, welches Feuer!
In meinem Herzen, welche Glut!

Dich sah ich, und die milde Freude
Floss von dem süßen Blick auf mich;
Ganz war mein Herz an deiner Seite
Und jeder Atemzug für dich.
Ein rosenfarbnes Frühlingswetter
Umgab das liebliche Gesicht,
Und Zärtlichkeit für mich – ihr Götter!
Ich hofft' es, ich verdient' es nicht!

Doch ach! schon mit der Morgensonne
Verengt der Abschied mir das Herz:
In deinen Küssen, welche Wonne!
In deinem Auge, welcher Schmerz!
Ich ging, du standst und sahst zur Erden
Und sahst mir nach mit nassem Blick:
Und doch, welch Glück, geliebt zu werden!
Und lieben, Götter, welch ein Glück!

- x x́ Jambus
- Gegensatz
- Anapher
- Personifikation
- Alliteration
- Parallelismus
- ! Ausrufe
- Ansprache des „Du"
- Inversion
- heller Klang
- Anrede an die Götter → Glücksgefühl
- Chiasmus

2 *Prüft, ob in der Textbearbeitung einer Schülerin der Klasse 9 alle wichtigen Aspekte der Analyse angesprochen sind.*

3 *Nehmt auf eurer Kopie Ergänzungen vor. Achtet dabei auf Übersichtlichkeit und Sauberkeit (Unterstreichungen nur mit dem Lineal!).*

3. Schritt: Einen Schreibplan erstellen

1 *Zeichnet eine Mind-Map, in der ihr die wichtigsten Analyseergebnisse in Stichwörtern strukturiert anordnet, z. B. so:*

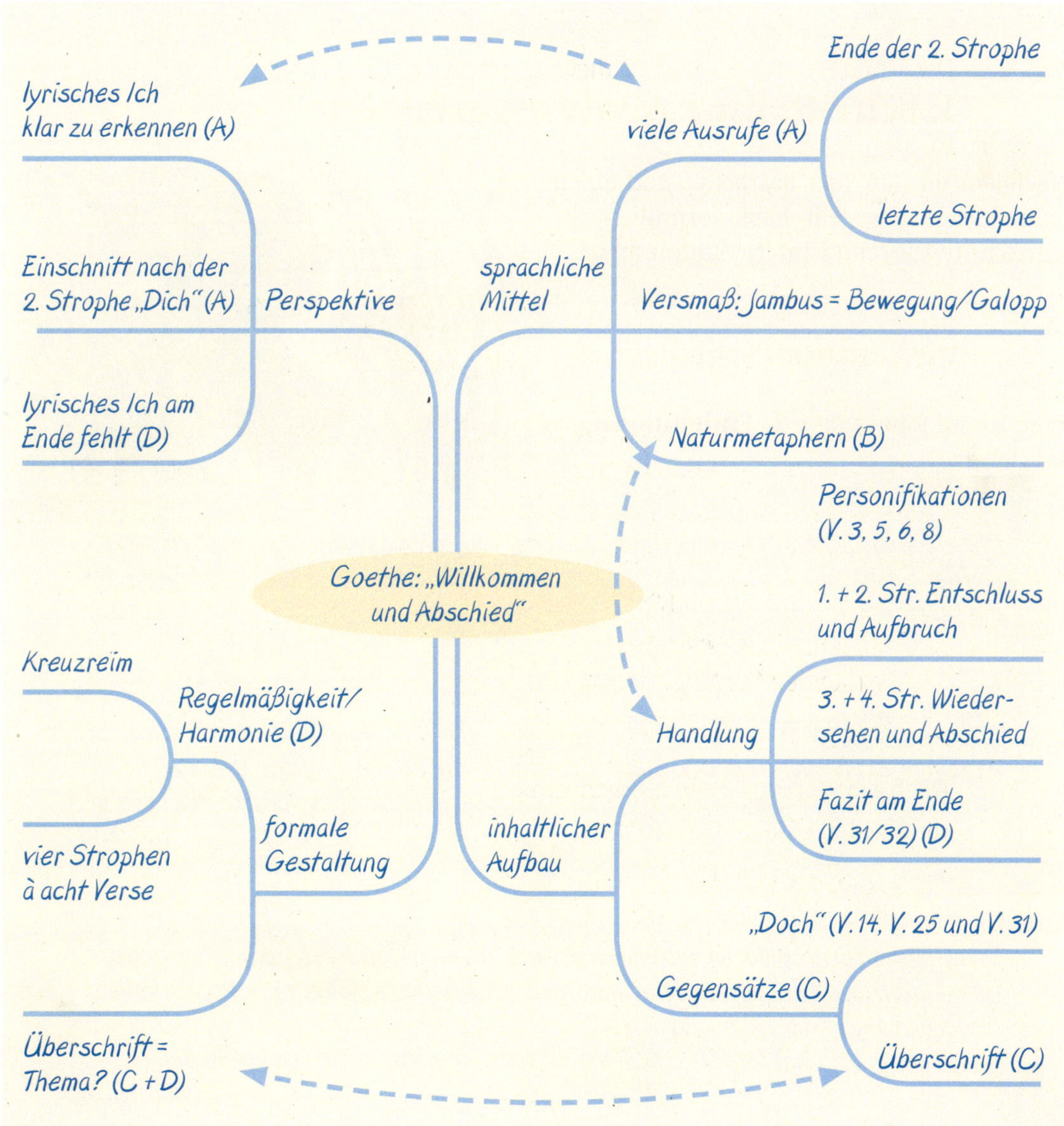

2 *Erstellt nun ein Flussdiagramm als Grundlage für eure Ausführungen. Dabei könnt ihr im Hauptteil Schwerpunkte ausweisen, die Bezüge zur Mind-Map herstellen, z. B. so:*

Einleitung (erstes Textverständnis):
Autor, Titel ...
Hauptteil (Analyse des Textes mit Schwerpunkten):
A Der Sprecher/das lyrische Ich sehnt sich nach der Geliebten.
B Die Natur spiegelt die seelische Verfassung wider.
C Gegensätze bestimmen den Text.
D Der Text endet in einer allgemein gültigen Harmonie.
Schluss: Fazit, eigene Meinung ...

4. Schritt: Eine Analyse verfassen

Nachdem ihr den Text bearbeitet und einen Schreibplan aufgestellt habt, formuliert ihr nun schrittweise euren Interpretationsansatz.

Die Einleitung schreiben

Eine Klasse 9 hat folgende **Einleitungen** geschrieben:

Das Liebesgedicht „Willkommen und Abschied" von Johann Wolfgang Goethe handelt von der Sehnsucht des lyrischen Ichs nach seiner Angebeteten und dem Schmerz, den die Leidenschaft der Liebe bewirkt. (Jan M.)

In dem Gedicht „Willkommen und Abschied" von Johann Wolfgang Goethe, erschienen 1789, geht es um eine tragische Liebesbegegnung, die für das lyrische Ich sehr schmerzhaft und prägend war und die es in diesem Liebesbrief zu verarbeiten versucht. (Daniel B.)

Das Liebesgedicht „Willkommen und Abschied" ist 1771 unter dem Eindruck der Begegnung Goethes mit Friederike Brion entstanden. Es befasst sich mit der wundervollen, bindenden Macht der Liebe und den Schmerzen, die verursacht werden, wenn Liebende Abschied nehmen müssen. Goethe hat das Gedicht später mehrfach überarbeitet. (Carolyn M.)

Das Liebesgedicht „Willkommen und Abschied" von Johann Wolfgang Goethe (1771, 1810) erzählt von dem freudigen Wiedersehen und dem tragischen Abschied eines Liebespärchens, das aus der Sicht des Mannes, des lyrischen Ichs, erzählt wird.

(Klarissa W.)

1 *Vergleicht die Einleitungen und kommentiert sie.*

2 *Verfasst selbst eine Einleitung.*
Dabei könnt ihr gelungene Textpassagen aus den Einleitungen oben verwenden.

Den Hauptteil der Analyse formulieren

Schülerinnen und Schüler einer Klasse 9 haben für den **Hauptteil** ihrer Gedichtanalyse folgende Untersuchungsergebnisse zu Einzelaspekten formuliert:

Goethe hat in seinem Gedicht viele bildliche Ausdrücke verwendet (vgl. z. B. V. 4,5,8), sodass man sich die Situation gut vorstellen und sich in die Gefühle des Sprechers hineinversetzen kann. Das Versmaß des Gedichts ist der Jambus. Es besteht aus vier Strophen, wobei sich jeweils die zweite Verszeile reimt. Die Überschrift „Willkommen und Abschied" lässt schon zu Beginn darauf schließen, dass sich Menschen kennen lernen und kurz darauf trennen müssen. Jedoch weiß man nicht, ob dieser Abschied endgültig ist.

(Sara S.)

Das Gedicht besteht aus vier Strophen und jeweils acht Versen, und es wird der Jambus benutzt. Die erste Strophe beschreibt die Kulisse, vor der sich die Begegnung der Liebenden abspielt, z. B. V. 3 f.: „Der Abend wiegte schon die Erde. Und an den Bergen hing die Nacht", oder Z. 5: „Schon stand im Nebelkleid die Eiche". Es wirkt ziemlich trist und bedrückend. Das lyrische Ich scheint sehr aufgeregt zu sein, da es in V. 1 schreibt „es schlug mein Herz, geschwind zu Pferde", was ausdrücken soll, wie sehr das Herz pocht vor Aufregung. In der zweiten Strophe wird weiterhin die Atmosphäre, gemischt mit den Gefühlen des lyrischen Ichs, beschrieben. V. 9 f. „Der Mond von einem Wolkenhügel ... Die Winde schwangen leise Flügel, umsausten schauerlich mein Ohr." Die Stimmung wird noch unheimlicher und bedrückender, doch das lyrische Ich wird von der Liebe angetrieben. In der dritten Strophe wird zum ersten Mal eine zweite Person angesprochen, die Geliebte des lyrischen Ichs ...

(Daniel B.)

Das lyrische Ich schildert, wie es seine große Liebe nachts trifft. Trotz der Dunkelheit, die teilweise beängstigend wirkt, freut es sich auf das Treffen (V. 13-14).
Die Schatten in der Nacht schaffen eine unwirkliche Atmosphäre, weil man oft nicht sagen kann, wozu die Schatten gehören („Die Nacht schuf tausend Ungeheuer" V. 13). Auch die Gefühle des lyrischen Ichs werden durch solche Bilder beschrieben. Als Metrum verwendet Goethe einen Jambus. Durch diese Betonung wird eine Unruhe oder vielleicht auch Geschwindigkeit erzeugt, die den Inhalt unterstreicht. In der ersten Verszeile wird deutlich, dass das lyrische Ich zu dem Treffen reitet. Das Metrum könnte also hier die Geräusche der Hufe symbolisieren.

(Lena G.)

3 *Welche Aspekte der Textanalyse (▷ S. 259) findet ihr in den Ausschnitten?*

4 *Überarbeitet gemeinsam die Textentwürfe.*
a) Macht zu den Analyseauszügen Verbesserungsvorschläge (Ergänzungen, Korrekturen [z. B. falsche Zitierweise], Streichungen, Umstellungen, Absätze, Umformulierungen) auf einer Kopie des Textes.
b) Reicht euer Blatt an eure Banknachbarin/euren Banknachbarn weiter.
c) Besprecht eure Korrekturen.

5 *Schreibt nun den Hauptteil eurer Analyse. Lasst euch dabei von den korrigierten Ausschnitten zur Gedichtanalyse anregen. Achtet auf korrekte* ***Zitierweise.***

Zitieren – aber wie?

- Übernimmt man Teile des untersuchten Textes **wörtlich,** stehen nur diese **Zitate** in Anführungszeichen. Gibt man einen vollständigen Satz wieder, so wird dieser in Anführungszeichen gesetzt. Beispiel: Der Gegensatz wird auch am Schluss der dritten Strophe deutlich: *„Ich hofft' es, ich verdient' es nicht!"* (V. 24)
- Wird eine Textstelle **mit Auslassungen** wiedergegeben, müssen diese durch [...] kenntlich gemacht werden. Wird dabei über das Versende hinausgehend zitiert, muss das Versende durch einen Schrägstrich (/) gekennzeichnet werden. Beispiel: Das lyrische Ich berichtet, dass *„ein rosenfarbnes Frühlingswetter / [...] das liebliche Gesicht"* (V. 21–22) der Geliebten umspielte.
- Nach den abschließenden Anführungszeichen gibt man in Klammern die **Verszeile** an, in der das Zitat im Text zu finden ist.

Einen Schluss schreiben: Die eigene Bewertung als Abschluss der Textanalyse

Letztendlich kann man sagen, dass es in dem Gedicht um die Sehnsucht nach Liebe geht, die zunächst für einen kurzen Moment erfüllt wird und dann doch unerfüllt bleibt. Mir gefällt das Gedicht sehr gut, da ich mir durch die Verse gut vorstellen kann, wie das Gefühl sein muss, verliebt zu sein, aber nicht zusammenfinden zu können. Goethe hat in seinem Gedicht sicher ein persönliches Erlebnis geschildert, als er noch jung war. Vielleicht handelt es sich bei der Geliebten ja um Friederike Brion, die Goethe in Sesenheim kennen lernte. (Nathalie F.)

6 *Schreibt in ähnlicher Weise einen **Schluss** zu eurer Gedichtanalyse. Lest dazu die folgenden Anregungen. Nicht auf alles werdet ihr bei eurer Analyse eingehen können:*

TIPP

Im **Schluss** fasst ihr das Wichtigste zusammen und nehmt Stellung zum Text:
- Ist er noch wichtig/aktuell/von allgemeiner Bedeutung?
- Was hat euch (nicht) gefallen?
- Wo seht ihr Bezüge zu anderen Gedichten?
- Inwiefern ist das Gedicht typisch für die Zeit, in der es entstanden ist?
- Seht ihr einen Zusammenhang mit der persönlichen Biografie der Dichterin/des Dichters?

5. Schritt: Die Endfassung formulieren und überarbeiten

Um die endgültige Fassung der Textanalyse vorzubereiten, überarbeitet man die bisher erzielten Ergebnisse (▷ Textüberarbeitung, S. 154) und bringt sie in einen schlüssigen und zusammenhängenden Gedankengang. Eine Schülerin hat in einer Klassenarbeit ihre Textanalyse so begonnen:

Goethes 1771/1810 geschriebenes Gedicht „Willkommen und Abschied" handelt von einem lyrischen Ich, welches in einer Nacht voller Unheimlichkeit zu seiner Geliebten reitet, sie aber schon kurz nach der Begrüßung wieder verlassen muss. Trotz des großen Schmerzes empfindet das lyrische Ich tiefes Glück über die Liebesbegegnung und ist darüber voller Dankbarkeit.

Das Gedicht besteht insgesamt aus vier Strophen. Die beiden ersten Strophen berichten vom Aufbruch und Ritt des Geliebten zu seiner Angebeteten, die dritte Strophe schildert die Begegnung, die vierte den plötzlichen Abschied.

In den ersten Strophe schildert das lyrische Ich, wie es durch die Nacht reitet. Der plötzliche Aufbruch und der Galopp des Pferdes kommen in dem Versmaß des Jambus zum Ausdruck. Durch Metaphern und Personifikationen wird die Natur verbildlicht. So wird der Abend personifiziert. Da der Abend nicht wiegen kann, sondern nur Menschen jemanden in den Schlaf wiegen können, wird dadurch ausgedrückt, dass es schon sehr spät sein muss. In den Zeilen 5 und 6 beschreibt das lyrische Ich eine Eiche. Durch die Metaphern „Nebelkleid" und „aufgetürmter Riese" verdeutlicht es einerseits die gigantische Größe des Baums, aber andererseits auch das Unheimliche, da der Baum von einem Nebel umgeben ist. Auch in der zweiten Strophe werden wichtige Elemente der Natur personifiziert, z. B. der Wind, der seine Flügel schwingt, was eigentlich nur Vögel machen. In der 3. Strophe beschreibt das lyrische Ich seine Gefühle, seine Freude, das „Du" endlich zu sehen. Die beiden Ausrufe am Ende der Strophe verraten dieses Glück, zeigen aber auch, dass der Geliebte sicher ist, dass er diese Zuneigung nicht verdient hat ...

(Nathalie F.)

1 *Prüft, ob Nathalies Text dem Schreibplan (▷ S. 261) folgt.*

2 *a) In dem Kommentartext zur Klassenarbeit heißt es: Du hast deine Aussagen zum Text gedanklich sehr gut verknüpft und begründet vorgetragen. Nennt einige Textstellen, an denen dies deutlich wird.*
b) Welche Stellen findet ihr verbesserungswürdig? Benennt sie und schlagt Korrekturen vor.

3 *Schreibt nun anhand eurer eigenen Analyseergebnisse eine vollständige Textanalyse.*

4 *Überarbeitet die Endfassung eurer Textanalyse. Überprüft dabei selbstkritisch auch die sprachliche Seite eures Aufsatzes.*

ARBEITSTECHNIK

Beachtet bei eurer **Textanalyse** folgende Punkte: Ist/sind
- ☐ die Reihenfolge der Gesichtspunkte im Text schlüssig?
- ☐ die Sätze vollständig?
- ☐ wörtliche und inhaltliche Wiederholungen zu beobachten?
- ☐ eine Abwechslung bei Wortwahl und Satzbau vorhanden?
- ☐ die Zeitform der Verben richtig (Präsens!)?
- ☐ Zitate verwendet, ist die Zitierweise korrekt?
- ☐ Rechtschreibung und Zeichensetzung korrekt?
- ☐ Absätze bei neuen Gliederungspunkten vorhanden?

12.3 Projekt: Lyrik-Galerie zum Thema „Sehnsucht und Liebe"

Im Folgenden bekommt ihr Anregungen für ein kleines Projekt: eine Lyrik-Galerie zum Thema „Sehnsucht und Liebe". Mit einer Lyrik-Galerie ist eine Ausstellung eigener und fremder Texte mit Bildern und grafischen Gestaltungen gemeint. Die Galerie könnt ihr auf einem Schulfest, dem Tag der offenen Tür, auf einem Klassenabend oder auch auf einer eigenen Klassenhomepage präsentieren. Nutzt beim Schreiben eurer Gedichte folgende Anregungen:

Schreiben zu Bildern

1 *Betrachtet das Bild zwei Minuten und lasst es auf euch wirken.*

2 *Bringt eure Gedanken und Gefühle zum Ausdruck, indem ihr sie stichwortartig in Form eines Ideensterns festhaltet.*

3 *Formt aus den Wörtern ein Gedicht. Die Verse brauchen sich nicht zu reimen.*

4 *Sucht Bilder, die zu dem Thema „Sehnsucht und Liebe" passen, und schreibt dazu Gedichte.*

Salvador Dalí: Das Mädchen am Fenster, 1925

Automatisches Schreiben

1 *Lasst euch wieder durch einen Bildimpuls anregen oder aber spielt Instrumentalmusik ab.*

2 *Ihr sitzt, vielleicht mit geschlossenen Augen, zwei oder drei Minuten und konzentriert euch auf den Film, der in eurem Kopf abläuft. Beginnt dann mit dem Schreiben (*▷ *S. 251**).*

3 *Streicht in euren Texten alles weg, was ihr für unsinnig haltet oder was nicht zum Thema eurer Lyrik-Galerie passt. Überarbeitet anschließend euren Text.*

Ein Parallelgedicht schreiben

Sarah Kirsch

Meine Worte gehorchen mir nicht (1976)

Meine Worte gehorchen mir nicht
Kaum hör ich sie wieder mein Himmel
Dehnt sich will deinen erreichen
Bald wird er zerspringen ich atme
Schon kleine Züge mein Herzschlag
Ist siebenfach geworden schickt
Unaufhörlich
Und kaum verschlüsselte Botschaften aus

1 *Schreibt zu „Meine Worte gehorchen mir nicht" ein Parallelgedicht. Achtet darauf, die Stimmung und die Form beizubehalten:*

„Meine Gedanken gehorchen mir nicht
Kaum kann ich die Schritte …"

2 *Wählt ein Gedicht aus, zu dem ihr weitere Parallelgedichte verfasst.*

Ein Haiku verfassen

Bei der japanischen Gedichtform **Haiku** kommt es in den dreizeiligen, reimlosen Gedichten auf die Anzahl der Silben an: 5 – 7 – 5. Das traditionelle Haiku ist inhaltlich ein Naturgedicht, in dem zumeist ein **Vierjahreszeitenwort** oder aber ein Bild vorkommt, das die Jahreszeit erkennen lässt: z. B. *fallende Blätter.*

Endlich nun Frühling
Sehnsucht nach neuer Wärme
Ein Leben mit dir
(Sandra M.)

1 *Ergänzt die Liste der Jahreszeitenwörter.*

2 *Verfasst zur Jahreszeit eurer Wahl ein Haiku.*

Jahreszeitenwörter
Frühlingsmitte; Regen; frei von Schnee und Eis; große Hitze; Sommerwende; kalter Tau; Schneefall; Vereisung; Erstarrung

Die Lyrik-Galerie vorbereiten

1 *Stellt alle Texte zusammen. Überarbeitet die eigenen Gedichte in Form der Schreibkonferenz.*

2 *Wählt Bilder und Fotos aus und fertigt Zeichnungen an, die zu den Gedichten in Beziehung stehen. Klebt sie nach Motivgruppen auf farblich verschieden unterlegte Wände (Stellwände oder an Leisten befestigte Tapeten).*

3 *Stellt als leise Hintergrundmusik eine CD mit passender Musik zusammen.*

13 Bilder vom Anderen – Theaterstücke untersuchen

13.1 Max Frisch: „Andorra" – Wie Vorurteile und Stereotype wirken

1 *Beschreibt die Fotos der Inszenierung. Achtet dabei auf die Stellung der Figuren zueinander.*

2 *Stellt Vermutungen über das Thema und eine mögliche Handlung des Theaterstücks „Andorra" an. Bedenkt dabei, dass die Umsetzung auf der Bühne immer auch eine Interpretation des Textes darstellt.*

„Du sollst dir kein Bildnis machen“ – Die Entfaltung eines Themas

Max Frisch

Der andorranische Jude

Max Frisch wurde 1911 als Sohn eines Architekten in Zürich geboren. Er studierte zunächst Germanistik (1931–1933) und arbeitete als Reporter, studierte dann aber Architektur (1936–1940) und arbeitete als selbstständiger Architekt und Schriftsteller in Zürich, bis er sich ganz dem Schreiben zuwandte. 1948 lernte Max Frisch Bertolt Brecht kennen, mit dessen Vorstellung von Theater er sich intensiv auseinandersetzte. Frisch lebte u. a. in Rom, Berlin und New York, erhielt zahlreiche Preise (1958 Büchner-Preis, 1976 Friedenspreis des Deutschen Buchhandels) und starb 1991 in Zürich.

In Andorra lebte ein junger Mann, den man für einen Juden hielt. Zu erzählen wäre die vermeintliche Geschichte seiner Herkunft, sein täglicher Umgang mit den Andorranern, die in ihm den Juden sehen: das fertige Bildnis, das ihn überall erwartet. Beispielsweise ihr Mißtrauen gegenüber seinem Gemüt, das ein Jude, wie auch die Andorraner wissen, nicht haben kann. Er wird auf die Schärfe seines Intellekts verwiesen, der sich eben dadurch schärft, notgedrungen. Oder sein Verhältnis zum Geld, das in Andorra auch eine große Rolle spielt: er wußte, er spürte, was alle wortlos dachten; er prüfte sich, ob es wirklich so war, daß er stets an das Geld denke, er prüfte sich, bis er entdeckte, daß es stimmte, es war so, in der Tat, er dachte stets an das Geld. Er gestand es; er stand dazu, und die Andorraner blickten sich an, wortlos, fast ohne ein Zucken der Mundwinkel. Auch in Sachen des Vaterlandes wußte er genau, was sie dachten; sooft er das Wort in den Mund genommen, ließen sie es liegen wie eine Münze, die in den Schmutz gefallen ist. Denn der Jude, auch das wußten die Andorraner, hat Vaterländer, die er wählt, die er kauft, aber nicht ein Vaterland wie wir, nicht ein zugeborenes, und wie wohl er es meinte, wenn es um andorranische Belange ging, er redete in ein Schweigen hinein, wie in Watte. Später begriff er, daß es ihm offenbar an Takt fehlte, ja, man sagte es ihm einmal rundheraus, als er, verzagt über ihr Verhalten, geradezu leidenschaftlich wurde. Das Vaterland gehörte den andern, ein für allemal, und daß er es lieben könnte, wurde von ihm nicht erwartet, im Gegenteil, seine beharrlichen Versuche und Werbungen öffneten nur eine Kluft des Verdachtes; er buhlte um eine Gunst, um einen Vorteil, um eine Anbiederung, die man als Mittel zum Zweck empfand auch dann, wenn man selber keinen möglichen Zweck erkannte. So wiederum ging es, bis er eines Tages entdeckte, mit seinem rastlosen und alles zergliedernden Scharfsinn entdeckte, daß er das Vaterland wirklich nicht liebte, schon das bloße Wort nicht, das jedes Mal, wenn er es brauchte, ins Peinliche führte. Offenbar hatten sie recht. Offenbar konnte er überhaupt nicht lieben, nicht im andorranischen Sinn; er hatte die Hitze der Leidenschaft, gewiß, dazu die Kälte seines Verstandes, und diesen empfand man als eine immer bereite Geheimwaffe seiner Rachsucht; es fehlte ihm das Gemüt, das Verbindende; es fehlte ihm, und das war unverkennbar, die Wärme des Vertrauens. Der Umgang mit ihm war anregend, ja, aber nicht angenehm, nicht gemütlich. Es gelang ihm nicht, zu sein wie alle andern, und nachdem er es umsonst versucht hatte, nicht aufzufallen, trug er sein Anderssein sogar mit einer Art von Trotz, von Stolz und lauernder Feindschaft dahinter, die er, da sie ihm selber nicht gemütlich war, hinwiederum mit einer geschäftigen Höflichkeit überzuckerte; noch wenn er sich verbeugte, war es eine Art von Vorwurf, als wäre die Umwelt daran schuld, daß er ein Jude ist –

Die meisten Andorraner taten ihm nichts. Also auch nichts Gutes.

Auf der anderen Seite gab es Andorraner eines freieren und fortschrittlicheren Geistes, wie sie es nannten, eines Geistes, der sich der Menschlichkeit verpflichtet fühlte: sie achteten den Juden, wie sie betonten, gerade um seiner jüdischen Eigenschaften willen, Schärfe des Verstandes und so weiter. Sie standen zu ihm bis zu seinem Tode, der grausam gewesen ist, so grausam und ekelhaft, daß sich auch jene Andorraner entsetzten, die es nicht berührt hatte, daß schon das ganze Leben grausam war. Das heißt, sie beklagten ihn eigentlich nicht, oder ganz offen gesprochen: sie vermißten ihn nicht – sie empörten sich nur über jene, die ihn getötet hatten, und über die Art, wie das geschehen war, vor allem die Art.

Man redete lange davon.

Bis es sich eines Tages zeigt, was er selber nicht hat wissen können, der Verstorbene: daß er ein Findelkind gewesen, dessen Eltern man später entdeckt hat, ein Andorraner wie unsereiner –

Man redete nicht mehr davon.

Die Andorraner aber, sooft sie in den Spiegel blickten, sahen mit Entsetzen, daß sie selber die Züge des Judas tragen, jeder von ihnen.

Du sollst dir kein Bildnis machen, heißt es, von Gott. Es dürfte auch in diesem Sinne gelten: Gott als das Lebendige in jedem Menschen, das, was nicht erfaßbar ist. Es ist eine Versündigung, die wir, so wie sie an uns begangen wird, fast ohne Unterlaß wieder begehen –

Ausgenommen, wenn wir lieben. R

Werner Bergmann

Antisemitismus

In der Geschichte sind also negative Einstellungen zu Juden aus ganz unterschiedlichen Gründen entstanden und weitervermittelt worden: Die früheste Schicht bildet die religiöse Feindschaft des Christentums gegenüber dem Judentum. Die (von der christlichen Gesellschaft erzwungene) besondere Berufsstruktur der Juden seit dem Mittelalter führt auf eine zweite Schicht: die ökonomisch begründete Judenfeindschaft, in der die Juden als Wucherer, Betrüger, später als ausbeuterische Kapitalisten und Spekulanten gebrandmarkt wurden. Damit eng verbunden ist eine weitere Dimension, nämlich die Vorstellung von den Juden als einer mächtigen Gruppe, die mit ihrem Geld weltweit die Politik bestimmt. Hierher gehört das Stereotyp des „Drahtziehers“, der Glaube an eine jüdische Weltverschwörung und Pressemacht. Eine weitere Schicht bilden rassistische Vorstellungen über den jüdischen Körper, also die vom schwachen, unsoldatischen (Stereotyp des „Drückebergers“), hässlichen, gebückten und hakennasigen Juden. [...] Alle diese Dimensionen des antijüdischen Vorurteils sind bis in die Gegenwart mehr oder weniger wirksam geblieben und finden sich heute in aktualisierter Form wieder.

Wandel des Judenbildes

Als im Jahre 1951 Studenten der Freien Universität Berlin in einer Studie zu „Nationalen Vorurteilen“ Völkern Eigenschaften aus einer Liste von über 300 Merkmalen zuordnen sollten, fanden sich die genannten Stereotype wieder: Es dominierten abwertende Kennzeichnungen des ökonomischen[1] und sozialethischen[2] Verhaltens (Handelsvolk, materiell eingestellt, Schacherer, scheut körperliche Arbeit, raffgierig, Ausbeuter), gefolgt von Begabungen (gute Ärzte, Wissenschaftler, intelligent, redegewandt, sprachbegabt, musikalisch). Diese positiven Stereotype sind allerdings als ambivalent anzusehen, da positive Eigenschaften bei einem „Feind“ natürlich gefährlich sind. Dies ist zum Beispiel daran zu erkennen, dass Juden einerseits als intelligent (wie die Deutschen sich selbst sehen), andererseits als raffiniert und schlau charakterisiert wurden. Das rassistische Körperbild lebte in dieser Zeit ebenfalls fort (krumme Nase, unsoldatisch), ebenso wie die Vorstellung eines engen Zusammenhalts der Gruppe („rassebewusst, Zusammengehörigkeitsgefühl, familiengebunden“). [...] Eigenschaften, die exklusiv nur einem Volk zugeschrieben werden, spiegeln besonders gut das Stereotyp dieser Gruppe. Demnach werden die Juden als „krummnasig, raffiniert, schlau, raffgierig und heimatlos“ bezeichnet, als „Schacherer und Ausbeuter mit einem großen Zusammengehörigkeitsgefühl“. Es wird damit ein deutlich negativ akzentuiertes Bild einer Gruppe entworfen, die nicht zur Mehrheitsgesellschaft dazugehört (heimatlos), aber untereinander eng zusammenhält und die andere Nationen ausbeutet. Zur Einschätzung der Beziehung zwischen zwei Gruppen ist der Vergleich zwischen dem Selbst- und dem Fremdbild aufschlussreich. Die deutschen Studenten des Jahres 1951 schrieben Deutschen und Juden zwar bestimmte Begabungen („Intelligenz, sprachbegabt, Wissenschaftler“) gleichermaßen zu, aber wesentliche Züge des deutschen Selbstbildes („pflichtbewusst, sauber, fleißig, gründlich, zuverlässig, anständig, gemütlich, aber auch tapfer, guter Soldat“) fehlten bei den Angaben zu den Juden [...].

1 **ökonomisch:** wirtschaftlich
2 **sozialethisch:** den Umgang innerhalb einer Gemeinschaft betreffend

1 *Untersucht beide Texte in Hinsicht auf die **stereotypen Vorstellungen** über Juden.*

a) Legt eine Tabelle an, in der ihr die Stereotype sammelt, nach Bereichen ordnet und mit Zeilenangaben belegt.

Bereich	Stereotype Vorstellung	Zeilen im Text von Frisch	Zeilen im Sachtext
Aussehen	Hakennase	...	...
Eigenschaften	...	...	...
Verhältnis zum Geld	...	...	...
Beziehung zum Vaterland	...	...	...

b) Vergleicht nun den Sachtext von Werner Bergmann mit dem literarischen Text „Der andorranische Jude“. Auf welche stereotypen Vorurteile vom „Juden“ greift Frisch in seinem Text zurück?

c) Diskutiert die Bildnis-Problematik (▷ S. 271, Z. 96–102) vor dem Hintergrund eurer Kenntnisse aus dem Religionsunterricht.

Vorurteil und Stereotyp

- **Vorurteile** sind voreilige Urteile, die nicht auf eigener Erfahrung beruhen. Sie sind klischeehaft, generalisierend und nur schwer widerlegbar. Als wertende Urteile treten sie meist als starre Verallgemeinerung auf.
- Der Begriff **Stereotyp** kommt ursprünglich aus dem Buchdruck und meint „mit feststehender Schrift". Stereotype sind ungeprüfte Wiederholungen, die sich über Generationen hinweg fortsetzen. Oft beziehen sie sich auf eine (soziale) Gruppe (z. B. *die* Juden, *die* Ausländer, *die* Frauen).

2 *Max Frisch hat den Text „Ein andorranischer Jude" als Vorlage für sein Theaterstück genutzt. Ursprünglich sollte es „Modell Andorra" heißen. Erklärt, wie Frisch diesen Titel gemeint haben kann.*

Andri und die anderen – Der Konflikt im Drama

Max Frisch

Andorra (Drittes Bild) (1961)

Andri, den alle in Andorra für einen Juden halten, der aber in Wirklichkeit der leibliche Sohn Cans ist, hat eine Lehrstelle als Tischler gefunden. Prader, der Tischlermeister, wollte Andri eigentlich nur im Verkauf ausbilden und gesteht ihm die handwerkliche Ausbildung nur deshalb zu, weil Andris Vater Can ihm dafür 50 Pfund bezahlt.

Man hört eine Fräse, Tischlerei, Andri und ein Geselle je mit einem fertigen Stuhl.

ANDRI: Ich hab auch schon Linksaußen gespielt, wenn kein andrer wollte. Natürlich will ich, wenn eure Mannschaft mich nimmt.

GESELLE: Hast du Fußballschuh?

ANDRI: Nein.

GESELLE: Brauchst du aber.

ANDRI: Was kosten die?

GESELLE: Ich hab ein altes Paar, ich verkaufe sie dir. Ferner brauchst du natürlich schwarze Shorts und ein gelbes Tschersi, das ist klar, und gelbe Strümpfe natürlich.

ANDRI: Rechts bin ich stärker, aber wenn ihr einen Linksaußen braucht, also einen Eckball bring ich schon herein.

Andri reibt die Hände.
Das ist toll, Fedri, wenn das klappt.

GESELLE: Warum soll's nicht?

ANDRI: Das ist toll.

GESELLE: Ich bin Käpten, und du bist mein Freund.

ANDRI: Ich werde trainieren.

GESELLE: Aber reib nicht immer die Hände, sonst lacht die ganze Tribüne. *Andri steckt die Hände in die Hosentaschen.*
Hast du Zigaretten? So gib schon. Mich bellt er nicht an! Sonst erschrickt er nämlich über sein Echo. Oder hast du je gehört, daß er mich anbellt?
Der Geselle steckt sich eine Zigarette an.

ANDRI: Das ist toll, Fedri, daß du mein Freund bist.

GESELLE: Dein erster Stuhl?

ANDRI: Wie findest du ihn?
Der Geselle nimmt den Stuhl von Andri und versucht ein Stuhlbein herauszureißen, Andri lacht.
Die sind nicht zum Ausreißen!

GESELLE: So macht er's nämlich.

ANDRI: Versuch's nur!
Der Geselle versucht es vergeblich.
Er kommt.

GESELLE: Du hast Glück.

ANDRI: Jeder rechte Stuhl ist verzapft. Wieso Glück? Nur was geleimt ist, geht aus dem Leim. *Auftritt der Tischler.*

TISCHLER: ... schreiben Sie diesen Herrschaften, ich heiße Prader. Ein Stuhl von Prader bricht nicht zusammen, das weiß jedes Kind, ein Stuhl von Prader ist ein Stuhl von Prader. Und überhaupt: bezahlt ist bezahlt. Mit einem Wort: Ich feilsche nicht.
Zu den beiden:
Habt ihr Ferien?
Der Geselle verzieht sich flink.
Wer hat hier wieder geraucht?
Andri schweigt.
Ich riech es ja.
Andri schweigt.
Wenn du wenigstens den Schneid hättest –

ANDRI: Heut ist Sonnabend.

TISCHLER: Was hat das damit zu tun?

ANDRI: Wegen meiner Lehrlingsprobe. Sie haben gesagt: Am letzten Sonnabend in diesem Monat. Hier ist mein erster Stuhl.
Der Tischler nimmt einen Stuhl.
Nicht dieser, Meister, der andere!

TISCHLER: Tischler werden ist nicht einfach, wenn's einer nicht im Blut hat. Nicht einfach. Woher sollst du's im Blut haben. Das hab ich deinem Vater aber gleich gesagt. Warum gehst du nicht in den Verkauf? Wenn einer nicht aufgewachsen ist mit dem Holz, siehst du, mit unserem Holz – lobpreiset eure Zedern vom Libanon, aber hierzuland wird in andorranischer Eiche gearbeitet, mein Junge.

ANDRI: Das ist Buche.

TISCHLER: Meinst du, du mußt mich belehren?

ANDRI: Sie wollen mich prüfen, meinte ich.
Tischler versucht ein Stuhlbein auszureißen.
Meister, das ist aber nicht meiner!

TISCHLER: Da –
Der Tischler reißt ein erstes Stuhlbein aus.
Was hab ich gesagt?
Der Tischler reißt die andern drei Stuhlbeine aus.
– wie die Froschbeine, wie die Froschbeine. Und so ein Humbug soll in den Verkauf. Ein Stuhl von Prader, weißt du, was das heißt? – da,
Der Tischler wirft ihm die Trümmer vor die Füße.
schau's dir an!

ANDRI: Sie irren sich.

TISCHLER: Hier – das ist ein Stuhl!
Der Tischler setzt sich auf den andern Stuhl.
Hundert Kilo, Gott sei's geklagt, hundert Kilo hab ich am Leib, aber was ein rechter Stuhl ist, das ächzt nicht, wenn ein rechter Mann sich draufsetzt, und das wackelt nicht. Ächzt das?

ANDRI: Nein.

TISCHLER: Wackelt das?

ANDRI: Nein.

TISCHLER: Also!

ANDRI: Das ist meiner.

TISCHLER: – und wer soll diesen Humbug gemacht haben?

ANDRI: Ich hab es Ihnen aber gleich gesagt.

TISCHLER: Fedri! Fedri! *Die Fräse verstummt.* Nichts als Ärger hat man mit dir, das ist der Dank, wenn man deinesgleichen in die Bude nimmt, ich hab's ja geahnt. *Auftritt der Geselle.* Fedri, bist du ein Gesell oder was bist du?

GESELLE: Ich –

TISCHLER: Wie lang arbeitest du bei Prader & Sohn?

GESELLE: Fünf Jahre.

TISCHLER: Welchen Stuhl hast du gemacht? Schau sie dir an. Diesen oder diesen? Und antworte.

Der Geselle mustert die Trümmer.

Antworte frank und blank.

GESELLE: – ich ...

TISCHLER: Hast du verzapft oder nicht?

GESELLE: – jeder rechte Stuhl ist verzapft ...

TISCHLER: Hörst du's?

GESELLE: – nur was geleimt ist, geht aus dem Leim ...

TISCHLER: Du kannst gehen.

Geselle erschrickt.

In die Werkstatt, meine ich.

Der Geselle geht rasch.

Das laß dir eine Lehre sein. Aber ich hab's ja gewußt, du gehörst nicht in eine Werkstatt.

Der Tischler sitzt und stopft sich eine Pfeife.

Schad ums Holz.

Andri schweigt.

Nimm das zum Heizen.

ANDRI: Nein.

Tischler zündet sich die Pfeife an.

Das ist eine Gemeinheit!

Tischler zündet sich die Pfeife an.

... ich nehm's nicht zurück, was ich gesagt habe. Sie sitzen auf meinem Stuhl, ich sag es Ihnen, Sie lügen, wie's Ihnen grad paßt, und zünden sich die Pfeife an. Sie, ja, Sie! Ich hab Angst vor euch, ja, ich zittere. Wieso hab ich kein Recht vor euch? Ich bin jung, ich hab gedacht: Ich muß bescheiden sein. Es hat keinen Zweck, Sie machen sich nichts aus Beweisen. Sie sitzen auf meinem Stuhl. Das kümmert Sie aber nicht? Ich kann tun, was ich will, ihr dreht es immer gegen mich, und der Hohn nimmt kein Ende. Ich kann nicht länger schweigen, es zerfrißt mich. Hören Sie denn überhaupt zu? Sie saugen an Ihrer Pfeife herum, und ich sag Ihnen ins Gesicht: Sie lügen. Sie wissen ganz genau, wie gemein Sie sind. Sie sind hundsgemein. Sie sitzen auf dem Stuhl, den ich gemacht habe, und zünden sich Ihre Pfeife an. Was hab ich Ihnen zuleid getan? Sie wollen nicht, daß ich tauge. Warum schmähen Sie mich? Sie sitzen auf meinem Stuhl. Alle schmähen mich und frohlocken und hören nicht auf. Wieso seid ihr stärker als die Wahrheit? Sie wissen genau, was wahr ist. Sie sitzen drauf –

Der Tischler hat endlich die Pfeife angezündet.

Sie haben keine Scham –

TISCHLER: Schnorr nicht soviel.

ANDRI: Sie sehen aus wie eine Kröte!

TISCHLER: Erstens ist hier keine Klagemauer.

Der Geselle und zwei andere verraten sich durch Kichern.

Soll ich eure ganze Fußballmannschaft entlassen?

Der Geselle und die andern verschwinden.

Erstens ist hier keine Klagemauer, zweitens habe ich kein Wort davon gesagt, daß ich dich deswegen entlasse. Kein Wort. Ich habe eine andere Arbeit für dich. Zieh deine Schürze aus! Ich zeige dir, wie man Bestellungen schreibt. Hörst du zu, wenn dein Meister spricht? Für jede Bestellung, die du hereinbringst mit deiner Schnorrerei, verdienst du ein halbes Pfund. Sagen wir: ein ganzes Pfund für drei Bestellungen. Ein ganzes Pfund! Das ist's, was deinesgleichen im Blut hat, glaub mir, und jedermann soll tun, was er im Blut hat. Du kannst Geld verdienen, Andri, Geld, viel Geld ...

Andri reglos.

Abgemacht?

Der Tischler erhebt sich und klopft Andri auf die Schulter.

Ich mein's gut mit dir.

Der Tischler geht, man hört die Fräse wieder.

ANDRI: Ich wollte aber Tischler werden ...

1 *Teilt die Szene in Sinnabschnitte ein.*
a) Notiert euch Stichwörter zu jedem Abschnitt.
b) Vergleicht eure Einteilungen.

2 *In der Szene spielen* ***stereotype Vorstellungen*** *(▷ S. 273) eine zentrale Rolle. Übertragt die Tabelle in euer Heft und füllt sie mit Beispielen aus dem dritten Bild.*

	Stereotype Vorstellungen über	
	Juden (negativ)	Andorraner (positiv)
Begabungen	...	...
Charaktereigenschaften	...	...
Verhältnis zum Geld	...	...
	Outgroup ←	→ Ingroup

Ingroup – Outgroup
Als **Ingroup** bezeichnet man eine soziale Gruppe, der man sich innerlich verbunden fühlt (Wir-Gefühl). Im Gegensatz dazu steht die **Outgroup**, von der man sich distanzieren will.

3 *Andri sagt über Prader: „Sie lügen." (Z. 147) Stimmt ihr dieser Aussage zu? Begründet eure Einschätzung.*

4 *a) In welchen Situationen spielen Ingroup-Outgroup-Strukturen bei euch eine Rolle?*
b) Betrachtet die Fotos der Kölner Inszenierung des Stücks aus dem Jahr 2003. Welche Ingroup hat der Regisseur hier vor Augen?

Stereotype sichtbar machen – Szenisches Interpretieren

Neben analytischen Verfahren (z. B. Fragen an den Text) gibt es eine weitere Möglichkeit, Dramenszenen zu verstehen, und zwar mit Hilfe von Verfahren des szenischen Interpretierens. Einige dieser Verfahren kennt ihr vielleicht, andere könnt ihr hier erproben.

Habitusübungen

dienen dazu, über die körperlichen Haltungen von Figuren deren Gedanken und Gefühle näher kennen zu lernen.

→ Versetzt euch in die einzelnen Figuren der Szene und erprobt, wie diese stehen, wie sie gehen und sitzen. Ihr könnt auch Erklärungen zu diesen Haltungen (zum Habitus der Figuren) abgeben.

Situationsbezogene Rollenmonologe

erläutern in der Ich-Form die Gedanken und Gefühle einer Figur.

→ Verfasst zu mehreren Stellen der Szene aus der Sicht Andris Rollenmonologe, z. B. Z. 34–41 oder Z. 113–115.

Szenisches Lesen mit Gedankenstopp

Ein zuvor bestimmter Spielleiter oder eine Spielleiterin kann jederzeit mit einem „Stopp!" das szenische Lesen unterbrechen. Befragt dann die Figuren zu ihren Gedanken und Gefühlen.

→ Lest die komplette Szene mit verteilten Rollen.

Selbstdarstellung als Rollenbiografie

Eine Rollenbiografie soll sich von den Geschehnissen der einzelnen Szenen lösen und grundsätzliche Aussagen zu einer Figur machen.

→ Schreibt eine Rollenbiografie für Andri, beginnend mit „*Ich bin Andri …*".

Standbild/Statue

Hierbei sollen die Haltung der Figuren zueinander und ihr Status in der Szene zum Ausdruck kommen. Diskussionen während der Entstehung sind ausdrücklich erwünscht.

→ Stellt die Figurenkonstellation der Szene in einer Statue dar.

→ Lasst einen Schüler/eine Schülerin hinter die Figuren treten und als innere Stimme (Alter Ego) deren Gefühle und Gedanken äußern.

Rollenbefragung

Wie bei einem Interview werden einer Figur Fragen zur Szene gestellt, die diese aus ihrer Rolle heraus beantworten muss. → Befragt Fedri am Ende der Szene nach seinen Gefühlen und Gedanken.

→ Hier können auch andere aus der Klasse hinter die Figur treten und sich als deren innere Stimme äußern (Alter Ego).

Szenisches Lesen/gestaltendes Sprechen

hilft, durch genaues Betonen, das Setzen von Pausen usw. einen Szenenauszug besser zu verstehen.

→ Lest die folgenden zentralen Textstellen mit verteilten Rollen szenisch:

Z. 5–61,
Z. 69–110,
Z. 119–140.

1 *Erprobt die Verfahren des szenischen Interpretierens. Bedenkt bei allen Verfahren, dass das Beobachten für die szenische Interpretation ebenso wesentlich ist wie die Darstellung.*

2 *Entscheidet und begründet, welche der folgenden Kategorien durch welches Verfahren besonders erfahrbar geworden ist: Situation – Handlung – Figur(en) – Gespräch.*

3 *Bei welchen Verfahren konntet ihr die stereotypen Vorstellungen Fedris und des Tischlers besonders gut umsetzen bzw. als Beobachtende besonders gut erkennen? Begründet.*

Nicht wie die anderen sein – Steigende Handlung

Max Frisch

Andorra (Siebtes Bild)

Andri ist der Sohn des andorranischen Lehrers Can und einer Frau von den „Schwarzen". Um dies zu vertuschen, hat der Lehrer behauptet, Andri sei ein jüdisches Kind, das er vor den judenfeindlichen „Schwarzen" gerettet habe und nun als Pflegesohn großziehe.
Zu Beginn des Stückes tüncht Barblin, die eheliche Tochter des Lehrers Can, das Dorf mit weißer Farbe und wird dabei vom Soldaten Peider begafft. Ihrer Frage, ob die „Schwarzen" Andorra überfallen werden, weicht Peider ebenso aus wie der Pater, der hinzukommt. Andri und Barblin, die nicht wissen, dass sie Halbgeschwister sind, beabsichtigen, bald zu heiraten. Peider begehrt Barblin und behandelt Andri ganz offen judenfeindlich, ebenso wie der Amtsarzt.
Als nun der Lehrer die Zustimmung zur Hochzeit verweigert, glaubt Andri, dass ihn sogar sein Ziehvater wegen seiner vermeintlich jüdischen Herkunft ablehnt.
Eines Nachts sieht Andri den Soldaten Peider aus Barblins Schlafkammer kommen und fühlt sich nun auch von Barblin verraten.

Sakristei, der Pater und Andri

PATER: Andri, wir wollen sprechen miteinander. Deine Pflegemutter wünscht es. Sie macht sich große Sorge um dich ... Nimm Platz!
Andri schweigt.
Nimm Platz, Andri!
Andri schweigt.
Du willst dich nicht setzen?
Andri schweigt.
Ich verstehe, du bist zum ersten Mal hier. Sozusagen. Ich erinnere mich: Einmal als euer Fußball hereingeflogen ist, sie haben dich geschickt, um ihn hinter dem Altar zu holen.
Der Pater lacht.

ANDRI: Wovon, Hochwürden, sollen wir sprechen?

PATER: Nimm Platz!
Andri schweigt.
Also du willst dich nicht setzen.
Andri schweigt.
Nun gut.

ANDRI: Stimmt das, Hochwürden, daß ich anders bin als alle?
Pause

PATER: Andri, ich will dir etwas sagen.

ANDRI: – ich bin vorlaut, ich weiß.

PATER: Ich verstehe deine Not. Aber du sollst wissen, daß wir dich gern haben, Andri, so wie du bist. Hat dein Pflegevater nicht alles getan für dich? Ich höre, er hat Land verkauft, damit du Tischler wirst.

ANDRI: Ich werde aber nicht Tischler.

PATER: Wieso nicht?

ANDRI: Meinesgleichen denkt alleweil nur ans Geld, heißt es, und drum gehöre ich nicht in die Werkstatt, sagt der Tischler, sondern in den Verkauf. Ich werde Verkäufer, Hochwürden.

PATER: Nun gut.

ANDRI: Ich wollte aber Tischler werden.

PATER: Warum setzest du dich nicht?

ANDRI: Hochwürden irren sich, glaub ich. Niemand mag mich. Der Wirt sagt, ich bin vorlaut, und der Tischler findet das auch, glaub ich. Und der Doktor sagt, ich bin ehrgeizig, und meinesgleichen hat kein Gemüt.

PATER: Setz dich!

ANDRI: Stimmt das, Hochwürden, daß ich kein Gemüt habe?

PATER: Mag sein, Andri, du hast etwas Gehetztes.

ANDRI: Und Peider sagt, ich bin feig.

PATER: Wieso feig?

ANDRI: Weil ich Jud bin.

PATER: Was kümmerst du dich um Peider!

Andri schweigt.

Andri, ich will dir etwas sagen.

ANDRI: Man soll nicht immer an sich selbst denken, ich weiß. Aber ich kann nicht anders, Hochwürden, es ist so. Immer muß ich denken, ob's wahr ist, was die andern von mir sagen: daß ich nicht bin wie sie, nicht fröhlich, nicht gemütlich, nicht einfach so. Und Hochwürden finden ja auch, ich hab etwas Gehetztes. Ich versteh schon, daß niemand mich mag. Ich mag mich selbst nicht, wenn ich an mich selbst denke.

Der Pater erhebt sich.

Kann ich jetzt gehn?

PATER: Jetzt hör mich einmal an!

ANDRI: Was, Hochwürden, will man von mir?

PATER: Warum so mißtrauisch?

ANDRI: Alle legen ihre Hände auf meine Schulter.

PATER: Weißt du, Andri, was du bist? *Der Pater lacht.*

Du weißt es nicht, drum sag ich es dir. *Andri starrt ihn an.* Ein Prachtskerl! In deiner Art. Ein Prachtskerl! Ich habe dich beobachtet, Andri, seit Jahr und Tag –

ANDRI: Beobachtet?

PATER: Freilich.

ANDRI: Warum beobachtet ihr mich alle?

PATER: Du gefällst mir, Andri, mehr als alle andern, ja, grad weil du anders bist als alle. Was schüttelst du den Kopf? Du bist gescheiter als sie. Jawohl! Das gefällt mir an dir, Andri, und ich bin froh, daß du gekommen bist und daß ich es dir einmal sagen kann.

ANDRI: Das ist nicht wahr.

PATER: Was ist nicht wahr?

ANDRI: Ich bin nicht anders. Ich will nicht anders sein. Und wenn er dreimal so kräftig ist wie ich, dieser Peider, ich hau ihn zusammen vor allen Leuten auf dem Platz, das hab ich mir geschworen –

PATER: Meinetwegen.

ANDRI: Das hab ich mir geschworen –

PATER: Ich mag ihn auch nicht.

ANDRI: Ich will mich nicht beliebt machen. Ich werde mich wehren. Ich bin nicht feig – und nicht gescheiter als die andern, Hochwürden, ich will nicht, daß Hochwürden das sagen.

PATER: Hörst du mich jetzt an?

ANDRI: Nein.

Andri entzieht sich.

Ich mag nicht immer eure Hände auf meinen Schultern ...

Pause

PATER: Du machst es einem wirklich nicht leicht.

Pause

Kurz und gut, deine Pflegemutter war hier. Mehr als vier Stunden. Die gute Frau ist

ganz unglücklich. Du kommst nicht mehr zu Tisch, sagt sie, und bist verstockt. Sie sagt, du glaubst nicht, daß man dein Bestes will.

Andri: Alle wollen mein Bestes!

Pater: Warum lachst du?

Andri: Wenn er mein Bestes will, warum, Hochwürden, warum will er mir alles geben, aber nicht seine eigene Tochter?

Pater: Es ist sein väterliches Recht –

Andri: Warum aber? Warum? Weil ich Jud bin.

Pater: Schrei nicht!

Andri schweigt.

Kannst du nichts andres mehr denken in deinem Kopf? Ich habe dir gesagt, Andri, als Christ, daß ich dich liebe – aber eine Unart, das muß ich leider schon sagen, habt ihr alle: Was immer euch widerfährt in diesem Leben, alles und jedes bezieht ihr nur darauf, daß ihr Jud seid. Ihr macht es einem wirklich nicht leicht mit eurer Überempfindlichkeit.

Andri schweigt und wendet sich ab.

Du weinst ja.

Andri schluchzt, Zusammenbruch.

Was ist geschehen? Antworte mir. Was ist denn los? Ich frage dich, was geschehen ist. Andri! So rede doch. Andri? Du schlotterst ja. Was ist mit Barblin? Du hast ja den Verstand verloren. Wie soll ich helfen, wenn du nicht redest? So nimm dich doch zusammen. Andri! Hörst du? Andri! Du bist doch ein Mann. Du! Also ich weiß nicht.

Andri: – meine Barblin.

Andri lässt die Hände von seinem Gesicht fallen und starrt vor sich hin.

Sie kann mich nicht lieben, niemand kann's, ich selbst kann mich nicht lieben ...

Eintritt ein Kirchendiener mit einem Meßgewand.

Kann ich jetzt gehn?

Der Kirchendiener knöpft den Pater auf.

Pater: Du kannst trotzdem bleiben.

Der Kirchendiener kleidet den Pater zur Messe.

Du sagst es selbst. Wie sollen die andern uns lieben können, wenn wir uns selbst nicht lieben? Unser Herr sagt: Liebe deinen Nächsten wie dich selbst. Er sagt: Wie dich selbst. Wir müssen uns selbst annehmen, und das ist es, Andri, was du nicht tust. Warum willst du sein wie die andern? Du bist gescheiter als sie, glaub mir, du bist wacher. Wieso willst du's nicht wahrhaben? 's ist ein Funke in dir. Warum spielst du Fußball wie diese Blödiane alle und brüllst auf der Wiese herum, bloß um ein Andorraner zu sein? Sie mögen dich alle nicht, ich weiß. Ich weiß auch warum. 's ist ein Funke in dir. Du denkst. Warum soll's nicht auch Geschöpfe geben, die mehr Verstand haben als Gefühl? Ich sage: Gerade dafür bewundere ich euch. Was siehst du mich so an? 's ist ein Funke in euch. Denk an Einstein[1]! Und wie sie alle heißen. Spinoza[2]!

1 **Einstein:** Der Physiker Albert Einstein (1879–1955) begründete die Relativitätstheorie. Wegen seiner jüdischen Herkunft wanderte er nach der Machtübernahme der Nationalsozialisten 1933 in die USA aus.

2 **Spinoza:** Der Philosoph Baruch de Spinoza (1632–1677) stammt aus einer von Portugal nach Holland eingewanderten jüdischen Familie.

ANDRI: Kann ich jetzt gehn?

PATER: Kein Mensch, Andri, kann aus seiner Haut heraus, kein Jud und kein Christ. Niemand. Gott will, daß wir sind, wie er uns geschaffen hat. Verstehst du mich? Und wenn sie sagen, der Jud ist feig, dann wisse: Du bist nicht feig, Andri, wenn du es annimmst, ein Jud zu sein. Im Gegenteil. Du bist nun einmal anders als wir. Hörst du mich? Ich sage: Du bist nicht feig. Bloß wenn du sein willst wie die Andorraner alle, dann bist du feig …

Eine Orgel setzt ein.

ANDRI: Kann ich jetzt gehn?

PATER: Denk darüber nach, Andri, was du selbst gesagt hast: Wie sollen die andern dich annehmen, wenn du dich selbst nicht annimmst?

ANDRI: Kann ich jetzt gehn …

PATER: Andri, hast du mich verstanden?

1 *„Kein Mensch, Andri, kann aus seiner Haut heraus, kein Jud und kein Christ." (Z. 189–190)*

a) Benennt die Stereotype über Juden, die der Pfarrer verinnerlicht hat. Belegt eure Aussagen mit Zitaten.

b) Vergleicht die Äußerungen des Pfarrers mit den Aussagen der anderen Andorraner über Andri.

c) Auf welche Textstelle im Text „Der andorranische Jude" (▷ S. 270–271) lässt sich diese Szene beziehen?

2 *Analysiert den Beginn der Szene (bis „ich verstehe deine Not …"; Z. 29). Geht dabei auch auf die Dialogführung und die Regieanweisungen ein.*

3 *Wendet Verfahren des szenischen Interpretierens an (▷ S. 277). Besonders geeignet sind für diese Szene: Habitusübungen, szenisches Lesen mit Gedankenstopp und Standbild.*

„Die Wahrheit bricht aus" – Vom Wendepunkt zur Katastrophe

Max Frisch

Andorra (Neuntes Bild)

PATER: Andri –

ANDRI: Sie sind so feierlich!

PATER: Ich bin gekommen, um dich zu erlösen.

ANDRI: Ich höre.

PATER: Auch ich, Andri, habe nichts davon gewußt, als wir das letzte Mal miteinander redeten. Er habe ein Judenkind gerettet, so hieß es seit Jahr und Tag, eine christliche Tat, wieso sollte ich nicht dran glauben! Aber nun, Andri, ist deine Mutter gekommen –

ANDRI: Wer ist gekommen?

PATER: Die Señora.

Andri springt auf.

Andri – du bist kein Jud.

Schweigen

Du glaubst nicht, was ich dir sage?

ANDRI: Nein.

PATER: Also glaubst du, ich lüge?

ANDRI: Hochwürden, das fühlt man.

PATER: Was fühlt man?

Andri: Ob man Jud ist oder nicht.

Der Pater erhebt sich und nähert sich Andri.

Rühren Sie mich nicht an. Eure Hände! Ich will das nicht mehr.

Pater: Hörst du nicht, was ich dir sage?

Andri schweigt.

Du bist sein Sohn.

Andri lacht.

Andri, das ist die Wahrheit.

Andri: Wie viele Wahrheiten habt ihr?

Andri nimmt sich eine Zigarette, dir er dann vergißt.

Das könnt ihr nicht machen mit mir ...

Pater: Warum glaubst du uns nicht?

Andri: Euch habe ich ausgeglaubt.

Pater: Ich sage und schwöre beim Heil meiner Seele, Andri: Du bist sein Sohn, unser Sohn, und von Jud kann nicht die Rede sein.

Andri: 's war aber viel die Red davon ...

Großer Lärm in der Gasse

Pater: Was ist denn los?

Stille

Andri: Seit ich höre, hat man mir gesagt, ich sei anders, und ich habe geachtet drauf, ob es so ist, wie sie sagen. Und es ist so, Hochwürden: Ich bin anders. Man hat mir gesagt, wie meinesgleichen sich bewege, nämlich so und so, und ich bin vor den Spiegel getreten fast jeden Abend. Sie haben recht: Ich bewege mich so und so. Ich kann nicht anders. Und ich habe geachtet auch darauf, ob's wahr ist, daß ich alleweil denke ans Geld, wenn die Andorraner mich beobachten und denken, jetzt denke ich ans Geld, und sie haben abermals recht: Ich denke alleweil ans Geld. Es ist so. Und ich habe kein Gemüt, ich hab's versucht, aber vergeblich: Ich habe kein Gemüt, sondern Angst. Und man hat mir gesagt, meinesgleichen ist feig. Auch darauf habe ich geachtet. Viele sind feig, aber ich weiß es, wenn ich feig bin. Ich wollte es nicht wahrhaben, was sie mir sagten, aber es ist so. Sie haben mich mit Stiefeln getreten, und es ist so, wie sie sagen: Ich fühle nicht wie sie. Und ich habe keine Heimat. Hochwürden haben gesagt, man muß das annehmen, und ich hab's angenommen. Jetzt ist es an euch, Hochwürden, euren Jud anzunehmen.

Pater: Andri –

Andri: Jetzt, Hochwürden, spreche ich.

Pater: – du möchtest ein Jud sein?

Andri: Ich bin's. Lang habe ich nicht gewußt, was das ist. Jetzt weiß ich's.

Pater setzt sich hilflos.

Ich möchte nicht Vater noch Mutter haben, damit ihr Tod nicht über mich komme mit Schmerz und Verzweiflung und mein Tod nicht über sie. Und keine Schwester und keine Braut: Bald wird alles zerrissen, da hilft kein Schwur und nicht unsre Treue. Ich möchte, daß es bald geschehe. Ich bin alt. Meine Zuversicht ist ausgefallen, eine um die andere, wie Zähne. Ich habe gejauchzt, die Sonne schien grün in den Bäumen, ich habe meinen Namen in die Lüfte geworfen wie eine Mütze, die niemand gehört, wenn nicht mir, und herunter fällt ein Stein, der mich tötet. Ich bin im Unrecht gewesen, anders als sie dachten, allezeit. Ich wollte recht haben und frohlocken. Die meine Feinde waren, hatten recht, auch wenn sie kein Recht dazu hatten, denn am Ende seiner Einsicht kann man sich selbst nicht recht geben. Ich brauche jetzt schon keine Feinde mehr, die Wahrheit reicht aus. Ich erschrecke, so oft ich noch hoffe. Das Hoffen ist mir nie bekommen. Ich erschrecke, wenn ich lache, und ich kann nicht weinen. Meine Trauer erhebt mich über euch alle, und so werde ich stürzen. Meine Augen sind groß von Schwermut, mein Blut weiß alles, und ich möchte tot sein. Aber mir graut vor dem Sterben. Es gibt keine Gnade –

PATER: Jetzt versündigst du dich.

ANDRI: Sehen Sie den alten Lehrer, wie der herunterkommt und war doch einmal ein junger Mann, sagt er, und ein großer Wille. Sehen Sie Barblin. Und alle, alle, nicht nur mich. Sehen Sie die Soldaten. Lauter Verdammte. Sehen Sie sich selbst. Sie wissen heut schon, was Sie tun werden, Hochwürden, wenn man mich holt vor Ihren guten Augen, und drum starren die mich so an, Ihre guten, guten Augen. Sie werden beten. Für mich und für sich. Ihr Gebet hilft nicht einmal Ihnen, Sie werden trotzdem ein Verräter. Gnade ist ein ewiges Gerücht, die Sonne scheint grün in den Bäumen, auch wenn sie mich holen.

Eintritt der Lehrer, zerfetzt.

PATER: Was ist geschehen?!

Lehrer bricht zusammen.

So reden Sie doch!

LEHRER: Sie ist tot.

ANDRI: Die Señora –?

PATER: Wie ist das geschehen?

LEHRER: – ein Stein.

PATER: Wer hat ihn geworfen!

LEHRER: – Andri, sagen sie, der Wirt habe es mit eignen Augen gesehen.

Andri will davonlaufen, der Lehrer hält ihn fest.

Er war hier, Sie sind sein Zeuge.

1 *Vergleicht die Äußerungen des Paters in dieser Szene mit denen im siebten Bild:*
a) Haben sich seine Vorstellungen gewandelt?
b) Untersucht die Textstelle Z. 85–91 genauer. Mit welchen sprachlichen Mitteln wird hier Andris Wandlung ausgedrückt?

2 *Verfasst für das Ende der Szene einen* ***Monolog*** *Andris.*

Monolog und Dialog

Der **Monolog** (griech.: *monos* = allein; *logos* = Rede; Gegensatz: **Dialog**) ist das Selbstgespräch einer Figur auf der Bühne. Der Monolog richtet sich meistens nicht direkt an das Publikum, sondern allenfalls an eine vorgestellte Person. Monologe können Gedanken und seelische Vorgänge einer Figur für die Zuschauer deutlich werden lassen und werden deshalb häufig an Wendepunkten eines Stückes eingesetzt.

3 *Wendet* ***Verfahren des szenischen Interpretierens*** *an (▷ S. 277). Besonders geeignet sind für diese Szene: szenisches Lesen mit Gedankenstopp, Rollenbefragung, Rollenbiografie (für Andri) und Standbild.*

Nach dem Mord an der Señora besetzen die „Schwarzen“ Andorra. Der Schuldige soll durch eine Judenschau ermittelt werden. Die Andorraner leisten keinen Widerstand, sondern unterstützen die Maßnahmen der Besatzer. Die **Katastrophe** nimmt ihren Lauf: Andri wird verhaftet, obwohl alle wissen, dass er unschuldig ist. Als der „Judenschauer“ Andri aus der Menge der Andorraner aussondert, widerspricht niemand. Andri wird von den Soldaten der „Schwarzen“ ermordet. Daraufhin erhängt sich der Lehrer.
Die einzelnen Bilder des Stückes werden immer wieder von Szenen unterbrochen, die „an der Zeugenschranke“ spielen und die die eigentliche Handlung unterbrechen. In kurzen **Monologen** kommentieren die Figuren die Ereignisse im Stück und ihr eigenes Verhalten in der Rückschau. Relativ früh wird so dem Publikum das Ende des Stückes verraten. Aus der Frage nach dem Gang der Ereignisse (was passiert?) wird die Frage nach der Art und Weise (wie geschieht es?). Aus der **Was-Spannung** wird eine **Wie-Spannung.**

4 *Max Frisch nannte das neunte Bild die „wichtigste Szene des Stückes“. Erklärt, inwiefern diese Szene als **Wendepunkt** des Stückes zu verstehen ist.*

5 *Welche anderen dramatischen Texte (Theaterstücke, Hörspiele, Filme usw.), bei denen die Wie-Spannung entscheidend ist, kennt ihr?*

> **Wendepunkt und Katastrophe**
> Vor allem im klassischen Drama findet sich auf dem dramatischen Höhepunkt eine **Wendung** der Handlung (auch **Peripetie** genannt) hin zur unabwendbaren **Katastrophe** am Schluss.

„Morgen kann es ein anderer sein“ – Schlüsse ziehen

Max Frisch

Andorra (Zeugenschrankenszenen)

Vordergrund

Der Geselle, jetzt in einer Motorradfahrerjacke, tritt an die Zeugenschranke.

GESELLE: Ich geb zu: Es war mein Stuhl und nicht sein Stuhl. Damals. Ich wollte ja nachher mit ihm reden, aber da war er schon so, daß man halt nicht mehr reden konnte mit ihm. Nachher hab ich ihn auch nicht mehr leiden können, geb ich zu. Er hat einem nicht einmal mehr guten Tag gesagt. Ich sag ja nicht, es sei ihm recht geschehen, aber es lag auch an ihm, sonst wär's nie so gekommen. Als wir ihn nochmals fragten wegen Fußball, da war er sich schon zu gut für uns. Ich bin nicht schuld, daß sie ihn geholt haben später.

Vordergrund

Der Tischler tritt an die Zeugenschranke.

TISCHLER: Ich gebe zu: Das mit den 50 Pfund für die Lehre, das war eben, weil ich ihn nicht in meiner Werkstatt wollte, und ich wußte ja, es wird nur Unannehmlichkeiten geben. Wieso wollte er nicht Verkäufer werden? Ich dachte, das würd ihm liegen. Niemand hat wissen können, daß er keiner ist. Ich kann nur sagen, daß ich es im Grund wohlmeinte mit ihm. Ich bin nicht schuld, daß es so gekommen ist später.

Vordergrund

Der Pater kniet.

PATER: Du sollst dir kein Bildnis machen von Gott, deinem Herrn, und nicht von den Menschen, die seine Geschöpfe sind. Auch ich bin schuldig geworden damals. Ich wollte ihm mit Liebe begegnen, als ich gesprochen habe mit ihm. Auch ich habe mir ein Bildnis gemacht von ihm, auch ich habe ihn gefesselt, auch ich habe ihn an den Pfahl gebracht.

R

1 *Am Ende des Stückes stellt sich für das Publikum die Frage, wer (Mit-)Schuld an Andris Tod trägt. Wie beantworten die Figuren diese Frage? Wie würdet ihr sie beantworten? Führt eine TV-Diskussion mit den Beteiligten durch.*

2 *Untersucht die drei Szenen.*
a) Beschreibt ganz genau sprachliche Gemeinsamkeiten und Unterschiede.
b) An welchen Stellen könnt ihr stereotype Vorstellungen erkennen?

3 *Stellt euch vor, Andris Vater hätte nicht den Freitod gewählt und könnte nun auch an die Zeugenschranke treten. Schreibt – in Anlehnung an die anderen Szenen – seinen Monolog.*

Max Frisch:
Eigentlich. Eigentlich handelt das Stück gar nicht von Antisemitismus. Der Antisemitismus ist nur ein Beispiel. Warum ich den „Jud“ zum Beispiel nahm? Sein Schicksal liegt uns doch am nächsten, macht die Schuldsituation am deutlichsten. Außerdem ist es wirklich an der Zeit, den Stier bei den Hörnern zu packen und das Wort „Jude“ zu entschärfen. Morgen kann es ein anderer sein, der als andersartig angeprangert wird.

4 *Habt ihr den kurzen Text von Frisch verstanden? Begründet, ob folgende Aussagen zutreffen:*
- ☐ *Für Frisch geht es nicht um Antisemitismus, sondern darum, zu zeigen, wie Vorurteile wirksam werden. Der Antisemitismus ist nur ein Beispiel dafür.*
- ☐ *Frisch will mit seinem Theaterstück „Andorra“ vor allem den Antisemitismus bekämpfen, deshalb packt er den „Stier bei den Hörnern“, wie er sagt.*
- ☐ *Frisch wählt das Schicksal der Juden als Beispiel, weil es uns Deutschen/Europäern auf Grund unserer Geschichte und des Holocaust am nächsten liegt.*

5 *Seht euch, sobald dies möglich ist, eine Inszenierung von „Andorra“ oder eines anderen Theaterstückes an.*
a) Verfasst eine Rezension (▷ S. 246), in der ihr auf das dieser Inszenierung zu Grunde liegende Textverständnis eingeht.
b) Welche Deutung spiegelt sich in den Fotos der Kölner Inszenierung wider?

13.2 „Schleichendes Gift …“ – Sprache im Nationalsozialismus

Victor Klemperer – Sprachliche Verzerrungen aufdecken

Victor Klemperer

Tagebuchauszüge

***Victor Klemperer** (1881–1960) war Romanist, Germanist und vergleichender Literaturwissenschaftler. Er lehrte von 1920–1933 an der Technischen Hochschule Dresden, bis ihm die Nationalsozialisten Berufsverbot erteilten. Klemperer floh nicht wie viele andere deutsche Juden aus seiner Heimat; die Ehe mit einer Nicht-Jüdin bewahrte ihn vor der Deportation in ein Konzentrationslager. Während der Zeit des Nationalsozialismus schrieb Klemperer seine später veröffentlichten Tagebücher, in denen er sich vor allem mit dem Antisemitismus in Deutschland auseinandersetzt. Sein berühmt gewordenes Werk zur Sprache des „Dritten Reiches“ heißt „LTI – Lingua Tertii Imperii“. Nach dem Krieg lehrte Klemperer an Hochschulen in Greifswald, Halle und Berlin.*

21. Oktober (1940)
Abnutzung des Superlativs: London wird alle Tage zerstört, alle Tage sitzen die Londoner länger im Keller. Aber mehr als vierundzwanzig Stunden hat der Tag nicht, mehr als zerstört sein kann eine Stadt nicht. Vor drei Tagen war es „das größte Bombardement der Weltgeschichte“, vor zwei „Bartholomäusnacht für London“. Nun muss man pausieren, die „pausenlosen Vergeltungsangriffe“ stehen secundo loco[1] im Bericht […]

10. Dezember, Dienstag (1940)
[…] *Lingua Tertii Imperii: der* Jude, *der* Engländer – nichts als Kollektiva, kein Individuum gilt. Alter Sprachgebrauch erneuert, überbetont, verweltanschaulicht. […]

2. November, Sonntag (1941)
[…] *LTI* ist so uniform, weil die ganze Presse in *einer* Regie, weil jedes Wort des Führers und der paar Unterführer millionenfach nachgebetet und katechismusartig eingeführt wird. Jeder sagt: „stur“, jeder „fanatisch“, jeder „verschworene Gemeinschaft“, jeder „einmalig“. […]

25. Dezember (1941)
[…] *LTI.* Paul Kreidl sagt mit Recht: Wenn im Bericht „Helden“, „heldenhaft“, „heldenmütig“ auftauchen, so „klingt das immer wie Nachruf“ („Heldenmütiger Widerstand in Afrika“). […]

27. Februar, Sonnabendnachmittag (1943)
[…] Vor einer Woche hatte uns Carola Stern-

1 **secundo loco:** an zweiter Stelle

Hirschberg harmlos und ziemlich ruhig geschrieben [...] am 25. antwortete ich ihr, und heute kam diese Karte zurück. Blaustempel darauf „zurück“, Bleistiftnotiz „Abgewandert“. Beachte zu *LTI:* „Abgewandert“ für abgewandert *worden.* Harmloses Wort für „vergewaltigen“, „vertreiben“, „in den Tod schicken“. Gerade jetzt ist nicht mehr anzunehmen, dass irgendwelche Juden lebend aus Polen zurückkehren. Man wird sie vor der Räumung töten. [...]

1 *Auf welche Bereiche des alltäglichen Lebens beziehen sich Klemperers Beobachtungen?*

2 *In der Propaganda der Nazis spielen* ***Aufwertungen*** *(der eigenen Anhänger, der eigenen Verdienste usw.) und* ***Abwertungen*** *des Feindes eine zentrale Rolle. Die Realität wird dabei, wie durch einen Filter, verfälscht wahrgenommen. Sprachlich lässt sich die Propaganda genau untersuchen.*
a) Übertragt die Tabelle in euer Heft und füllt sie mit Beispielen aus den Tagebuchtexten Klemperers.
b) Welche Rolle spielen Adjektive im Zusammenhang mit Auf- und Abwertungen?

Abwertung/Aufwertung durch

Verallgemeinerungen (Vorurteile/Stereotype)	Verzerrte Deutungen (Euphemismen [=Beschönigungen])	Übertreibungen (Hyperbeln)
...	abgewandert	...

„Die Gärtneraufgabe des Staates“ – Metaphorik und Lüge

Auszug aus dem Tagebuch Klemperers vom 17. September 1935:
Während ich gestern schrieb, hatte der „Reichstag“ in Nürnberg schon die Gesetze für das deutsche Blut und die deutsche Ehre angenommen: Zuchthaus auf Ehe und außerehelichen Verkehr zwischen Juden und „Deutschen“, Verbot „deutscher Dienstmädchen“ unter 45 Jahren, Erlaubnis, die „jüdische Flagge“ zu zeigen, Entziehung des Bürgerrechts. Und mit welcher Begründung und welchen Drohungen! Der Ekel macht einen krank. [...]

Gleichschaltung:
Viele Organisationen auch aus dem Bereich der Universität wurden von den Nationalsozialisten „gleichgeschaltet“, d. h. durch NS-Organisationen kontrolliert oder gar aufgelöst. Das freie Denken sollte abgeschafft werden, alles sollte auf den NS-Staat ausgerichtet werden. Um der „Gleichschaltung“ zu entgehen und die eigene Freiheit zu bewahren, versuchten eine Reihe von Einrichtungen und Verbänden, sich dem NS-Sprachgebrauch anzupassen.

Auszug aus: „... die unerlässliche Rodungsarbeit“, einem Artikel des Jahrbuchs der Caritaswissenschaften, 1937

Der Staat hat in der Ehegesetzgebung eine Art Gärtneraufgabe übernommen. Das Erste ist, dass die Ehe und Familie überhaupt wieder als Pflanzgarten des ganzen Volkes anerkannt werde, als jener Garten, aus dem das deutsche Volk der Zukunft hervorgehen solle. Als zweite Aufgabe sieht die Regierung die Säuberung dieses Gartens von Unkraut, den Versuch, von vorneherein ungeeignetes Saatgut und Fremdgewächse aus dem Volksgarten fernzuhalten. Hiermit will sie aber auch verbinden einen kräftigen Schutz dieses Gartens gegenüber den Feinden der Ehe und der Familie und damit des deutschen Volkes; so versucht sie, feindliche Angriffe von außen wie auch eine Zersetzung der Ehe und der Familie von innen her nach Menschenmöglichkeit durch Vorbeugungsmaßnahmen abzuwehren. Das ist das gemeinsame Ziel aller dieser Gesetze [gemeint sind die Nürnberger „Rassegesetze" vom 15. 9. 1935]. Die rein negativen, privaten Maßnahmen, der Reinigungsprozess sollen aber nur die Vorstufe, die unerlässliche Rodungsarbeit sein. Die sog. „ausmerzenden" Maßnahmen gehen nur einzelne Volksgenossen an, Geisteskranke, Erbkranke, Trinker, Verbrecher, geistig Gestörte usw.

1 *Informiert euch über das Jahr 1935, speziell über die so genannten „Rassegesetze" in Deutschland. Was bedeuteten diese Gesetze für ein Paar, das sich liebte?*

2 *Im Textauszug „... die unerlässliche Rodungsarbeit" spielen auf- und abwertende Metaphern eine zentrale Rolle.*
a) Füllt die folgende Tabelle mit Beispielen.
b) Wie beurteilt ihr diese Metaphorik bzw. ihre Wirkung?

Zentraler Bildbereich: Garten/Gärtner		
	Sprachliches Bild/Metapher	Bedeutung
Aufwertungen	...	...
Abwertungen	Unkraut	...

Victor Klemperer

Lingua Tertii Imperii

Aber Sprache dichtet und denkt nicht nur für mich, sie lenkt auch mein Gefühl, sie steuert mein ganzes seelisches Wesen, je selbstverständlicher, je unbewusster ich mich ihr überlasse. Und wenn nun die gebildete Sprache aus giftigen Elementen gebildet oder zur Trägerin von Giftstoffen gemacht worden ist? Worte können sein wie winzige Arsendosen: Sie werden unbemerkt verschluckt, sie scheinen keine Wirkung zu tun, und nach einiger Zeit ist die Giftwirkung doch da. Wenn einer lange genug für heldisch und tugendhaft: Fanatisch sagt, glaubt er schließlich wirklich, ein Fanatiker sei ein tugendhafter Held und ohne Fanatismus könne man kein Held sein. Die Worte fanatisch und Fanatismus sind nicht vom Dritten Reich erfunden, es hat sie nur in ihrem Wert verändert und hat sie an einem Tage häufiger gebraucht als andere Zeiten in Jahren.

3 *Auch Victor Klemperer verwendet Bilder, um seine Ansicht zu veranschaulichen.*
a) Welche Rolle weist Klemperer der Sprache zu?
b) Sucht Metaphern aus dem Textauszug heraus und erklärt ihre Bedeutung.
c) Formuliert in eigenen Worten den Grundgedanken des Tagebucheintrags.

4 *Übertragt den Grundgedanken Klemperers auf das Theaterstück „Andorra" und untersucht nochmals das neunte Bild. Nennt zwei Textstellen, die deutlich machen, dass Andri sich das Fremdbild der anderen zu eigen macht und ihre (stereotypen) Vorstellungen über ihn (als Juden) übernimmt.*

13.3 Themenabend: „Ab heute heißt du Sara“

Die folgenden Anregungen könnt ihr dazu nutzen, einen Themenabend vorzubereiten, an dem ihr einzelne Szenen zum Thema „Vorurteil“ vorführt. Ihr könnt Szenen aus „Andorra“ einstudieren oder ein Bild (Szene) aus dem Theaterstück „Ab heute heißt du Sara“ inszenieren.

Eine Szene aus: „Ab heute heißt du Sara“ inszenieren

Nicht alle jüdischen Mitbürger wurden während des Nationalsozialismus in Vernichtungslager gebracht. Viele konnten rechtzeitig aus Deutschland oder den deutschen Besatzungsgebieten fliehen. Andere überlebten in Deutschland, weil Freunde und Bekannte sie versteckt hielten. Bekannt ist das Schicksal Anne Franks, die ihre Erlebnisse in einem Versteck in einem Amsterdamer Hinterhaus in ihrem Tagebuch aufzeichnete. Es wurde nach dem Krieg veröffentlicht. Inge Deutschkron überlebte als jüdisches Mädchen mitten in Berlin gemeinsam mit ihrer Mutter, weil sie bei Freunden und Bekannten untertauchte. Nach dem Ende des Zweiten Weltkriegs schrieb sie unter dem Titel „Ich trug den gelben Stern“ einen autobiografischen Bericht, in dem sie ihre Erfahrungen und Erlebnisse verarbeitete.
Volker Ludwig vom Berliner Jugendtheater GRIPS erzählt die wichtigsten Erlebnisse der Autorin in 33 Bildern. Der Titel des Theaterstücks lautet: „Ab heute heißt du Sara“ und spielt darauf an, dass alle Jüdinnen den Zusatznamen „Sara“, alle männlichen Juden den Namen „Israel“ im Pass vermerkt bekamen, damit sie jederzeit als Juden zu erkennen waren.

Volker Ludwig

Ab heute heißt du Sara (1. Bild) (1988)

31. März 1933
Wohnung Deutschkron, Hufelandstr. 9

Wohnraum. Hinten rechts Tür zur Küche, links zum Flur, hinten Mitte steht die elfjährige Inge am Fenster, durch das Straßengeräusche mit spielenden Kindern dringen. Aus der Küche Geschirrklappern. Nervös legt die Mutter eine neue Tischdecke auf, stellt die Blumenvase auf den Tisch.

INGE: Warum darf ich denn nicht runter –?
MUTTER: Weil ich das nicht will.
INGE: Und warum nicht?
MUTTER: Bitte lass mich jetzt in Frieden!
INGE: Die anderen Kinder spielen auch auf der Straße!
MUTTER: Aber für 'n kleines Mädchen wie dich ist das zu gefährlich, hier in der Gegend. Außerdem wird's gleich dunkel.

INGE: Ach, Mensch – !

MUTTER: Bitte, Inge! *Geht in den Flur.*

INGE *reißt schnell das Fenster auf und brüllt:* Ulli! Gerda! Huhu!

MUTTER *kommt zurückgerast, reißt Inge vom Fenster, knallt es zu:* Jetzt langt's aber! – *besinnt sich* Mensch, Kleine ... *will sie in die Arme nehmen, Inge wehrt sich ruppig* Wir müssen einfach in der nächsten Zeit etwas vorsichtig sein. – Wir sind Juden, Inge –

INGE: Wir sind was?

MUTTER: Wir sind Juden.

INGE: Na und – ?!

MUTTER: Für die Nazis sind wir ihre Feinde –

INGE: Weiß ich doch! Weil wir in der SPD sind.

MUTTER: Ja, weil wir in der SPD sind. Das auch – aber dass wir Juden sind, macht alles noch viel schlimmer.

INGE: Quatsch ...

MUTTER: Das ist leider überhaupt kein Quatsch.

INGE: Hamse vielleicht deswegen Steine auf'n Balkon geschmissen?

MUTTER: Nein, wegen dem SPD-Transparent.

INGE: Siehste!

MUTTER: Wir reden nachher noch mit Vati drüber. Spiel noch 'n bisschen Domino, ja? *ruft in die Küche* Lotte, Sie können den Abwasch stehen lassen. Spielen Sie lieber noch 'n bisschen mit Inge.

LOTTE *kommt aus der Küche, wischt sich die Hände ab:* Aber jerne, Frau Deutschkron.

INGE: Domino! *Lustlos geht sie hinaus. Das Telefon klingelt, Mutter nimmt hastig den Hörer ab.*

MUTTER: Ella Deutschkron. *Entsetzt* Was?! *Aufmerksam beobachtet Lotte die Mutter* Ja – ja. Er hat noch Abiturienten-Prüfung. – Ich geh hin. Uns fällt schon was ein. – Danke. *Legt auf* Sie haben Dr. Ostrowski verhaftet und zwei Kollegen von meinem Mann. Ich muss schnell zu ihm. Er darf heute Abend nicht herkommen. *Inge kommt herein, hat offenbar gelauscht.*

INGE: Was is'n?

MUTTER: Ich muss schnell noch mal weg. Spielt schön, ja?

LOTTE: Machense sich man keene Sorjen, Frau Deutschkron.

MUTTER: Sie sind vielleicht gut ... *Sie hastet hinaus.*

INGE: Wo musse denn hin? *Lotte nimmt ihr das Spiel aus der Hand und schüttet die Steine auf den Boden.*

LOTTE: Na los, komm. Diesmal jewinnste!

INGE: Wo musse denn hin?

LOTTE: Weeß ick doch nich. *Sie ordnen die Steine, die Mutter kommt im Mantel zurück.*

MUTTER: Lotte, bringen Sie Inge ins Bett, falls es zu spät wird?

LOTTE: Mach ick.

INGE: Wo gehst 'n hin?

LOTTE: Zu Frau Klein. Die is' krank.

MUTTER: – – also tschüss ihr beiden! Bis später! *ab*

LOTTE: Komm, fangen wir an!

INGE: Mutti geht Vati warnen, damit se 'n nicht verhaften, stimmt doch, oder?

LOTTE *verblüfft:* – Wie oft hat dir deine Mutter gesagt, dass de nich' heimlich lauschen sollst? – Dein Vater schläft heute ma' woanders, und morgen is' alles wieder jut. Nu' fang schon an! *Sie beginnen zu spielen.*

INGE: Lotte – ?

LOTTE: Hm.

INGE: Biste auch Jüdin?

LOTTE: Nee.

INGE: Is' das was Schlimmes?

LOTTE: Quatsch ...

INGE: Sondern?

LOTTE: Also – die Juden, ja, die sind'n besonderer Stamm. Wie die Franzosen. Oder Engländer.

INGE: Aber wir sind doch Deutsche!

LOTTE: Haste ooch wieder recht ... Aber janz früher, da waren die Juden 'n eigenet Volk, und die sind dann hier einjewandert. – Wie der Dr. Ostrowski! Der is' doch Deutscher! Aber hat 'n polnischen Namen, weil seine Vorfahren Polen waren.

INGE: Aber wir haben doch 'n deutschen Namen! Deutschkron!

LOTTE: Stimmt ooch wieder ...

INGE: Und Dr. Ostrowski is 'n Pole?

LOTTE: Nee! Deutscher!

INGE: Wie wir!

Lotte: Jenau!

Inge: Aber wenn der kein Pole mehr is', sind wir auch keine Juden mehr.

Lotte: Nee. Bei Juden is' det anders. Jude bleibt Jude.

Inge: Was is 'n bei Juden anders?

Lotte: Na nischt! – Weeß ja ooch nich', warum die so 'ne Angst vor euch haben. – Du bist dran.

Inge: Lotte?

Lotte: Hm.

Inge: Haste Angst vor mir?

Lotte: Icke? Vor dir kleene Kröte?

Inge: Ich bin aber eine Jüdin! Ich bin eine Jüdin! Huaaah! *Geht wie ein Ungeheuer auf sie los. Sie balgen sich unter großem Gelächter.*

1 *Lest den Text szenisch, d.h. mit verteilten Rollen.*

2 *Bereitet die Bühnenproben vor.*
a) Verteilt die Rollen.
b) Lernt euren Text auswendig.
c) Erprobt unterschiedliche szenische Interpretationen.

Volker Ludwig

Ab heute heißt du Sara (4. Bild: 1935, Hackescher Markt)

Zwei Hitlerjungen, ca. 15 Jahre alt, rauchen heimlich.

1. HJler: Mach hinne! Kuckt doch keener!

2. HJler: 'n alter Mann is' doch kein D-Zug. *Sie paffen. Ein 13-jähriges jüdisches Mädchen mit Schultasche kommt aus dem Hintergrund auf sie zu.* Los Mensch, da kommtse!

1. HJler *tritt die Zigarette aus:* Warte, bis sie nah dran ist. *Als sie an ihnen vorbeigehen will, versperren ihr die HJler den Weg.* Ihh, wie das hier wieder stinkt!

2. HJler: Judenschweiß! Uäh!

1. HJler: Haben wir dir nicht gesagt, dass du unsere Gegend nicht mehr verstänkern sollst? *Sie will ausreißen, der 2. HJler stellt ihr brutal ein Bein, sodass sie hinfliegt.*

2. HJler: Ausreißen willse, die feige Judensau. Mann, und ick hab jetzt Judenschleim am Stiefel! Los, ablecken, du Schwein! *Er zieht ihren Kopf an den Haaren über seinen Stiefel, dass sie schreit. Aus dem Hintergrund kommt Inge – jetzt 13 –* Leck ab! *Der 1. HJler tritt dem Mädchen kräftig in den Hintern. Inge rennt von hinten auf ihn zu, tritt ihn, dass er hinfliegt, und geht sofort mit Fäusten auf den überraschten zweiten HJler los.*

Inge: Ihr feigen Schweine, ihr!

2. HJler *kann sich ihrer kaum erwehren:* Mensch, biste verrückt, das ist doch 'ne Judensau! Die hat uns beleidigt! *Das Mädchen steht auf, bleibt in sicherer Entfernung stehen. Der erste HJler greift Inge von hinten an, sie schlägt sofort zurück.*

Inge: Dann bin ich auch 'ne Judensau, ihr blöden Ärsche!

2. HJler: Glaubste ja selber nich', ich weiß doch, wie Juden aussehen!

1. HJler: Juden, die sich wehren – ! Die arbeiten doch nur mit Tricks von hinten! *Inge will wieder loslegen, die HJler halten sie fest.*

2. HJler: Kannst froh sein, dass wir kein deutsches Mädchen schlagen.

Inge *tritt um sich:* Loslassen! Ich hab 'n Onkel, der is' Obersturmbannführer!

1. HJLER *entschuldigend zu Inge:* Du, die da is' wirklich 'ne Judensau!

INGE: Na und?! *Die HJler lassen sie los.*

2. HJLER: Weiber – ! Nischt wie Stroh im Kopp! – Komm, wir ziehen Leine.

1. HJLER: Scheiß Weiber ... *Spuckt aus, beide gehen ab.*

INGE *zum Mädchen:* Haste dir weh getan?

MÄDCHEN: Nich' so schlimm ... Du warst vielleicht knorke! – Vielen Dank!

INGE: Das hat Spaß gemacht! – Du gehst auch in die jüdische Schule?

MÄDCHEN: Wieso – – du auch?

INGE: Seit 'ner Woche. In der Bismarck, wo ich weg bin, dürfen Juden keinen Sport mehr mitmachen.

MÄDCHEN: Dann biste also wirklich – – Mensch, wenn die das wüssten! Das könnt ich nie, so zuhau'n ...

INGE: Musste lernen!

1 *Entwerft Standbilder, die die Entwicklung der Szene abbilden.*

2 *Tastet euch langsam an eure Rollen heran.*
- *a) Spielt zunächst die Szene pantomimisch, indem ihr Gestik und Mimik der Figuren betont.*
- *b) Improvisiert nun – ausgehend von euren pantomimischen Versuchen – die Szene. Versucht dabei, euch langsam an den Originaltext anzunähern. Sinnvoll ist es, einen Souffleur oder eine Souffleuse einzusetzen.*
- *c) Macht euch während der Improvisationen eurer Mitschülerinnen und Mitschüler Notizen und besprecht anschließend, was gut gelungen war und was sich noch verbessern lässt.*

3 *Recherchiert Materialien zu der Lebensgeschichte Inge Deutschkrons.*
- *a) Informiert eure Klasse in einem Referat über den autobiografischen Bericht Inge Deutschkrons: „Ich trug den gelben Stern".*
- *b) Wählt Passagen aus euren Referaten, die ihr an eurem Themenabend – vielleicht auch mit verteilten Rollen – vorlesen möchtet.*

ARBEITSTECHNIK

Einen Themenabend vorbereiten

- Einigt euch auf einen Termin, an dem ihr alle Zeit habt, und sprecht diesen frühzeitig mit der Schulleitung und dem Hausmeister ab.
- Probiert den Einsatz von Licht und Ton frühzeitig aus.
- Verfasst Ein- und Überleitungstexte; nutzt dabei auch biografische und zeitgeschichtliche Informationen.
- Gestaltet die Moderation des Abends mit verteilten Rollen.
- Schreibt den Ablauf der Szenen auf ein Plakat oder einen Programmzettel.
- Studiert die Übergänge zwischen den einzelnen Szenen gut ein: Wann soll auf der Bühne umgebaut werden: Wer? macht was? und in welcher Reihenfolge?
- Probt schon früh mit Requisiten (z. B. Stühlen, Dominosteinen) und Kostümen.

14 Die Macht der Medien – Sachtexte und Medien untersuchen

14.1 Massenmedien – Informationen und Meinungen unterscheiden

1 *Seht euch die Fotos an und versucht, den Gesichtsausdruck der Jugendlichen zu deuten.*

2 *In einem Aufsatz zum Thema „Die Macht der Medien" finden sich die Zwischenüberschriften:*

- ☐ *Die Macht der Themenauswahl*
- ☐ *Die Macht der Zumischung von Geräuschen oder Musik*
- ☐ *Die Macht, den Hintergrund zu wählen (TV)*
- ☐ *Die Macht der Kameraführung*
- ☐ *Die Macht des Weglassens und Kürzens*
- ☐ *Die Macht der An- und Abmoderation*
- ☐ *Die Macht der Wortwahl*

a) Wählt in Partnerarbeit zwei oder drei dieser Überschriften aus und erläutert, inwiefern durch die genannten Tätigkeiten Macht ausgeübt werden kann.

b) Haben die Medien Macht auch über euch? Diskutiert, nennt konkrete Beispiele.

Was ist „dein“ Medium? – Diagramme verstehen

Der „Medienpädagogische Forschungsverband Südwest“ (mpfs) veröffentlicht jährlich eine Studie über den „Medienumgang 12- bis 19-Jähriger“ unter dem Titel „Jugend, Information, (Multi-)Media“ (= JIM-Studie). Darin finden sich u. a. folgende Übersichten über die Nutzung elektronischer Medien:

Aus der JIM-Studie 2001: Mediale Freizeitaktivitäten täglich/mehrmals pro Woche

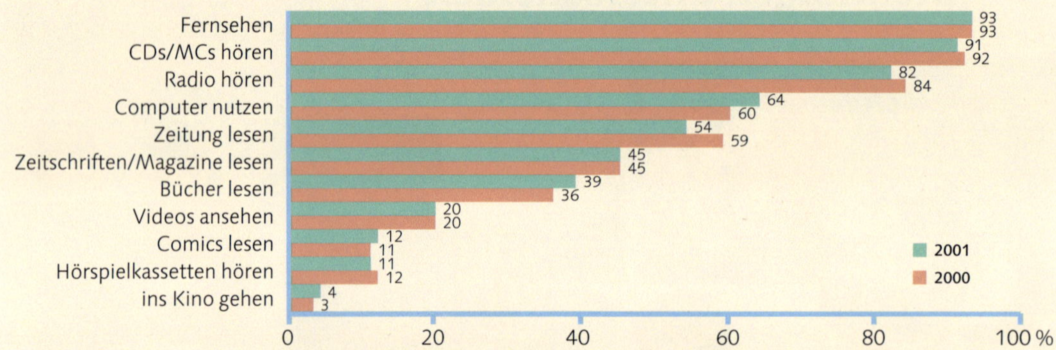

Aus der JIM-Studie 2005: Medienbeschäftigung in der Freizeit täglich/mehrmals pro Woche

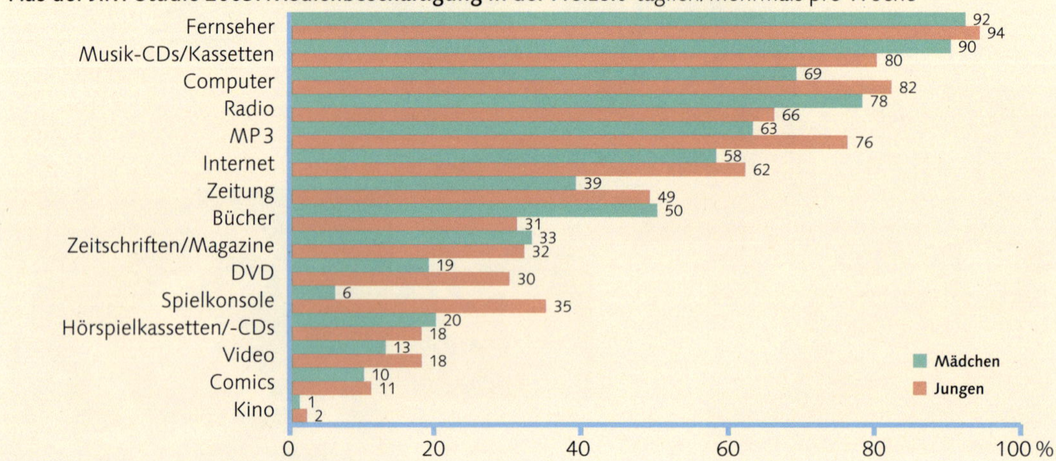

1 *Vergleicht die beiden Balkendiagramme miteinander. Beschreibt, was in der Form der Darstellung gleich geblieben ist und was sich geändert hat.*

2 *a) Untersucht an ausgewählten Beispielen, wie sich die Mediennutzung in den aufgeführten Jahren entwickelt hat.*
b) Überlegt, inwiefern auf Grund der leicht geänderten Darstellungsweise Unschärfen in der Aussage über die Entwicklung bleiben.

3 *Die Diagramme stellen die visualisierte Aufbereitung von Umfragen dar.*
a) Entwickelt einen entsprechenden Fragebogen und führt eine solche Umfrage in der Klasse oder der Jahrgangsstufe durch (▷ S. 114–115).
b) Spezialisten unter euch können die Ergebnisse in Form eines Balkendiagramms darstellen.
c) Vergleicht die Ergebnisse mit denen aus der JIM-Studie 2005.

Bericht ist nicht gleich Bericht – Informierende Texte in Zeitung und Internet untersuchen

Killerspiele sollen auf den Index[1]

Innenminister Uwe Schünemann dringt auf ein rasches Verbot Gewalt verherrlichender Computerspiele. Es geht um die realistische Darstellung von Auftragsmorden, blutrünstigen Morden mit Kettensägen oder von grausamem Verstümmeln von Frauen.

von Mathias Klein

Niedersachsen – „So etwas darf nicht mehr erlaubt werden", sagte der Minister am Montag in Hannover. Spiele wie „Doom 3", „Resident Evil" oder „Silent Scope" dürften nicht mehr verkauft oder über das Internet verbreitet werden. Das Land beteilige sich an einer Arbeitsgruppe, die für die Innenministerkonferenz im Herbst einen entsprechenden Beschluss vorbereite.

Der Minister übte massive Kritik an der Unterhaltungssoftware Selbstkontrolle (USK) in Berlin, die die Jugendgefährdung von Computerspielen überprüft. Er habe große Zweifel, dass die Selbstkontrolle funktioniere und ausreichend sei. Nach seinen Angaben habe die USK 3 500 Gewaltspiele überprüft, aber lediglich 23 verboten. „Möglicherweise ist die Hemmschwelle bei denen, die das ständig prüfen, verrutscht", meinte der CDU-Politiker. Er forderte zu mehr Sensibilität auf. Wenn das nicht funktioniere, werde die USK diese Aufgabe verlieren, sagte Schünemann.

USK-Sprecherin Christine Schulz weist die Vorwürfe Schünemanns zurück. Durch die Alterskennzeichnung sei es gelungen, die schädlichen Einflüsse von Computerspielen auf Kinder und Jugendliche zu mindern, sagte sie dieser Zeitung. Jugendgefährdende Computerspiele seien fast völlig aus dem Handel verbannt worden, meinte Schulz.

Aus verfassungsrechtlicher Sicht wäre ein Verbot von Killerspielen auch für Erwachsene möglich, meinte der Göttinger Verfassungsrechtler Prof. Werner Heun. „Wenn es in dem Spiel nur um nackte Gewalt geht, wäre ein Verbot verfassungsrechtlich unbedenklich", sagte er.

1 **Index:** Liste verbotener Bücher oder Spiele

Der Kampf um „Counterstrike" & Co

Für die Hersteller sind sie „Kulturgüter", der Kanzler will sie auf den Index setzen

von Thomas Feibel

Anhänger von Computerspielen und Softwareproduzenten verweisen gern auf […] Gewaltdarstellungen auf der Bühne, in der Literatur und anderen Medien. Solche Szenen würden nicht in Frage gestellt und seien unter dem Signum „Kultur" geschützt. Hingegen zögen Computerspiele den blinden Volkszorn auf sich, obwohl in ihnen durchaus nicht mehr Gewalt vorkomme. Peter Gerstenberger von der Unterhaltungssoftware Selbstkontrolle (USK) formuliert es so: „Die Fähigkeit, sich mit 35 Partnern aus aller Welt an einer Partie ‚Counterstrike' zu beteiligen, gilt hierzulande noch immer weit weniger als die Kultur des

Couch-Potato[1]." Gerstenbergers USK liefert die Altersempfehlungen für Computerspiele, seit Jahren fordert sie vergeblich, das Genre ebenfalls als Kulturgut aufzunehmen.

Besonders umstritten ist derzeit das Computerspiel „Counterstrike", das hierzulande hunderttausende Anhänger zählt. [...]

Die Bundesprüfstelle hingegen warnte nur, dieses Spiel gehöre nicht in die Hände „kleiner Kinder und junger Jugendlicher". Doch „trotz der kampforientierten Handlung in seiner Gesamtheit" sei es nicht so gefährlich, dass es in die Liste der jugendgefährdenden Schriften aufgenommen werden könne. Bemerkenswert ist, dass lange zuvor die Freiwillige Selbstkontrolle der Industrie das gleiche Spiel (in der amerikanischen Version) als nicht geeignet für unter 18-Jährige eingestuft hatte. Allerdings ist dies juristisch unverbindlich. Bundesfamilienministerin Christine Bergmann hat angekündigt, sie werde mit dem neuen Jugendschutzgesetz für verbindliche Altersgrenzen sorgen, auch sie kritisierte die Bundesprüfstelle als zu lasch. Die Debatte [...] dürfte noch lange wogen.

Das Spiel „Counterstrike" wurde von der Netzgemeinde selbst entwickelt, bevor es überhaupt auf CD-ROM herauskam. Stefan Nußbaum, Geschäftsführer der Firma Vivendi, die „Counterstrike" vertreibt, erklärt das Actionspiel so: „Zwei Teams treten gegeneinander an. Die Faszination liegt darin, im Team gemeinsam eine Strategie zu entwickeln, um zu gewinnen. Dabei ist es wichtig, dass die Spieler ständig miteinander kommunizieren. Denn wenn sich nur ein Spieler nicht an die Absprachen hält, verliert das ganze Team."

Die Spielebranche fühlt sich zu Unrecht am Pranger und von der Presse geschnitten. Hermann Achilles vom Verband der Unterhaltungssoftware Deutschland (VUD) klagt: „Das Problem ist, dass wir nicht wissen, wo wir uns derzeit Gehör verschaffen können." Medienberichten zufolge hatte der Attentäter von Erfurt[2] am Computer das Töten „trainiert". Stephan Freundorfer, Chefredakteur der Computerspiele-Zeitschrift „Maniac", widerspricht dieser eindimensionalen Erklärung. „Alle jugendlichen Amokläufer der vergangenen Jahre hatten Zugang zu Waffen, alle hatten schwere Entwicklungsprobleme, alle kapselten sich von ihren Eltern ab oder wurden von diesen einfach nicht beachtet. Da der Computer mittlerweile in fast jedem Kinderzimmer steht, könnten wir auch Windows die Schuld geben. Hier machen es sich Politik und Medien wirklich zu einfach."

Doch das Geschäft in der Spielebranche boomt. Das kollektive Anprangern wirkt, horribile dictu[3], als Werbung, die Spiele erfreuen sich einer ungeheuren Nachfrage. Frei von Gewissensbissen sind die Spielehersteller nicht. Allerdings lehnen sie eine Verantwortung für Bluttaten wie die von Erfurt durch die Bank ab und verweisen darauf, dass ihre Firmen peinlich genau die bestehenden Gesetze respektierten und alle Spiele mit Altersangaben versähen.

Aber reicht der Verweis auf Gesetzestreue? Die schwarzen Schafe der Branche bringen extrem primitive Spiele auf den Markt und verdienen in der Zeit, bis die Indizierung erfolgt, ein hübsches Sümmchen. Und die aufgedruckten Altersbeschränkungen sind weitgehend Makulatur[4]: Im Zeitalter von Internet und CD-Brennern ist es im wahrsten Sinne des Wortes kinderleicht, an jedes erdenkliche Spiel heranzukommen. Und auf den gebrannten Raubkopien ist keine Altersbeschränkung angegeben. „In Deutschland", sagt Hermann Achilles vom VUD, „wurden 2001 im privaten Bereich allein 43 Millionen illegale Kopien von Computerspielen erstellt. Tendenz steigend."

1 **Couch-Potato:** *engl.* = Sofakartoffel, *übertragen:* Stubenhocker

2 **Attentäter von Erfurt:** Dort verübte am Gutenberg-Gymnasium ein ehemaliger Schüler 2002 ein Massaker unter Schülern und Lehrern.

3 **horribile dictu:** schrecklich, das sagen zu müssen

4 **Makulatur:** *eigentlich:* schadhaft gewordener Druckbogen, Fehldruck, *übertragen:* wertlos

1 *Vergleicht die beiden Berichte (**▷ S. 295–296**).*

a) Benennt das gemeinsame Thema.

b) Beschreibt, wodurch sie sich voneinander unterscheiden. Geht dazu folgendermaßen vor:

- *Fasst jeden Text abschnittweise in Stichwörtern zusammen und erläutert seinen Aufbau.*
- *Untersucht das jeweils vorherrschende Tempus.*

2 *In beiden Texten werden auch Einwände gegen geforderte Verbote wiedergegeben. Sie stammen von der Sprecherin der Unterhaltungssoftware Selbstkontrolle (USK) sowie vom Verband der Unterhaltungssoftware Deutschland (VUD).*

a) Fasst die jeweiligen Einwände in Stichwörtern zusammen.

b) Erläutert, welche Interessen hinter der Verbotsforderung auf der einen und den Einwänden auf der anderen Seite stehen.

3 *Ordnet die Begriffe* ***Ereignisbericht*** *und* ***Hintergrundbericht*** *den beiden Texten zu. Orientiert euch dabei an der unten stehenden Definition.*

4 *Auch der Hintergrundbericht enthält Angaben, die deutlich machen, auf welches aktuelle Ereignis er sich bezieht. Stellt in Spalten zu dem Hintergrundbericht stichwortartig zusammen:*

erkennbarer aktueller Bezug	Hintergrundinformationen
...	...

!

Journalistische Formen der Information

- **Nachricht, Meldung, Bericht:**
  - Die **Nachricht** ist eine Form möglichst sachlicher Informationsvermittlung; sie bezieht sich auf aktuelle Ereignisse. Man unterscheidet zwischen der kürzeren **Meldung** und dem ausführlicheren **Bericht.**
  - Beim **Bericht** unterscheidet man:
    - **Ereignisbericht:** ist auf Aktualität aus und geht auf mehr Einzelheiten ein als die Meldung, die sich auf das Wesentliche beschränkt.
    - **Hintergrund**- oder **Sachstandsbericht:** stellt einen größeren Zusammenhang oder eine längerfristige Entwicklung dar – oft anlässlich eines aktuellen Ereignisses, das aber nur den Aufhänger liefert. Er informiert über Hintergründe und den „Stand der Dinge".
- **Reportage, Feature:**
  - Eine **Reportage** (▷ S. 18) informiert ebenfalls, sie ist jedoch deutlich subjektiv gefärbt: Die Reporterin bzw. der Reporter lässt eigene Beobachtungen und Erlebnisse einfließen. Das macht, ebenso wie eingefügte Zitate, diese Form der Berichterstattung besonders lebendig und anschaulich. Aktuelle Ereignisse werden mit Hintergrundinformationen verknüpft.
  - In Rundfunk und Fernsehen wird diese Form der Informationsaufbereitung, die sich aus Reportage, Kommentar und Dialogen zusammensetzt, auch **Feature** genannt.

5 *Fasst die Ergebnisse eures Vergleichs der beiden Artikel in einem Text zusammen. Beachtet dabei vor allem folgende Fragen:*
- *Welche Informationen werden jeweils gegeben? Stimmen sie im Wesentlichen überein, oder gibt es größere Unterschiede?*
- *Wie sind die Unterschiede zwischen den Artikeln in Inhalt und Aufbau zu erklären?*
- *Welchen Artikel würdet ihr als Vorbereitung auf eine Diskussion über ein Verbot von PC-Gewaltspielen bevorzugen und warum?*

Auch das **Nachrichtenmagazin „Focus“** brachte auf seiner Homepage am 19.6.06 einen Bericht über die Forderung des niedersächsischen Innenministers:

Datei Bearbeiten Ansicht Favoriten Extras ?

Zurück Suchen Favoriten

Adresse http://www.focus.de/digital/multimedia/pc-games_nid_30646.html

ONLINE FOCUS

ALLE RESSORTS

DIGITAL
ÜBERSICHT
COMPUTER
MULTIMEDIA
Glasers modernste Zeiten
Schmidts Warentest
INTERNET
HANDY
FOTO
GAMES

Suchen in FOCUS Online

Inhalt Kontakt Abo

Mehr zum Thema

Videogames – Boom der Gewaltspiele

Games – Columbine-Massaker für den PC

Sie sind hier: Startseite > Digital > Multimedia > PC-Games

P C - G A M E S

Verbot von Killerspielen gefordert

BILD GROSS

| 19.06.06, 12:18 |

Niedersachsens Innenminister Uwe Schünemann (CDU) hat ein Verbot gewalttätiger Computerspiele gefordert. „Der Jugendschutz muss in diesem Bereich deutlich verbessert werden und mit den technischen Entwicklungen Schritt halten“, sagte er am Montag. Niedersachsen beteilige sich bereits an einer Arbeitsgruppe der Innenministerkonferenz zu dem Thema.

Trotz der bestehenden jugendschutzrechtlichen Vorkehrungen, so der Politiker, seien gewalttätige Computerspiele einem breiten Nutzerkreis zugänglich. Viele Spiele könnten unkontrolliert aus dem Internet heruntergeladen werden.

DIGITAL-FORUM
Diskutieren Sie mit:

Mobilfunk: Kreditkarten-Handy statt Plastikgeld

BGH-Urteil: PC-Durchsuchungen unzulässig

Windows: Das richtige Vista für jeden

... alle Beiträge

Herstellungsverbot im Gespräch

„Wir dürfen nicht warten, bis spektakuläre Einzelfälle von jugendlichen Amokläufern – wie 2002 in Erfurt – zu Opfern führen, sondern müssen präventiv handeln", sagte Schünemann. Ein wissenschaftlicher Streit darüber, ob Killerspiele langfristige Auswirkungen auf das Verhalten von Jugendlichen hätten, bringe wenig.

Ein wirksamer Jugendschutz könne letztlich nur erreicht werden, wenn besonders schädliche Computerspiele gar nicht erst auf den Markt kämen. „Ich fordere deshalb ein schnelles Herstellungs- und Verbreitungsverbot", betonte Schünemann.

Arbeitsgruppe Computerspiele

Eine Verbesserung des Jugendschutzes auf Bundesebene ist Gegenstand der Koalitionsvereinbarung zwischen CDU/CSU und SPD. Die Innenministerkonferenz hatte Anfang April in Garmisch-Partenkirchen die Einrichtung einer Arbeitsgruppe beschlossen, die ein Konzept mit dem Ziel einer gemeinsamen Initiative von Bund und Ländern erarbeiten soll.

Die Arbeitsgruppe wird unter Mitwirkung Niedersachsens die rechtlichen und technischen Möglichkeiten zur Unterbindung der Verbreitung gewalttätiger Computerspiele prüfen.

(as/ddp)

Das könnte Sie auch interessieren

16.02.2007
Gewaltspiele-Verbot – Bayern stößt auf Widerstand

16.02.2007
Gewaltspiele-Verbot – Bayern verteidigt Vorstoß

10.01.2007
Bundesrat – Bayern will Gewaltspiele verbieten

11.12.2006
Prozess – Obdachloser durch Tritte getötet

1 *Texte im Internet sind in der Regel als* ***Hypertexte*** *angelegt. Erklärt den Begriff und zeigt an der abgedruckten Bildschirmseite, dass sie als Hypertext konzipiert ist (**▷ S. 324**).*

2 *Seht euch die verschiedenen Elemente der Seite genauer an und ordnet sie nach dem Aspekt „gehört/gehört nicht" zum zentralen Thema des aufgerufenen Artikels.*

3 *Beschreibt bei den Elementen, die zum zentralen Thema gehören, ihre Funktion.*
a) Welche Möglichkeiten bieten sie, die über die Möglichkeiten eines so genannten „Printmediums" (Zeitung, Zeitschrift) hinausgehen?
b) Wie sinnvoll findet ihr diese Elemente?

4 *In Zeitungen finden sich oft Artikel, die aus unterschiedlichen Modulen bestehen; man spricht hier von* ***Textdesign.*** *Sucht in einer Zeitung einen solchen Artikel und stellt ihn vor.*

Meinungen in Medien – Zeitungskommentare vergleichen

Ballern statt Büffeln?

Ich spiele Killerspiele. Und das ist gut so. Denn so schlimm das klingt, negative Folgen habe ich bisher weder bei mir noch bei meinen Freunden und Freundinnen feststellen können. Oh Schreck, genau, es gibt auch Mädels, die das brutal-blutrünstige Geballer – wie es oft genannt wird – toll finden.
Trotzdem, oh Wunder, sind wir alle ganz normal geblieben. Brave Studenten und Schüler, die weder das Massaker in Columbine[1] toll fanden, noch sich an Snuff-Videos[2] erfreuen können. Komisch, oder? Vor allem, weil das Gros der Politiker in ihrem niemals endenden Bemutterungsinstinkt der Meinung ist zu wissen, was wir tun und vor allem lassen sollen. Das scheint irgendwie genetisch bedingt zu sein. Oder wählerbedingt, schließlich ist das ja ein Thema, auf das man beruhigt draufhauen kann. Welcher Killerspiel-Spieler darf schon wählen – die wenigsten. Und Eltern, die wissen in den meisten Fällen noch nicht mal, worum es sich bei Counterstrike, Unreal oder Quake handelt. Sie interessieren sich erst gar nicht dafür. Ist auch einfacher …
Denn wovon man nichts weiß, darüber muss man auch nicht nachdenken, muss sich keine Meinung bilden, sich nicht mit dem Thema beschäftigen. Stattdessen kann man Allgemeinplätze abgeben, die sich möglichst genau der Mehrheitsmeinung anpassen, und alles ist im Lot. Dafür wird einen auch nie jemand schief ansehen. Doch aus unserer Perspektive ist das, Entschuldigung, gequirlter Mist. Hey, wir sind inzwischen in dem Alter, in dem wir zumindest von Gesetzes wegen eigene Entscheidungen treffen sollten und vor allem dürfen. „Aber die Jüngeren, die auch in Besitz dieser Spiele gelangen können …", höre ich schon wieder von allen Seiten.
Ob ihr es glaubt oder nicht, die meisten „Jüngeren" wissen selber, was gut für sie ist und was nicht, nämlich das, was ihnen Spaß macht. Und mir von so genannten Experten irgendwelcher Medienkommissionen sagen zu lassen, was für meine weitere Entwicklung förderlich ist, habe ich satt. Deshalb: Mund zu. Wenn ihr euch äußern wollt, dann bitte zu Themen, von denen wir nicht mehr Ahnung haben als ihr. So viel Mündigkeit müsst ihr uns schon lassen, ob ihr es wollt oder nicht. Denn das ist es, wozu man uns in Elternhaus, Schule und Studium erzieht.
Nur in der praktischen Anwendung hapert es scheinbar noch ein bisschen. Ich spiele Killerspiele. Und das ist gut so. Folglich werde ich das auch jetzt weiter tun, und ich freue mich schon diebisch auf den nächsten Terroristen oder das nächste Monster, das ich ins virtuelle Nirwana verbannen kann. In diesem Sinne, danke für die Aufmerksamkeit.

David Froitzheim

1 **Columbine:** Name einer Highschool in Littleton im US-Staat Colorado, in der zwei Schüler 1999 ein Massaker verübt haben
2 **Snuff-Video:** (engl. *to snuff out* = jemanden auslöschen): Video, das die Aufzeichnung eines Mordes zeigt, der eben für diese Aufzeichnung begangen wurde

***Der Autor** (20) gehört zum „Junge Zeiten"-Team der Redaktion Köln-Stadt. Die Mitarbeiter gestalten in ihrer Freizeit die Jugendseite des „Kölner Stadt-Anzeigers", die jeden Donnerstag erscheint.*

1 *Überfliegt den Text und fasst den Standpunkt des Verfassers kurz zusammen.*

2 *Untersucht die Sprache dieses Kommentars, vor allem Wortwahl und Satzbau. Erläutert, inwiefern auch die Sprache ein „Mittel der Argumentation“ ist, sodass sie auch die Meinungsbildung beeinflusst.*

3 *Welches ist für euch das stärkste Argument, welches stuft ihr als eher schwach ein? Begründet eure Meinung. Bezieht auch die Sprache des Textes mit ein.*

Eine Frage der Moral >>> **Was unerträglich ist, muss man verbieten dürfen**

von Susanne Gaschke

Es geht um das „Recht auf Selbstbestimmung, das Recht auf Meinungsfreiheit und das Ehrgefühl“. Sie alle sind, so scheint es, bedroht. […]

In einem „Manifest“, das die *Frankfurter Allgemeine Sonntagszeitung* veröffentlichte, begehrt eine „Gemeinschaft der Computerspieler“ vorsorglich dagegen auf, dass man ihr ihr schönes Spielzeug wegnehmen könnte. Sie tut das in einer eigenartigen Mischung aus Bürgerrechtspathos[1] und Modernisierungsjargon[2]: Selbstbestimmung, Meinungsfreiheit, Ehrgefühl, soziales Netzwerk, Toleranz, Gemeinschaft – diese Begriffe werden beschworen, um das vermeintliche Grundrecht auf Unterhaltungsfreiheit zu sichern. Das darin besteht, unbehelligt auf Bilder menschlicher Wesen zu zielen und möglichst viele von ihnen möglichst schnell zu erschießen, zu sprengen oder zu zerstückeln. In E-Mails, mit denen die Spielefans Redaktionen und Politiker bombardierten – ähnlich engagiert zeigen sich bei entsprechenden Anlässen Kampfhundebesitzer oder Waffenlobbyisten[3] – wird betont, dass es den „Usern“ um dieses Erschießen, Sprengen und Zerstückeln gar nicht gehe. „Für fast alle zählt mehr der sportliche Charakter als das Töten.“ Die User haben also wenigstens ein performatives Problem[4]: „Ich spiele mit Begeisterung Erschießen, Sprengen und Zerstückeln“ ist kein Satz, mit dem selbst der hartgesottenste Fan gern zitiert würde.

1 **Pathos:** übertrieben feierliche Form der Darstellung
2 **Jargon:** *hier:* eigenwillige Ausdrucksweise
3 **Lobbyist:** Vertreter bestimmter Interessen
4 **performatives Problem:** Problem der (Selbst-)Darstellung

Um sich lästige Debatten zu ersparen, über Menschen, die das Gemetzel insgeheim doch schön finden, berief sich die bequemliberale[5] Öffentlichkeit lange Jahre auf Studien der Wirkungsforschung, die einen „direkten Zusammenhang“ von dargestellter und tatsächlicher Gewalt bestritten: Solange niemand beweisen konnte, dass *Counterstrike*-Spieler automatisch zu Massenmördern werden, galt das quasi als Unbedenklichkeitserklärung. Die Wirkungsdiskussion lenkte von der moralischen Frage ab, was eine Gesellschaft sich antut, wenn sie Mord und Schlächterei – sei es im Fernsehen, auf Video oder im Computerspiel – für unterhaltsam hält. Dass die lustvolle, fiktive Darstellung von Gewalt immer auch die Opfer echter Gewalt verhöhnt, spielte in der Debatte so gut wie keine Rolle. […]

Viele Computerspieler sehen offenbar keine Veranlassung, über moralische Fragen nachzudenken. Eine Teilgeneration überwiegend jüngerer (mit dem Privatfernsehen groß gewordener) Erwachsener klagt vielmehr ihr Recht auf Dauerkindlichkeit und Sofortgenuss ein – mit einer fast rührenden Geste der Überlegenheit gegen (ältere) Kritiker: Wer gegen Computer(spiele) ist, der versteht ja wohl nichts davon. […]

Der assoziative Zusammenhang zwischen „Computer“, „Bildung“ und „Fortschritt“ ist – nicht zuletzt durch Kampagnen für mehr Computerunterricht an Schulen – inzwischen so mächtig, dass der Konsumaspekt fast perfekt getarnt ist. Tatsächlich geht es um den Absatz von Produkten und nicht um Emanzipation:

5 **bequemliberale:** tolerant aus Bequemlichkeit

Der PC-, Spiele-, Video-, Fernseh- und DVD-Markt in Deutschland erwirtschaftet einen Umsatz, der dem der Rüstungsindustrie vergleichbar ist. Es gibt also ein massives ökonomisches Interesse daran, die Menschen am Bildschirm zu halten. Und zwar genau mit der Unterhaltung, die sie fesselt, die sich verkauft.

4 *Die Nutzer von „Killerspielen" behaupten, es sei nicht die Gewalt, die sie an den Spielen reize.*
a) Erläutert, mit welcher Strategie die Verfasserin diese Behauptung in Frage stellt.
b) Beurteilt die Überzeugungskraft ihres Gedankengangs in diesem Zusammenhang.

5 *Untersucht den Text von Susanne Gaschke genauer:*
a) Gaschke geht auf die so genannte „Wirkungsforschung" ein. Lest die Stelle noch einmal und erläutert, inwiefern sie diese Forschung im Zusammenhang mit ihrer Argumentation kritisch sieht.
b) Die Verfasserin arbeitet an mehreren Stellen mit Vergleichen. Sucht diese Stellen heraus und erklärt ihre Funktion im argumentativen Zusammenhang.
c) An einigen Stellen verwendet Gaschke eigene Wortschöpfungen (Neologismen). Unterscheidet zwischen der vermutlich beabsichtigten und der tatsächlichen Wirkung auf euch.

6 *Vergleicht die beiden Kommentare (▷ S. 300–302) miteinander. Stellt die Aspekte, auf die beide Kommentare eingehen, einander in Stichwörtern gegenüber.*

7 *Setzt euch selbst mit der aufgeworfenen Frage auseinander.*
a) Bildet Arbeitsgruppen, die arbeitsteilig weitere Argumente für bzw. gegen ein Verbot von Killerspielen sammeln.
b) Veranstaltet ein ***Streitgespräch*** *zu der Frage. Ihr könnt alternativ auch eine* ***Podiumsdiskussion*** *durchführen, bei der ihr selbst als Vertreter verschiedener Interessengruppen auftretet (z. B. als Vertreter des Jugendschutzes, des Verbandes der Unterhaltungssoftware Deutschland VUD, der Unterhaltungssoftware Selbstkontrolle USK, jugendliche Spieler, Eltern usw.). Macht euch dabei den Aspekt der „interessegeleiteten Argumentation" bewusst.*

Kommentar, Leserbrief, Kolumne – Meinungen äußern

- Im **Kommentar** melden sich in der Regel Redakteure der jeweiligen Zeitung zu Wort; es können aber auch zu speziellen Fragen Fachleute – etwa von Hochschulen oder aus der Wirtschaft – herangezogen werden. Deren Beiträge werden dann häufig als **Gastkolumnen** bezeichnet.
- Allgemein sind **Kolumnen** ebenfalls meinungsorientierte Texte (von geringem Umfang: „Kolumne" bezeichnet ursprünglich die Zeitungsspalte). Die Grenzen zum Kommentar sind fließend. In manchen Zeitungen und Zeitschriften gibt es regelmäßige Kolumnen eines bestimmten Kolumnisten.
- In einem **Leserbrief** kann jede Zeitungsleserin und jeder Zeitungsleser seine Meinung äußern. Ob der Leserbrief aber abgedruckt wird – ganz oder auch nur in Teilen –, entscheidet die Redaktion; es gibt kein Anrecht auf Veröffentlichung.

Print, Online und TV – Berichterstattung und Boulevardisierung

Anfang Dezember 2006 hielt in Großbritannien ein Frauenmörder wochenlang die Polizei in Atem. An dem Tag, an dem ein erster Verdächtiger gefasst wurde, war dies die Meldung auf der ersten Seite der Online-Ausgabe verschiedener Zeitungen.

Mutmaßlicher Frauenmörder gefasst

London – Im Fall der fünf in Großbritannien ermordeten Prostituierten hat die Polizei einen Verdächtigen festgenommen. Dabei handelt es sich um einen 37-jährigen Mann, wie die Polizei am Montag mitteilte. Der Mann sei am Morgen in seiner Wohnung in Felixstowe südöstlich von Ipswich festgenommen worden, sagte Hauptkommissar Stewart Gull. Er stehe im Verdacht, die fünf Frauen ermordet zu haben.

Den weiteren Angaben zufolge wurde der Verdächtige in eine Polizeiwache in Suffolk gebracht, wo er noch im Lauf des Tages verhört werden sollte. […]

Festnahme! Haben sie den „Suffolk-Ripper"?

Serienkiller ermordete fünf Prostituierte

Er ist der Schrecken Englands, wurde fieberhaft von der Polizei gesucht. Der „Suffolk-Ripper" tötete fünf Prostituierte (zwischen 19 und 29) aus Ipswich. Jetzt gab die Polizei bekannt: Ein Verdächtiger wurde festgenommen!

Nach den Prostituierten-Morden arbeiteten sich die Fahnder durch 10000 Stunden Filmmaterial von Überwachungskameras, gingen tausenden Hinweisen nach. Auch eine Bahnstrecke wurde für die Spurensuche über Stunden gesperrt.

Jetzt die Erfolgsmeldung: Der mutmaßliche Serienkiller wurde gefasst.

Einsatzkräfte überwältigten ihn gegen 7.20 Uhr Ortszeit in seinem Haus in der Ortschaft

Trimley St. Mary nahe der Hafenstadt Felixstowe. In der Umgebung der nahe gelegenen Fernverkehrsstraße A14 wurden die nackten Leichen stets im Stadtgebiet von Ipswich abgelegt. Die Polizei war sich sicher: Der Täter besitzt ein Auto, muss sich in der Gegend sehr gut auskennen.

Jetzt wird der Verdächtige in einer geheim gehaltenen Polizeistation in der ostenglischen Grafschaft Suffolk verhört. Er wird verdächtigt, alle fünf Opfer getötet zu haben, erklärte Polizeichef Stewart Gull. Weitere Einzelheiten wollte er zunächst aber nicht nennen. [...]

1 *a) Vergleicht die beiden Artikelanfänge miteinander. Achtet auf die Auswahl der Informationen, aber auch auf Wortwahl, Satzzeichen und die Fotos.*
b) Sucht zu ein und demselben Thema Aufarbeitungen in der Tageszeitung, in der Bild-Zeitung und in einer überregionalen Zeitung. Vergleicht auch hier.

2 *Haltet euren Vergleich in einem zusammenhängenden Text fest und ergänzt eure Darstellung durch eine Bewertung der Artikel.*

!

Boulevardisierung und Infotainment

- **Boulevardzeitungen** waren ursprünglich Zeitungen, die man nur auf der Straße (*frz.* Boulevard = Prachtstraße) kaufen, nicht aber im Abonnement beziehen konnte. Für die Zeitungsmacher bedeutet das Fehlen eines Abonnentenstamms aber eine ständige Ungewissheit, was die Verkaufszahlen angeht, und damit wirtschaftliche Unsicherheit. Sie gestalten deshalb ihre Zeitung durch Themenwahl und Aufmachung besonders massenwirksam. Eine zentrale Rolle spielen dabei die so genannten „human interest storys“, in denen es vorwiegend um allgemeinmenschliche Sorgen, Probleme, Erfahrungen geht.
- Die Strategien der Boulevardpresse werden mittlerweile auch in anderen Medien angewandt, z. B. in Magazinsendungen des Fernsehens. Man spricht dann von Boulevardisierungstendenzen, und die Sendungen heißen **Boulevardmagazine.**
- In den Bereich der Boulevardmedien gehört auch der Begriff des **Infotainments,** der aus den Wörtern „Information“ und „Entertainment“ (Unterhaltung) zusammengesetzt ist. Die Mischung beider Bestandteile kann sehr unterschiedlich sein: ausgewogen oder – wie oft – mit überwiegendem Unterhaltungsanteil.

3 *Reflektiert auf der Grundlage eurer Fernseherfahrung das Verhältnis von Information und Unterhaltung:*
a) Berichtet möglichst genau von Sendungen, die beides miteinander verbinden. Macht deutlich, welche Elemente eher der Information und welche eher der Unterhaltung dienten.
b) Fandet ihr die Mischung eher gelungen oder eher nicht?
c) Diskutiert eure Beobachtungen und Erfahrungen. Verwendet dabei den Begriff der „Angemessenheit“ in Bezug auf das jeweilige Thema.

4 *Seht euch im Lauf einer Woche verschiedene Magazinsendungen an (z. B. „taff" auf Pro7 oder „explosiv" auf RTL, aber auch „Monitor" und „Report Mainz" in der ARD, „Spiegel TV" auf Vox oder „Focus TV" bei Pro7).*
a) Notiert die behandelten Themen und macht euch Notizen zur Gestaltung der Sendungen.
b) Vergleicht die verschiedenen Magazinsendungen miteinander und stellt ein Klassen-Ranking auf. Begründet eure Bewertungen.

Das Anfetten von Nachrichten

Wie die „Tagesthemen" politische Vorgänge nachstellen

von Peter Berger

Die Unions-Ministerpräsidenten proben den Aufstand in Sachen Gesundheitsreform. „Sie machen der Kanzlerin und Ulla Schmidt das Leben schwer", so Anne Will in der Anmoderation eines Beitrags der „Tagesthemen" am Dienstagabend. Doch weil die O-Töne der Landesfürsten vor der Kamera wenig Revolutionäres beinhalten, greift der Berliner Korrespondent Alex Jakubowski zu einem Mittel, das man bisher nur von Doku-Soaps, vom Aufpeppen historischer Stoffe à la Guido Knopp im ZDF-Magazin „History" kannte, aber nicht vom Flaggschiff der Nachrichtenmagazine: Szenen werden nachgestellt, der Zuschauer in einer kurzen Einblendung anfangs einmal darauf hingewiesen.

Anzugträger, von denen man nur Hosenbeine sieht, betreten einen Konferenzraum. „Es gibt mehr Widerstand, als der Ministerin lieb sein kann. Das Murren wird lauter", kommentiert die Stimme aus dem Off. Hände blättern in Akten. „Beim Wälzen des Textes finden die Ministerpräsidenten mehr als ein Haar in der Suppe." Ein Telefonhörer wird abgehoben. „Der Redebedarf steigt." Fäuste klopfen auf den Tisch. „Die Ministerpräsidenten sticheln jetzt gezielt." Dazwischengeschnitten: O-Töne der Politiker. [...]

Das „Re-Enactment", so heißen solche Nachinszenierungen im Fach-Englisch, sei „auch für uns ein Experiment, das wir zuletzt bei der CDU-Spendenaffäre eingesetzt haben", sagt Thomas Hinrichs, zweiter Chefredakteur von ARD aktuell. Er hält diese Form der Darstellung „an ganz ausgewählten Stellen" für einsetzbar. Alle paar Jahre mal, häufiger nicht. Und auch nur bei einem Nachrichtenmagazin wie den „Tagesthemen". Bei der „Tagesschau" sei das völlig tabu. Im aktuellen Fall sei es darum gegangen, „ein langweiliges Thema zu bebildern". [...]

5 *a) Erklärt mit euren Worten, was mit dem „Anfetten von Nachrichten" gemeint ist.*
b) In dem Artikel werden mehrere Urteile über das „Anfetten" wiedergegeben. Stellt sie zusammen und erläutert sie. Was könnte z. B. aus der Sicht Thomas Hinrichs einen Einsatz in den „Tagesthemen" rechtfertigen, in der „Tagesschau" aber nicht?

6 *Setzt euch selbst mit dem Verfahren auseinander. Überlegt dabei, ob man hier bereits von einer „Boulevardisierungstendenz" und von „Infotainment" sprechen kann.*
Es gibt mehrere Möglichkeiten, sich mit diesen Fragen auseinanderzusetzen:
- ☐ *Ihr könnt z. B. einen Leserbrief an eine Zeitung oder einen „Zuschauerbrief" an einen Sender schreiben.*
- ☐ *Oder: Ihr stellt die Redaktionssitzung einer Nachrichtenredaktion nach, in der die Anwendung des „Anfettens" diskutiert wird.*

14.2 Medien auf dem Prüfstand – Schriftlich Stellung nehmen

Verwahrlosung oder Bereicherung durch die Medien? – Argumentationsstrategien untersuchen

Christian Pfeiffer

Medienverwahrlosung in Deutschland

Professor Christian Pfeiffer, geboren 1944, seit 1988 Direktor des Kriminologischen Forschungsinstituts Niedersachsen, von 2002–2003 Justizminister dieses Bundeslandes, zählt zu den bekanntesten Kriminologen Deutschlands. Aufsehen erregten seine Veröffentlichungen zum Zusammenhang von Medienkonsum und Verwahrlosung bei Jugendlichen, wozu er auch die Gefahr zählt, durch Gewaltdarstellungen in Fernsehen und Internet („Killerspiele") in die Kriminalität abzugleiten.

Wenn wir die Abbrecher nehmen, die ohne irgendein Zeugnis die Schule verlassen, dann hatten wir früher auch ein bisschen mehr Jungen (52 zu 48), aber heute ist das Verhältnis etwa 63 zu 37. Woher kommt das, warum werden die Unterschiede zwischen Jungen und Mädchen Jahr für Jahr größer? [...]

Also, es gibt viele unterschiedliche Faktoren. [...] Von 100 Schülern und Schülerinnen, die eine Gymnasium-Empfehlung bekommen hatten, war eine große Mehrheit Mädchen. Oder anders ausgedrückt: Von den Mädchen bekam fast jede Zweite die Empfehlung Richtung Gymnasium von Seiten der Schule, von den Jungen nur 35 Prozent. Dann haben wir die Kinderzimmer betrachtet, d. h., wir haben eine Befragung durchgeführt, womit denn die Kinderzimmer so ausgestattet sind. Es zeigte sich, dass von den Mädchen nur 14 Prozent eine Playstation hatten, also eine Spielkonsole im Zimmer. Von den Jungen jeder zweite. Fernseher: Jungen 52 Prozent, Mädchen 30 Prozent; Computer: auch 50 zu 32 Prozent. Auf den ersten Blick scheint es so, dass wir die Erklärung gefunden haben: Die Jungen sind sehr viel schlechter in der Schule und haben viel mehr Geräte im Zimmer. [...]

Vorsicht!, haben wir gesagt. Da kann man sich ja auch täuschen. [...] Wir müssen genauer prüfen, ob da ein Zusammenhang besteht. Freilich schon nach einigen wenigen weiteren Forschungsschritten mussten wir den Eindruck gewinnen, da könnte etwas dran sein. Denn eines stellten wir – unabhängig ob Mädchen oder Junge – sofort fest: Je mehr Geräte

im Zimmer drin stehen, umso weniger wird gelesen. Wer zum Fernsehen oder zum Computerspielen ins Wohnzimmer gehen muss und in seinem Zimmer gar kein derartiges Gerät hat, der kommt noch auf pro Woche 4 Stunden „lustvolles Kürlesen", so nennen wir das, also: Harry Potter oder Bravo, was immer heute in ist. Wer aber alle 5 Geräte hat und die Hälfte der Jungen hat das, der kommt nur noch auf ein bisschen mehr als 1,4 Stunden pro Woche dazu, dass er sich hinsetzt und genüsslich irgendetwas liest.

Wir haben das dann wieder nach Mädchen und Jungen unterschieden und dann zeigt sich etwas sehr Spannendes: Wenn ein Mädchen im Alter von 10 Jahren einen Fernseher oder einen Computer in das Zimmer bekommt, erhöht es den eigenen Gebrauch nur um 5 Minuten im Durchschnitt pro Tag. Bei Jungen dagegen bedeutet der Computer im Zimmer: 40 Minuten mehr wird gespielt. Also es wird schon klar, die Jungen sind stärker animiert, diese Geräte zu nutzen. [...] Die Mädchen scheinen daran weniger Interesse zu haben, sind viel stärker an Kommunikation interessiert, „quasseln" mehr [...] und sind vielleicht auch stärker motiviert, was für die Schule zu tun.

Wenn wir dann noch auf die älteren Schüler schauen [...], dann zeigt sich: Fernseher, Computer, Spielkonsole im Zimmer haben bedeutet für diese Altersgruppe, dass sie pro Tag zwei Stunden mehr mit ihren Geräten verbringen, als wenn sie sie nicht im Zimmer hätten, sondern im Wohnzimmer. Also Eltern, die ihren Sprösslingen alle diese Geräte gönnen, klauen ihnen pro Tag 2 Stunden, sogar ein bisschen mehr.

[...] In welcher Weise hat das Bedeutung für ihre Schulleistung? Na ja, es liegt auf der Hand, wenn die Jungen pro Tag zwei Stunden mehr an diesen „Kisten" verbringen, dann wird's knapp mit dem Lernen und dem Schularbeitenmachen. Das geht zu Lasten dieser sinnvollen und notwendigen Beschäftigung. Das ist ein Aspekt, der jedem einleuchten wird. Freilich gibt es auch Begabte, die mit kurzer Lernzeit immer noch gute Ergebnisse erzielen, aber die entsprechend begabten Mädchen scheinen trotz der Lernfähigkeit diese doch stärker für die Schule einzusetzen. Die Leistungsunterschiede sind auch bei den Gymnasiasten deutlich ausgeprägt. [...]

Das sind die Erkenntnisse, die wir bisher haben, und wir können sie indirekt auch schon bestätigen, weil sich eines deutlich zeigt: Diejenigen, die Vielseher sind (also 3 bis 4 Stunden pro Tag) und dann auch noch obendrein am Computer spielen, die haben deutlich schlechtere Noten in der Schule als diejenigen, die Wenigseher sind. [...]

1 *Beschreibt, wie Pfeiffer bei seinen Ausführungen vorgeht:*
a) Formuliert die Frage, die den Ausgangspunkt seiner Überlegungen bildet.
b) Erläutert, wie er mit seinen eigenen Überlegungen, vor allem mit seinen ersten Schlussfolgerungen, umgeht.
c) Stellt dar, auf welche Weise er zu seinen Ergebnissen gelangt.
d) Beschreibt die Methoden, die Soziologen anwenden, um verallgemeinerbare Erkenntnisse über das Verhalten von Menschen zu gewinnen. Entwerft dazu ein Flussdiagramm.

2 *In dem Text „Medienverwahrlosung in Deutschland" kommen viele Zahlen vor. Stellt diese Zahlenangaben grafisch dar, z. B. in Form von Säulendiagrammen. Teilt die Arbeit unter euch auf: Einige stellen den Vergleich „früher – heute" dar (Schulabbrecher), andere die Geräteausstattung der Kinderzimmer usw.*

3 *Untersucht Pfeiffers Argumentation unter der Frage, welcher Art seine Thesen sind (▷ S. 31–34).*

4 *Bei dem Text handelt es sich um die Abschrift eines frei gehaltenen Vortrags. Untersucht die Sprache und überlegt, woran man das nachweisen kann.*

5 *Vergleicht Pfeiffers Ausführungen mit euren eigenen Beobachtungen und Erfahrungen.*

Yuriko Wahl

Computer machen schlau

In praktisch allen deutschen Haushalten mit Kindern steht inzwischen mindestens ein PC – mit positiven wie negativen Folgen. So mancher Kinderarzt sorgt sich angesichts dicker und kontaktarmer Bewegungsmuffel, die in die Praxen kommen. Die meisten Pädagogen sehen dagegen ein Plus für die kindliche Entwicklung. „Der Computer ist intelligenzfördernd, sogar mit einfachen, harmlosen Spielen", erklärt der Medienpädagoge Henning Günther von der Kölner Universität. „Wissenschaftliche Untersuchungen haben ergeben, dass Grundschulkinder bei der Raumorientierung profitieren und eine größere Kompetenz bei Zahlen und in der Geometrie haben", erklärt der Experte. Sie hätten auch Vorteile bei der Feinmotorik und beim schnellen Reagieren.

Der PC sei keineswegs ein passives Medium, das die Kinder träge und unbeweglich mache. „Was Kinder lähmt, sind Videos oder Fernsehen, nicht der Computer", meint Günther. Vor allem bei jüngeren Kindern könne der PC geradezu einen Bewegungsdrang provozieren. Dagegen stellt der Berufsverband der Kinder- und Jugendärzte (BVKJ) eine zunehmende Unbeweglichkeit der PC-Kids fest. „Nicht von der Hand zu weisen sind wachsende Immobilität und Gewichtszunahme", erklärt Sprecherin Gunhild Kilian-Kornell. Viele Kinder sitzen dauernd am PC und vereinsamen, betont die Kinderärztin. „Diese Kontaktarmut führt auch dazu, dass sie beim Spracherwerb hinterherhinken."

Bei den Kids, die zum Arzt oder Therapeuten kommen, handelt es sich aber oft um „Sorgenkinder", deren Beschwerden nicht repräsentativ seien, gibt Günther zu bedenken: „Wir haben nicht nur die dicklichen, einsamen Muttersöhnchen am Computer, das trifft nicht die Realität." Der PC habe nach seinen Erfahrungen auch ein kommunikatives Element: „Der Computer ist ein Grund, Freunde einzuladen." Fälle von Computersucht seien dabei eher ein Problem der älteren Kinder, etwa in der Pubertät. [...]

6 *Kinderarzt kontra Medienpädagoge? Stellt die Meinungen in Form von Thesen einander gegenüber und ordnet ihnen die wichtigsten Argumente zu.*

7 *Welche Argumentation überzeugt euch mehr? Berücksichtigt bei der Begründung eurer Meinung vor allem die Überzeugungskraft der vorgebrachten Argumente.*

Stefan Aufenanger

Das Fernsehen nicht schlechtreden

Stefan Aufenanger ist Professor für Erziehungswissenschaft und Medienpädagogik an der Universität Hamburg. In einer ersten Auseinandersetzung mit Pfeiffer lobt er dessen „sehr differenzierte [...] Stellungnahmen zur Entwicklung der Kinder- und Jugendkriminalität“, wendet sich aber gegen die vielfach gezogene Schlussfolgerung, man müsse den Medienkonsum radikal einschränken, um alle Probleme zu beheben. Denn für ihn bietet z. B. das Fernsehen auch viel Positives:

Zum einen wissen wir aus vielen anderen, auch internationalen Studien, dass das Fernsehen wissensaneignend und lernanregend sein kann. Schon die Begleitstudien zur „Sesamestreet“ haben gezeigt, dass Kinder durch sie nicht nur kognitiv[1] angeregt werden und Zahlen und Buchstaben lernen, sondern auch prosoziale Verhaltensweisen[2] erwerben können. Eine Studie von Anderson hat sogar gezeigt, dass Highschool-Absolventen bessere Abschlüsse als andere haben, wenn sie in ihrer Kindheit häufiger „Sesamestreet“ gesehen haben. Und lernen unsere Kinder nicht viel, wenn sie die „Lach- und Sachgeschichten mit der Maus“ verfolgen, wenn sie durch Peter Lustig in „Löwenzahn“ angeregt werden, ihre Umwelt zu erkunden, oder wenn sie sich die Kindernachrichten „Logo“ anschauen und so Politik verstehen? Es gibt momentan eine Vielzahl von Informations- und Wissenssendungen nicht nur für Kinder, sondern auch für Erwachsene, die Kinder gerne sehen. Sie bekommen dort einen Einblick in die Welt wie sonst nie zuvor. Ich denke, dass das vorhandene soziale und ökologische Engagement unserer Kinder fast ausschließlich auf den Informationen aus dem Fernsehen beruht. Dass daneben Fernsehen nicht nur durch seine Inhalte, sondern auch durch seine Struktur kognitiv anregend sein kann, wissen wir nicht nur seit dem aktuellen Buch von Steven Johnson („Everything bad is good for you“), sondern schon seit den medienpsychologischen Studien von Gavriel Salomon. Und natürlich ist Fernsehen nicht nur ein kognitives Medium, sondern Mediennutzung hat immer einen emotionalen Aspekt. Wir können in andere Welten fliehen, vorm Alltag flüchten und uns mit Charakteren in Mediengeschichten identifizieren. Medien dienen – wie es Michael Charlton und Klaus Neumann-Braun einmal ausgedrückt haben – auch der Lebensbewältigung und Identitätsfindung. [...]

1 **kognitiv:** das Denken und Wissen betreffend
2 **prosoziale Verhaltensweisen:** Verhaltensweisen, die den „eigentlich“ sozialen (Hilfsbereitschaft, ...) vorausgehen

8 *Stellt Aufenangers Argumentation stichwortartig zusammen:*

These:
Das Fernsehen bietet auch viel Positives.

Argument 1: Fernsehen ist wissensaneignend und lernanregend **Belege** (Beispiele und/oder weiterführende Überlegungen): - Begleitstudien zur „Sesamestreet“: Kinder werden kognitiv angeregt - ...	**Argument 2:** ... **Belege** (Beispiele und/oder weiterführende Überlegungen):

Materialien nutzen – Ein Problem erörtern

Das Teilkapitel 14.2 bietet einiges Material zum Thema „Medien“. Auf dieser Grundlage könnt ihr euch selbst mit der Frage der Mediennutzung und des Medienkonsums auseinandersetzen. Dabei sind unterschiedliche Aufgaben- und Problemstellungen möglich:

- Zum Beispiel könnt ihr euch ganz allgemein mit den Vor- und Nachteilen eines elektronisch gut ausgestatteten Arbeitszimmers befassen, etwa unter folgender Aufgabenstellung:
  Das elektronisch aufgerüstete Arbeitszimmer – mehr Chancen oder mehr Gefahren?
- Ihr könnt euch auch auf Fernsehen bzw. Computer beschränken und euch eine der folgenden Erörterungsaufgaben vornehmen:
  Fernsehen – mehr als nur Zeitvertreib? *Der eigene Computer: gefährlich oder unentbehrlich?*

1 *Wenn ihr die Aufgaben zu den Texten auf den vorangehenden Seiten bearbeitet habt, ist schon eine wichtige Vorarbeit zur Bewältigung dieser Aufgabenstellungen geleistet. Befolgt für die Erstellung eurer Stellungnahme die folgenden Schritte 1–5:*

1. Schritt: Material sichten
Geht eure Unterlagen durch und wählt aus, was ihr für eure Themenstellung brauchen könnt. Damit die Materialsammlung möglichst übersichtlich wird, legt ihr am besten eine Tabelle an. Darin könnt ihr auch die Quelle angeben (z. B. mit den Anfangsbuchstaben des Verfassers), um gegebenenfalls später noch einmal genauer nachlesen zu können.
Zu dem Thema „Das elektronisch aufgerüstete Arbeitszimmer – mehr Chancen oder mehr Gefahren?“ könnte der obere Teil der Tabelle etwa aussehen wie unten gezeigt.

2. Schritt: Sich eine eigene Meinung bilden, die Argumente ordnen
Vielleicht stand eure Meinung schon fest, bevor ihr die Argumente zusammengestellt habt. Dann solltet ihr sie jetzt aber noch einmal überprüfen: Habt ihr genügend Argumente, die eure Meinung stützen – oder spricht doch mehr für die Gegenseite? Stützt eure Argumente durch anschauliche Beispiele und Belege. Ordnet die Argumente in einer sinnvollen Reihenfolge (Gliederung).

3. Schritt: Einen Schreibplan entwerfen
Überlegt, wie ihr den Hauptteil eurer Erörterung aufbauen wollt. Über die verschiedenen Möglichkeiten könnt ihr euch in Kap. 2 informieren (▷ S. 34–37).

4. Schritt: Den Text schreiben
Schreibt nun eure Erörterung in einem zusammenhängenden Text. Denkt auch an Einleitung und Schlussteil.

5. Schritt: Den Text überarbeiten
Achtet bei der Überarbeitung vor allem auf die Stichhaltigkeit der Argumentation (sachlich-inhaltlicher Aspekt) und die Verknüpfung der Gedankenschritte (sprachlicher Aspekt).

Chancen	*Quelle*	*Gefahren*	*Quelle*
Der Computer ist Intelligenz fördernd	*Y. W.*	*Kinder mit eigenem Computer spielen mehr damit*	*C. P.*
...		*Kinder mit elektronischen Geräten in ihrem Zimmer haben schlechtere Noten*	*C. P.*

14.3 Projekt: „Podcasting“ – Radiosendungen selbst gestalten

PODCAST – Das Radio für unterwegs

Podcasts sind Aufnahmen, die kostenlos im Internet angeboten werden – als Mini-Radiosendung, die man hören kann, wo und wann man will. Der Begriff „podcasting“ (eingedeutscht: „podcasten“) leitet sich vom englischen Wort „broadcasting“ und dem Namen des weit verbreiteten MP3-Players iPod ab.

Vielfalt ist alles! Das neue Medium hat eine Themenbreite von Papst-Reden bis Comedy. Der User kann sich derzeit aus rund 25 000 verschiedenen Programmen weltweit seine Sendungen aussuchen. 4,4 Millionen Abonnenten gibt es inzwischen weltweit, mit 70 Millionen Nutzern rechnet man bis 2010. Die Audiodateien müssen nicht mehr mühevoll im Internet recherchiert und einzeln heruntergeladen werden. Eine kostenlose Empfangssoftware, der so genannte Podcatcher, überprüft regelmäßig, ob neue Sendungen verfügbar sind, und lädt sie auf den Computer oder direkt auf den MP3-Player. Jeder kann einfach ein kostenloses Abo abschließen und bekommt automatisch die gewünschten Inhalte. Die einzelnen Audioprogramme erscheinen dann täglich, wöchentlich oder auch monatlich auf dem Computer.

Bei den Machern von Podcast-Angeboten wird oft nichts nachbearbeitet, Versprecher bleiben drin. Diese fehlende Professionalität macht im Gegensatz zum klassischen Radio allerdings den Charme des Podcastings aus.

Mit Podcast kann jeder sein eigener Programmchef sein, und das ohne Sendelizenz. Aber auch professionelle Anbieter haben Podcasting entdeckt. Tageszeitungen bieten ausgewählte Texte an, die Tagesschau oder das aktuelle Wetter kommt auf Wunsch auf den MP3-Player. […]

Diese Erläuterung findet sich auf der Internet-Seite www.netzcheckers.de, die vom Bundesfamilienministerium als „Bundesinitiative Jugend ans Netz“ betrieben wird. Die Initiative bietet Interessenten „die Möglichkeit, Audiodateien als Podcast zu veröffentlichen“.

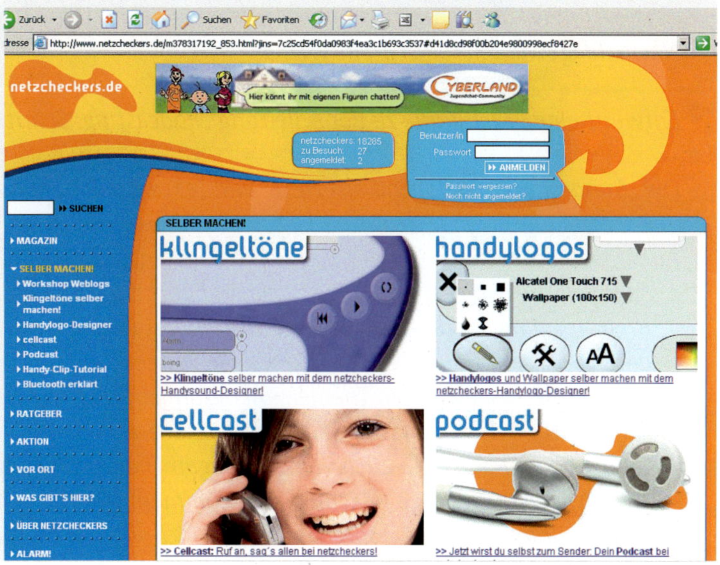

1 *Überlegt, was das Ministerium veranlassen könnte, eine solche Plattform anzubieten und zu fördern. Seht auch auf der angegebenen Internetseite nach.*

2 *Podcasting – aktives oder passives Vergnügen? Beantwortet die Frage mit Hilfe des Textes.*

Auf der Internetseite „www.podcastclub.de“ wird genau erklärt, wie man vorgehen muss, wenn man seine eigene Sendung ins Netz stellen will:

Podcasting: Schritt für Schritt erklärt

1. Podcasterin Alice erzeugt eine Audiodatei – genannt Sendung, Episode, Podcast, Cast oder Show – mit Hilfe eines Computers, einer Soundkarte und einem Mikrofon.
2. Diese Audiodatei wandelt Alice, wenn nicht schon bei der Aufnahme geschehen, in das Platz sparende und bandbreitenfreundlichere MP3-Format um.
3. Die Internetadresse, unter der die MP3-Datei abgelegt wird, vermerkt Alice im RSS-Feed ihres Blogs oder ihrer Webseite.
4. Alice lädt die MP3-Datei auf ihren Podspace im Internet hoch.
5. Als Nächstes veröffentlicht Alice den neuen oder aktualisierten RSS-Feed im Internet.
6. Bob wird über das Verzeichnis von podcast.de auf Alices Podcast aufmerksam.
7. Mit Hilfe eines Podcasting-Clients – genannt Podcatcher – lädt Bob sich die MP3-Datei herunter.
8. Der Podcasting-Client sorgt nach Ende des Downloads für eine automatische Übertragung des neuen Podcasts auf Bobs MP3-Player. Jetzt kann Bob den Podcast jederzeit und überall anhören – wie es ihm beliebt!

3 *Lest euch die Erklärung „Podcasting: Schritt für Schritt erklärt“ durch. Von welchem Punkt an wird die „Empfängerseite“ dargestellt?*

4 *In der Anleitung findet ihr eine Reihe von Fachbegriffen und auch Abkürzungen, die in dem Text oben nicht vorkommen. Klärt sie mit Hilfe von Fachleuten (vielleicht in eurer Klasse?) oder Nachschlagewerken (auch im Internet).*

5 *Entwerft eine Erklärgrafik zu der Anleitung „Podcasting: Schritt für Schritt erklärt“.*

6 *Die „Bundesinitiative Jugend ans Netz“ will „aktuelle Themen der Jugendlichen“ aufgreifen und in Podcasts umsetzen lassen. Überlegt, was für euch „aktuelle Themen“ sind, die ihr gerne als Audiodatei aufbereiten würdet, um sie im Netz anzubieten.*

a) Sammelt in kleinen Gruppen Vorschläge. Führt zuerst auf einem DIN-A 3-Blatt ein stummes Brainstorming durch. Anschließend unterhaltet ihr euch in der Gruppe über die Vorschläge und wählt einige aus, die ihr in der Klasse vorstellt.

b) Verteilt die ausgewählten Themen wiederum auf mehrere Gruppen, die einen Plan zur Aufbereitung des Themas für eine Audiodatei erarbeiten. Hier einige Anregungen, deren Brauchbarkeit natürlich auch vom jeweiligen Thema abhängt:

- ☐ *Musik, Wortbeiträge (Nachrichten, Kommentare, Glossen …)*
- ☐ *Verteilung der Rollen (Sprecher/in und Techniker/in für die Aufnahme; Aufteilung auf mehrere Sprecher/innen …)*
- ☐ *…*

7 *Und nun die Umsetzung: Erstellt euer eigenes Radio und stellt es ins Netz. Anleitungen und Hilfen findet ihr auf der angegebenen Seite der „Bundesinitiative Jugend ans Netz“: http://www.netzcheckers.de.*

15 Original und Fälschung – Den Computer nutzen

15.1 WWW, Weblogs, Wikipedia – Internetrecherche

1 *a) Worin unterscheiden sich Original und Nachbildung auf den Abbildungen?*
b) Würdet ihr in jedem der beiden Fälle von „Fälschung" sprechen? Begründet eure Meinung.

2 *Berichtet von Fälschungen, die durch die Medien bekannt wurden.*
a) In welchen Bereichen kommen sie noch vor?
b) Habt ihr auch eigene Erfahrungen mit Fälschungen?

3 *Erklärt die unterschiedlichen Bedeutungen der Begriffe Fälschung, Plagiat, Reproduktion, Kopie, Replik, Duplikat, Fake.*
a) Definiert die Begriffe mit Hilfe von Wörterbüchern und Lexika.
b) Stellt zusammen, in welchem Bereich man welche Begriffe verwendet.

Eine Professorin auf Plagiat-Jagd – Der große Online-Schwindel

Durchs Internet klicken, speichern, ausdrucken – und fertig ist die Hausarbeit. Debora Weber-Wulff versteht keinen Spaß, wenn Studenten sich mit fremden Federn schmücken. In drei Folgen beschreibt die Berliner Professorin für Medieninformatik an der Fachhochschule für Technik und Wirtschaft Berlin bei UniSPIEGEL Online, wie sie dreiste Ideendiebe erwischt.

Es war ein seltsamer Nebensatz für einen studentischen Aufsatz über elektronische Bücher: E-Paper wird „der Albtraum jedes Regalbauers". Die ganze Seite war so gut formuliert, dass ich etwas misstrauisch wurde. Beim nächsten Aufenthalt im Internet habe ich die Suchmaschine Google mit den Wörtern „Albtraum" und „Regalbauers" gefüttert – und bekam genau ein Resultat: eine Web-Site über E-Books, die einen Artikel von Alexander Jung aus dem SPIEGEL Spezial 10/1999 wiedergab. Nur leider tauchte der Name „Alexander Jung" nicht als Autor des vor mir liegenden Aufsatzes auf. In der Bibliografie gab es lediglich einen Hinweis auf www.spiegel.de, eine recht unspezifische Angabe.
Was tun? Dieser Aufsatz ist jedenfalls durchgefallen. Leicht verärgert machte ich weiter. Fünf der 32 Hausarbeiten des Semesters hatte ich mir als Stichprobe vorgenommen, wie ich am Seminaranfang bereits angekündigt hatte. Schon die übernächste Arbeit war wieder im Internet zu finden. Diesmal wies ein verräterischer Tippfehler mir den Weg. In weniger als einer Stunde hatte ich zwei Plagiate aufgedeckt – und fragte mich, ob es noch mehr sein können.

Wer sich nicht outet, kassiert eine Fünf

Ich schrieb eine böse E-Mail an die Studierenden und forderte sie auf, sich binnen einer Woche zu outen. Dann würde ich ihnen erlauben, ihre Arbeiten zurückzuziehen und als Leistungsnachweis eine Klausur zu schreiben. Überführte, nichtreuige Plagiatoren würden aber eine glatte Fünf kassieren. Schließlich geht es bei einem Leistungsnachweis darum, dass die Studierenden zeigen, dass sie einen Sachverhalt durchdrungen und verstanden haben. Wer schöne Worte mittels *Copy & Paste* als eigene ausgibt, hat nicht verstanden, worum es geht.
Der Nervenkrieg begann. Gleich am nächsten Tag beichteten zwei Studierende unter Tränen, Teile ihrer Arbeiten aus dem Internet übernommen zu haben. Ich hatte aber inzwischen weitergeforscht und weitere fünf Fälschungen gefunden. Darunter war auch eine, die komplett aus dem Internet stammte, mit nur zwei Änderungen: Vorname und Nachname des Autors.
Ich gab den „Plagiate-Pegelstand" immer an die Kursteilnehmer weiter, weil anscheinend einige spekulierten, nicht überführt worden zu sein, wenn schon so viele Selbstbezichtigungen bekannt waren. Nur einer hat gebeichtet, den ich nicht gefunden hatte. Auch er musste in die Klausur. Denn ein Plagiat ist nicht erlaubt, auch wenn es einem hinterher leidtut.

Zu doof fürs Internet?

Unter den Studierenden wurde viel über das Thema Plagiat geredet. Teilweise vermuteten sie, dass ich regelrecht auf „Jagd" nach Sündern war, und so ganz verstand man nicht, wieso ich mich aufregte. Gejagt habe ich eigentlich nur nach der Quelle für die letzte Arbeit, die eingereicht wurde, nachdem die ersten Plagiate aufgedeckt worden waren. Denn der Student meinte zu mir, in der Schule sei es üblich, seine Referate aus dem

Internet zu ziehen – die Lehrer seien „zu doof", mit dem Internet umzugehen.

Also nahm ich die Herausforderung an. Schon die wechselnden Zwischenüberschriften und Formatierungen waren verdächtig – mal rhetorische Fragen, mal nummeriert, mal in spitzen Klammern eingeschlossen. Bald fand ich mehrere Sätze, die der Student ohne Kennzeichnung wortgleich aus einem Aufsatz im Internet übernommen hatte.

Der Unglücksrabe reichte Protest beim Prüfungsausschuss ein – es waren ja „nur" vier Zeilen aus 20 Seiten, die ich gefunden hatte; er fand, ich rege mich über Gebühr auf. Doch er hatte großes Pech. Der Vorsitzende der Kommission las ein Kapitel der Arbeit, grübelte etwas, griff ins Bücherregal. Und fand ein Werk, aus dem weitere Seiten stammten.

Die Entschuldigungen für das Übernehmen der Textstellen waren goldig:

„Das Zitieren haben wir in der Schule nie gelernt" (falsch, es ist im Berliner Lehrplan für Deutsch in der 9. Klasse in allen Schulformen aufgeführt);

„Das war bei uns in der Schule dran bei der Wiedervereinigung, da ging einiges drunter und drüber" (auch in der DDR hat man gelernt, korrekt zu zitieren);

„Das ist einfach so gut formuliert, ich könnte es nicht besser schreiben" (fein, dann verwende Anführungszeichen und Fußnoten);

„Meine Frau hat wohl nachts an meinem Computer gesessen und ganze Sätze aus einem Buch abgetippt" (ohne sein Wissen?!).

Im Freundeskreis habe ich einige Lehrer und Lehrerinnen gefragt, ob sie das Problem kennen. Vielen war es zwar mulmig, wenn sie schülerische Meisterleistungen lasen. Aber sie glaubten, dass sie in den unendlichen Weiten des World Wide Web nie die Quellen finden könnten.

Spezialsoftware hilft bei der Fahndung

Dabei ist es so simpel – man hat das Plagiat ja vor sich liegen. Ein paar seltene Substantive (manchmal reichen schon zwei!), besonders verschnörkelter Satzbau und elegante Formulierungen oder noch besser markante Schreibfehler reichen oft, um die Quelle zu finden. Man gibt sie in die nächstbeste Suchmaschine ein und schaut sich die Links an, die relativ weit oben liegen. Es gibt sogar inzwischen Software, die diese Suche übernimmt, wenn man sich das nicht selbst zutraut. Einige erlauben sehr feine Analysen auf Plagiate, die eine Mischung von zwei oder mehr Quellen sind.

Ich habe also angefangen, eine kurze Bedienungsanleitung für Lehrkräfte zu formulieren, damit sie sehen können, wie einfach man dieser wissenschaftlichen Unehrlichkeit Einhalt gebieten kann. Daraus wurde dann viel mehr: Ich habe einen Beitrag für das Computermagazin „c't" geschrieben, und auch andere Zeitschriften (darunter der Spiegel) berichteten.

Nun packte mich der wissenschaftliche Ehrgeiz: Mich interessierten die Geschichte des Plagiats, eine Kategorisierung von Plagiatstypen und letztlich die ethischen Fragen. Das gilt nicht nur für studentische Plagiate – hin und wieder werden auch Wissenschaftler und Wissenschaftlerinnen überführt, die es nicht so genau genommen haben mit ihren Quellen oder Messdaten.

1 *Was hat Debora Weber-Wulff dazu veranlasst, sich mit dem Problem des Plagiats auseinanderzusetzen?*

2 *Beschreibt, wie die Professorin vorgeht, um Ideendiebstähle aus dem Internet nachzuweisen.*

3 *a) Beurteilt die Entschuldigungen der Studenten.*
b) Formuliert eine Antwort an den Studenten, der angeblich „nur vier Zeilen" (Z. 79) abgeschrieben hatte.

4 *Begründet das strenge Vorgehen der Urheber und der Justiz gegen Plagiate.*

Online-Lexika – Recherchestrategien festlegen

Als Vorbereitung auf das Abfassen von Referaten und Facharbeiten sollt ihr euch über Plagiate in der Schule und den korrekten Umgang mit Quellen informieren. In einem Kurzvortrag werden die wichtigsten Ergebnisse zusammengefasst.

1 *Informiert euch über das Thema „Plagiat".*
a) Verschafft euch zunächst einen Überblick, indem ihr Wörterbücher, Konversationslexika oder euch zur Verfügung stehende Sachbücher nutzt.
b) Notiert Fragen oder (Fach-)Begriffe, die mit dem Thema im Zusammenhang stehen.
c) Erstellt eine Stichwortliste zum Thema „Plagiat", die verschiedene Aspekte aufgreift.

Plagiate
- Abgrenzung von anderen Begriffen: Kopie, Fälschung, ...
- Bekannte Plagiate im Lauf der Geschichte
- Plagiate in der Wissenschaft
- Plagiate in ...
- ...

2 *Das Internet bietet eine Fülle an Informationen. Legt vor eurer Suche eine sinnvolle* ***Recherchestrategie*** *fest.*
a) Überlegt euch einen Einstieg ins Thema, ruft z. B. Artikel in Online-Lexika wie ***Wikipedia*** *auf. Diese Artikel enthalten oft Links zu anderen Internetseiten, die sich auch mit dem Thema beschäftigen.*
b) Legt den weiteren Rechercheweg fest.
- ☐ *Überlegt, welche Suchwerkzeuge ihr nutzen könnt, z. B. Suchmaschinen oder Web-Kataloge.*
- ☐ *Probiert unterschiedliche Suchbegriffe und Kombinationen von Suchbegriffen aus.*
- ☐ *Sucht auch nach Informationen in* ***Weblogs*** *und Newsgroups.*

!

Wikipedia und Weblogs
Wikipedia ist eine kostenlose, von freien Autoren erstellte Online-Enzyklopädie, die ständig erweitert und aktualisiert wird. Das Prinzip von Wikipedia besteht darin, dass jeder mit seinem Wissen zur Vervollständigung des Lexikons beitragen und einen Artikel schreiben kann. Die Inhalte der Artikel werden durch die Wikipedia-Nutzer selbst geprüft und gegebenenfalls korrigiert. Artikel aus Wikipedia, deren Qualität jedoch sehr unterschiedlich ist, dürfen mit Angabe der Quelle und der Autoren frei kopiert und verwendet werden. Informationen aus Wikipedia sollten immer mit anderen Informationsquellen abgeglichen werden.
Weblogs (engl. Netz-Logbuch, häufig auch abgekürzt als **Blog**) kann man als **digitale Tagebücher** bezeichnen: Auf einer Internetseite werden periodisch neue Einträge erstellt. Es gibt persönliche Weblogs zur Darstellung des eigenen Lebens oder persönlicher Meinungen, aber auch thematisch orientierte Weblogs zu oftmals spezifischen Wissensgebieten. Diese Weblogs sind verwandt mit Internetforen oder Newsgroups.

Suchwerkzeuge und Suchbegriffe – Ein Rechercheprotokoll führen

1 *Es ist sinnvoll, den Rechercheweg zu protokollieren und die Suchergebnisse zu bewerten.*

*a) Legt ein **Rechercheprotokoll** nach folgendem Muster an. Tragt die verwendeten Suchwerkzeuge und die verwendeten Suchbegriffe ein.*

Protokoll einer Internetrecherche

Name:
Arbeitsauftrag:
Thema:

Suchbegriff	Suchwerkzeug	aufgerufene Internetseite	Bewertung
Plagiat	Google	http://de.wikipedia.org/wiki	übersichtlicher Artikel, Online-Lexikon, sollte aber geprüft werden
Plagiat	Google	http://Plagiat.fhtw-berlin.de	Seite der Berliner Fachhochschule, viele Links, Informationen und sogar eine Lerneinheit

b) Haltet Angaben in der Übersicht der Suchergebnisse fest, an denen ihr die Seiten erkennen könnt, die für eure Recherche gute Informationen bringen könnten.

c) Ruft die ausgewählten Internetseiten auf und bewertet sie. Prüft die Glaubwürdigkeit und Qualität der Seiten. Tragt eure Kommentare in die Spalte „Bewertung" ein.

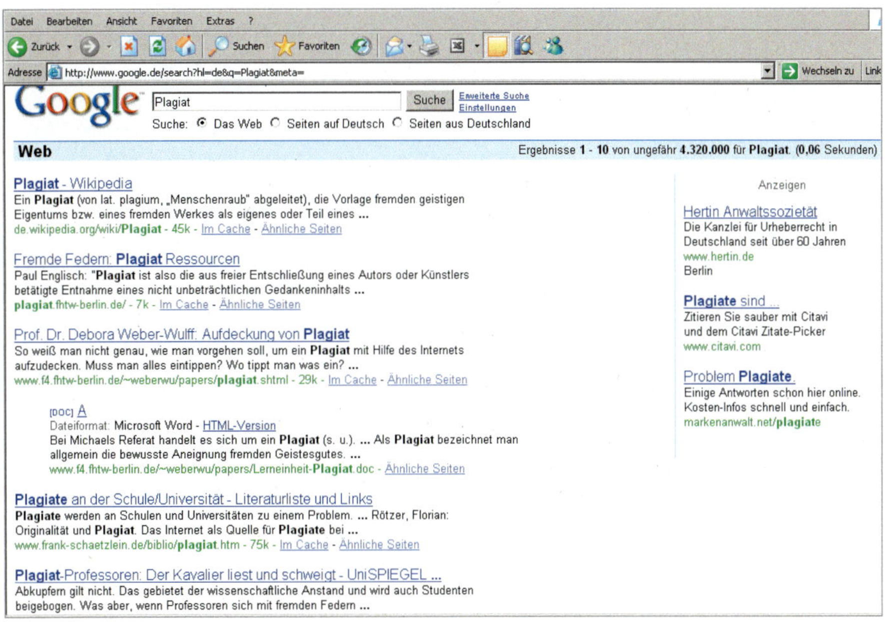

!

Kriterien zur Prüfung von Internetseiten:
Die Zuverlässigkeit und Qualität von Internetquellen muss immer geprüft werden. Generell gilt:

- □ Öffentliche Einrichtungen wie Universitäten oder Ministerien bieten meistens vertrauenswürdige Informationen.
- □ Firmen (oft erkennbar an der Endung „com") haben häufig kommerzielle Interessen.
- □ Private Seiten können zuverlässig sein, geben manchmal aber auch subjektive Ansichten wieder.

Grundsätzlich ist zu prüfen:

- □ Welche Angaben sind der Internetadresse zu entnehmen? (Dienst, Land, Domain ...)
- □ Wird ein Verfasser/Herausgeber einer Seite genannt?
- □ Wird die Seite „gepflegt", d. h., wird sie regelmäßig aktualisiert?
- □ Gibt es Link-Listen?
- □ Wird das Ziel der Seite deutlich?
- □ Werden die Inhalte übersichtlich, verständlich und gut gegliedert präsentiert?
- □ Werden die Quellen bei Zitaten und übernommenen Texten korrekt verzeichnet?

2 *Ruft die Internetseite http://plagiate.lernnetz.de/ auf und prüft die Zuverlässigkeit der Seite nach den oben angegebenen Kriterien.*

ARBEITSTECHNIK

Eine Internetrecherche durchführen

Geht bei einer Internetrecherche wie folgt vor:

- □ Legt als Erstes eure **Recherchestrategie** fest:
  - Entscheidet euch für klare Suchbegriffe.
  - Bestimmt die Suchwerkzeuge (Suchmaschinen, Web-Kataloge, Weblogs, Newsgroups), die ihr nutzen wollt.
- □ Legt anschließend ein **Rechercheprotokoll** an:
  - Protokolliert darin den Rechercheweg;
  - wählt aus den Suchergebnissen Internetadressen aus;
  - bewertet die aufgerufenen Internetseiten.
- □ **Sichert die gewonnenen Informationen:**
  - Fasst wichtige Informationen zusammen;
  - wählt geeignetes Material aus und ladet es herunter.

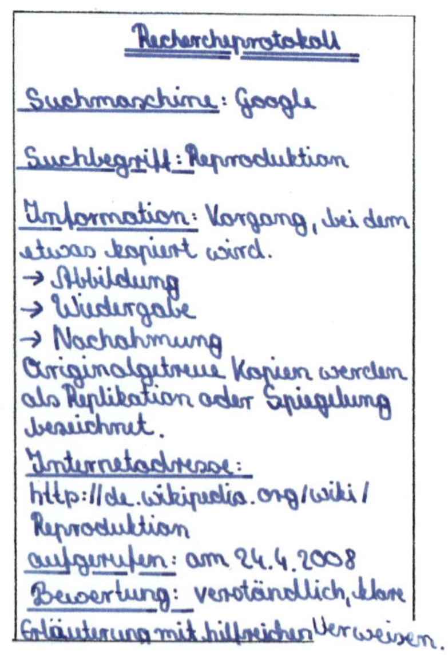
Rechercheprotokoll

Suchmaschine: Google

Suchbegriff: Reproduktion

Information: Vorgang, bei dem etwas kopiert wird.
→ Abbildung
→ Wiedergabe
→ Nachahmung
Originalgetreue Kopien werden als Replikation oder Spiegelung bezeichnet.

Internetadresse:
http://de.wikipedia.org/wiki/Reproduktion
aufgerufen: am 24.4.2008
Bewertung: verständlich, klare Erläuterung mit hilfreichen Verweisen.

Material in Dateien übersichtlich festhalten – Links anlegen

Um unterschiedliche Informationen und Materialien rund um ein Referatthema wie z. B. „Plagiate in der Schule“ übersichtlich zu sammeln, könnt ihr Dateien anlegen und sie miteinander verlinken. Wenn man eine als **Link** markierte Textstelle in einer Datei anklickt, wird automatisch eine andere Textstelle oder eine andere Datei mit weiteren Informationen aufgerufen.

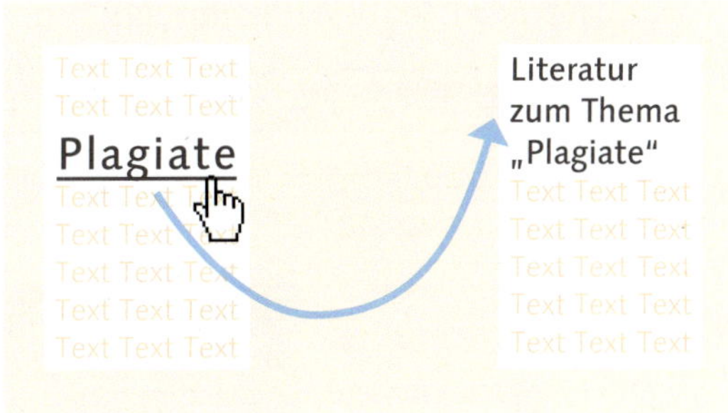

Geht beim Thema „Plagiate in der Schule“ folgendermaßen vor:

1 *Schreibt mit dem Programm „Word“ einen Leittext, in dem die wesentlichen Aspekte des Themas zusammengefasst werden. In diesem Text könnt ihr z. B.*
- *den Anlass für eure Beschäftigung mit dem Thema nennen;*
- *auf bekannte Plagiatsfälle eingehen;*
- *Begriffe wie „Plagiat“, „Kopie“, „Fälschung“ klären;*
- *Hinweise auf weiteres Material geben (z. B. Abbildungen, Statistiken, Cliparts);*
- *auf Literaturangaben und Linklisten verweisen;*
- *auf die rechtliche Situation (Urheberrecht) eingehen;*
- *...*

2 *Vernetzt die einzelnen Texte miteinander.*
a) Legt im Leittext Links zu den einzelnen Aspekten an, z. B. zu der Datei „Begriffserklärung“ etc.
b) In den einzelnen Dateien könnt ihr wiederum Links anlegen, z. B. in einem Text in der Datei „Rechtliche Bestimmungen“ einen Link zum Begriff „Urheberrecht“ etc.

3 *Legt am besten alle Dateien, die zu eurem Referat gehören – also selbst geschriebene Texte und Materialien –, in einem Ordner ab, z. B. im Ordner „Referat_Plagiate“.*

ARBEITSTECHNIK

Einen Link in Word anlegen
- Markiert in eurem Einleitungstext die Textstelle, die zur Datei „Rechtliche Bestimmungen“ führen soll.

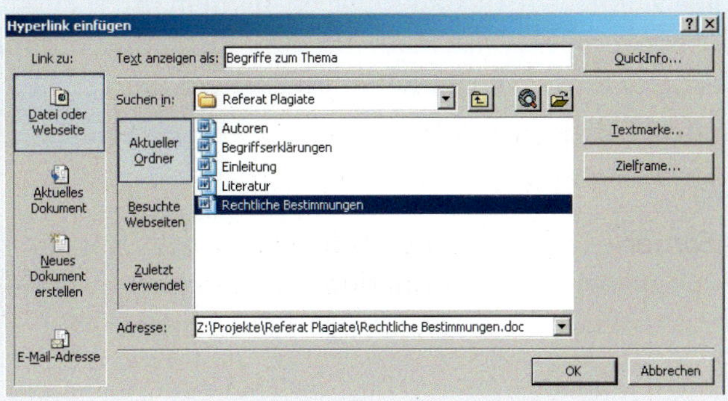

- Im Menüpunkt „Einfügen" wählt ihr „Hyperlink". Im Fenster „Hyperlink einfügen" steht unter „Suchen in" der Ordner „Referat_Plagiate". Ihr klickt die Datei „Rechtliche Bestimmungen. doc" an. Dieser Dateiname erscheint nun unter „Adresse". Ihr bestätigt mit „OK" und speichert die Änderung.

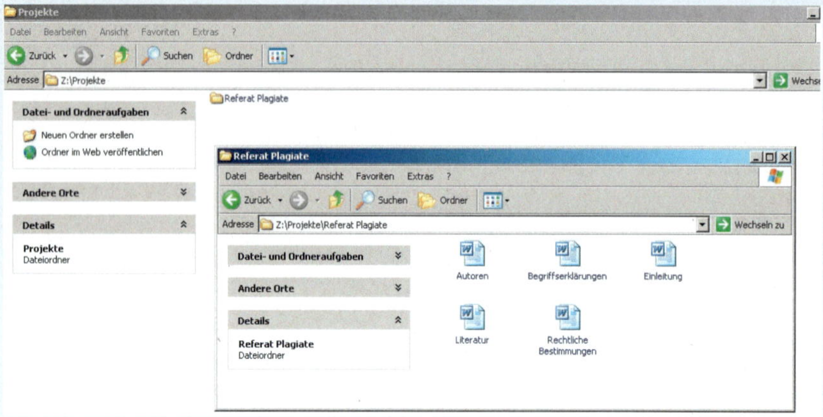

- Ihr könnt auch einen Link anlegen, um umgekehrt von dem Dokument „Rechtliche Bestimmungen.doc" wieder zur Einleitung zu gelangen.
  Ihr fügt die Worte „zur Einleitung" ein, wählt in der Liste im Fenster „Hyperlink einfügen" die Datei „Einleitung.doc". Der Link wird im Text automatisch unterstrichen und blau eingefärbt.
- Prüft, ob die Links funktionieren, indem ihr sie mit gedrückter Steuerungstaste anklickt. Ihr könnt nun zwischen den Dateien hin und her springen.

4 *Recherchiert im Netz zum Thema „Urheberrecht im Internet".*
a) Fasst zusammen, wann man rechtlich von einem „Plagiat" spricht.
b) Erläutert, wie man mit verwendeten Quellen umgehen muss.
c) Zitiert die Internetquellen korrekt.

Quellen aus dem Internet angeben
Auch wenn ihr Texte und Angaben aus dem Internet nutzt, müsst ihr die Quellen korrekt angeben. Dazu nennt ihr die vollständige Internetadresse und das Datum des Tages, an dem ihr die Seite aufgerufen habt:
http://www.spiegel.de/unispiegel/studium/0,1518,227828,00. html (22. 11. 2008)

5 *Prüft, ob die Quellen, die ihr im Internet gefunden habt, auch seriös sind. Handelt es sich um einen Originalbeitrag, oder wurde er auf der Seite nur übernommen? Ist ein Verfasser genannt? Ist der ursprüngliche Ort der Veröffentlichung genannt?*

6 *Formuliert „Anti-Plagiats-Regeln", die ihr künftig bei der Abfassung von Referaten nutzen könnt.*

15.2 Präsentationsprogramme – Perfekt präsentieren

1 *Bereitet einen Vortrag zum Thema „Kunstfälschungen" vor.*
a) Wählt eine sinnvolle Recherchestrategie.
b) Führt eine Internetrecherche durch (▷ S. 316–318).
c) Sichtet das Material und sichert es in Dateien.

2 *Grenzt das Thema ein und ordnet die Informationen. Legt fest, was ihr vortragen wollt.*
a) Strukturiert euren Vortrag.
b) Verfasst eine Einleitung.
c) Wertet für den Hauptteil Exzerpte aus, die ihr euch zu Aufsätzen, Artikeln oder anderen Quellen gemacht habt.
d) Formuliert einen Schluss, z. B. eine Zusammenfassung oder eine Stellungnahme.

TIPP

Unterstützt euren Vortrag mit **Visualisierungen.** Ihr könnt dafür ein **Präsentationsprogramm** wie PowerPoint nutzen. Für die Darstellung auf Folien müsst ihr den Inhalt eures Vortrags zusammenfassen. Beachtet, dass die Präsentation auf Folien eine doppelte Funktion hat: Sie soll das Zuhören erleichtern, gleichzeitig aber beim freien Reden als Gedächtnisstütze dienen.

3 *a) Orientiert euch für eure Präsentation an folgenden Leitfragen:*
- *Wen will ich informieren oder überzeugen? (Zielgruppe)*
- *Was will ich erreichen? (Ziel)*
- *Was will ich vor allem darstellen? (Inhalt)*

b) Macht eure Zuhörerinnen und Zuhörer mit der Struktur eures Vortrags bekannt. Plant dafür eine Inhaltsübersicht in Form eines ***Thesenpapiers.***

4 *Schreibt eure Texte mit dem Präsentationsprogramm.*
a) Verfasst eine Startseite mit einer Übersicht über euren Vortrag.
b) Legt übersichtliche Folien für die einzelnen thematischen Aspekte an.

ARBEITSTECHNIK

Folien gestalten
Achtet bei der Gestaltung eurer Folien auf:
- **gute Lesbarkeit:**
  - wählt einfache Schrifttypen (z. B. Arial);
  - setzt eine ausreichend große Schrift ein (auf keinen Fall kleiner als 20 Punkt für Fließtext!);
  - bietet nicht zu viel Inhalt auf einer Folie.
- **Verständlichkeit:**
  - verwendet geläufige Wörter, erklärt Fachbegriffe stichwortartig;
  - bildet kurze Sätze;
  - beschränkt Aussagen auf das Wesentliche.

- ◻ Nutzt zusätzliche **optische Effekte:**
  - wählt ein einheitliches Erscheinungsbild für die Folien;
  - setzt Farben sinnvoll ein (z. B. für Überschriften);
  - veranschaulicht gezielt und funktionell mit Diagrammen und Grafiken;
  - für die Platzierung der Elemente auf der Folie gibt es Vorlagen (AutoLayouts);
  - bedenkt: Weniger ist manchmal mehr.

Dalí – Fälschung am laufenden Band

Dalí ist einer der meistgefälschten Künstler des 20. Jahrhunderts. Die ersten falschen „Dalís" kommen in den 80er-Jahren auf den Markt.

Es gibt verschiedene Arten von Fälschungen:

- völlig neue Bilder im Stil von Dalí,
- Gemälde auf der Basis von Zeichnungen Dalís,
- Kopien von Originalgrafiken des Künstlers,
- Fälschungen von Dalís Signatur.

Dalí – Fälschung am laufenden Band

Einer der meistgefälschten Künstler des 20. Jahrhunderts ist der surrealistische Maler Salvador Dalí. Seine Bilder verkaufen sich bis 1980 sehr gut. Als der Künstler wegen einer chronischen Erkrankung nicht mehr in der Lage ist zu malen, entsteht eine noch größere Nachfrage. Schnell werden die ersten falschen „Dalís" auf dem Kunstmarkt gehandelt. Dabei werden verschiedene Techniken der Fälscherkunst angewandt. Fälscher malen völlig neue Bilder im Stil von Dalí. Aus Zeichnungen Dalís werden Gemälde angefertigt. Dalís Signatur wird so echt wie möglich nachgemacht, seine Originalgrafiken werden kopiert. Dalí reagiert mit großer Gelassenheit auf seine Fälscher. Später gibt Dalí sogar an, gelegentlich leere Blätter signiert zu haben.

5 *Eine Präsentation soll euren Vortrag begleiten und veranschaulichen. Arbeitet daher auch mit Abbildungen, Fotos, gegebenenfalls auch mit eingefügten Videoclips.*

ARBEITSTECHNIK

Bilder, ClipArts oder Videoclips in eine PowerPoint-Präsentation einfügen

- ◻ Wählt im Fenster „Neue Folie" aus der Liste „AutoLayout" eine Folie, auf der man ein Objekt einfügen kann.

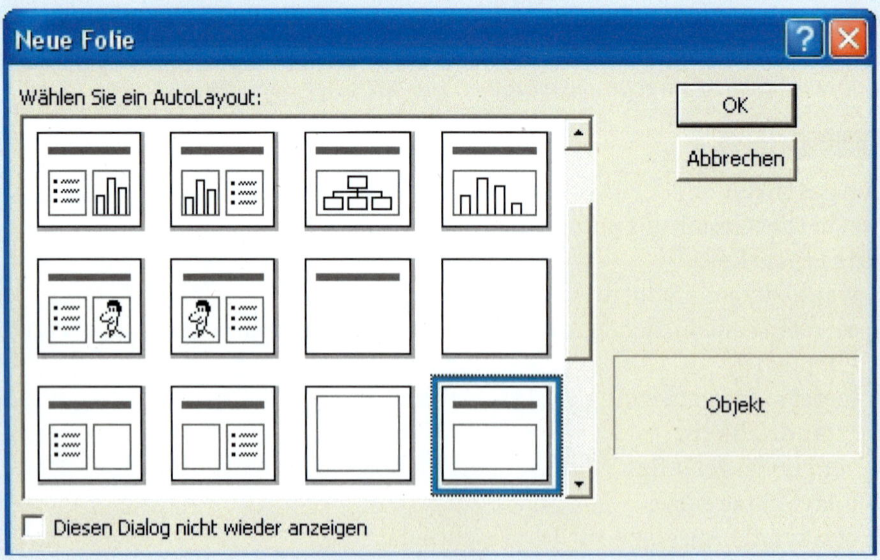

- ☐ Klickt doppelt auf den Objekt-Platzhalter.

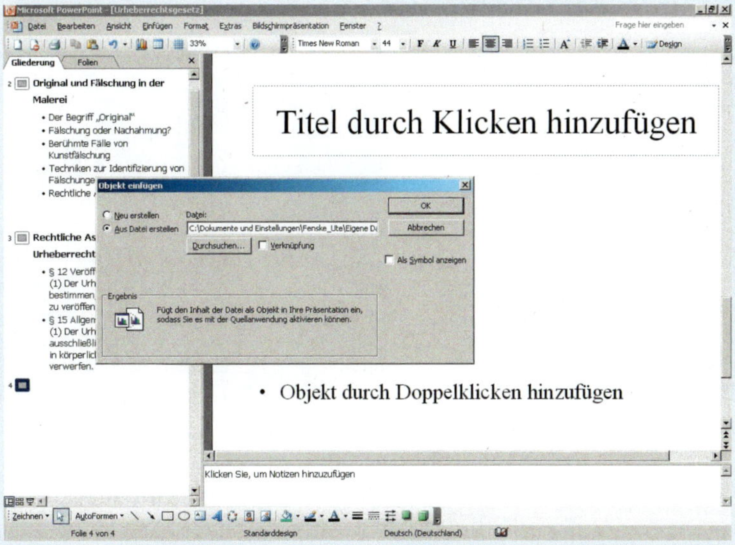

- ☐ Es öffnet sich ein Menü. Klickt auf „Aus Datei erstellen“. Wenn ihr auf „Durchsuchen“ klickt, öffnet sich eine Übersicht aller auf eurem Rechner gespeicherten Dateien.
- ☐ Wählt nun ein Foto oder einen Videoclip aus, das oder den ihr in eure Präsentation einfügen wollt. Bestätigt mit „OK“. Das Foto oder der Videoclip werden eingefügt. Auf die gleiche Weise könnt ihr auch ClipArts einfügen.
- ☐ Prüft, ob sich alle eingefügten Objekte öffnen. Achtung: Dies ist nur im Präsentationsmodus möglich!

6 *Bereitet euch gut auf das Vortragen vor:*

- ☐ *Prüft noch einmal, ob die Texte auf euren Folien fehlerfrei sind.*
- ☐ *Ist die Technik in Ordnung: Funktioniert die Übertragung mit dem Beamer? Läuft die Bildschirmpräsentation korrekt?*
- ☐ *Übt den freien Vortrag. Nutzt dabei die Folien als Gedankenstütze (▷ S. 61–62).*
- ☐ *Testet, ob ihr die vorgegebene Zeit einhaltet. Berücksichtigt die Begrüßungsphase und Zeit, Fragen zu stellen.*

TIPP

Stichwortzettel und Thesenpapier
Erstellt euch einen **Stichwortzettel.** Vermerkt darauf Hauptgliederungspunkte eures Vortrags, Pausen und die Stellen, an denen ihr eine neue Folie anklicken wollt. Druckt für eure Zuhörer **Thesenpapiere** aus, auf denen die Folien abgebildet werden (3, 4, 6 oder 9 Folien pro Seite).

7 *Haltet euren Vortrag möglichst frei und unterstützt ihn mit eurer Präsentation. Sucht Blickkontakt zu euren Zuhörerinnen und Zuhörern. Orientiert euch beim Vortragen an euren Folien.*

15.3 Darf man das Original verändern? – Eine Website entwickeln

1989 → ? → 2004

An der Eingangsfront des Gutenberg-Gymnasiums in Bergheim (kurz: GuGy) existiert ein **Kunstobjekt.** Eine Schülergruppe der 10 b findet im Schularchiv zwei Fotos. Sie nimmt sich vor, in einem Projekt die Hintergründe der Veränderung zu recherchieren und daraus eine Website zu gestalten. In einer **Mind-Map** wird die Projektplanung festgehalten:

1 *Beschreibt das Kunstobjekt anhand der Fotos und sucht eine Bezeichnung für diese Art Kunst.*

2 *Leitet aus der Mind-Map das mögliche Rechercheziel der Schülergruppe ab.*

ARBEITSTECHNIK

Eine Website auf der Schulhomepage erstellen

Eine **Website** ist ein umfangreiches Informationsangebot im World Wide Web (WWW) eines Anbieters (z. B. Schule, Verein, Organisation, Privatleute), das aus einer oder mehreren Webseiten, d. h. HTML-Dokumenten, besteht und z. B. als Teil der **Homepage** einer Schule im Internet aufgerufen werden kann.
Auf der Website gibt es **Hyperlinks,** d. h. Verknüpfungen von Seiten und Begriffen der eigenen Website oder zu einer fremden Homepage-Seite.
Alle Materialien müssen digitalisiert vorliegen: Texte am PC geschrieben oder eingescannt, z. B. Doc-Format, Bilddateien und digitale Fotos als JPG-Datei, Hörtexte als Audiodatei: MP3, Filmausschnitte als MPEG etc.

In den Arbeitsschritten A bis D wird das Projekt „Wir erstellen eine Website“ entwickelt:

A Die Startseite

Mit einem besonderen Schreibprogramm, einem HTML-Editor wie FrontPage, Netscape Composer oder Dreamweaver, wird die erste Seite für den Internetauftritt hergestellt. Damit eure Angebote auch auf verschiedenen PCs mit verschiedenen Internet-Browsern gelesen werden können, sind vor allem zu den **Dateinamen** Tipps zu beachten. Verwendet

- keine Umlaute, sondern ae, ue, oe; kein ß, sondern ss;
- keinen Bindestrich „–“, sondern nutzt in Dateinamen den Unterstrich „_“;
- keine gemischte Groß-/Kleinschreibung;
- keine Leerzeichen;
- keine Sonderzeichen (Windings etc.).

ARBEITSTECHNIK

Die Herstellung mit FrontPage – Den Schritten in der Menüleiste folgen:

1 Ordner für alle kommenden Dateien einrichten – dabei entsteht in dem gewählten Verzeichnis auch ein Unterordner „images“, in dem man alle Bilder sammelt: Datei → Neu → Web

2 Startseite mit Frames (aufgeteilte Rahmen) eröffnen: Datei → Neu → Seite → Framesseiten → Inhaltsverzeichnis (ergibt eine Zweiteilung in einen schmalen Rahmen links und einen breiten rechts) → OK.

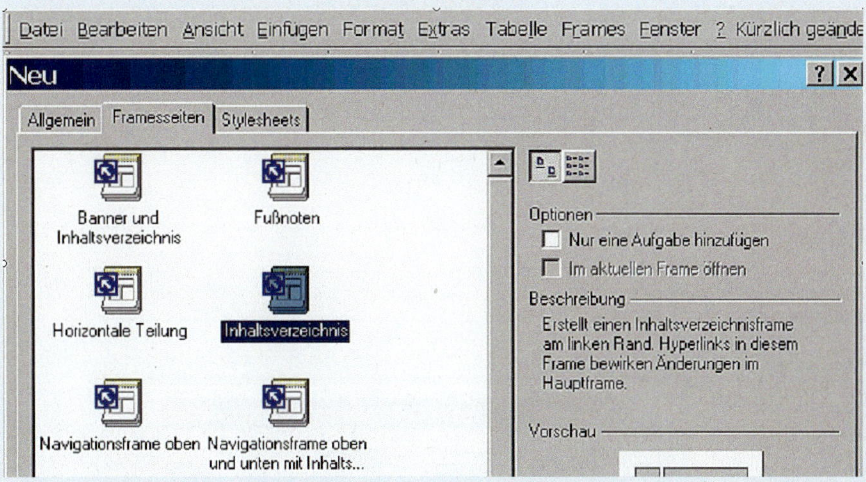

3 Startseite und Inhaltsverzeichnis einrichten:

- Namen vergeben; für die „Startseite hier z. B. „startseite_gugy_kunstobjekt.htm“
- im Rahmen links → rechter Mausklick → Frameeigenschaften → Bildlaufleiste → nie

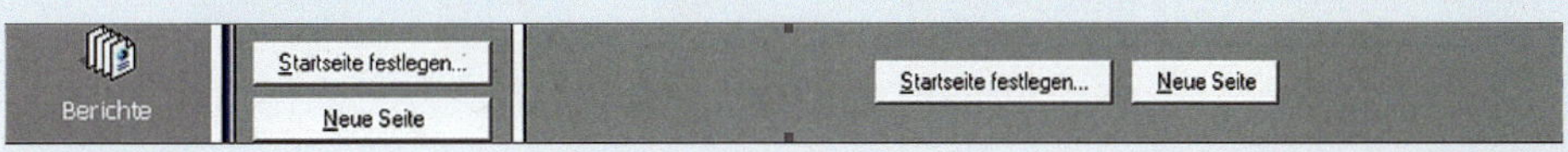

4 In beiden Rahmen kann man nun schreiben, wenn man auf „Neue Seite" klickt; im Rahmen „Inhaltsverzeichnis" führt man mit knappen Begriffen die wichtigsten Unterseiten auf, in denen dann die Projektergebnisse zu lesen sein sollen; diese Begriffe werden später zu den betreffenden Textseiten verlinkt.

1 *a) Welche zentralen Begriffe aus der Mind-Map (▷ S. 324) würdet ihr ins* ***Inhaltsverzeichnis*** *übernehmen?*
b) Entwickelt eine Tabelle, in der ihr die Abfolge der Schlüsselbegriffe festlegt.

2 *Schreibt einen Begrüßungstext für den Textrahmen rechts auf der Startseite. Verwendet im Text keine Sonderzeichen, die nicht in allen Standardschriften vorkommen, z. B. Windings, Dingbats.*

ARBEITSTECHNIK

5 Bilder und Fotos könnt ihr mit „Kopieren" und „Einfügen" oder „Herüberziehen" aus anderen Ordnern in dem Ordner „images" eures Website-Ordners speichern. Diese Bilder könnt ihr dann mit dem Befehl „Grafik einfügen" in den Textrahmen der Startseite zu eurem Text einfügen.

6 Die beiden Teilrahmen der Startseite (Inhaltsverzeichnis/Begrüßungstext) müssen dann abgespeichert werden, hier z. B. linker Rahmen als „inhaltsverzeichnis_kunstobjekt.html" sowie rechter Rahmen als „begruessung_kunstobjekt.htm".

So könnte die Startseite aussehen:

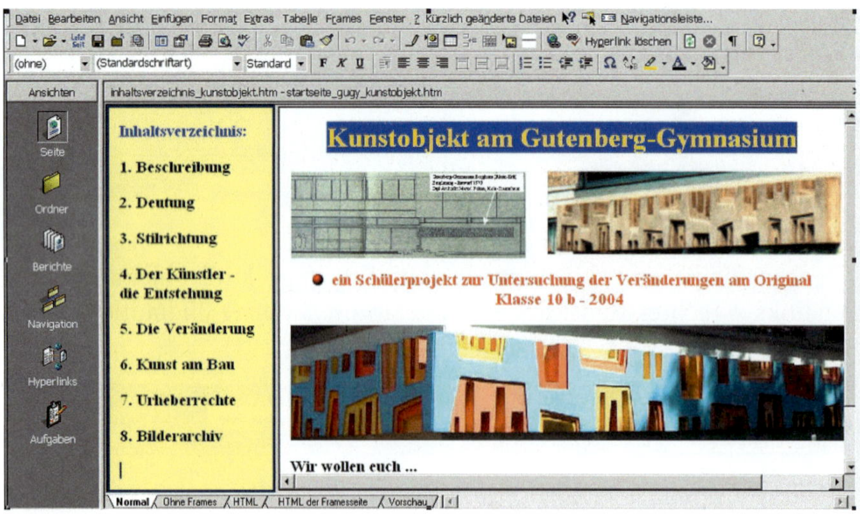

3 *Entwickelt nun selbst ein Projektthema für eure eigene Website, z. B. auch zu „Kunstobjekte an unserer Schule" oder zu einem Thema im Deutschunterricht.*

4 *Stellt eure eigene Startseite mit Inhaltsverzeichnis, Begrüßungstext und Bildern her.*

5 *Ruft nach dem Abspeichern mit einem Web-Browser (Mozilla, Internet Explorer etc.) eure Startseite und euer Inhaltsverzeichnis auf und prüft, ob alles sichtbar ist.*

B Die Inhaltsseiten – Der „content"

Wichtiger als das Lay-out sind die Inhalte eurer Website. Hier müssen zum Thema, z. B. „Kunstobjekt am Gutenberg-Gymnasium", einzelne Webseiten zu den Unterthemen entstehen, die ihr in der Mind-Map sowie im Inhaltsverzeichnis angedeutet seht. Diese Seiten werden mit dem HTML-Editor (FrontPage) jeweils als „Neue Seite" erstellt und im Ordner der Website abgespeichert.

1 *Wie viele Seiten würden gemäß der GuGy-Mind-Map (▷ S. 324) entstehen? Ordnet den Nummern in der Mind-Map die Nummern der Stichwörter im Inhaltsverzeichnis der Startseite zu.*

2 *Entwickelt Ideen: Wo bietet sich der Einbau von Bildern, Hörtexten, Filmausschnitten an?*

3 *Erprobt nun mit dem HTML-Editor (z. B. FrontPage) das Schreiben eurer eigenen Textseiten. Es ist vergleichbar mit dem Schreiben im Textverarbeitungsprogramm. Benutzt möglichst keine Sonderzeichen und prüft, dass ein Bindestrich kein Leerzeichen ergibt. Nutzt die „Standardschrift".*

I Die Veränderung im Jahre 2002

Der Kunstkurs bemalte den Wandfries im Jahre 2002, um das von den Schülern vielfach beklagte Grau des Betons an der Fassade aufzulockern. Dies sollte also an einer Stelle – als Beginn und Zeichen – aufgebrochen werden. Der Wunsch kam von den Schülern, und wir wollten auch einen Blickfang schaffen, mit positiven Farben, die lebendig und freundlich stimmen sollten. Es gab viele unterschiedliche und konkurrierende Farbvorschläge, die von Schülern, Schulleitung und Stadtvertretern gemeinsam betrachtet und entschieden wurden. – Das Relief, das vorher niemand bemerkte, da es zwischen Beton und Kieselplatten nicht auffiel, wird jetzt von allen gesehen.

(Lingens-Leser)

II Das ursprüngliche Kunstobjekt

Es handelt sich um eine künstlerisch gestaltete Betonplatte von 85 cm Höhe, 24 cm Tiefe und 9 m Länge auf der Vorderseite des Gebäudes, die noch einmal 9 m um die Ecke zum Eingang herumgeführt ist. Dieser Betonfries befindet sich in 1,70 m Höhe. Die Oberfläche ist durch unregelmäßig in den frischen Beton eingegrabene Vertiefungen gestaltet. Sie sehen aus wie kleine Fenster, Türen und Tore, mal größer, mal kleiner. Das Ganze nennt man auch Relief. Wenn die Sonne darauf scheint, entstehen unterschiedlich starke Schatten. So wirkt das Ganze etwas belebt.

(Klaus R.)

III Interview mit der Kunstlehrerin Frau Lingens-Leser
(auch als Audiodatei)

Frage: Was stellt das Relief dar, und wie kann man es stilistisch einordnen?

Antwort: Es ist ein ungegenständliches (abstraktes) Spiel mit Licht und Schatten zum Thema „Öffnung – Einblick – Eingang", das die strenge Form des Bauens, orientiert am Bauhaus-Stil, aufgreift und vorhandene Formen von Eingängen und Fenstern sowie das Vor- und Zurückspringen der einzelnen Bauteile zitiert und damit spielt. Es sieht nach Dekor aus, aber nichts wiederholt sich wirklich, es ist viel kunstvoller und gestalteter, als der Betrachter erfasst. [...]

IV Betonreliefs – Kunst am Bau der 60er- und 70er-Jahre

Henry Moore, Bouwcentrum, Rotterdam, 1955

Robotron – Gebäude Dresden, 1968–1974

In den 60er-Jahren – als das so genannte „Moderne Bauen" an Bedeutung gewann – wandelten sich die Vorstellungen. Die funktionale, moderne Formensprache der Architektur [...] ließ ein disparates Verhältnis zwischen Architektur und bildender Kunst entstehen: Die Architektur gehorchte nunmehr vornehmlich den Vorgaben der Rationalität und Funktionalität, während die „Kunst am Bau" der Zweckbindung zuwiderlief und stattdessen der „Individualität" als Maxime folgte [...]

4 *Ordnet die Ausschnitte aus den GuGy-Inhaltsseiten I–IV den Stichwörtern im Inhaltsverzeichnis zu.*

5 *Gestaltet eine ansprechende Inhaltsseite zu Stichwort 4 des Inhaltsverzeichnisses (▷ S. 326).*

6 *a) Recherchiert im Internet: Handelt es sich bei dem Betonfries an der Schule um ein urheberrechtlich geschütztes Werk der Baukunst im Sinne des § 2 Abs. 1 Nr. 4 UrhG? Erklärt mit Hilfe der Rechercheergebnisse das Urheberrecht eines Architekten.*
b) Darf man bestehende Kunst übermalen? Erörtert, ob man ein Kunstobjekt am Bau einfach verändern darf oder ob das nach § 14 UrhG verboten ist.
c) Schreibt mit eurem Wissen eine Inhaltsseite zu Stichwort 7 des Inhaltsverzeichnisses (▷ S. 326).

7 *Klärt ab, wo das Urheberrecht bei Veröffentlichung eurer eigenen Website greift. Schreibt einen kurzen Kommentar zur Situation bei eigenen Texten und Bildern (s. u. a. § 59 UrhG). Recherchiert dazu ergänzend in: http://www.leitfaden-multimediarecht.de.*

8 *Welche Rolle spielt heute „Kunst am Bau"? Schreibt eine Inhaltsseite zur heutigen Bausituation und macht Vorschläge für eure Schulumgebung.*

C Verlinken – Hyperlinks

Schließlich müssen die neu entstandenen Inhaltsseiten mit den Stichwörtern 1–7 des Inhaltsverzeichnisses verknüpft werden. Führt diese Schritte an dem von euch erstellten Beispiel durch.

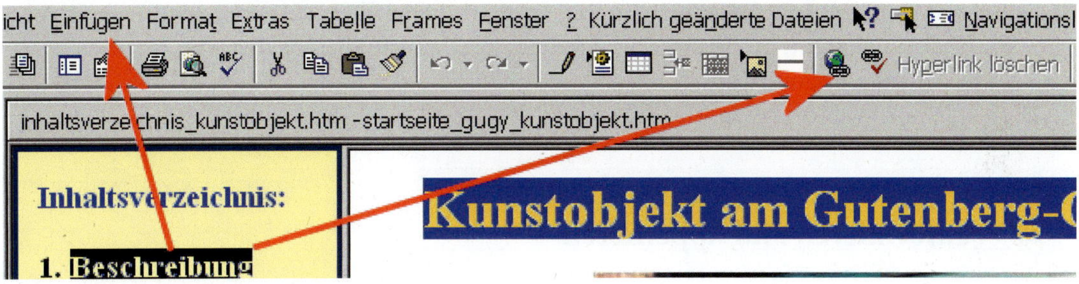

1 *Öffnet erneut eure Startseite mit dem Frame „Inhaltsverzeichnis".*

2 *Markiert ein Stichwort und sucht im Menü „Einfügen" → „Hyperlink" oder klickt auf den Button (siehe Bild). Im entstehenden kleinen Menü „Hyperlink erstellen" wählt ihr „zu einer Datei auf dem Computer". Dann wählt ihr in eurem Website-Ordner die entsprechende Datei aus und klickt sie doppelt an. Dies macht ihr mit allen Seiten.*

3 *Setzt auch Link-Hinweise auf fremde Internetseiten. Markiert dazu den Link, kopiert ihn und fügt ihn im Menü „Hyperlink erstellen" als URL-Adresse ein (Achtung: mit http://).*

4 *Öffnet mit dem Browser die Startseite und prüft am Inhaltsverzeichnis, ob alle Links richtig funktionieren: Erscheinen alle angeklickten Inhaltsseiten?*

D Ins Netz stellen – Upload

Dies macht der Webmaster eurer Schulhomepage. Ihm müsst ihr also eure Website anbieten, d. h. den Ordner mit allen Dateien, damit er sie hochladen kann.

1 *Brennt euren gesamten Website-Ordner auf CD und nennt dem Webmaster die Startseite.*

ORIENTIERUNGSWISSEN

1 Sprechen – Zuhören – Schreiben

1.1 Argumentieren

Überzeugend argumentieren

▷ S. 31

Eine gut gebaute Argumentation ist die wichtigste Voraussetzung, um in einer Diskussion bestehen zu können. Zu einer Argumentation gehören:

- eine **These** (Behauptung, Empfehlung, Bewertung/Urteil),
- **Argumente**, also Begründungen, die die These stützen (überprüfbare Fakten, Beobachtungen und Erfahrungen, allgemein anerkannte Grundsätze oder Normen, Expertenmeinungen), und
- zu jedem Argument **Beispiele, Belege** oder **Zitate,** die es untermauern.

Informieren und Appellieren

▷ S. 28

Ein Infobrief für die Teilnehmer an einem Schüleraustausch, ein Projekttitel, das Motto eines Schulfestes oder Formulierungen im Schulprogramm haben nicht nur eine **informative Funktion,** sondern auch eine **appellative,** d. h., sie haben auffordernden Charakter und sollen zum Handeln bzw. Nachdenken anregen.
Der **Appellcharakter** wird durch sprachliche Mittel erzeugt, z. B.: Imperative, Ellipsen (verkürzte Sätze), Slogans, kurze Fragesätze, rhetorische Mittel, Anredepronomen und Ausrufezeichen: „Schon mal in England gewesen? ...
Wer hat Interesse? ... Jetzt anmelden!“

Statements verfassen

▷ S. 51

Ein **Statement** ist eine relativ kurze, konzentriert argumentierende Meinungsäußerung, die darauf zielt, das Publikum von der eigenen Meinung zu überzeugen.
Folgende Fragen helfen bei der Vorbereitung eines Statements:

- Worin liegt genau die Intention des Statements? Soll die eigene Position aufgewertet, soll beschwichtigt, vereinnahmt oder die Gegenposition abgewertet werden?
- Wer soll überzeugt werden?
- Welche Argumente sind dafür besonders geeignet?
- Welche Reihenfolge ist die wirksamste?
- Wie wird das Statement eingeleitet, damit das Interesse des Publikums geweckt wird?
- Welche sprachlichen bzw. rhetorischen Gestaltungsmöglichkeiten gibt es, um die Intention möglichst eindrücklich umzusetzen?

1.2 Eine These erörtern

Lineare und dialektische (Pro- und Kontra-)Erörterung ▷ S. 33–44

Lineare (steigernde) oder dialektische Erörterung?
Manchmal ist auf den ersten Blick nicht leicht zu erkennen, ob eine Erörterungsaufgabe lineares oder dialektisches Herangehen erfordert. Deshalb ist es wichtig, die Aufgabenstellung genau unter die Lupe zu nehmen. Oftmals enthält sie Formulierungen, die Aufschluss über den Erörterungstyp geben.

- Der **linearen (steigernden)** Erörterung liegt häufig eine mit „W" beginnende Frage zu Grunde, z. B.: „Warum ist Sport für die Menschen sinnvoll?", oder: „Was bedeutet Glück für dich?".
  Vielfach geben dabei auch bestimmte Schlüsselwörter Auskunft, z. B.: „Begründe, ...", „Zeige auf, ...", „Erkläre, ...", „Untersuche, ..." etc.
- Auf ein **dialektisches** Vorgehen weisen z. B. Signalwörter hin, die deutlich machen, dass zu einem Thema gegensätzliche Positionen aufeinandertreffen. Typische Formulierungen sind: „Erörtere Für und Wider ...", „Setze dich auseinander mit ...", „Diskutiere ...", „Nimm kritisch Stellung ..." etc. Der Gegensatz wird auch meist durch die Art der Frage deutlich, z. B.: „Handy – Fluch oder Segen?", „Die Schule als Selbstlernzentrum – Ja oder Nein?" etc.

Die lineare (steigernde) Erörterung
Die lineare Erörterung vertritt oder verwirft eine These. Die gewählte Position wird beibehalten, Gegenargumente werden nicht genannt. Eine **lineare Erörterung** ist so **aufgebaut:**

- Die **Einleitung** soll Interesse wecken und der Leserin oder dem Leser das Problem, um das es geht, oder die **These,** die vertreten werden soll, nahebringen. Dazu kann man:
  - von einem konkreten Fall ausgehen (eigene Erfahrung, Zeitungsmeldung),
  - die allgemeine Bedeutung des Problems aufzeigen oder
  - das Problem in einen aktuellen Zusammenhang stellen.

  Hier werden auch schwierige Begriffe, die zum Verständnis nötig sind, geklärt.
- Der **Hauptteil** bringt die Argumente, die die These stützen (überprüfbare Fakten, Beobachtungen und Erfahrungen, allgemein anerkannte Grundsätze oder Normen), in steigernder Reihenfolge. Zum Schluss hin nähert man sich dem stärksten **Argument.** Jedes Argument muss durch einen **Beleg** untermauert sein, z. B. durch ein **Beispiel** oder ein **Zitat.**
- Der **Schluss** soll den Gedankengang abrunden. Hier kann man
  - eine Aufforderung oder einen persönlichen Wunsch nennen oder
  - einen Ausblick geben auf verwandte Themen oder zukünftige Entwicklungen.

Die dialektische (Pro- und Kontra-)Erörterung
In der so genannten **dialektischen Erörterung** werden die Gründe, die **für** eine These sprechen, und die Gründe, die **gegen** die Position sprechen, gegeneinander abgewogen, und so wird eine eigene Meinung herausgearbeitet. Durch schlüssiges Argumentieren wird das Urteil überzeugend begründet. Für die **dialektische** Form der **Erörterung** gilt grundsätzlich der gleiche **Aufbau** wie für die lineare Erörterung:
Einleitung – Hauptteil – Schluss.
Der Hauptteil enthält den Argumentationsgang.

Der Hauptteil der dialektischen Erörterung kann nach dem **Sanduhr-Prinzip** (erst werden die Argumente der Gegenposition in fallender, dann die der eigenen Position in steigender Reihenfolge genannt) oder nach dem **Pingpong-Prinzip** (Argument und Gegenargument folgen unmittelbar aufeinander) aufgebaut sein.

Aufbau einer textgebundenen Erörterung

▷ S. 45

1. Einleitung:
- im Einleitungssatz Autor/in, Titel des Textes und Thema nennen,
- gegebenenfalls aktuellen Bezug des Themas herstellen.

2. Hauptteil:
- a) Analyse des Textes:
  - den Text knapp zusammenfassen (Tempus: Präsens),
  - dabei zentrale Problemstellung wiedergeben,
  - Argumentationsstruktur und sprachliche Mittel des Textes analysieren.
- b) Erörterung der Argumente im Text:
  - zu den Hauptargumenten des Textes Stellung nehmen, dabei teilweise oder völlige Zustimmung oder Widerspruch begründet darlegen,
  - eigene Beispiele und Erläuterungen für oder wider die Argumente formulieren.

3. Schlussteil:
- die wichtigsten Argumente zusammenfassen und daraus die eigene Position ableiten,
- auf das Thema bezogene Aufforderung oder persönlichen Wunsch formulieren,
- auf verwandte Themen verweisen oder zukünftige Entwicklungen aufzeigen.

1.3 Protokollieren

Protokollieren

▷ S. 51–52

Für ein Protokoll gibt es eine festgelegte äußere Form:
- Einen **Protokollkopf** mit dem Titel der Veranstaltung, dem Datum, der Uhrzeit, dem Ort, den Namen der Anwesenden und der Protokollanten sowie dem Thema,
- einen **Hauptteil,** gegliedert nach Tagesordnungspunkten (TOPs),
- einen **Schluss** mit Datum des Tages, an dem das Protokoll geschrieben wurde, und der Unterschrift des Protokollanten.

Es werden zwei Arten von Protokoll unterschieden:
- Ein **Ergebnisprotokoll** kann man sachlogisch strukurieren, d. h., man kann verschiedene Aussagen zu einem Themenaspekt zusammenfassen, auch wenn sie in der Diskussion zeitlich getrennt waren.
- Das **Verlaufsprotokoll** berichtet in der genauen Reihenfolge über den gesamten Verlauf von Sitzungen, Besprechungen etc. Redebeiträge und Meinungsäußerungen müssen dem zeitlichen Ablauf nach festgehalten werden. Das Ergebnisprotokoll wird im Präsens abgefasst, das Verlaufsprotokoll im Präteritum oder Präsens.

1.4 Texte zusammenfassen

Informationen aus Sachtexten festhalten

Es gibt verschiedene Möglichkeiten, Informationen möglichst knapp und übersichtlich festzuhalten, z. B.

- in einer **Stichwortliste,** einem **Flussdiagramm** oder einer **Mind-Map** oder
- in einem eigenen kurzen Text, einer **Inhaltszusammenfassung.** Eine Stichwortliste kann man dabei gut als Vorbereitung verwenden. Beachtet dabei Folgendes:
  - **Aufbau:** Klare gedankliche Ordnung, orientiert an einem dargestellten Ablauf oder an einzelnen Aspekten. Der kurze Einleitungsabschnitt enthält Angaben zu Verfasser/in, Titel, Quelle (z. B. die Zeitschrift, aus der der Text stammt) und Thema.
  - **Ausführlichkeit:** Man beschränkt sich auf das, was in dem Text wirklich wichtig ist, verzichtet also auf ausschmückende Einzelheiten.
  - **Schreibstil:** Man schreibt sachlich; die eigene Meinung gehört hier nicht hin.
  - **Tempus:** Präsens

Inhaltsangabe eines Erzähltextes

- Nach Nennung von Autor oder Autorin, Texttitel und der Textsorte wird einleitend das Thema formuliert und in einem Satz zusammengefasst, worum es im Text geht.
- Zentrale Figuren werden mit den individuellen Eigenschaften beschrieben, die für die Handlung von Bedeutung sind.
- Handlungsschritte müssen erkannt und zusammengefasst werden.
- Der Ausgang der Handlung wird formuliert.
- Direkte Rede wird in indirekte Rede umgeschrieben.
- Das Tempus der Inhaltsangabe ist das Präsens und bei Vorzeitigkeit das Perfekt.
- Bei einer **erweiterten oder interpretierenden Inhaltsangabe** wird noch ein Schlussabschnitt angefügt, in dem man auf offene Fragen und Intention des Textes eingehen kann. Hier ist auch der Ort für ein eigenes Urteil über den Roman oder die Erzählung, das aus dem Text heraus begründet sein sollte.

1.5 Sich bewerben

Checkliste für Bewerbungsschreiben und Lebenslauf

▷ S. 69–72

Äußeres

- Weißes, sauberes Papier, einseitig beschrieben, DIN-A4
- Ränder links und rechts (3 cm)
- Zeugnisse und Nachweise neu und gut lesbar kopiert
- alle Unterlagen in einem Klemmordner oder Schnellhefter in der Reihenfolge: Bewerbungsschreiben, Lebenslauf, Zeugniskopien
- Bewerbungsfoto (am besten vom Fotografen!)
- großer Umschlag, ausreichend frankiert

Aufbau und Inhalt des Bewerbungsschreibens

- Kopf: Name, Adresse, Ort und Datum, Empfängeranschrift
- Anrede (Zuständige/r in der Personalabteilung, sonst „Sehr geehrte Damen und Herren, ...“)
- übersichtliche Gliederung in Absätze
- Bitte um ein Vorstellungsgespräch
- Unterschrift
- Bezugszeile: „Bewerbung zum ...“ / „Ihr Angebot vom ...“
- Text mit der Begründung, warum man für diese Stelle geeignet ist und warum man sich bei diesem Unternehmen bewirbt
- Grußformel („Mit freundlichen Grüßen“)
- Anlagen

Vollständigkeit des Lebenslaufs

- lückenloser Lebenslauf, in der Regel tabellarisch: persönliche Daten, Schulbildung, eventuell Praktika, Ferienjobs, Aushilfstätigkeiten
- besondere Kenntnisse (Computer, Sprachkenntnisse, eventuell Hobbys etc.)
- Ort, Datum, Unterschrift
- Foto rechts oben leicht angeklebt, Name und Adresse auf der Rückseite

Selbstverständlich sollte man das Anschreiben und den Lebenslauf mehrfach Korrektur lesen und gründlich überarbeiten, bevor man sie verschickt.

Bewerbungsmappe

▷ S. 70

Eine **Bewerbungsmappe** enthält alle Unterlagen, die es dem Arbeitgeber ermöglichen, sich ein positives Bild von einem Bewerber/einer Bewerberin zu machen. Dazu zählen:

- Deckblatt mit ansprechendem Foto
- das Anschreiben
- der Lebenslauf
- wichtige Schulzeugnisse (vor allem Abschlusszeugnisse)
- Zeugnisse und Nachweise über Praktika, Nebenjobs, ehrenamtliches Engagement
- Bescheinigungen über schulisches Engagement (z. B. SV-Arbeit)
- Nachweise über zusätzliche Qualifikationen (z. B. Schreibmaschinenkurs)
- eventuell passende Arbeitsproben (z. B. Schülerzeitung, Homepage)

Ein Bewerbungsgespräch vorbereiten und führen

▷ S. 72

Ein Bewerbungsgespräch sollte der Bewerber oder die Bewerberin selbstsicher und überzeugend mitgestalten und nicht nur einsilbige Antworten geben. Deshalb muss man sich vorher gut auf Fragen vorbereiten. Manchmal wird man auch aufgefordert, frei von sich zu sprechen. Es ist sinnvoll, sich für einen solchen Fall einen kurzen Text zurechtzulegen, in dem man vermittelt, dass man eine realistische Einschätzung der eigenen Fähigkeiten und klare Ziele vor Augen hat. Man sollte zu einem Bewerbungsgespräch in jedem Fall:

- Kopien der Bewerbungsunterlagen mitnehmen,
- Kleidung tragen, die ansprechend aussieht, in der man sich aber trotzdem wohl fühlt,
- freundlich sein und einen ruhigen und entspannten Eindruck machen,
- nachfragen, wenn man etwas nicht verstanden hat, und auch eigene, vorbereitete Fragen stellen und somit Initiative zeigen.

2 Nachdenken über Sprache

▷ S. 191–198

2.1 Kommunikation

Kommunikationsmodell und Sprachfunktion

Für die Abläufe menschlicher **Kommunikation** wurden verschiedene Modelle entwickelt. Stark vereinfacht übermittelt ein **Sender** bestimmte **Signale** an einen **Empfänger.**
Handelt es sich bei diesen Signalen um sprachliche Zeichen, so haben diese grundsätzlich drei **Sprachfunktionen:** eine darstellende, eine appellative und eine expressive Funktion. In der Regel überwiegt, je nach Kontext, eine dieser drei Funktionen. Indizien, welche der Sprachfunktionen jeweils stärker akzentuiert wird, können unter anderem die Wortwahl und der Satzbau sein:

1. **Information** (= darstellende Funktion): Gegenstände, Personen, Vorgänge, Sachverhalte werden dargestellt; z. B. durch: Aussagesätze, Adverbiale, Adjektive, Zahlen, Daten, Fakten, Beschreibungen, Berichte, Fragen und Antworten usw.
2. **Aufforderung** (= appellative Funktion): Es wird zum Handeln, Denken, Mitmachen aufgefordert; z. B. durch: Imperative, Anredepronomen, Ausrufezeichen, elliptische (verkürzte) Sätze, Slogans, Sprüche, rhetorische Mittel usw.
3. **Ausdruck** (= expressive Funktion): Gefühle, Hoffnungen, Proteste werden ausgedrückt; z. B. durch: Ausrufe, Ich-Aussagen („ich fühle"), Wertungswörter/ Gradadjektive („hervorragend", „toll"), Einzelwörter und elliptische Sätze, Bekenntnisse usw.

In komplexeren Texten gibt es meist eine vorherrschende Funktion, auch wenn sie noch andere Funktionen zugleich zeigen: Ein Bericht ist z. B. von der darstellenden Funktion geprägt, auch wenn Aufforderungen oder Expressionen vorkommen.

2.2 Sprache und Stil

Ober- und Unterbegriffe

Ein Begriff fasst viele einzelne Gegenstände oder Sachverhalte zusammen. Er benennt das Typische an ihnen.

- Dinge kann man nach Gebrauchszusammenhängen oder aber mit Begriffen ordnen. „Werkzeug" ist ein **Oberbegriff** und fasst von Menschen hergestellte Dinge zusammen, die dieser benutzt, um etwas zu bearbeiten.
- „Bohrer", „Hammer" und „Zange" gehören als spezielle **Unterbegriffe** zum Oberbegriff „Werkzeug". Die Unterbegriffe unterscheiden sich voneinander durch ihre **Merkmale,** z. B. Werkzeuge „zum Herstellen von Löchern".

Konnotation, Denotation

▷ S. 99

- Das **Denotat** (lt. *denotatum* = das Genannte) ist die Kernbedeutung eines Wortes und bezeichnet einen Begriff, Gegenstand oder Sachverhalt.
- Die **Konnotation** (lt. *con* = mit, *notatio* = Anmerkung) bezeichnet die Nebenbedeutung eines Wortes, seine emotionale Begleitvorstellung, die je nach Situation und Erfahrung der Sprechenden eine andere Bedeutung haben kann.

Beispiel: „Du hast keine Ehre im Leibe."
Denotation: kein Ehrgefühl, kein Gefühl für Anstand besitzen
Mögliche Konnotationen: ein Feigling, ohne Selbstwertgefühl sein, Verachtung verdienen

Semantische Stilmittel

▷ S. 38–42; 260–264

Semantische Stilmittel sind solche, die mit der Bedeutung, also der Inhaltsseite, von Wörtern, Wortgruppen oder Sätzen spielen:

- **Hyperbeln** sind starke Übertreibungen, z. B.: „aus reiner Profitgier geführter *Krieg* gegen *unschuldige* Tiere".
- Als **Synonyme** werden Wörter bezeichnet, die dieselbe Bedeutung haben, z. B. „schauen/sehen".
- Bei einem **Vergleich** werden zwei verschiedene Vorstellungen durch „wie" miteinander verknüpft, z. B.: „ist der *Himmel* sozusagen/ *wie* aus blauem *Porzellan*".
- Bei einer **Metapher** wird eine bestimmte Vorstellung ohne vergleichendes „wie" in einen anderen Bedeutungsbereich übertragen, z. B.: „*Feuerwoge* jeder Hügel"; „*Feuerwerk* ein jeder Baum".
- Eine besondere Form der Metapher ist die **Personifikation:** Ein Gegenstand oder ein Begriff wird vermenschlicht, z. B.: „Der Garten *trauert.*"

Syntaktische Stilmittel

▷ S. 38–42; 199; 260–264

Um die Textbeschreibung zu erleichtern, gibt es festgelegte Begriffe für Stilmittel.

- Enthält ein Satz mehrere aufeinanderfolgende Begriffe nennt man dies **Akkumulation,** z. B.: „*Hunde, Katzen* und andere *Heimtiere*".
- Wenn Sätze mit dem gleichen Wort oder der gleichen Wortgruppe beginnen, wird dies als **Anapher** bezeichnet. Beispiel: „ *Wir haben versucht,* sie von ihrer natürlichen Grausamkeit abzubringen, ... *Wir haben versucht,* ihre ... Beschwörungsformeln zu entwerten ...".
- Bei der **Ellipse** ist der Satz unvollständig, ein Wort oder Satzteil ist ausgelassen, z. B.: „So gesehen in Österreich und der Schweiz".
- Die Wiederholung gleicher syntaktischer Fügungen nennt man **Parallelismus.** Beispiel: „*Lukas stand auf* und ging ans Feuer, *er hockte* sich hin, *er sah* in die Glut, ...".
- Steigernd angeordnete Reihungen heißen **Klimax,** z. B.: „Ich hatte viel gehört in diesen sechsundvierzig Jahren, *von ihrer Fantasie, von Opferzeremonien und ihrer arglosen Grausamkeit*".

- Werden ganze Sätze oder Teile von Sätzen gleichgeordnet aneinandergereiht, spricht man von einer **Parataxe** oder parataktischem Stil, z. B.: „Auf den Möbeln ihres Zimmers flockt der Staub. Unter dem Bett wallt er. Dazwischen liegen Haarklemmen, ein Taschenspiegel, Knautschlacklederreste, Schnellhefter, Apfelstiele, ..."
- Sind die Sätze hingegen als Haupt- und Nebensätze miteinander verknüpft („ineinander verschachtelt"), nennt man das **Hypotaxe** oder hypotaktischen Stil. Beispiel: „Bisher war die Mutter stets zugegen gewesen, wenn das Kind sein Essen erhielt, nun blieb sie einmal am Morgen, als sie schlecht geschlafen hatte, im Bett, da sich der Vater angeboten hatte, das Kind allein zu besorgen."

2.3 Sprachentwicklung und Sprachvarianten

Fremdwort, Lehnwort, Erbwort

- **Fremdwörter** heißen diejenigen Wörter, die aus einer anderen Sprache übernommen wurden und im Deutschen gebraucht werden. Dabei werden die ursprüngliche Schreibweise und Aussprache meist beibehalten, z. B.: „Scanner", „Software".
- Eine Besonderheit stellen **Anglizismen** oder Amerikanismen dar, die zwar aus der englischen Sprache stammen, aber der deutschen Grammatik folgen; besonders häufig sind dabei Verben zu finden, z. B.: „downloaden", „scannen".
- **Lehnwörter** sind Wörter, die ursprünglich auch Fremdwörter waren, weil sie aus anderen Sprachen „entlehnt" wurden. Sie werden heute nicht mehr als Fremdwörter wahrgenommen, da sie sich im Laufe der Zeit der deutschen Schreibung, der deutschen Aussprache und der deutschen Grammatik angenähert haben. Lehnwörtern sieht man ihre Herkunft aus einer anderen Sprache ohne Vergleich mit dem ursprünglichen Wort nicht mehr an, z. B.: „falsch" (von lat. falsus).
- **Erbwörter** stellen die meisten Wörter unseres Wortschatzes. Sie sind nicht aus einer fremden Sprache übernommen, z. B. „gehen". Allerdings können sich Schreibung und/oder Bedeutung im Lauf der Zeit verändern, z. B. bei dem Adjektiv „geil".

Dialekte

▷ S. 119

Dialekte sind lokale oder regionale, landschaftlich begrenzte Sonderformen einer Sprache. Der auf das lateinische „dialectos" (= Ausdrucksweise) zurückgehende Begriff wurde im 17. Jahrhundert durch Philipp von Zesen mit **Mundarten** eingedeutscht. Dialekte gehören zu den **Sprachvarietäten.** Sprachwissenschaftler verwenden diesen Begriff, um mögliche Vorurteile gegenüber Dialekten zu vermeiden.

Prinzipiell wird unter den Dialekten einer Sprache eine gegenseitige Verständlichkeit bewahrt, doch können die Abweichungen in Aussprache, Wortschatz und Teilen der Grammatik sowie in Bedeutung und Gebrauch der Wörter sehr groß sein.

Fachsprachen

Fachsprachen sind Sprachvarianten, die der Verständigung innerhalb eines bestimmten, meist wissenschaftlich-technischen Sachgebiets dienen. Um die Eindeutigkeit von Aussagen zu garantieren, verwenden Fachleute einen besonderen Wortschatz, auf den sie sich geeinigt haben. Er besteht aus **Fachbegriffen** mit genau festgelegten Bedeutungen (Definitionen). Dies dient der Genauigkeit und vereinfacht die Verständigung über die jeweiligen Inhalte.

2.4 Wortarten

Wortarten im Überblick

Wortarten

- **flektierbar** (durch Beugung veränderbar)
  - **deklinierbar**
    - Nomen („Gabel“, „Lamm“)
    - Artikel („eine“, „das“)
    - Pronomen („ich“, „unser“)
    - Adjektiv („schnell“, „gut“)
  - **konjugierbar**
    - Verb („essen“, „üben“)
- **nicht flektierbar** (unveränderbar)
  - Präposition („auf“, „nach“)
  - Konjunktion („und“, „weil“)
  - Adverbien („gestern“, „dort“)

Nomen

Flexion der Nomen

- **Genus:** Jedes Nomen hat ein Genus, d. h. ein grammatisches Geschlecht. Es ist entweder ein
  - **Maskulinum** (männliches Nomen), z. B. „der Knopf“, oder ein
  - **Femininum** (weibliches Nomen), z. B. „die Krone“, oder ein
  - **Neutrum** (sächliches Nomen), z. B. „das Gehäuse“.
- **Numerus:** Nomen haben einen Numerus, d. h. eine Anzahl: Sie stehen
  - im **Singular** (Einzahl), z. B. „das Rad“, oder
  - im **Plural** (Mehrzahl), z. B. „die Räder“.
- **Kasus:**

1. Fall: **Nominativ**	Wer ...? oder Was ...?	„der Zeiger“
2. Fall: **Genitiv**	Wessen ...?	„des Zeigers“
3. Fall: **Dativ**	Wem ...?	„dem Zeiger“
4. Fall: **Akkusativ**	Wen ...? oder Was ...?	„den Zeiger“

Meist ist der Kasus am Begleiter des Nomens zu erkennen, manchmal auch an der Endung des Nomens, z. B. „des Zeigers“.
Wenn man ein Nomen in einen Kasus setzt, nennt man das **deklinieren** (beugen).

Adjektive

Adjektive (Eigenschaftswörter) dienen dazu, Personen, Dinge usw. genauer zu beschreiben, z. B.: „das *blaue* Band", „der *stolze* Besitzer".
Wenn Adjektive vor einem Nomen stehen, werden sie zusammen mit diesem **dekliniert,** z. B.: „der *stolze* Besitzer – des *stolzen* Besitzers".
Adjektive werden bei Vergleichen gesteigert: Man bildet zur Grundform (Positiv) den **Komparativ** und den **Superlativ,** z. B.: „schön – schöner – am schönsten".
Adjektive im Superlativ mit „am" werden wie alle Adjektive **kleingeschrieben.**

Pronomen

Pronomen (Fürwörter) können auf Nomen verweisen, die im Text schon genannt worden sind, oder Nomen begleiten. Pronomen lassen sich meist deklinieren.

- **Personalpronomen:** „ich", „du", „er/sie/es", „wir", „ihr", „sie".
- **Possessivpronomen:** „mein", „dein", „sein/ihr/(sein)", „unser", „euer", „ihr Haus".
- **Demonstrativpronomen:** Sie können ein Nomen begleiten oder können auch allein stehen: „dieser (Junge)", „jene (Frau)", „dieses (Haus)".
- **Indefinitpronomen:** „etwas", „einige", „manche", „andere", „kein" ...
- **Reflexivpronomen:** „mir", „mich", „dir", „dich", „sich", „uns", „euch", „sich". Sie stehen in Verbindung mit bestimmten Verben, z. B.: „sich aufrichten".
- **Relativpronomen:** „der", „die", „das" und „welcher", „welche", „welches".
  „Der Koch, *der* die Speisen zubereitet, trägt eine riesige Mütze."

Konjunktionen

Konjunktionen verbinden Wörter oder Sätze miteinander. Man unterscheidet zwei Arten von Konjunktionen:

- **Nebenordnende Konjunktionen** wie „und", „oder", „aber" usw. verknüpfen Wörter, Wortgruppen oder Hauptsätze; z. B.: „Es regnet, *und* er hat keinen Schirm."
- **Unterordnende Konjunktionen** wie „weil", „obwohl", „dass" leiten Nebensätze ein; z. B.: „Es ärgert ihn, *dass* er keinen Schirm hat."

Präpositionen

Wörter wie „in", „auf", „nach", „vor" nennt man **Präpositionen** (Verhältniswörter). Sie bezeichnen oft **räumliche Verhältnisse:** „*auf* dem Zifferblatt". Präpositionen können aber auch **zeitliche Beziehungen** ausdrücken („*in* drei Stunden"), einen **Grund** angeben („*wegen* der Ausstellung") oder die **Art und Weise** bezeichnen („*mit* großem Eifer"). Präpositionen bestimmen den Kasus des nachfolgenden Worts oder der Wortgruppe: „*in* das Haus", „*neben* dem Haus", „*wegen* des Hauses".

Adverbien

Wörter, die nähere Angaben zu einem Geschehen machen, bezeichnet man als **Adverbien** (Umstandswörter, Singular: das Adverb). Sie erklären genauer, wo, wann, wie oder warum etwas geschieht, und sind **nicht flektierbar** (veränderbar).
Z. B.: „Die Post kam *gestern.*" „Der Zirkus spielt *dort.*"

Verben

Verben geben an, was ist, was geschieht oder was jemand tut, z. B.: „haben", „regnen", „gehen". Setzt man Verben in die **Personalform,** nennt man dies konjugieren: „gehen – er geht".
Ungebeugte Formen des Verbs sind der **Infinitiv,** z. B.: „gehen", das **Partizip I,** z. B.: „gehend", und das **Partizip II,** z. B.: „gegangen".
Die Befehlsform nennt man **Imperativ.** Ein Imperativ kann an einzelne oder an mehrere Personen gerichtet sein: „Geh(e)!" – „Geht!"; „Gib!" – „Gebt!"
Verben mit einem Akkusativobjekt, das bei der Umwandlung ins Passiv zum Subjekt wird, nennt man **transitive Verben,** z. B.: „Der Fotograf *spannt* den Film in die Halterung *ein.*" – „Der Film wird in die Halterung eingespannt."
Alle anderen Verben werden **intransitive Verben** genannt, z. B.: „Katharina *dankt* Onkel Michael für die Kamera."

Aktiv und Passiv
Bei der Darstellung von Handlungen und Vorgängen unterscheidet man die Verbformen Aktiv und Passiv.

- Sätze, in denen die Handlungsträger als Subjekt des Satzes erscheinen, stehen in der Verbform **Aktiv,** z. B. : „Katharina *knipst* einen ganzen Film voll."– „Sie *wählt* später mit der Klasse die gelungenen Bilder *aus.*"
  Handlungsträger im grammatischen Sinne können auch Gegenstände oder andere Erscheinungen sein, z. B.: „Der *Fotoapparat* steht auf einem Stativ."
- Sätze, in denen mit dem Subjekt des Satzes etwas geschieht, stehen in der Verbform **Passiv,** z. B.: „Das Modell *wird geschminkt.*" – „Die Fotos *werden retuschiert.*" In Passivsätzen kann auch der Handlungsträger genannt werden, und zwar in Form einer **Präpositionalgruppe,** z. B.: „Dir wird *von fremden Leuten* im Gesicht rumgefummelt."

Die Aussageweisen des Verbs: Indikativ und Konjunktiv
Man unterscheidet in der Sprache verschiedene Aussageweisen des Verbs, die Modi (Singular: Modus). Sie ermöglichen es, eine Aussage „einzufärben", sie z. B. als Tatsache, Wunsch, Annahme oder Aufforderung kenntlich zu machen.

- **Indikativ** (Wirklichkeitsform)
  Wenn man ausdrücken möchte, dass etwas wirklich geschieht oder eine Aussage uneingeschränkt gültig ist, steht das Verb im Indikativ, z. B.: „Ich *bin* 13 Jahre alt." „Weil die Sonne *scheint, fahren* wir ins Freibad."
  Auch in Bedingungsgefügen, deren Bedingung eintritt oder eintreten kann, verwenden wir den Indikativ. Solche Bedingungsgefüge nennen wir **reale Bedingungsgefüge,** z. B.: „Wenn es *regnet, nimmt* Paula ihren Schirm mit."

- **Konjunktiv** (Möglichkeitsform)
  - **Konjunktiv I**

Mit dem Konjunktiv I drückt man einen **Wunsch** aus, z. B.: „Er *ruhe* in Frieden."
Man verwendet ihn auch in der **indirekten Rede,** z. B.: „Daniela sagt, dass sie einen neuen Wintermantel *brauche*."
Die Formen des **Konjunktivs I** werden vom Infinitiv abgeleitet. Ihr besonderes Kennzeichen sind Endungen, die ein **e** enthalten:

Infinitiv	Indikativ Präsens	Konjunktiv I
bring-en	*er bringt*	*(sie behauptet,) er bringe*
schlaf-en	*er schläft*	*(sie behauptet,) er schlafe*
komm-en	*er kommt*	*(sie behauptet,) er komme* aber:
sein	*er ist*	*(sie behauptet,) er sei*

Wenn der Konjunktiv I nicht vom Indikativ zu unterscheiden ist, verwendet man den **Konjunktiv II** oder eine **Umschreibung mit *würde*,** z. B.: „Er sagt, dass sie eine neue Fabrik ~~bauen~~ *bauten/bauen würden*."
Manche Konjunktivformen sind heute ungebräuchlich oder wirken altertümlich („du gewännest/gewönnest"). Auch in diesen Fällen verwendet man die Ersatzform mit *würde* („du *würdest* gewinnen").

  - **Konjunktiv II**

Bei Aussagen, die man anzweifelt, die man als unwirklich, nicht wahr oder wünschenswert ansieht, verwendet man den Konjunktiv II, z. B.: „Ach, *wäre* ich doch schon 15 Jahre alt." „Wenn die Sonne *schiene*, *führen* wir ins Freibad."
Auch in Bedingungsgefügen, deren Bedingung nicht (mehr) eintreten kann, verwenden wir den Konjunktiv II. Solche Bedingungsgefüge nennen wir **irreale Bedingungsgefüge,** z. B.: „Wenn es *regnete*, *nähme* Paula ihren Schirm mit."
Der **Konjunktiv II** wird vom Indikativ Präteritum/Imperfekt abgeleitet (oft mit Umlaut, d. h. Wechsel von **a, o, u** zu **ä, ö, ü):**

Infinitiv	Indikativ Präteritum	Konjunktiv II
bauen	*er baute*	*er baute*
schlafen	*er schlief*	*er schliefe*
bringen	*er brachte*	*er brächte*
kommen	*er kam*	*er käme*
sein	*er war*	*er wäre*

Wenn der Konjunktiv II auch im Textzusammenhang nicht vom Indikativ Präteritum zu unterscheiden ist, wählt man die **Umschreibung mit *würde*.**
„Ich *machte* gern eine große Reise." → „Ich *würde* gern eine große Reise *machen*."
Die Umschreibung mit *würde* wählt man auch, wenn die Konjunktiv-II-Form ungebräuchlich ist oder als „geziert" empfunden wird, z. B.:
„ich empfähle → ich würde empfehlen", „er hübe → er würde heben".

Modalverben
Mit der Sprache kann man vermitteln, ob etwas als **Möglichkeit, Erlaubnis, Empfehlung, Forderung** oder **Verpflichtung/Zwang** verstanden werden soll.
Modalverben sind z. B.: „können", „sollen", „müssen", „dürfen", „wollen", „mögen".

2.5 Satzglieder

Satzglieder im Überblick

Satzglieder

Subjekt	**Prädikat**	**Dativobjekt**		**adverbiale Bestimmung der Zeit**		**Akkusativobjekt**	
Wer oder was?	Satzkern	Wem?		Wann?		Wen oder was?	
Nina	*schenkte*	*ihrem*	*Freund*	*an*	*Weihnachten*	*einen*	*Teddy.*
Nomen	**Verb**	**Pronomen**	**Nomen**	**Präposition**	**Nomen**	**Artikel**	**Nomen**

Wortarten

Satzglieder: Umstellprobe – Satzgliedfrage

Ein Satz setzt sich aus verschiedenen **Satzgliedern** zusammen. Ob ein einzelnes Wort oder eine Wortgruppe ein Satzglied bildet, erkennt man durch die **Umstellprobe:**

Satzglieder lassen sich umstellen, ohne dass sich der Sinn des Satzes ändert.

- Das **Prädikat:** Prädikate werden durch Verben gebildet. Es gibt einteilige Prädikate (z. B.: „Sie *baut* einen Drachen.") und mehrteilige Prädikate (z. B.: „Sie *hat* einen Drachen *gebaut.*"). Die Personalform des Verbs („*hat*") steht im Aussagesatz an zweiter Stelle.
- Das **Subjekt.** Es steht immer im Nominativ. Wir ermitteln es durch die Frage: „Wer ...? oder Was ...?": „*Wer* hat einen Drachen gebaut? – *Sie* hat ihn gebaut."
- Das **Akkusativobjekt;** wir erfragen es mit „Wen ...? oder Was ...?"
- Das **Dativobjekt;** wir erfragen es mit „Wem ...?"
- Das **Genitivobjekt** wird nur noch selten gebraucht. Wir erfragen es mit „Wessen ...?".
- Das **Präpositionalobjekt;** wir erfragen es mit „Worüber ...?", „Worauf ...?", „Wovon ...?".

Adverbiale Bestimmungen

Angaben zu näheren Umständen gibt es in unterschiedlichen sprachlichen Formen:

Die Frage „Wann?" kann z. B. beantwortet werden durch:

- ein Satzglied, eine **adverbiale Bestimmung:**
  - „Die Polizisten kamen *nach zwei Stunden.*" → eine Wortgruppe mit Präposition
  - „Sie kamen *sofort.*" → ein Adverb, das sich nicht beugen lässt
- einen Gliedsatz, den **Adverbialsatz:** „Sie kamen, *als sie ins Fernsehstudio gerufen wurden.*" → ein Nebensatz an der Stelle der adverbialen Bestimmung

Attribute (Satzgliedteile)

Angaben, die Bezugswörter genauer bestimmen, nennt man **Attribute.** Fast alle Attribute antworten auf die Frage *„Was für ein ...?"*. Ein Attribut kann vor oder nach einem Bezugswort stehen. Es ist **Teil eines Satzglieds** und bleibt bei der Umstellprobe mit seinem Bezugswort verbunden.

Beispiel: „Hier ist *das Büro* ***des Superdetektivs.***"
„*Das Büro* ***des Superdetektivs*** ist hier."

Bis auf das Prädikat kann jedes Satzglied durch ein Attribut erweitert werden. Es gibt verschiedene Formen des Attributs, z. B.:

- Adjektive: „das *laute* Klingeln"
- Genitivattribut: „das Büro *des Superdetektivs*"
- Apposition (meist in Kommas eingeschlossen): „Harvey, *der Meisterschnüffler*, ..."
- präpositionales Attribut: „das Telefon *neben dem Bett*"
- Adverb: „das Mädchen *dort*"
- Pronomen: „*diese* Schule", „*dein* Geburtstag"
- Zahlwörter: „*drei* Äpfel", „*viele* Menschen"

2.6 Sätze, Zeichensetzung

Die Satzreihe

Ein zusammengesetzter Satz, der aus **zwei oder mehr Hauptsätzen** besteht, wird **Satzreihe** genannt. Die Teilsätze werden manchmal nur durch **Komma** voneinander abgegrenzt: „Die Zeitungen unterlagen der Zensur, sie mussten von den Fürsten genehmigt werden." Meist werden die Teilsätze aber durch **nebenordnende Konjunktionen** (Bindewörter) miteinander verbunden (z. B.: „und", „oder", „denn").
Vor „denn" **muss** immer ein Komma stehen:
„Nächste Woche verreise ich, *denn* dann sind Ferien."
Vor „und" oder „oder" **kann** das Komma in der Satzreihe stehen:
„Entweder gehen wir jetzt los, *oder* ich setze mich vor den Fernseher."

Das Satzgefüge

Ein Satzgefüge besteht aus mindestens einem **Hauptsatz** („Es durften nur Zeitungen erscheinen, ...") und einem **Nebensatz.** Nebensätze werden meist mit einer unter ordnenden Konjunktion („..., *wenn* der Fürst es erlaubt hatte.") oder einem **Relativpronomen** („..., die von dem Fürsten genehmigt worden waren") eingeleitet. Nebensätze, die die Stelle eines Satzglieds einnehmen, heißen auch **Gliedsätze.**
Nebensätze werden vom Hauptsatz immer durch Komma abgetrennt.

Reale und irreale Bedingungsgefüge

- In einem Satzgefüge stellt der **konditionale Gliedsatz** eine Bedingung dar: „*Wenn ich Geld habe,* (dann) kann ich etwas kaufen." Ist diese Bedingung möglich oder sogar wahrscheinlich, handelt es sich um ein **reales Bedingungsgefüge.** Konditionalsätze werden eingeleitet mit den Konjunktionen „wenn", „falls", „sofern".
- In **Konditionalsatzgefügen** mit Bedingungen, deren Erfüllung sehr unwahrscheinlich (irreal) ist, wird der **Konjunktiv II** (auch: Irrealis) im Hauptsatz und im Gliedsatz gebraucht: „Wenn ich Millionär *wär',* *würde* ich mir einen Wald kaufen." „*Wäre* ich Abgeordneter, *plante* ich ein Gesetz gegen den Lärm." (Konditionalsätze ohne Konjunktion mit finitem Verb am Anfang)
- Außerdem lässt sich mit dem Konjunktiv II Folgendes ausdrücken:
  - Ein **erfüllbarer Wunsch:** „Ich *wollte,* morgen *wäre* hitzefrei!"
  - Ein **unerfüllbarer Wunsch** im Konjunktiv II: „*Hätte* ich das bloß nicht *gesagt!*"
  - Eine **höfliche Aufforderung:** „*Würden* Sie bitte Platz machen?"
  - Ein **Zweifel:** „*Hättest* du das auch *getan?*"

Nebensätze

Relativsätze
Ein Nebensatz, der ein Bezugswort näher erläutert, heißt **Relativsatz.** Er hat im Satz die Rolle eines Attributs. Relativsätze werden mit einem **Relativpronomen** eingeleitet: „der", „die", „das" (ersetzbar durch: „welcher", „welche", „welches").

Gliedsätze

- **Adverbialsätze**
  Adverbialsätze sind Gliedsätze. Sie können an die Stelle der adverbialen Bestimmung treten. Adverbialsätze werden mit unterordnenden Konjunktionen eingeleitet, z. B.: „bis", „da", „als" ... Beispiel: „Die Feuerwehr suchte mit einem Schlauchboot den kleinen See ab, ***bis*** *sie das dressierte Tier in Ufernähe entdeckte (bis zur Entdeckung des Tieres in Ufernähe).*" Man kann bei Adverbialsätzen verschiedene **Typen** unterscheiden.

Typen von Adverbialsätzen

Satztyp	Beziehung zum Hauptsatz/Funktion	Konjunktionen/Einleitewörter
Konditionalsatz	Bedingung	wenn; falls; sofern; unter der Bedingung, dass
Kausalsatz	Grund, Ursache	weil; da; zumal
Finalsatz	Absicht, Zweck	damit; auf dass
Konsekutivsatz	Folge, Wirkung	sodass; so ..., dass; als dass
Modalsatz	Art und Weise	(in der Art), dass; indem; wie; (so) wie; (anders) als; ohne dass; als ob; je ..., (desto)
Konzessivsatz	Zugeständnis, Einräumung	obwohl; obgleich; obschon; wenngleich; wenn auch
Temporalsatz	Zeit	als; während; bis; bevor; ehe; nachdem; seitdem; sobald; wenn

Inhaltssätze

Inhaltssätze sind Gliedsätze, die die Rolle von Subjekt oder Objekt in Sätzen übernehmen können. Sie heißen daher auch **Subjektsätze** oder **Objektsätze** und lassen sich wie Subjekt oder Objekt erfragen:
„Wen oder was lese ich?" – *„..., dass ein Sachbuch ausgezeichnet wird."*
Die **Subjektsätze** und **Objektsätze** geben den Inhalt dessen an, was man weiß, sagt, vermutet, hofft, wünscht; was klar oder unklar ist usw. Deshalb nennt man diese Gliedsätze auch **Inhaltssätze.**

Formen von Inhaltssätzen, Beispiele

1. Fest steht, ***dass** Kinder die Universität kennen lernen sollen.*	**dass-Satz**
2. Die Kinder interessiert, ***was** an den Hochschulen erforscht wird.*	**indirekter Fragesatz** (aus: Was wird dort geforscht?)
3. Anfangs wusste niemand, ***ob** die Kinder die Professoren verstehen würden.*	**indirekter Fragesatz** (aus: Würden die Kinder die Professoren verstehen?)
4. Den Universitäten gelang es, *die Kinder für die Forschung **zu interessieren.***	**Infinitivsatz** (satzwertiger Infinitiv)

Infinitivsätze

Ein **Infinitivsatz** besteht aus einem Infinitiv mit „zu" und mindestens einem weiteren Wort, z. B. „Früher hofften Schatzsucher, *das Gold der Inkas **zu finden.**"*
Infinitivsätze werden mit **Komma** vom Hauptsatz abgetrennt,

- wenn der Infinitivsatz durch „um", „ohne", „statt", „anstatt", „außer", „als" eingeleitet wird, z. B. „Sie nahmen große Gefahren in Kauf, ***um** diese Schätze im Urwald zu finden."*
- wenn der Infinitivsatz von einem Nomen oder einem hinweisenden Wort abhängt, wie z. B. „daran", „darauf" oder „es": „Sie hatten ***die Absicht,** die Reichtümer zu finden."* – „Sie freuten sich sehr ***darauf,** die Reichtümer zu finden."*

In allen anderen Fällen kann das Komma zur Lesefreundlichkeit gesetzt werden, falsch ist es nie.

Partizipgruppen

Obwohl Partizipgruppen kein Verb in der Personalform enthalten, können sie im Satz die Funktion von Gliedsätzen übernehmen. Man nennt sie darum auch **satzwertige Partizipien.** Partizipien müssen normalerweise nicht durch Kommas abgetrennt werden.

Kommas stehen allerdings,

- wenn durch hinweisende Wörter auf die Partizipgruppe Bezug genommen wird, z. B.: „So, *eingespannt in ein festes Gestell,* bewegt sich der Ranzen beim Gehen auf und ab."
- wenn die Partizipgruppe am Satzende steht, z. B.: „Der Ranzen bewegt sich beim Gehen auf und ab, *eingespannt in ein festes Gestell."*

Partizipgruppen können durch Komma abgetrennt werden, wenn man die Gliederung des Satzes verdeutlichen will.

Das Komma bei Aufzählungen

- **Wörter und Wortgruppen in Aufzählungen** werden durch **Kommas** abgetrennt. „Für die neue Wohnung kaufen sie *Betten, Regale, Stühle, Küchenmöbel.*“
  Vor den entgegensetzenden Konjunktionen „aber“, „jedoch“, „sondern“, „doch“ steht ebenfalls ein Komma: „Deutsch lernt Karl in der Schule, *aber* nicht bei seinem Vater.“
- **Kein Komma steht vor den nebenordnenden Konjunktionen** „und“, „oder“, „sowie“, „entweder ... oder“, „sowohl ... als auch“: „Die Kinder behandeln Karl *entweder* freundlich *und* aufmunternd *oder* abweisend.“

Zeichensetzung bei der wörtlichen Rede

- Die wörtliche Rede steht in **Anführungszeichen.** Der Redebegleitsatz kann der wörtlichen Rede vorangestellt, nachgestellt oder in die wörtliche Rede eingeschoben sein.
- Nach einem **vorangestellten Redebegleitsatz** weist ein Doppelpunkt auf die folgende wörtliche Rede hin. Beispiel: *Sie sagte:* „Ich besuche dich bald.“
- Der **nachgestellte Redebegleitsatz** wird durch ein Komma von der wörtlichen Rede abgetrennt. Beispiel: „Halt! Stehen bleiben!“, *riefen die Polizisten.*
- Der **eingeschobene Redebegleitsatz** wird durch Kommas von der wörtlichen Rede abgetrennt. Beispiel: „Ich suche das Buch“, *sagte sie,* „weißt du, wo es sein könnte?“

Der Apostroph

- **Auslassung von Buchstaben** in Wörtern kennzeichnet man mit dem **Apostroph.** Wenn Eigennamen, die im Nominativ mit dem s-Laut enden, im Genitiv stehen, lässt man beim Schreiben das Genitiv-s weg und setzt einen Apostroph, z. B.: „Jens’ Geburtstag“. Das gilt für Wörter, die am Ende mit **-s, -ss, -ß, -tz, -z, -x** oder **-ce** geschrieben werden.
- Ist der Genitiv durch einen beigefügten Artikel, ein Possessivpronomen oder Ähnliches erkennbar, entfällt der Apostroph, z. B.: „zum Geburtstag unseres kleinen Jens“.

Zeichensetzung beim Zitieren

▷ S. 148

- Wörtlich wiedergegebene Textstellen stehen in Anführungszeichen.
- Innerhalb des durch Anführungszeichen gekennzeichneten Zitats darf der Originaltext nicht verändert werden.
- Geringfügige Änderungen, die z. B. durch die Stellung des Zitates im Satz notwendig sein können, werden in eckige Klammern gesetzt: [ ].
- Auslassungen werden durch [...] gekennzeichnet.
- Bei bestimmten Textsorten (z. B. Textanalysen oder Interpretationen) wird hinter dem Zitat in Klammern die Zeilenangabe zur Textstelle eingefügt.
- Zitate sollten sparsam eingesetzt werden (wichtige Aussage, prägnanter Ausdruck).

2.7 Rechtschreibung

Die Silbentrennung

- Mehrsilbige Wörter trennt man nach **Sprechsilben,** z. B.: „Spa-zier-gang", „Kas-ten".
- **Zusammensetzungen** und Wörter mit **Präfix** trennt man zwischen den einzelnen Bestandteilen („voll-enden", „Er-trag", „Pro-gramm").
- Ein **einzelner Vokalbuchstabe** wird nicht abgetrennt, z. B.: „Igel", „Kleie", aber „Au-ge".
- Ein **einzelner Konsonantenbuchstabe,** der zwischen zwei Vokalbuchstaben steht, kommt auf die neue Zeile, z. B.: „Au-ge", „He-xe", „bei-ßen". Stehen mehrere Konsonantenbuchstaben dazwischen, so kommt nur der letzte auf die neue Zeile, z. B.: „Karp-fen", „knusp-rig".
- Stehen Buchstabenverbindungen wie **ch, sch, ph** oder **th** für **einen Konsonanten,** so trennt man sie nicht, z. B.: „la-chen", „Zi-ther". Dasselbe gilt für **ck,** z. B.: „Zu-cker".
- **Fremdwörter** trennt man nach ihren **Wortbausteinen** („Inter-esse", „Päd-agoge") oder nach **Sprechsilben** („Inte-resse", „Pä-dagoge").

Die Schreibung nach kurzen Vokalen

Doppelkonsonanten
Nach **betonten kurzen Vokalen** folgen fast immer **zwei Konsonanten.**

- Meist kann man sie beim Hören gut unterscheiden, z. B. bei „Hu**nd**", „To**pf**", ...
- Hört man nur einen Konsonanten, wird der beim Schreiben **verdoppelt,** z. B. bei „kna**bb**ern", „Pu**dd**ing", „Ko**ff**er", ...

Es gibt zwei **Sonderfälle:**

- Statt verdoppeltem **z** wird **tz** geschrieben: „Mü**tz**e", „Bli**tz**", „fli**tz**en" ...
- Statt verdoppeltem **k** wird **ck** geschrieben: „Stü**ck**", „Bä**ck**er" ...
  Bei der Silbentrennung wird **ck** nicht getrennt, sondern in die folgende Zeile geschrieben.

Die Schreibung nach langen Vokalen

- Die **lang gesprochenen Vokale a, e, o, u** sowie die Umlaute **ä, ö** und **ü** werden oft nur mit einem einfachen Buchstaben geschrieben, z. B.: „brav", „leben", „rot", „müde". Das gilt besonders für einsilbige Wörter: „wen", „zu", „so" und die Suffixe „-tum", „-bar", „-sal" und das Präfix „ur-", z. B.: „**Ur**tier", „sonder**bar**", „Rinn**sal**", „grau**sam**", „Reich**tum**".
- **Lange Vokale mit h**
  Hinter lang gesprochenem **a, e, o, u** sowie den Umlauten **ä, ö** und **ü** steht manchmal ein **h,** vor allem in Verbindung mit den nachfolgenden Konsonanten **l, m, n** und **r,** z. B.: „Wa**hl**", „fü**hl**en", „za**hm**", „Le**hm**", „So**hn**", „Bü**hn**e", „me**hr**", „se**hr**", „U**hr**".
- **Doppelvokal**
  Einige wenige Wörter werden mit Doppelvokal geschrieben, z. B.: „Paar", „Beere", „Boot".

- **i als einfaches i geschrieben**
  Es gibt nur wenige Wörter, in denen ein lang gesprochenes **i** durch den **Einzelbuchstaben i** wiedergegeben wird. Einige dieser Wörter sind Fremdwörter, z. B.: „St**i**l".
- **i als ie geschrieben**
  Meist wird das lang gesprochene **i** als **ie** geschrieben, z. B.: „Kn**ie**", „s**ie**", „M**ie**te", „T**ie**r". Das **ie** erscheint auch in den fremden Wortausgängen **-ie, -ier, -ieren,** z. B.: „Industr**ie**", „Batter**ie**", „Scharn**ier**", „Klav**ier**", „repar**ieren**", „Reg**ie**rung".

Die Schreibung des s-Lauts

- Der **stimmhafte s-Laut** wird stets mit einfachem **s** geschrieben, z. B.: „Ha**s**e", „**s**agen".
- Das **stimmlose s** am Wortende wird mit einfachem **s** geschrieben, wenn sich beim Verlängern des Wortes ein stimmhaftes **s** ergibt, z. B.: „Gra**s** – Grä**s**er"; „Hau**s** – Häu**s**er".
- Ein **stimmloses s** nach einem langen Vokal oder Diphthong schreibt man **ß,** wenn es bei der Verlängerungsprobe stimmlos bleibt, z. B.: „Fu**ß** – Fü**ß**e"; „Strau**ß** – Sträu**ß**e".
- **Nach einem kurzen, betonten Vokal** wird **ss** geschrieben, wenn im Wortstamm kein weiterer Konsonant folgt. Das **s** ist dann stimmlos, z. B.: „Fa**ss**", „Bi**ss**", „ha**ss**en", „er ha**ss**t", „hä**ss**lich".

Groß- und Kleinschreibung

Satzanfänge und Nomen werden **großgeschrieben.** ▷ S. 139–141

Nominalisierung von Verben und Adjektiven

Verben und Adjektive, also Wörter einer anderen Wortart, schreibt man **groß,** wenn sie im Satz als Nomen gebraucht werden. Man erkennt das meist an der Verbindung mit einem der **Nomen-Signale.** Nomen-Signale sind z. B.:

- ein vorausgehender **Artikel:** „gehen", „13-jährig" – „*das* Gehen", „*die* 13-Jährige";
- eine **Präposition** (mit Artikel): „gut", „böse" – „*im* (in dem) Guten", „*im* (in dem) Bösen";
- ein vorangestelltes **Pronomen:** „lachen", „arbeiten" – „*mein* Lachen", „*sein* Arbeiten".
- In Verbindung mit den **Indefinitpronomen** „etwas", „alles", „nichts", „viel", „wenig", „allerlei", „genug", „manches" werden Adjektive nominalisiert und deshalb großgeschrieben: „schön", „neu", „alt" – „*viel* Schönes", „*wenig* Neues", „*nichts* Altes".

Kann man ein Signalwort ergänzen, schreibt man das nominalisierte Verb oder Adjektiv groß, z. B.: „Du weißt doch genau, dass *(das)* Schwimmen und *(das)* Laufen gesund sind."
Achtung: Nominalisierungen, die aus zwei Wörtern zusammengesetzt sind, schreibt man zusammen, z. B.: „das Bogenschießen", „das Honigschlecken".

Eigennamen und Herkunftsbezeichnungen

- In **mehrteiligen Eigennamen** mit Bestandteilen, die keine Nomen sind, schreibt man alle Wörter groß, mit Ausnahme der Artikel, Konjunktionen und Präpositionen, z. B.: „der Afrikanische Büffel", „die Geometrische Landschildkröte"; „Mülheim an der Ruhr".

- Die von **geografischen Namen abgeleiteten** Wörter auf **-er** schreibt man immer groß, z. B.: „Hamburger Hafen"; „Dresdner Stollen".
- Die von **geografischen Namen abgeleiteten Adjektive** auf **-isch** werden kleingeschrieben, wenn sie nicht Bestandteil eines Eigennamens sind, z. B.: „südafrikanischer Nationalpark", „sambische Flusslandschaft"; „italienischer Wein".

Tageszeiten und Wochentage

- Bezeichnungen für Tageszeiten und Wochentage werden **großgeschrieben,** wenn sie **Nomen** sind, z. B. „am Nachmittag", „eines Tages"; „jeden Mittwoch".
- Bezeichnungen für Tageszeiten und Wochentage werden **kleingeschrieben,** wenn sie **Adverbien** sind, z. B. „gestern", „nachmittags", „heute früh"; „freitags", „werktags".
- **Zweiteilige Tageszeiten** schreibt man so: „heute Abend", „gestern Nacht".

Verbindungen aus Adjektiv und Nomen

- Wenn ein Nomen mit einem Adjektiv eine feste Verbindung eingeht, die aber kein Eigenname ist – wie z. B. in „das *neue* Jahr" –, so wird das Adjektiv in der Regel kleingeschrieben.
- Wenn aber eine solche Verbindung eine neue Gesamtbedeutung hat – wie z. B. in „der *weiße/Weiße* Tod" –, bleibt es dem oder der Schreibenden überlassen, ob er oder sie dies durch Großschreibung des Adjektivs deutlich machen will.
- In den Fachsprachen gibt es unterschiedliche Regelungen, wie fachsprachliche Ausdrücke aus Nomen und Adjektiv geschrieben werden, z. B. „der *graue* Star" in der Medizin, „die *Schwarze* Witwe" in der Zoologie.
- Häufig sind hier beide Schreibweisen möglich, z. B. „der *goldene* Schnitt"/„der *Goldene* Schnitt", „die *gelbe* Karte/die *Gelbe* Karte".

Getrennt- und Zusammenschreibung

Verbindungen mit Verben ▷ S. 136–138

Verben und Nomen:

1. Verbindungen aus Verben und Nomen werden in der Regel getrennt geschrieben.

Verben und Partikel:

2. Verb und Verbpartikel werden zusammengeschrieben, wenn die Betonung auf der Partikel liegt. Partikel sind Wörter, die nicht flektiert werden können, wie z. B. Präpositionen oder Adverbien: ab-, aus-, durch-, zwischen-, heraus-, nieder-, weiter-, zurück-, zusammen-, ... Also z. B.: „*weiter*gehen", „*wieder*kommen".

Verben und Adjektive:

3. Verb und Adjektiv werden meistens getrennt geschrieben, z. B.: „tief schlafen".
4. Haben Adjektiv und Verb zusammen eine neue Bedeutung, so werden sie zusammengeschrieben, z. B. „blaumachen" (die Schule schwänzen), „klarmachen".
5. Bezeichnet das Adjektiv das Ergebnis des Vorgangs, den das Verb benennt, so können Adjektiv und Verb zusammengeschrieben werden, z. B. „blank putzen"/„blankputzen".

Verben und Verben:

6. Verbindungen aus zwei Verben werden getrennt geschrieben, z. B. „lesen üben".
7. Verbindungen mit „bleiben" und „lassen" als zweitem Bestandteil können zusammengeschrieben werden, wenn sie eine neue, übertragene Bedeutung haben, z. B. „stehen lassen"/„stehenlassen" (kalte Schulter zeigen). Das gilt auch für „kennenlernen".

3 Lesen – Umgang mit Texten und Medien

3.1 Lesetechnik

Texte verstehen

Lesen kann man auf unterschiedliche Art und Weise. Je nachdem wie intensiv man einen Text liest, kommt man zu einem nur ungenauen oder besonders tiefen Verständnis. Einen Text verstehen heißt:

- **Informationen ermitteln:** Man entnimmt dem Text direkt Informationen. Diese können sofort ersichtlich oder auch versteckt sein.
- **Die zentrale Textaussage erkennen:** Die einzelnen Informationen werden zueinander in Beziehung gesetzt und in Hinblick auf ein allgemeines Textverständnis gedeutet.
- **Den Text bewerten:** Um den Text vertiefend zu erfassen, muss man auf zusätzliches Wissen zurückgreifen. Dabei werden inhaltliche und formale Aspekte reflektiert.

Gezieltes Lesen

- Beim gezielten Lesen sucht man in einem Text nach **bestimmten Zielbegriffen oder Informationen.**
- Um diese zu finden, muss man sich zunächst **einen Überblick verschaffen** (Inhaltsverzeichnis, Überschriften, Klappentext etc.), dann braucht der Text nur in diesen Abschnitten durchgesehen zu werden.
- Wenn es sich um einen langen Text handelt, dem nur eine bestimmte Information entnommen werden soll, kann man auch einfach die **Anfänge der Textabschnitte überfliegen,** um zu sehen, ob sie wichtig sind. Anschließend kann man gezielt die interessanten Abschnitte auswerten.

Überfliegendes Lesen

- Der Text wird im Schnelldurchlauf geprüft, ob er für das Thema wichtige Informationen enthält. Dazu muss man **nicht Satz für Satz lesen,** sondern man lässt die Augen wie ein Segelflugzeug über den Text fliegen. Wahrgenommen werden somit nur Absätze, Überschriften, Hervorhebungen.
- Der schnell schweifende Blick wird **vor allem Nomen wahrnehmen** und diese in Sekundenschnelle mit dem Schriftbild der von euch gesuchten Ziel- und Schlüsselbegriffe abgleichen.
- Das überfliegende Lesen wird trainiert, indem die **Blicksprünge,** die die Augen machen, systematisch vergrößert werden. Bei einem langsamen Leser springt das Auge von Wort zu Wort, schnellere Leser erfassen 3–4 Wörter gleichzeitig und machen somit weniger Blicksprünge pro Zeile.

Intensives Lesen

- Wenn man einen Text intensiv liest, untersucht man ihn vollständig auf **alle Informationen,** die er enthält. Die Informationen können sowohl inhaltlicher Art sein als auch Textart, Textaufbau und den Sprachstil betreffen.
- **Lest konzentriert und versucht, alles zu verstehen.** Dazu muss man manchmal einzelne Stellen mehrmals lesen und Begriffe im Lexikon nachschlagen.
- Dazu werden in den wichtigen Aussagen die **Schlüsselwörter** markiert und mit Bleistift **Anmerkungen** festgehalten. Sie helfen, den Inhalt wiederzugeben.

3.2 Sachtexte

Sachtexte auswerten: markieren und strukturieren

- **Unbekannte Wörter klären**
  Zunächst unterstreicht man die Begriffe, die man nicht versteht, und versucht, sie zu klären:
  - Oft erschließt sich die Bedeutung unbekannter Wörter schon aus dem Textzusammenhang.
  - Hilfreich ist es, komplizierte Wörter in ihre Bestandteile zu zerlegen. Beispiel: „Gewaltsensibilität" = Gewalt + Sensibilität (Feinfühligkeit, Empfindlichkeit) = Aufmerksamkeit auf Gewalt
  - Im Zweifel fragt man einen Experten oder eine Expertin – evtl. Mitschüler/in – oder schlägt in einem Lexikon nach.
- **Schlüsselwörter markieren**
  In jedem Abschnitt werden die Schlüsselwörter unterstrichen, also das Wort oder die Wörter, die für die Aussage dieses Abschnittes besonders wichtig sind. Vorsicht: Nicht zu viel unterstreichen!
- **Den Text in Sinnabschnitte gliedern**
  Ein Sinnabschnitt kann einem Druckabschnitt des Textes entsprechen, er kann aber auch durchaus mehrere Druckabschnitte umfassen. Beim Gliedern in Sinnabschnitte sollte man nicht zu kleinschrittig vorgehen, sondern nach größeren Sinneinheiten suchen. Das Markieren der Schlüsselwörter und die Gliederung des Textes in Sinnabschnitte gehen Hand in Hand, und zwar deshalb, weil die Schlüsselwörter immer auch deutlich machen, wo etwas Neues beginnt. Man muss also zwischen diesen Schritten hin und her springen.
- **Überschriften für die Sinnabschnitte suchen**
  Jeder Sinnabschnitt erhält dann eine möglichst treffende Überschrift. Manchmal kann man dazu Begriffe und Wendungen aus dem Text verwenden.
- **Die Abschnitte zusammenfassen**
  Nun wird der Text Abschnitt für Abschnitt schriftlich zusammengefasst. Dabei kann man zwischen folgenden Möglichkeiten wählen:
  - jeden Sinnabschnitt in einem Satz zusammenfassen,
  - die Abschnitte nur in knappen Stichwörtern zusammenfassen, die als **Marginalien** oder Randnotizen an den Rand des Textes geschrieben werden. Dazu kann man unter anderem die unterstrichenen Schlüsselwörter verwenden; meist wird das aber nicht ausreichen.
- **Den Text zusammenfassen**
  Im letzten Schritt ordnet man die Informationen und fasst sie mit eigenen Worten zusammen.
- **Die Textstruktur im Schaubild verdeutlichen**
  Zum besseren Erfassen der Zusammenhänge kann es hilfreich sein, die Schlüsselbegriffe in einem Schaubild anzuordnen. So kann man durch Striche oder Pfeile Zusammenhänge verdeutlichen und durch Einrücken übergeordnete und untergeordnete Gesichtspunkte voneinander unterscheiden. Bei längeren oder mehrsträngig aufgebauten Texten bietet sich die Visualisierung in einem Flussdiagramm an (s. S. 110; 262).

3.3 Rhetorische Texte

Rhetorische Texte untersuchen

▷ S. 42

Reden und Flugblätter sind appellative Texte, die ihre Rezipienten (Zuhörer und Leser) auf vielfältige Weise zu beeinflussen versuchen. Bei der Analyse dieser Texte sollte man unter anderem auf folgende Punkte achten:

Situation
- Gibt es einen besonderen Anlass?
- Wer ist Adressat des Textes?
- In welchem Verhältnis steht der Verfasser zum Publikum bzw. zur Leserschaft?

Inhalt
- Was ist Gegenstand des Textes?
- Was sind die Hauptaussagen des Textes?

Formaler Aufbau
- In welcher Reihenfolge sollen die Hauptaussagen zur Sprache gebracht werden?
- Wie werden Ein- und Ausstieg gewählt?

Argumentation
- Welche Thesen enthält der Text?
- Durch welche Argumente werden die Thesen abgesichert? Welche Beispiele, Belege, Zitate enthält der Text? Wie wird mit Gegenargumenten umgegangen?

Intention
- Wie stellt der Redner sich selbst dar? Welche Rolle nimmt er ein?
- Welche Wirkung will der Redner bzw. Verfasser erzielen? Woran erkennt man das?
- Will der Redner bzw. Verfasser bestimmte Positionen auf- oder abwerten? Will der Redner bzw. Verfasser beschwichtigen oder vereinnahmen?

Rhetorische Figuren
- Welche der unten aufgeführten rhetorischen Figuren werden eingesetzt? Welche Wirkung geht von ihnen aus? Beispiele für rhetorische Figuren s. S. 336.

3.4 Erzählende Literatur

Die Erzählerin/Der Erzähler

Die Autorin/der Autor einer Geschichte entscheidet sich für eine **Erzählperspektive,** aus der der Erzähler/die Erzählerin erzählt. Dabei kann er/sie an der Handlung beteiligt sein oder sie nur beobachten. Er/sie kann nur das erzählen, was gesehen und gehört werden kann, oder auch das, was die handelnden Personen denken und fühlen. Manchmal kann die Erzählerin/der Erzähler das Verhalten der Personen kommentieren (Erzählerkommentar).

Bei der Untersuchung von Erzählungen unterscheidet man deshalb:
- die **Form: Ich**- oder **Er-/Sie-Erzählung**
- und das **Erzählverhalten:**
  - **neutral:** Der Erzähler/die Erzählerin tritt nicht in Erscheinung und nimmt einen distanzierten, berichtenden Standpunkt ein, die Darstellung wirkt objektiv.

- **personal:** Der Erzähler/die Erzählerin übernimmt die Sicht einer der handelnden Figuren. Die Darstellung ist beschränkt auf das, was die Figur sehen, hören, wissen kann.
- **auktorial:** Der Erzähler/die Erzählerin weiß alles, kann auf zukünftige Ereignisse vorausweisen, kann das Handeln von Figuren erklären, kommentieren oder bewerten und ist meist nicht Teil der geschilderten Welt.

Merkmale des Erzählens

- **Erzählbericht:** Der Erzähler vermittelt den Erzählgegenstand. Er wendet sich der Handlung und den Figuren zu und streut als auktorialer Erzähler Kommentare, Überlegungen und Betrachtungen ein.
- **Figurenrede:** Der Erzähler lässt die Figuren zu Wort kommen. Man unterscheidet hier:
  - **direkte Rede:** Gespräche werden direkt wiedergegeben und stehen meist in Anführungszeichen. Oft werden die Redeanteile durch Verben des Sagens, Fragens etc. eingeleitet.
  - **indirekte Rede:** Wiedergabe im Konjunktiv bzw. durch redeeinleitende Sätze; hier kann der Erzähler wieder etwas stärker in den Vordergrund treten.
- **Innerer Monolog:** Er dient dazu, die Gedanken und Empfindungen einer Person zu verdeutlichen. Der innere Monolog ist in der Ich-Form und im Präsens geschrieben.
- **Erlebte Rede:** Sie gehört zu den modernen Erzählweisen. Der Erzähler/die Erzählerin schaut sozusagen in die Figur, von der er/sie erzählt, hinein und nimmt die Welt durch deren Augen wahr. Erzähler und Figur werden auf diese Weise ineinander überblendet. Im Unterschied zum **inneren Monolog** werden die Gedanken und Gefühle nicht in der Ich-Form wiedergegeben, sondern in der dritten Person. Beispiel: „Und weg, hatte er gedacht. *Die Schule war zu Ende, das Leben noch nicht, hatte noch nicht begonnen, das Leben.* Er hatte nicht viel Angst davor, weil er noch keine Enttäuschung kannte." – Das kursiv Gedruckte sind Überlegungen, die der Erzähler aus der Sicht der Figur mitteilt. Die Abgrenzung zwischen Erzählbericht und erlebter Rede ist oft schwierig.

Kurzformen des Erzählens

Die Erzählung

„Erzählung" ist ein Sammelbegriff für unterschiedliche Kurzformen des Erzählens, die nicht näher durch bestimmte Regeln festgelegt sind. Im Vergleich zum Roman ist die Erzählung knapper und überschaubarer, da nur von einem zentralen Ereignis die Rede ist.

Die Kurzgeschichte ▷ S. 177–200

Die Kurzgeschichte verdichtet Geschehen auf einen Augenblick, der für die dargestellten Figuren von besonderer Bedeutung ist. **Die Sprache ist einfach,** oft sehr nahe an gesprochener Alltagssprache; das **Thema entstammt** meist **dem alltäglichen Leben,** ist aber immer von **allgemein menschlichem Interesse.** Ein **unvermittelter Beginn** führt den Leser mitten in ein Geschehen hinein, das erst nach und nach durchschaut werden kann. Auch der **Schluss** ist in der Regel **offen.** Es bleibt also noch etwas **zum weiteren Nachdenken.** Jeder Leser muss sich ein eigenes Urteil bilden. Daraus resultiert die oft festzustellende **Mehrdeutigkeit** der Kurzgeschichte.

Die Parabel ▷ S. 26

Parabeln (griech.: das Nebeneinandergestellte, das Gleichnis) sind kurze Erzähltexte. Sie wollen nicht wörtlich verstanden werden. Vielmehr verweist der **Bildteil** (das Gesagte), der eine beispielhafte konkrete Handlung zeigt, indirekt auf den **Sachteil** (das Gemeinte), die beabsichtigte Aussage des Textes. Parabeln sollen so den Leser anregen, Rückschlüsse auf eine allgemeine Wahrheit, Lebensweisheit oder auf eine Verhaltensregel zu ziehen.

Das Fragment ▷ S. 88–90

In der Literatur ist ein **Fragment** entweder ein unvollständig überliefertes oder ein unvollendetes literarisches Werk. Manchmal entscheidet sich der Autor oder die Autorin aber auch ganz bewusst dafür, den Text als Fragment zu belassen, d. h. ihn nicht zu Ende zu schreiben.

Figurencharakteristik ▷ S. 182

Das Bild einer literarischen Figur entsteht auf verschiedenen Ebenen:

- durch Aussagen anderer Figuren **(direkte Charakterisierung).** In diesem Fall muss man berücksichtigen, dass sich die Figuren selten neutral gegenüberstehen. Ihr Urteil wird also durch Sympathie oder Antipathie geprägt sein;
- durch das Verhalten und die Rede der Figur selbst, aus denen man Rückschlüsse auf ihre Absichten und ihren Charakter ziehen kann **(indirekte Charakterisierung);**
- durch den Erzähler, der die Figur beschreibt und in Kommentaren bewertet.

Erzählende Texte interpretieren ▷ S. 177–190; 201–210

1. Schritt: Formulieren eines ersten, vorläufigen Textverständnisses

Schon die erste Lektüre eines Textes hinterlässt bestimmte Eindrücke. Man hat eine Vorstellung von den Personen und ihren Beziehungen, von Konflikten und ihren Ursachen. Diese ersten Vorstellungen sind zunächst oft vage. Es ist aber wichtig, sie sich bewusst zu machen, da sie das Textverständnis steuern. Sie sollten daher stichwortartig notiert werden.

2. Schritt: Analyse und Interpretation

Im zweiten Schritt kann das vorläufige Verständnis bestätigt werden, es kann sich aber auch herausstellen, dass es korrigiert werden muss. In jedem Fall hat man am Ende des zweiten Schrittes ein fundierteres, d. h. durch bestimmte Verfahrensweisen gewonnenes und untermauertes Verständnis des Textes. Die Verfahrensweisen lassen sich zusammenfassen in den Begriffen „Analyse" und „Interpretation".

Bei der **Analyse** (gr.: „análysis" = Auflösung) untersucht man die Einzelheiten, die einen Text ausmachen, z. B. Erzählverhalten und -form, Sprache und Stil, Personen und Handlung. Diese Untersuchung ist Grundlage der Interpretation (lat.: Erklärung, Auslegung).

In der **Interpretation** werden die Einzelheiten, die man bei der Analyse herausgearbeitet hat, gedeutet. Ohne genaue Analyse ist keine vernünftige Interpretation möglich.

3. Schritt: Die schriftliche Ausarbeitung

- In der **Einleitung**
  - stellt man den Autor, die Autorin vor,
  - ordnet man die Geschichte zeitlich ein (manchmal hilft auch ein Querverweis auf zentrale Ereignisse der Entstehungszeit der Geschichte) und
  - schreibt sie einer Textsorte / einem Textformat zu (z. B. Kurzgeschichte oder Parabel).

  Dann versucht man – möglichst in einem Satz – das Thema, den „Gegenstand", um dessentwillen alles erzählt wird, in einer Aussage (Deutungshypothese) zu fassen. In diesem Satz fließt zusammen, was man von der Geschichte verstanden hat, was man von ihr hält, wohin man die eigene Deutung steuern will.
- Im **Hauptteil** werden die Ergebnisse der Analyse dargestellt, die man anhand von Textstellen belegt (s. die Hinweise zum richtigen Zitieren auf S. 346).
- Am **Schluss** formuliert man eine eigene Stellungnahme zum Text. Sie kann sich auf Inhalt und Problemstellung beziehen (z. B. Bewertung des Verhaltens der Personen), auf die Schreibweise des Autors oder sich mit dessen Meinung auseinandersetzen.

4. Schritt: Die Textüberarbeitung

Die schriftliche Interpretation sollte gründlich überarbeitet werden (s. S. 361–362).

Leitfragen zur Erschließung eines erzählenden Textes

Fragen zu den Figuren:

- Welche Figuren kommen vor?
- In welcher Beziehung stehen sie?
- Wie gehen sie miteinander um?
- Was tun sie sonst noch, und warum tun sie es?

Fragen zur Zeit:

- Wann spielt das Geschehen (Vergangenheit – Gegenwart – Zukunft)?
- Welchen Zeitraum umfasst es?
- Gibt es Lücken im zeitlichen Ablauf, oder wird lückenlos erzählt?
- Gibt es Vorausdeutungen oder Rückblicke?

Fragen zum Ort:

- An welchem Ort spielt die Handlung?
- Wie wird der Ort beschrieben?
- Wie wirkt der Ort auf die Personen?
- Welche Bedeutung hat er für die Handlung?

Fragen zum Aufbau der Geschichte:

- Wie sind die Ausgangssituation und der Schluss gestaltet?
- Wie wird Spannung erzeugt?
- Gibt es einen Wechsel in der Darstellung von Außen- und Innenwelt?

Fragen zur Erzählperspektive, Wortwahl und zum Satzbau:

- Aus wessen Perspektive wird erzählt?
- Welches Erzählverhalten liegt vor (neutral – personal – auktorial)?
- Gibt es ein Leitmotiv, das sich durch den ganzen Text zieht?
- Werden sprachliche Bilder verwendet?
- Welche Funktion haben Wiederholungen oder Abweichungen vom gewöhnlichen Sprachgebrauch?
- Gibt es Auffälligkeiten beim Satzbau?

Fragen zum Entstehungshintergrund:

- Gibt es einen Zusammenhang zum zeitgeschichtlichen Kontext?
- Spielt die Biografie des Autors/der Autorin eine Rolle?

Erzählende Texte gestaltend interpretieren

▷ S. 191–198; 211–221

Das Beschreiben des Stils, das Deuten des Titels und andere Aufgaben, bei denen man über einen Text spricht oder schreibt, sind **analytische Tätigkeiten.** Durch **gestaltende Tätigkeiten,** wie das Verfassen von **Briefen, Tagebucheinträgen** oder **inneren Monologen** einer literarischen Figur oder das stimmige **Fortsetzen von Erzählanfängen,** kann man ebenfalls ein tieferes Textverständnis erreichen.

- **Subtexte verfassen – Leerstellen füllen**
  Subtext nennt man den Text, der entsteht, wenn man sich als Leserin oder Leser in eine Figur eines Textes hineinversetzt und deren Gedanken in einer ganz bestimmten Situation, d. h. ausgehend von einer konkreten Stelle des Textes, so formuliert, wie die Figur denken könnte. Das kann auch durch das Verfassen eines **Briefes,** eines **Tagebucheintrags** oder eines **inneren Monologs** geschehen. Solche Subtexte füllen **Leerstellen** aus, Textstellen, die der Autor oder die Autorin bewusst nicht ausgestaltet hat.
- **Erzählanfänge fortsetzen**
  Um zu erreichen, dass die Fortsetzung möglichst genau zum Originaltext passt, muss man sich über **Besonderheiten der Schreibweise** und **Auffälligkeiten der Handlung und Personen** klarwerden. Textbeobachtungen, die für eine solche gestaltende Interpretation wichtig werden können, antworten z. B. auf die Fragen: Woran **erinnert** mich der Text? Zu welcher **Gattung** gehört der Text? Welche auffälligen **Handlungselemente** und **Figuren** gibt es?

3.5 Lyrik

Sprachliche Merkmale

Gedichte bezeichnet man auch als lyrische Texte oder Lyrik. Ihr bestimmendes Merkmal ist die gebundene, rhythmische Sprache in **Versen.**

Folgende Merkmale kennzeichnen die Lyrik:

- **Strophe:** Die meisten Gedichte sind in Strophen gegliedert.
- **Vers:** Besonders in älteren Gedichten haben alle Verse eines Gedichts oft annähernd dieselbe Länge, d. h. die Anzahl der Silben bleibt in jeder Zeile nahezu gleich.
- **Reim:** In vielen Gedichten werden die Verse durch einen Endreim miteinander verbunden. Die regelmäßige Abfolge von Endreimen ergibt verschiedene Reimschemata: Paarreim *(aabb)*, Kreuzreim *(abab)* und umarmender Reim *(abba).*
- **Metrum (Versmaß):** Je nachdem, wie betonte und unbetonte Silben wechseln, unterscheidet man z. B. Jambus („Ăm gráuĕn Stránd, ăm gráuĕn Méer“), Trochäus („Méinĕ Glóckĕn láutĕn“), Daktylus („Gótĭschĕ Fénstĕr ŭnd máurĭsch vĕrzíertĕs Pŏrtál“) und Anapäst („Wĭe mĕin Glúck ĭst mĕin Leíd“).
- **Rhythmus:** Betonungen, Sprechpausen und Sprechtempo geben beim Vortrag den Rhythmus eines Gedichts wieder.
- **Bilder:** Häufig finden sich in Gedichten Vergleiche („der himmel zieht die erde an/wie geld geld“) und Metaphern („Der Himmel fließt“). Eine besondere Form der Metapher ist die Personifikation („Sie bürstet das Rauchhaar nach oben,/reckt den Schlothals“).

- **Sprecherin oder Sprecher:** Zu jedem Gedicht gehört eine Sprecherin oder ein Sprecher, der nicht mit der Autorin oder dem Autor gleichzusetzen ist. Oft stellt sich dieser Sprecher als ein Ich vor **(lyrisches Ich).**

Leitfaden zur Analyse eines Gedichttextes

▷ S. 247–268

Fragen zu Sprecher/in und Adressat/in

- In welcher Form tritt der Sprecher/die Sprecherin auf (lyrisches Ich/Wir, nicht direkt im Text greifbar)?
- Was erfährt der Leser über den Sprecher/die Sprecherin?
- Gibt es eine/n in den Text einbezogene/n Adressatin/Adressaten?
- In welchem Verhältnis stehen Sprecher/in und Adressat/in zueinander?

Fragen zum inhaltlichen Aufbau

- Um welches Thema geht es in dem Gedicht?
- Wie ist das Gedicht inhaltlich aufgebaut?
- Welche Erwartungen erweckt die Überschrift, und wie verhalten sich Überschrift und Gedichttext zueinander?

Fragen zum formalen Aufbau

- In wie viele Strophen ist das Gedicht eingeteilt? Sind die Strophen gleich gebaut?
- Ist das Gedicht gereimt? Welches Reimschema lässt sich entdecken?
- Liegt dem Gedicht ein durchgehendes Metrum zu Grunde?
- Entsprechen Sprechrhythmus und Metrum einander? Welche Wirkung haben eventuelle Abweichungen?
- In welcher Beziehung steht die lyrische Form zum Inhalt?
- Lässt sich das Gedicht einer bestimmten Textsorte zuordnen (z. B. Sonett, Ballade, Lied usw.)?

Fragen zur sprachlichen Gestaltung

- Welche sprachlichen Bilder (Metaphern) enthält das Gedicht? Aus welchen Bereichen stammen sie?
- Welche Vergleiche enthält das Gedicht? Aus welchen Bereichen stammen diese Vergleiche?
- Welche Wortfelder im Bereich der Substantive, Adjektive und Verben beherrschen den Text?
- Gibt es Wörter oder Wortwiederholungen, die eine besondere, den Text erschließende Bedeutung haben (Schlüsselwörter)?
- Welche sonstigen Stilmittel prägen das Gedicht?

Fragen zum Entstehungshintergrund

- Lässt sich ein Zusammenhang zwischen Gedichttext und zeitgeschichtlichen Ereignissen und/oder kulturellen Erscheinungen erkennen?
- Ist die Biografie des Autors/der Autorin offensichtlich wichtig für das Verständnis des Gedichts?

3.6 Drama/Theater

Dramen erschließen

▷ S. 269–285; 289–292

Das **Drama** ist neben erzählender Literatur und Lyrik eine der drei Grundformen der Dichtung. Dramentexte sind in Dialogform verfasst und in der Regel für eine Theateraufführung vorgesehen. Wichtige Aspekte für das Erschließen eines Dramas sind

- die Gestaltung der **Exposition** (Einführung), in der die Hauptfiguren vorgestellt werden, in der in Ort, Zeit und Atmosphäre des Stücks eingeführt wird und in der sich die Konflikte anbahnen, die die Handlung des Stücks vorantreiben;
- die **Figuren** und ihre Konstellation: ihre Gedanken, Gefühle und Eigenschaften; ihre offensichtlichen und verborgenen Absichten und Handlungsmotive; typische Tätigkeiten und Verhaltensweisen; Herkunft, Stand und Vorgeschichte; die äußeren Lebensumstände; Einstellungen und prägende Erfahrungen; die Beziehung zu anderen Personen;
- die **Konflikte,** ihre Entwicklung und Lösung.

Da Dramen nicht für das bloße Lesen geschrieben sind, sondern für eine Aufführung im Theater, sollte man bei der Lektüre und Interpretation eines Dramas den Aspekt der **Inszenierung** stets berücksichtigen.

Form des Dramas

Die **klassische Form** des Dramas, die schon seit der Antike überliefert ist, weist einen strengen Aufbau in Akte und Szenen auf. Max Frisch übernimmt wesentliche Gestaltungsprinzipien des klassischen Theaters (z. B. Exposition, Spannungsbogen, Wendepunkte), nähert sich mit „Andorra" aber der Form des **epischen Theaters** an, das im Wesentlichen von Bertolt Brecht geprägt wurde. Hier sind die **Szenen** einzelne aneinandergefügte **Bilder,** wobei die Handlung dadurch unterbrochen wird, dass einzelne Figuren aus der Handlung heraustreten und ihr Verhalten kommentieren. Der Zuschauer wird dadurch in die Rolle eines kritischen Betrachters versetzt.

Vor allem im klassischen Drama findet sich am dramatischen Höhepunkt eine **Wendung** der Handlung (auch Peripetie genannt) hin zur unabwendbaren **Katastrophe** am Schluss.

3.7 Medien

Zeitung und Zeitungstexte

▷ S. 297–302

Aufbau und Grundelemente einer Zeitung

- Damit die Leser sich in einer Zeitung zurechtfinden, ist diese in verschiedene **Ressorts** gegliedert (Singular: das Ressort, frz. Geschäfts- oder Amtsbereich):
  - Politik
  - Wirtschaft
  - Sport
  - Lokalteil (Stadt, Region/Kreis)

- Kultur/Feuilleton (von frz. feuilleton entlehnt = Blättchen)
- „Aus aller Welt", „Panorama" oder ähnlich

- Auch die Ressorts sind wiederum unterteilt; so kann es z. B. im Ressort Politik eine Seite geben, die mit **Meinung** oder **Kommentar** überschrieben ist; oder es gibt eine Seite mit einem besonderen Tagesthema.
- Man unterscheidet auch zwischen dem „redaktionellen" und dem „nicht-redaktionellen" Teil einer Zeitung. Letzterer enthält die **Werbung,** über die sich eine Zeitung im Wesentlichen finanziert.
- Das **Impressum** enthält Informationen über den Verlag, in dem eine Zeitung erscheint, über Herausgeber, Chefredakteur usw. Ihr findet es in der Regel auf einer der ersten Seiten ganz klein gedruckt.
- Die Gestaltung einer Zeitungsseite – Aufteilung insgesamt, Schriftgröße, Verhältnis Text/Bild – nennt man **Lay-out.**

Gestaltungselemente von Zeitungsartikeln

- Die Überschrift eines Zeitungsartikels nennt man **Schlagzeile.** Sie erstreckt sich über alle Spalten, ist in größeren Typen gesetzt und meist fett gedruckt.
- Zwischen Schlagzeile und Text steht oft ein so genannter **Vorspann,** der ebenfalls meist fett gedruckt ist. Er hat die Aufgabe, den Inhalt kurz zusammenzufassen. Darüber hinaus soll er häufig auch einen Leseanreiz bieten.

Journalistische Formen der Information

▷ S. 297

- **Nachricht, Meldung, Bericht:**
  - Die **Nachricht** ist eine Form möglichst sachlicher Informationsvermittlung; sie bezieht sich auf aktuelle Ereignisse. Man unterscheidet zwischen der kürzeren **Meldung** und dem ausführlicheren **Bericht.**
  - Beim **Bericht** unterscheidet man:
    - **Ereignisbericht:** ist auf Aktualität aus und geht auf mehr Einzelheiten ein als die Meldung, die sich auf das Wesentliche beschränkt;
    - **Hintergrund-** oder **Sachstandsbericht:** stellt einen größeren Zusammenhang oder eine längerfristige Entwicklung dar – oft anlässlich eines aktuellen Ereignisses, das aber nur den Aufhänger liefert. Er informiert über Hintergründe und den „Stand der Dinge".

- **Reportage, Feature:**
  - Eine **Reportage** informiert ebenfalls, sie ist jedoch deutlich subjektiv gefärbt: Die Reporterin bzw. der Reporter lässt eigene Beobachtungen und Erlebnisse einfließen. Das macht, ebenso wie eingefügte Zitate, diese Form des Berichts besonders lebendig und anschaulich. Aktuelle Ereignisse werden mit Hintergrundinformationen verknüpft.
  - In Rundfunk und Fernsehen wird diese Form der Informationsaufbereitung, die sich aus Reportage, Kommentar und Dialogen zusammensetzt, auch **Feature** genannt.

Formen der Meinungsäußerung

▷ S. 302

Kommentar, Leserbrief, Kolumne

- Im **Kommentar** melden sich in der Regel Redakteure der jeweiligen Zeitung zu Wort; es können aber auch zu speziellen Fragen Fachleute – etwa von Hochschulen oder aus der Wirtschaft – herangezogen werden. Deren Beiträge werden dann häufig als **Gastkolumnen** bezeichnet.
- Allgemein sind **Kolumnen** ebenfalls meinungsorientierte Texte (und zwar von geringem Umfang, nämlich einer Spalte, das Wort „Kolumne" bezeichnet ursprünglich die Zeitungsspalte). Die Grenzen zum Kommentar sind fließend. In manchen Zeitungen und Zeitschriften gibt es regelmäßige Kolumnen eines bestimmten Kolumnisten.
- In einem **Leserbrief** kann jede Zeitungsleserin und jeder Zeitungsleser seine Meinung äußern. Ob der Leserbrief aber abgedruckt wird – ganz oder auch nur in Teilen –, entscheidet die Redaktion; es gibt kein Anrecht auf Veröffentlichung.
- Eine weitere journalistische Textsorte der Meinungsäußerung stellt die **Glosse** (von gr. *glossa* = Zunge, Sprache) dar. Glossen sind eine besondere, meist humorvolle, ironische oder satirische Art von Kommentar.

Film

▷ S. 239–246

Ein **Film** hat als Textgrundlage das **Drehbuch.** Darin werden sowohl der gesprochene Text als auch die Einstellungsgrößen und Kameraeinstellungen festgelegt.

- **Einstellungsgröße und Kameraperspektive**
  Je nach Größe des gewählten Bildausschnitts unterscheidet man bei den **Einstellungsgrößen** (von ganz weit bis ganz nah): **Panorama, Totale, Halbtotale, Halbnah, Nah, Groß, Detail.**
- Bei der **Kameraperspektive** unterscheidet man nach dem Standpunkt der Kamera zwischen **Aufsicht** (Vogelperspektive), **Untersicht** (Froschperspektive) oder **Normalsicht** (Augenhöhe).
- Ein **Schnitt** bezeichnet die Verknüpfung von zwei Einstellungen. Es gibt verschiedene Schnittarten:
  - Beim **harten Schnitt** folgen die zwei Einstellungen ohne Übergang aufeinander.
  - Beim **weichen Schnitt** werden im Gegensatz dazu durch Überblendung Übergänge geschaffen.
- Unter **Montage** versteht man das Zusammenfügen von Bild- und Tonelementen und das Zusammenfügen von einzelnen Einstellungen zu Szenen, zu größeren Einheiten (= Sequenzen) und schließlich zum ganzen Film. Heute wird diese Bearbeitung meistens durch digitale Bild- und Schnittprogramme vorgenommen.

- Mit dem Begriff **Mise-en-scène** bezeichnet man die Bildkomposition. Figuren und Gegenstände werden in einem Filmbild wie auf einem Gemälde oder Foto inszeniert.

  Folgende Aspekte sind wichtig für die Untersuchung der Bildgestaltung:
  - **Kamera:** Welche Einstellung wurde gewählt? Aus welcher Perspektive wurde gefilmt? Welche Wirkung entsteht?
  - **Location:** Welcher Schauplatz wurde ausgewählt? Welche Stimmung vermittelt er?
  - **Bildaufbau/Komposition:** Was fällt zuerst ins Auge? Wie sind Figuren und Gegenstände angeordnet? Warum ist das so?
  - **Beleuchtung:** Wie ist das Verhältnis von Licht und Schatten?
  - **Farbe:** Welche Farben überwiegen? Gibt es Farben mit symbolischer Bedeutung?

4 Arbeitstechniken und Methoden

4.1 Texte überarbeiten

Texte gezielt überarbeiten

Das Verfassen von Texten ist immer ein Prozess, der in mehreren Phasen abläuft: Planung, Niederschrift und Überarbeitung.
Bei der Überarbeitung sind mehrere Bereiche zu berücksichtigen, in denen Schwächen eines Textes liegen und Verbesserungen nötig sein können.

□ **Stimmen** alle **Aussagen** des eigenen Textes mit denen der Vorlage überein? □ Ist dem Leser oder der Leserin ohne besondere Mühe **verständlich**, worum es in dem Text geht?	**INHALT**
□ Ist der Text übersichtlich **gegliedert,** z. B. nach Einleitung, Hauptteil, Schluss? □ Sind alle wichtigen **Informationen** an der richtigen Textstelle **platziert** oder wird etwas vorweggenommen oder nachgeschoben (Gedankensprünge)? □ Sind die einzelnen **Teile** (Aussagen/Informationen) richtig miteinander **verknüpft** (Ursache – Folge; Anlass – Ergebnis; Täter – Opfer), oder gibt es Widersprüche in der Gedankenführung? □ Wird ein wichtiger Gedanke zu knapp oder ein unwichtiger zu ausführlich dargestellt?	**AUFBAU/LOGIK**
□ Werden **Zitate** und **Belege** passend verwendet und eingefügt (der richtige „Ausschnitt“ aus der Vorlage, der richtige „Zuschnitt“ für den eigenen Text, die richtige Funktion als Beweis, Beleg, offene Frage)?	**ZITATE/BELEGE**

☐ Ist die **Wortwahl** abwechslungsreich, genau, anschaulich, angemessen? ☐ Ist der **Satzbau** klar und abwechslungsreich? ☐ Können die **Sätze stilistisch** noch verbessert werden (z. B. aus einem „Bandwurm" zwei Sätze machen)? ☐ Werden unnötige Wiederholungen und Füllsel vermieden?	**AUSDRUCK/ SATZBAU/STIL**
☐ Sind die **Sätze grammatisch** korrekt in Hinblick auf Tempus, Modus (Indikativ oder Konjunktiv), grammatische Beziehungen, Wortstellung usw.?	**GRAMMATIK**
☐ Sind **Rechtschreibung** und **Zeichensetzung** einwandfrei?	**RECHT-SCHREIBUNG**

Bei einem Text, der Schwächen im Aufbau und in der Genauigkeit der gedanklichen Verknüpfung aufweist, ist ein Vorgehen, bei dem die Fehler Zeile für Zeile bearbeitet werden, nicht sinnvoll. Denn oft muss man ganze Abschnitte umstellen, Teile weglassen, Sätze neu formulieren, andere Ausdrücke wählen usw., sodass manche Einzelfehler aus der ursprünglichen Fassung „von selbst" wegfallen. Darum sollte man zunächst den Text ganz lesen und dann die **Textüberarbeitung planen.**

Schreibkonferenz

In Schreibkonferenzen werden eigene Textproduktionen einem kritischen Publikum vorgestellt, besprochen und gemeinsam überarbeitet:

1. Den eigenen Text vorbereiten
Damit genügend Platz für Korrekturen und Hinweise bleibt, klebt man den Text entweder auf ein DIN-A3-Blatt oder lässt bereits beim Schreiben rechts und links einen breiten Rand für Anmerkungen frei.

2. Konferenzrunde
In der Kleingruppe stellt man sich gegenseitig die Texte vor und erhält Vorschläge für die Überarbeitung. Dabei wird jeweils zunächst der Text vorgelesen, anschließend können die Gruppenmitglieder Fragen zum Verständnis stellen. Durch Markierungen und Notizen am Textrand werden dann Verbesserungsvorschläge gemacht.

3. Eigene Textüberarbeitung
Jeder schreibt nun seinen Text noch einmal und bezieht dabei die Verbesserungsvorschläge aus der Konferenzrunde mit ein. An den Texten wird so lange „gefeilt", bis sie den Ansprüchen genügen.

4. Präsentation der Texte
Schließlich werden die überarbeiteten Texte der gesamten Klasse vorgestellt. Das kann durch Vorlesen, eine Wandzeitung, ein Geschichtenbuch oder Tonaufnahmen geschehen.

4.2 Ideen sammeln und ordnen

Das Brainstorming

Brainstorming ist eine Methode, die man gut anwenden kann, um erste **Ideen** zu einem Thema zu **sammeln.**

- Beim Brainstorming äußert jeder seine Ideen spontan, wie sie ihm gerade einfallen.
- Keine der Äußerungen, auch wenn sie auf den ersten Blick noch so ungewöhnlich erscheint, soll kommentiert werden.
- Ein Brainstorming dauert in der Regel nur wenige Minuten.
- Damit die vielen spontanen Ideen nicht verloren gehen, notiert eine Protokollantin oder ein Protokollant alles so ungeordnet, wie es gesagt wird.

Der Cluster

Das Clustern eignet sich gut für eine erste **Stoffsammlung** und **Ideenfindung**. Ein Cluster („Traube") ist eine assoziative Aneinanderreihung von Begriffen, die zusammenhängen.

- Das Thema wird mit einem Wort oder einem kurzen Satz in die Mitte eines Blattes geschrieben und ein Kreis darum gezeichnet.
- Von diesem Kern des Clusters ausgehend notiert man nun spontan Begriffe und Gedanken, die einem dazu einfallen.
- Jede dieser Notizen wird wieder mit einem Kreis umgeben und mit einem Strich mit dem Kern des Clusters oder dem vorherigen Stichwort verbunden.
- Damit die Gedanken frei fließen können, sollte man sich nicht auf die innere Logik konzentrieren und zunächst auch abwegig erscheinende Ideen notieren. Sie können das „Tor" für weitere wichtige Assoziationen sein.

Die Mind-Map

- In einer **Mind-Map** werden Texte und Gedanken auf kreative Weise übersichtlicher gemacht und gegliedert. So kann man auf einen Blick die wichtigsten Begriffe und Zusammenhänge eines Themas erkennen.
  Wenn man ein neues Thema erschließt, sollte man zunächst im Brainstorming oder durch einen Cluster Ideen sammeln, die man dann in der Mind-Map in eine **logische Struktur** bringt.
  - In die Mitte wird das Thema notiert.
  - Ausgehend vom Thema werden Äste für die **Oberbegriffe** gezeichnet.
  - Von den Ästen gehen Zweige ab, die **Unterbegriffe** oder zusätzliche Informationen
  - anschaulich machen.
  - Inhalte können auch mit Symbolen oder kleinen Zeichnungen dargestellt werden.

Die Mind-Map kann man während des Vortrages als „Spickzettel" benutzen. Außerdem ist diese Darstellungsform eine gute Grundlage für eine Gliederung am PC.

Flussdiagramme erstellen

Um sich einen Überblick über längere Texte (Erzähl- oder Sachtexte) zu verschaffen, kann man ihren Aufbau in einem **Flussdiagramm** grafisch darstellen.
Dabei geht man folgendermaßen vor:

- Man gliedert den Text in Handlungs- oder Sinnabschnitte.
- Diese Abschnitte werden dann jeweils in kurze, stichpunktartige Sätze zusammengefasst.
- Die Zusammenfassungen ordnet man untereinander auf einem großen Blatt Papier an, und zwar in der Reihenfolge, in der die Handlungs- oder Sinnabschnitte im Text vorkommen.
- Wenn man um jeden Stichpunkt nun noch einen Rahmen zieht, wird das Flussdiagramm besonders übersichtlich.

4.3 Ergebnisse präsentieren

Portfolio

▷ S. 54–64

- Unter einem **Portfolio** versteht man eine sorgfältig angelegte Mappe, in der wichtige Quellen und eigene Materialien zu einem bestimmten Thema und nach einem vorher überlegten Arbeitsplan gesammelt und von euch selbst beurteilt werden.
- **Mögliche Inhalte eines Portfolios:**
  - ein grafisch gestaltetes Deckblatt, das zum Thema passt;
  - ein Vorwort, in dem ihr euer Ziel und eure Vorgehensweise beschreibt;
  - ein Inhaltsverzeichnis, eine Gliederung;
  - selbst geschriebene Texte, z. B.: eine Inhaltsangabe zu einem Buch oder eine Zusammenfassung umfangreicher Informationen aus dem Internet;
  - fremde Texte und Bilder aus Zeitschriften, Büchern, dem Internet ... eingescannt oder in Kopie (mit Quellenangaben);
  - Interviews;
  - persönliche Einschätzungen zum Gelingen der jeweiligen Arbeitsschritte.
- **Materialrecherche**
  - Ein zentraler Arbeitsschritt bei der Erstellung von Referaten oder Portfolios ist die Recherche, d. h. Hintergrundinformationen müssen zusammengestellt werden.
  - Hierzu müssen Fakten, Daten, Personen, Ereignisse, die mit dem gewählten Thema zu tun haben, ausfindig gemacht und ausgewertet werden.
  - Folgende Möglichkeiten stehen für die Informationsbeschaffung zur Verfügung: Bibliothek, das Internet, Anfragen bei öffentlichen oder privaten Institutionen (Parteien, Kirche, Unicef, Stiftungen etc.).
- **Sichten von Materialien** ▷ S. 10
  - **Exzerpte anfertigen**
    Um sich Textinhalte klarzumachen, ist es sinnvoll, das Wesentliche herauszuschreiben. Im Exzerpt werden wichtige Informationen eines Textes knapp zusammengefasst. Wörtliche Übernahmen müssen als Zitate kenntlich gemacht werden: z. B.: Paragraf § 1 des Zuwanderungsgesetzes: Das Gesetz dient: „ ...“

- **Texte paraphrasieren**
  Sprachlich anspruchsvoll gestaltete Texte (komplexe Satzgefüge, Häufung von Fachbegriffen bzw. Fremdwörtern) sollten in eine verständlichere Sprache übertragen werden. Dabei dürfen die Aussagen aber nicht verfälscht werden.
- **Texte zusammenfassen und Informationen übersichtlich anordnen**
  Die knappe Beantwortung der W-Fragen (was?, wer?, wann?, wo?, warum?, wie?, mit welchen Folgen?) stellt die wesentlichen Informationen zusammen. Manchmal eignen sich Texte auch für eine tabellarische Übersicht: Zeit/Ort/Personen/Thema/Ziel ...

Kurzreferat und Kurzvortrag

Ein Kurzreferat bzw. Kurzvortrag informiert knapp und präzise über einen wesentlichen Sachverhalt und sollte nicht länger als zehn Minuten dauern. Wichtig sind die Gliederung – die Einleitung, die die Aufmerksamkeit des Publikums sichert; der Hauptteil, der das Thema entfaltet, und der Schluss, der den Vortrag abrundet, sowie der Einsatz entsprechender Medien zur Visualisierung.

- **Der Einstieg**
  Es gibt verschiedene Möglichkeiten, zum Thema hinzuführen und dabei das Interesse des Publikums zu wecken:
  - eine Frage, auf die sich die Zuhörenden eine Antwort wünschen;
  - ein Zitat einer bekannten Persönlichkeit, das zum Weiterdenken anregt;
  - eine eigene These formulieren, die zum Mitdenken einlädt;
  - ein Umfrageergebnis, das überrascht.
- **Die Themenentfaltung**
  Bei der Entfaltung des Themas geht es darum, die wesentlichen Erkenntnisse, Informationen zu vermitteln. Dabei muss dem Publikum der rote Faden deutlich werden, d. h., die Inhalte müssen klar und verständlich sein und aufeinander aufbauen, dabei gilt es z. B. Fachbegriffe zu klären.
- **Der Schluss**
  Der Schlussteil sollte den Vortrag abrunden. Er bietet Raum für die eigene Meinung und Wertungen. Er kann durchaus persönlich ausfallen. Möglich ist auch ein abschließendes Zitat.

Ein Referat halten

▷ S. 54–64

Den Vortrag vorbereiten

- Zur Vorbereitung eines Referats eignet sich die Mind-Map gut. Man kann sie auch später als Grundlage für die Inhaltsübersicht und beim Vortragen als „Spickzettel“ nutzen.

- Eine Inhaltsübersicht über das Referat wird meist in der Form einer klassischen Gliederung gegeben:
  - Der Inhalt des Vortrags wird nach Ober- und Unterpunkten sortiert.
  - Jeder Punkt des Vortrags erhält eine Überschrift.
  - Die Überschriften werden fortlaufend nummeriert.
  - Unterpunkte werden den Überschriften zugeordnet, z. B.:

2. Überschrift		4. Überschrift
2.a) Unterüberschrift	oder	4.1 Unterüberschrift
2.b) Unterüberschrift		4.1.1 weiterer Unterpunkt

- **Moderationskarten** helfen einem, während des Vortrags keine wichtigen Gedanken zu vergessen. Bei der Vorbereitung der Karten sollte man folgende Schritte beachten:
  - Karteikarten im Postkartenformat DIN-A 6 besorgen.
  - Einseitig beschriften und durchnummerieren.
  - Die Redeteile farbig voneinander trennen: Die Einleitung steht z. B. auf rosafarbenen, der Hauptteil auf gelben und der Schlussteil auf weißen Karten.
  - Deutlich und gut lesbar schreiben (am besten in Druckbuchstaben).
  - Symbole als Gedankenstützen zeichnen: → * ? !.

- **Thesenpapier**
  Für den gelungenen Vortrag eines Kurzreferates ist ein inhaltlich und formal gut gestaltetes Thesenpapier (auch „Handout" genannt) unverzichtbar. Es dokumentiert die wichtigsten Informationen und dient dem Publikum zur Orientierung während des Vortrags. Auf Folgendes sollte man unbedingt achten:
  - Das Thesenpapier nennt Thema sowie Verfasser des Referats.
  - Es sollte sich auf die Kernaussagen beschränken.
  - Es sollte eine klare Gliederung haben.
  - Es werden genaue Quellen- und Literaturangaben zum Referat aufgeführt.

    – **Beispiel für eine Quellenangabe aus dem Internet:**
    http://www.ciao.de/Fachkraft_fuer_Veranstaltungstechnik_Test_904032 (25. 10. 2004)
    Auf die vollständige Adresse folgt das Datum des Tages, an dem die Seite besucht wurde.

    – **Beispiel für eine Quellenangabe aus einem Buch:**
    Hitschfeld, Uwe: Handbuch Berufswahl. Die wichtigsten Ausbildungsberufe und ihre Zukunft. Eichborn, Frankfurt a. M. 2002.
    Auf Autor und vollständigen Titel folgen ggf. die Namen der Herausgeber, dann der Verlag sowie Erscheinungsort und -jahr und eventuell Seitenangaben, falls man nur einzelne Kapitel oder einen einzelnen Aufsatz aus einer Sammlung verwendet hat.

    – **Beispiel für einen Artikel aus einer Zeitung bzw. Zeitschrift:**
    Rossbach, Henrike: Très chic!, in: Einstieg Abi – Zeitschrift für Ausbildung, Studium und Beruf, Heft I-2004, S. 62f.
    Auf Autor und Titel des Artikels folgt der Name der Zeitschrift mit Nennung der Ausgabe und Seitenzahl.

Podiumsdiskussion

▷ S. 31–32

Vorbereitung

- Schreibt das Thema eurer Diskussion an die Wandtafel oder auf ein großes Plakat. Stellt zusammen, was ihr über das Diskussionsthema wisst. Besorgt euch gegebenenfalls weitere Informationen.
- Ordnet euer Sachwissen: Unterscheidet Wichtiges von Nebensächlichem, statistisch abgesicherte Erkenntnisse von persönlichen Aussagen usw.
- Formuliert Pro- und Kontra-Argumente und sucht passende Belege.
- Ladet Gäste und Experten ein. Begrenzt die Zahl der Diskussionsteilnehmer auf höchstens acht und achtet auf ein Gleichgewicht von Pro- und Kontra-Vertretern.
- Wählt eine neutrale Diskussionsleiterin oder einen neutralen Diskussionsleiter.

Durchführung

- Der Diskussionsleiter bzw. die Diskussionsleiterin eröffnet die Podiumsdiskussion: Diskussionsthema, -anlass und -teilnehmer werden kurz vorgestellt.
- Jeder Diskussionsteilnehmer gibt zunächst aus seiner Sicht ein vorbereitetes Statement von maximal zwei Minuten ab: These, Begründung, Beispiel. Es können auch Materialien als Belege benutzt werden, z. B. auf Folie kopierte Schaubilder.
- Die Diskussion beginnt. Der Diskussionsleiter achtet darauf, dass alle angemessen zu Wort kommen. Als Hilfe kann eine Rednerliste geführt werden.
- Das Publikum wird miteinbezogen. Durch Fragen, Kommentare, Zustimmung und Widerspruch schaltet es sich kurzfristig in die Diskussion ein.
- Die Ergebnisse der Diskussion werden in Form eines Protokolls festgehalten.

Debatte

▷ S. 43–50

Die **Debatte** ist eine besonders stark geregelte Form der Diskussion.

- Im Hinblick auf ein bestimmtes Problem stehen sich klar definierte, **unterschiedliche Positionen** gegenüber.
- Die Diskussion wird von einem **Moderator**/einer **Moderatorin** geleitet.
- **Ghost-Speaker** können die Diskutanten unterstützen.

Moderator/in:

- eröffnet und schließt die Diskussion, nennt das Thema und bittet je einen Vertreter der Fraktionen um ein erstes **Statement;**
- erteilt das Wort und achtet darauf, dass jede Seite in gleicher Weise zu Wort kommt;
- greift lenkend ein bei Abweichungen vom Thema, oder um neue Aspekte einzubringen.

Ghost-Speaker:

- sitzen während der Diskussion hinter den Diskutierenden und helfen ihnen gegebenenfalls mit Argumenten aus.

Bei der Debatte geht es häufig darum, in einer strittigen Frage zu einer **Entscheidung** zu gelangen. In diesem Fall stellt eine der beteiligten (Meinungs-)Parteien am Anfang oder im Verlauf der Diskussion einen **Antrag,** der am Ende zur **Abstimmung** gestellt wird. Dann setzt sich entweder eine Partei durch oder es kommt zu einem Kompromiss.

ZIMMER, DIETER, E. (*1934)
121 „Das Deutsche ist nie ein reines Deutsch gewesen" (2006)
aus: Gespräch mit Jochen Rak, Deutschlandfunk, v. 7. 3. 2006 http://www.dradio.de/dlf/sendungen/buechermarkt/476963/

Unbekannte/Unbenannte Autoren

11 Zuwanderungsgesetz
aus: § 1 Zweck des Gesetzes; Anwendungsbereich
11 Wille zur Integration
aus: Meldung, regionale Tageszeitung, 08/2006
12 Integrationskurse
aus: http://www.bamf.de/nn_566316/DE/Integration/Integrationskurse/integrationskurse-inhalt.html__nnn=true (23. 05. 2007)
45 Pelzbranche wirft Tierschützern und Tierrechtlern Lügenkampagne vor
aus: http://www.tierrechte.de/pelz/dokument/index.html (23. 05. 2007)
48 Tierschutzgesetz (25. Mai 1998, BGBl I S. 1105)
58 Diplom-Ergotherapeut/in (FH)
aus: Statistisches Bundesamt, Fachserie 11, Reihe 4.2, Bildung und Kultur-Prüfungen an Hochschulen 2003
58 Fit und beweglich: Ein Tag in der Ergotherapie
aus: www.diakonie-siegen.de/krankenhaus/hagen_haspe/ergo_reportage.html (23. 05. 2007)
96 Squadra Azzurra muss die nationale Ehre retten
aus: Revier Sport v. 02. 07. 2006
96 Stolz auf die eigene Geschichte
aus: Frankfurter Rundschau v. 09. 07. 2006
96 Bisou
aus: Frankfurter Rundschau v. 12. 07. 2006
96 Der Beleidigte hat gesprochen
aus: Spiegel v. 13. 07. 2006
98 Die Ehre
aus: Johann Christoph Adelung, Grammatisch-kritisches Wörterbuch der Hochdeutschen Mundart. 2. Aufl. Breitkopf, Leipzig 1793
98 Ehre
aus: Duden. Das große Wörterbuch der deutschen Sprache in 10 Bänden. 3. neu bearb. Aufl. Bd. 2. Dudenverlag, Mannheim 1999
101 Ehre
aus: http://de.wikipedia.org/wiki/Ehre (23. 05. 2007)
101 Cool
aus: http://de.wikipedia.org/wiki/Cool (23. 05. 2007)
102 „Familienehre" – Ein Wertbegriff im Wandel
aus: http://www.bpb.de/publikationen/NKL598,3,0T%FCrkische_Minderheit_in_Deutschland.html (24. 07. 2007)
110 Aventure (âventiure)
aus: Artikel von Ingrid Kasten u. Volker Mertens. In: Lexikon des Mittelalters. Bd. 1. Deutscher Taschenbuch Verlag, München 2003, S. 39 f.
116 Fritsche Lara: „Kids" oder „Pänz" – Brauchtum oder Globalisierung?
aus: Kölner Stadt-Anzeiger v. 26. 02. 2004
117 The noun kid has 5 senses
aus: http://www.wordnet-online.com/kid.shtml (23. 05. 2007)
118 Der Sohn des Asterix (Band 27)
Mundart Band 3: Däm Asterix singe Jung, Kölsch (1996)
Mundart Band 19: Em Asterix sei Bobbelsche, Pfälzisch II (1999)
Mundart Band 25: Asterix sein Ulligen, Ruhrdeutsch II (1999)
Mundart Band 27: Asterix sein Söhntje, Ostfriesisch (1999)
Mundart Band 58: Am Asterix sei Butzawaggele, Schwäbisch V (2005)
aus: Egmont Ehapa Verlag GmbH, Berlin
119 Ein Sprachwissenschaftler fordert Dialekt an Schulen
aus: Rheinische Post v. 29. 12. 2005
120 Gegen die Anglisierung der deutschen Sprache. Verein Deutsche Sprache
aus: www.vds-ev.de-2005
128 „Liebe Lehrerinnen und Lehrer ..."
von: Gewerkschaft Erziehung und Wissenschaft NRW
132 Allgemeines Gleichbehandlungsgesetz beschlossen, Do, 29. 06. 2006
aus: http://www.bund.de/nn_239160/DE/Vul/A-Z/A-wie-Arbeitsschutz/Aktuelles-Archiv/06-Juni06-Knoten.html_nnn=true (23. 05. 2007)
132 Eigenbezeichnungen haben Vorrang
aus: http://www.eurologos.com/de_3p_inde_okt2001_oktober+2001_html
132 Zypries verteidigt Gesetzesentwurf
aus: http://www.bundesregierung.de+www.tagesschau.de (29. 06. 2006)
134 Der Begriff sei diffus ...
aus: Kölner Stadt-Anzeiger v. 05. 10. 1991
147 Die deutsche Rechtschreibung
aus: Wahrig. Die deutsche Rechtschreibung. Media Verlag GmbH, Gütersloh/München 2006, S. 103 f. (Auszüge)
151 Originaltexte: Sarah, Pinelopi
156 Schüler aus Singapur ist schnellster SMS-Schreiber
aus: Rheinische Post v. Dienstag, 14. 11. 2006
163 Speed-Week – Im Rausch der Geschwindigkeit
aus: Discovery channel – Wissen: http://discovery.de/speed_week/gehirn/index © 2002–2006 Discovery Communications Inc.
171 Leistungsfähigkeit
aus: http://www.efsport.ch/skripts/pdf-dateien/doping.pdf (26. 07. 2007), Th. Glatzfelder, S. 12
171 Ein Wundermittel für Radrennfahrer? EPO (Erythropoietin)
aus: ebd., S. 16
172 Erläuterung: 1987 kam ...
aus: ebd., S. 16
175 Im Rausch der Geschwindigkeit (von: RandalFlag2)
aus: http://www.dooyoo.de/xbox-spiele/need-for-speed-hot-pursuit-2/1010068/ (23. 05. 2007)
225 Hauptkommissarin Inga Lürsen
aus: http://www.radiobremen.de/tv/tatort/ermittler/luersen.html (23. 05. 2007)
258 Originalbeiträge: Laurenz M., Caroline N., Christina J., Leena G.
287 Die unerlässliche Rodungsarbeit
aus: Jahrbuch der Caritaswissenschaften, 1937
294 Aus der JIM-Studie 2001: Mediale Freizeitaktivitäten
aus: http://www.mpfs.de/fileadmin/Studien/JIM2001.pdf (24. 07. 2007), S. 15
294 Aus der JIM-Studie 2005: Medienbeschäftigung in der Freizeit
aus: http://www.mpfs.de/fileadmin/Studien/JIM2005.pdf (24. 07. 2007), S. 11
298 Verbot von Killerspielen gefordert
aus: http://www.focus.de/digital/multimedia/pc-game
303 Mutmaßlicher Frauenmörder gefasst
aus: www.ksa.de/jks/artikel (18. 12. 2006)
303 Festnahme! Haben sie den „Suffolk-Ripper?"
aus: http://www.bild.t-online.de/BTO/news/aktuell/2006/12/18/frauenmoerder-ipswich-festnahme/suffolk-ripper-ipswich-festnahme.html (23.05.2007)
311 Podcast – Das Radio für unterwegs
aus: http://www.netzcheckers.de
312 Podcasting: Schritt für Schritt erklärt
aus: www.podcastclub.de
327 Die Veränderung im Jahre 2002
aus: http://www.gugy.de/kultur/Graffiti/kunst_am_bau/startseite_gugy_kunst_am_bau.htm (23. 05. 2007)
327 Das ursprüngliche Kunstobjekt
aus: ebd.
328 Interview mit der Kunstlehrerin Frau Lingens-Leser
aus: http://www.gugy.de/kultur/Graffiti/kunst_am_bau/interview_lingens_leser.htm (23. 05. 2007)
328 Betonreliefs – Kunst am Bau der 60er und 70er Jahre
aus: http://www.ruhr-uni-bochum.de/kuba/index.htm (23. 05. 2007)

Sprachtheoretische Texte (siehe auch Sachtexte)

Medientheoretische Texte (siehe auch Sachtexte)

Szenische Texte

BILDQUELLENVERZEICHNIS

S. 9 oben links: ullstein/Imagebroker.net; **oben rechts:** Caro Fotoagentur/Andreas Teich, Berlin; **Mitte links:** ullstein/ddp; **Mitte rechts:** ullstein/Caro/Trappe; **unten links:** ullstein/Joker/Albaum; **unten rechts:** ullstein/Gisbert Paech
S. 13 links/Mitte links/Mitte rechts, 27, 71, 200, 264, 266, 306: Thomas Schulz, Berlin; **S. 13 rechts:** Barbara Frommann, Bonn
S. 25: ullstein/B. Friedrich
S. 29, 30: Paolo Patrizi, Tokio
S. 36: links/rechts: picture-alliance/Helga Lade: © Rainer Binder/Helga Lade; **Mitte:** picture-alliance/dpa: © dpa/dpaweb
S. 38, 49, 178, 293 Mitte: picture-alliance/dpa: © dpa – Report
S. 47: Deutscher Tierschutzbund e. V., Bonn
S. 48: ullstein/Still Pictures
S. 53 Mitte: picture-alliance/KEYSTONE; **links oben:** Volkmar Schulz/Keystone, Hamburg; **links unten:** picture-alliance/dpa; **rechts oben:** picture-alliance/ZB: © ZB – Fotoreport; **rechts unten, 223, 286:** picture-alliance/dpa: © dpa – Bildarchiv
S. 57: Berufskundliche Medien/Arbeitsagentur
S. 58: agenda/Wolfgang Huppertz, Hamburg
S. 61: Zillmer © images.de, Berlin
S. 75: © VG Bild-Kunst, Bonn 2007/Nic Tenwiggenhorn
S. 76, 77: Details aus: Hieronymus Bosch, Die Versuchung des hl. Antonius/Museu Nazional, Lissabon
S. 79, 89, 170, 313 links oben: © VG Bild-Kunst, Bonn 2007/akg-images
S. 80, 91: © VG Bild-Kunst, Bonn 2007
S. 81: René Magritte: Les valeurs personelles © VG Bild-Kunst, Bonn 2007
S. 82: Gregory Crewdson. Hrsg. Stephan Berg. Katalog zur Ausstellung im Kunstverein Hannover, 2005 im Haus Lange/Haus Esters, Krefeld, im Fotomuseum Winterthur und in der Oberösterreichischen Landesgalerie, Linz. Hatje Cantz 2005
S. 83: © VG Bild-Kunst, Bonn 2007/Staatliche Kunsthalle Karlruhe
S. 86: bpk
S. 87: © VG Bild-Kunst, Bonn 2007/Christie's – ARTOTHEK
S. 88: ullstein bild/Imagno
S. 92, 93, 267: Salvador Dalí, Fundacío Gala – Salvador Dalí/VG Bild-Kunst, Bonn 2007
S. 95: ullstein/Team 2
S. 103: Yavuz Arslan/DAS FOTOARCHIV
S. 110, 247 rechts, 252: akg-images
S. 115 oben: Stefan Worring, Kölner Stadtanzeiger, Köln; **links, 155 unten rechts:** picture-alliance/dpa/dpaweb: © dpa – Report; **Mitte:** picture-alliance/Bildagentur Huber; **rechts, 134 unten, 224 oben links/oben rechts/Mitte/Mitte rechts/unten links/unten rechts, 219, 236:** picture-alliance/dpa: © dpa – Fotoreport
S. 117: Mottoschal „Kölle un die Pänz us aller Welt": KölnTotal GmbH & Co. KG, Köln
S. 118: Der Sohn des Asterix/Am Asterix sei Butzawaggele/Däm Asterix singe Jung/Asterix sein Ulligen/Asterix sien Söhn/Em Asterix soi Bobbelsche: © Les Editions Albert René, Paris
S. 120: Kroener, U./Arco Images
S. 123: Friedrich Retkowski, Hameln
S. 124: Kenneth A. Maple, Berlin
S. 125 links, 293 oben rechts/unten rechts: vario images; **125 Mitte links:** Liane Riss/Westend61; **Mitte rechts:** ullstein bild/Röhrbein; **rechts:** Westend61/Westend61; **unten:** HOGLI/Amelie Holtfreter-Glienke, Berlin
S. 126: Erich Rauschenbach, Berlin
S. 134 oben: Agentur Baaske Cartoons, Müllheim/Baden
S. 135 oben links: Horst Haider Munske, Lob der Rechtschreibung © Verlag C. H. Beck oHG, München; **oben rechts:** Burckhard Garbe, Goodbye Goethe © Verlag Herder, Freiburg; **unten links:** Bastian Sick, Der Dativ ist dem Genitiv sein Tod © Verlag Kiepenheuer und Witsch, Köln 2004; Umschlaggestaltung: Barbara Thodam, Köln; Umschlagfoto: © ZEFA/joSon; **unten rechts:** Klaus Mackowiak, Die 101 häufigsten Fehler im Deutschen © Verlag C. H. Beck oHG, München
S. 139: akg-images/Bildarchiv Monheim
S. 150: Lynne Truss, Eats, Shoots and Leaves © Profile Books, London; Umschlaggestaltung und Illustrationen von James Nunn
S. 155 oben links: picture-alliance/ASA; **oben rechts:** ullstein/Pressefoto Ulmer;

Mitte links: ullstein/JOKER/Gloger; **Mitte:** AHEAD IMAGES/S. Eisend; **Mitte rechts:** plainpicture/ KuS; **unten links:** picture-alliance/ASA: © picture-alliance/ASA
S. 156: Martin Lueders, Reuters AG, Hamburg
S. 158: http://www.bridgemanart.com
S. 160: P.M. Magazin, picture press, Hamburg
S. 166, 211, 255: ullstein bild
S. 177: © VG Bild-Kunst, Bonn 2007
S. 183, 191: ullstein/Tappe
S. 187: ullstein bild/B. Friedrich
S. 201 oben links: Theodor Fontane, Unterm Birnbaum © ICESTORM Entertainment GmbH, Berlin; **oben rechts:** Theodor Fontane, Unterm Birnbaum. Erzählung © Insel Verlag, Frankfurt am Main und Leipzig 2002; **Mitte:** Theodor Fontane, Unterm Birnbaum. Gelesen von Peter Franke © Cover mit freundlicher Genehmigung der NAXOS DEUTSCHLAND GmbH, Münster; **unten links:** Theodor Fontane, Unterm Birnbaum. Große Brandenburger Ausgabe, Bd. 8. Aufbau-Verlag, nach einem Gemälde von Adolph Menzel; **unten rechts:** Theodor Fontane, Unterm Birnbaum © für das Umschlagbild von Quint Buchholz: 1990 Deutscher Taschenbuch Verlag, München
S. 202, 249: akg-images, Berlin
S. 218: ullstein/Ex-Press
S. 222: Thomas Feibel, Black Mail © Patmos Verlag GmbH & Co. KG/Sauerländer Verlag, Düsseldorf
S. 224 oben: http://www.tatort-fundus.de; **Mitte links:** ullstein/KPA; **unten Mitte:** picture-alliance/dpa/dpaweb: © dpa – Fotoreport
S. 227 links: Charlotte Kerner, Blueprint © Beltz und Gelberg in der Verlagsgruppe Beltz, Weinheim & Basel; **oben rechts:** picture-alliance/Picture Press/CAMERA PRESS/ NCNA: PicturePress; **Mitte rechts/unten, 239, 240, 241, 242, 243:** RELEVANT FILM Produktionsgesellschaft, Hamburg
S. 237: www.BilderBox.com
S. 244: Thomas Pflaum/VISUM
S. 247 links: bridgemanart.com
S. 249: ullstein bild/Brill
S. 251: picture-alliance
S. 269, 273, 275, 276, 278, 280, 282: Schauspielhaus Köln 2003/2004; Inszenierung von Torsten Fischer; Fotos von: Klaus Lefebvre, Wetter
S. 270: Max-Frisch-Archiv, Zürich
S. 289: Gedenkstätte Deutscher Widerstand Berlin, Sammlung Inge Deutschkron
S. 291: GRIPS-Theater Berlin Uraufführung 1989; Foto: GRIPS-Archiv
S. 292: GRIPS-Theater Berlin 1992/1993; Foto: GRIPS-Archiv
S. 293 oben links: A1 PIX; **oben Mitte:** Avenue Images GmbH, Hamburg; **unten links:** F. Moser/unlike by STOCK 4B; **unten Mitte:** Ulrich Niehoff/alimdi.net
S. 295: Sascha Müller-Jänisch/joker, Bonn
S. 298: http://www.focus.de/digital/multimedia/pc-games_nid_30646.html (19. 06. 2007); Foto: picture-alliance/ZB © dpa-Report
S. 303 oben: picture-alliance/dpa: © dpa
S. 303 unten: AFP/Getty Images
S. 313 links unten: © VG Bild-Kunst, Bonn 2007/Roy Lichtenstein; **rechts unten:** © VG Bild-Kunst, Bonn 2007/Timm Ulrichs; **links oben:** akg-images/Cameraphoto; **rechts oben:** © inter Duck
S. 314: Andrea Jaschinski
S. 324 rechts, 328 links: Günther Einecke; **324 links:** Karl-Heinz Inden, Elsdorf
S. 328 rechts: Marcus Wagenknecht, Dresden

Nicht in allen Fällen war es möglich, die Rechteinhaber der Abbildungen ausfindig zu machen. Berechtigte Ansprüche werden im Rahmen der üblichen Vereinbarungen abgegolten.

SACHREGISTER

Zu diesem Buch gibt es ein passendes Arbeitsheft (ISBN 978-3-464-68065-0), das Orientierungswissen zum Nachschlagen (ISBN 978-3-464-68116-9) sowie ein Hörbuch (ISBN 978-3-464-60379-6).

Für wertvolle Hinweise danken wir Roswitha Haase-Romeo (Berlin), Harald Kargus (Neustadt), Margot Lauer (St. Wendel), Sabine Menzel (Fulda), Dirk Walter (Quierschied) und Margarita Wolter (Rheinstorf).

Redaktion: Birgit Wernz
Bildrecherche: Eireen Junge und Cathérine Lau

Illustrationen:
Maja Bohn, Berlin (S. 22, 25, 112, 157, 162, 204, 209, 308)
Klaus Ensikat, Berlin (S. 106, 107, 213, 215, 253, 254, 256, 262)
Sylvia Graupner, Annaberg (S. 104, 140, 144, 146, 192, 194, 197, 199)
Sabine Lochmann, Frankfurt/Main (S. 60, 65, 66, 67, 68)
Jutta Melsheimer, Berlin (S. 28, 56, 117, 129, 131, 133, 184, 185, 228, 229, 231, 232, 233, 234, 292)

Umschlaggestaltung und Lay-out-Konzept: Katharina Wolff (Foto: Thomas Schulz, Illustration: Maja Bohn)
Lay-out und technische Umsetzung: werkstatt für gebrauchsgrafik, Berlin

www.cornelsen.de

1. Auflage, 8. Druck 2013

Alle Drucke dieser Auflage sind inhaltlich unverändert und können im Unterricht nebeneinander verwendet werden.

Druck: Mohn Media Mohndruck, Gütersloh

ISBN 978-3-464-68059-9

Inhalt gedruckt auf säurefreiem Papier aus nachhaltiger Forstwirtschaft.

-Wie wird in England unterrichtet?
-Wie lernt man Deutsch als Fremdsprache?